**Informationsfreiheit
und Informationsrecht**
Jahrbuch 2019

Informationsfreiheit und Informationsrecht

Jahrbuch 2019

Herausgegeben von

Henning Blatt
Alexander Dix
Ulrich Kelber
Michael Kloepfer
Dieter Kugelmann
Peter Schaar
Friedrich Schoch

DER JURISTISCHE VERLAG
lexxion

Bibliografische Information der Deutschen Nationalbibliothek

Die Deutsche Nationalbibliothek verzeichnet diese Publikation in der Deutschen National-bibliografie; detaillierte bibliografische Daten sind im Internet über http://dnb.d-nb.de abrufbar.

Das Werk ist urheberrechtlich geschützt. Die dadurch begründeten Rechte, insbesondere die der Übersetzung, des Nachdrucks, der Entnahme von Abbildungen, der Funksendung, der Wiedergabe auf fotomechanischem oder ähnlichem Wege und der Speicherung in Datenverarbeitungsanlagen, bleiben vorbehalten.

Das Werk wurde mit größter Sorgfalt zusammengestellt, dennoch übernimmt der Verlag keine Haftung für inhaltliche und drucktechnisch bedingte Fehler.

Zitierhinweis: JB InfoR

ISBN Print: 978-3-86965-349-5
ISBN E-Book: 978-3-86965-350-1

© 2020 Lexxion Verlagsgesellschaft mbH · Berlin
www.lexxion.eu

Satz: info@sb-satz.de, Berlin
Foto: fotolia.com © Weissblick

Vorwort

Die Digitalisierung prägt unseren Alltag in vielen Bereichen und auf vielfältige Weise. Als mächtiges Instrument und Vorbedingung von demokratischer Meinungs- und Willensbildung sowie von Partizipation profitiert die Informationsfreiheit von dieser Entwicklung, bspw. wenn digitalisierte Informationen öffentlicher Stellen proaktiv bereitgestellt und Transparenzportale ausgebaut werden. Die Digitalisierung birgt aber auch Risiken für Transparenz und Datenschutz. Das Jahrbuch thematisiert solche Problemfelder und eröffnet Einblicke in neue Anwendungsbereiche, wie z.B. die polizeiliche Öffentlichkeitsarbeit via Twitter, polizeiliche Informationssammlungen sowie den Einsatz von Blockchain-Technologien und von Algorithmen in der öffentlichen Verwaltung.

Friedrich Schmitt untersucht in seinem Beitrag die Motive und die Praxis polizeilicher Öffentlichkeitsarbeit in den sozialen Medien am Beispiel des Polizeipräsidiums Frankfurt am Main. Sein Hauptaugenmerk richtet er hierbei auf die Nutzung des US-amerikanischen Kurznachrichtendienstes „Twitter". Er sieht die polizeiliche Präsenz in sozialen Netzwerken als staatliches Informationshandeln und damit als staatliche Herrschaftsausübung. Die gesetzestreue Aufgabenwahrnehmung sieht er in einem Kontrast zu Twitters Prinzip der Aufmerksamkeitsmaximierung.

Journalisten des Blogs netzpolitik.org hatten einen als vertraulich eingestuften Vermerk des Bundesamtes für Verfassungsschutz veröffentlicht. Das Bundesamt hatte daraufhin Anzeige erstattet und der damalige Generalbundesanwalt (GBA) stand am Anfang eines Ermittlungsverfahrens, das nach heftiger Kritik aus Politik, Gesellschaft und Presse eingestellt wurde. Die Interaktion zwischen dem Justizministerium und dem GBA stand im Fokus des öffentlichen Interesses und war daher auch Gegenstand eines IFG-Antrages, der wiederum die Verwaltungsjustiz beschäftigte. *Anne Homeier* beleuchtet in ihrem Beitrag die Frage, ob die Bundesanwaltschaft im Fall von netzpolitik.org nach dem Informationsfreiheitsgesetz zur Auskunft verpflichtet gewesen wäre.

Werner Mecklenburg formuliert seine Zweifel an der Verfassungsmäßigkeit der Neuregelung innerhalb des Paragraphen 96 der Bundeshaushaltsordnung. Der vierte Absatz des Paragraphen ist laut Bundesverwaltungsgericht eine spezialgesetzliche Zugangsregelung und soll den Informationszugang zu den Prüfberichten des Bundesrechnungshofs regeln.

Michèle Finck und Domagoj Pavić beleuchten das Verhältnis von Blockchain-Technologien (Distributed Ledger Technology, DLT) und der Datenschutz-Grundverordnung (DSGVO). In ihren Augen kann die Spannung zwischen DSGVO und DLT im Wesentlichen auf zwei Konflikte zurückgeführt werden: Die Frage nach dem Verantwortlichen steht der Logik eines dezentralen Netzwerks entgegen. Gleichzeitig kollidiert das Recht auf Löschung mit dem Prinzip der Datenintegrität einer Blockchain.

Kritisch geht *Michael Peters* mit dem Gesetzgeber und dessen Umsetzung der vierten und der fünften EU-Geldwäsche-Richtlinie ins Gericht. In seinen Augen hätte die Chance ergriffen werden müssen, ein zentrales Register auf der Basis offener Daten zu schaffen.

Peter Schaar gibt einen Überblick über das Informationsfreiheitsgesetz des Bundes, dessen Schutzbestimmungen und die historischen Entstehungsbedingungen. Zudem gewährt er anhand des Hamburgischen Transparenzgesetzes einen Ausblick, wie die Informationsfreiheit weiterentwickelt und die Digitalisierung genutzt werden kann: vom Informationszugang auf Antrag hin zu einer proaktiven Informationsgewährung durch öffentliche Stellen.

Alexander Dix zeichnet in seinem Zwischenfazit die informationsfreiheitsrechtlichen Entwicklungen der letzten Jahre nach. Seinen Fokus legt er auf die neuen Gesetze in Baden-Württemberg und Hessen, das Transparenzgesetz Thüringens und die beiden nicht realisierten Entwürfe für ein Transparenzgesetz in Berlin.

In einem zweiten Beitrag widmet sich *Dix* dem Recht auf Vergessen und der Frage, wie der Einzelne die Kontrolle über ihn betreffende Informationen in einer digitalen Umgebung behalten oder zurückgewinnen kann. Hierfür beleuchtet er zwei aktuelle Beschlüsse des Bundesverfassungsgerichts.

Dem Reformbedarf und den Reformperspektiven im Verbraucherinformationsrecht und dem Spannungsverhältnis zwischen dem Lebensmittel- und Futtermittelgesetzbuch und dem VIG widmet *Matthias Bäcker* seinen Beitrag. Zur Auflösung dieses unbewältigten Konfliktes entwickelt er zwei Reformideen.

Dennis-Kenji Kipker und seine Mitautoren *Jihong Chen* und *Lu Han* geben dem Lesenden einen Überblick über das komplexe und mehrschichtige Regelwerk zu Datenschutz und Cyber-Security in China.

Sebastian Golla befasst sich mit den Risiken polizeilicher Informationssammlungen und stellt dem unbestrittenen Nutzen solcher Anwendungen die bestehenden Gefahren gegenüber, wie bspw. die missbräuchliche Nutzung, die Missrepräsentation und die fälschliche Kriminalisierung.

Die aktuelle Reform des Hamburgischen Transparenzgesetzes beschreibt *Florian Schwill* unter Fokussierung auf die Änderungen zur Veröffentlichungspflicht, auf die Ausnahmetatbestände und auf die Stärkung der verfahrensrechtlichen Stellung von Antragstellern und Dritten.

*Matthias Rossi*s Ausführungen gelten der öffentlichen Bereitstellung geologischer Daten. Einen Schwerpunkt legt er auf den Regierungsentwurf eines Geologiedatengesetzes, das er kritisch analysiert.

Michael Zschiesche und *Karl Stracke* gewähren Einblick in die Methodik, die Ergebnisse und die Verbesserungsvorschläge der Evaluation des Umweltinformationsgesetzes (UIG). Insbesondere die Forderung an den Bundesgesetzgeber, die Ombudsfunktion für das UIG an den Bundesbeauftragten für den Datenschutz und die Informationsfreiheit (BfDI) zu übertragen, würde den Antragstellenden zugutekommen. Diese Forderung nach einer Ombuds-, Beratungs- und Kontrollfunktion für das UIG richtet der BfDI im Rahmen seiner Tätigkeitsberichte seit vielen Jahren an den Gesetzgeber.

Marit Hansen gibt anhand der Beispiele des deutschen Staatstrojaners, des US-amerikanischen COMPAS-Systems für Rückfallprognosen für Straftäter und des österreichischen AMS-Algorithmus, mit dessen Hilfe die Arbeitsmarktchancen von Jobsuchenden eingeschätzt werden, Einblicke in die Anwendungsbereiche von algorithmischen Verfahren in der öffentlichen Verwaltung. Das Positionspapier der Informationsfreiheitsbeauftragten der Länder und des Bundes macht einen Versuch, Anforderungen für einen transparenten und grundrechtskonformen Einsatz solcher Verfahren zu definieren. *Hansen* zeigt auf, wie wichtig fundierte Folgenabschätzungen sind, um die Digitalisierung fair und rechtskonform zu gestalten.

Wie immer unverzichtbar ist der umfassende Überblick über die Rechtsprechung von *Henning Blatt*.

Den Informationsfreiheits- und Datenschutzbeauftragten kommt bei der Digitalisierung eine besondere Aufgabe zu: Wir müssen die technische Entwicklung konstruktiv begleiten und als Garant für die Wahrung der Grundrechte bei Digitalisierungsprojekten einstehen. Zwar können wir nicht jeder Bürgerin und jedem Bürger erklären, wie die zum Einsatz kommenden Programme und Systeme funktionieren. Aber wir können und müssen unsere fachliche Kompetenz dafür einsetzen, grundrechtskonforme Lösungen für deren Einsatz zu finden.

Vertrauen wird durch Transparenz geschaffen, durch Kompetenz und durch Zuverlässigkeit. Die Informationsfreiheit steht wie kaum ein anderes Regime unmittelbar für einen Umgang auf Augenhöhe zwischen Staat und Gesellschaft, für Transparenz und damit für Vertrauen. Dieses Vertrauen in die bestehenden staatlichen Institutionen ist der Garant für unser freiheitliches und demokratisches Zusammenleben.

Dies ist die letzte Ausgabe des Jahrbuchs für Informationsfreiheit und Informationsrecht. Im Namen der Herausgeber danke ich dem lexxion-Verlag dafür, dass er seit 2008 das Erscheinen dieses Jahrbuchs ermöglicht hat.

Prof. Ulrich Kelber
Bundesbeauftragter für den Datenschutz
und die Informationsfreiheit

Inhalt

Vorwort V

Friedrich Schmitt
Freund und Helfer auf Twitter: Social-Media-Präsenzen
der Polizei im Kontext staatlichen Informationshandelns 1

Anne Homeier
Zur Anspruchsverpflichtung der Bundesanwaltschaft
nach dem IFG im Fall „netzpolitik.org" 39

Wilhelm Mecklenburg
Zur Auslegung und Verfassungswidrigkeit
der Neuregelung des § 96 Abs. 4 BHO 55

Michèle Finck und Domagoj Pavić
Blockchain-Technologien zwischen Datenschutz
und Transparenz 79

Michael Peters
Das Transparenzregister für wirtschaftliche Eigentümer
zwischen Datenschutz, Geldwäsche und Steuerflucht 101

Peter Schaar
Freedom of Information in Germany: An Overview 115

Alexander Dix
Informationsfreiheits- und Transparenzgesetzgebung
in Deutschland – Der Fortschritt ist eine Schnecke 131

Alexander Dix
Zur „Zeitlichkeit der Freiheit" – Das Recht auf Vergessen
vor dem Bundesverfassungsgericht 145

Matthias Bäcker
Reformbedarf und Reformperspektiven
des Verbraucherinformationsrechts 161

Dennis-Kenji Kipker, Jihong Chen and Lu Han
Introduction to the New Chinese Data Protection
Legal Framework. 183

Sebastian J. Golla
Risiken der polizeilichen Informationsordnung 199

Florian Schwill
Die Reform des Hamburgischen Transparenzgesetzes
(HmbTG) 217

Matthias Rossi
Öffentliche Bereitstellung geologischer Daten. 233

Michael Zschiesche und Karl Stracke
Das Umweltinformationsgesetz des Bundes in der Praxis –
Ergebnisse einer Evaluation 265

Marit Hansen
Transparenz algorithmischer Systeme als Bedingung
für Rechtsstaatlichkeit und Informationszugang. 285

Henning Blatt
Übersicht über die obergerichtliche und höchstrichterliche
Rechtsprechung zum IFG und UIG für die Jahre 2018
und 2019. 297

Stichwortverzeichnis. 329

*Friedrich Schmitt**

Freund und Helfer auf Twitter: Social-Media-Präsenzen der Polizei im Kontext staatlichen Informationshandelns

Inhaltsübersicht

I. Ausgangspunkt: Wandel staatlicher Öffentlichkeitsarbeit
II. Das Prinzip Twitter
 1. Eigene Funktionslogik
 2. Potenziale für den Dialog und die Kooperation mit der Öffentlichkeit
III. Der Realbereich polizeilicher Öffentlichkeitsarbeit in sozialen Netzwerken
 1. Die polizeiliche Präsenz in sozialen Netzwerken als europäisches Phänomen
 2. Beispiel: „@Polizei_Ffm"
 3. Fazit: Neues Selbstverständnis der Polizei
IV. Die polizeiliche Präsenz in sozialen Netzwerken als entformalisiertes Staatshandeln
 1. Publikumsinformation als polizeiliche Aufgabe
 2. Grenzen der Publikumsinformation
 3. Blockieren einzelner Nutzer auf Twitter
V. Ausblick

I. Ausgangspunkt: Wandel staatlicher Öffentlichkeitsarbeit

„Er trug Uniform. Du hast ihm zum Abschied ein Lächeln geschenkt. Jetzt sucht er dich – wir helfen" – mit diesem „Fahndungsaufruf" im sozialen Netzwerk Instagram machte die Polizei Berlin unlängst auf sich aufmerksam.[1] Die Veröffentlichung der Behörde sollte offenbar den Kontakt eines Beamten zu einer Frau vermitteln, die den Polizisten nach dem Weg gefragt hatte. Während dieser Vor-

---

* Der Verfasser ist Doktorand bei Prof. Dr. Friedrich Schoch und am Institut für Öffentliches Recht (Abt. IV) der Universität Freiburg tätig.
1 Hierzu *Reinhardt*, Polizist sucht Passantin, SZ vom 28.2.2019, S. 8 („Wie unterhaltsam darf eine Behörde wie die Berliner Polizei auf einem offiziellen Account werden?"), und *Abgeordnetenhaus Berlin*, Drs. 18/17736 (Schriftliche Anfrage zum Thema: Kontaktanzeige auf Instagram-Account der Polizei Berlin).

gang einen keineswegs alltäglichen, aber pathologischen Fall polizeilicher Öffentlichkeitsarbeit markiert, steht ein Wandel nicht nur der polizeilichen, sondern allgemein der staatlichen Öffentlichkeitsarbeit unter den Bedingungen des Web 2.0 außer Frage. Das Bundesverfassungsgericht (BVerfG) formulierte bereits im Jahr 2002:

> „Die staatliche Teilhabe an öffentlicher Kommunikation hat sich im Laufe der Zeit grundlegend gewandelt und verändert sich unter den gegenwärtigen Bedingungen fortlaufend weiter."[2]

Inzwischen unterhält eine kaum überschaubare Zahl staatlicher Stellen – von obersten Bundesbehörden sowie Bundesoberbehörden und Bundesanstalten über Gerichte und Parlamente bis hin zu Kommunen und eben Polizeibehörden – Präsenzen auf oft mehreren sozialen Netzwerken.[3] Im Zeitraum weniger Jahre haben sich die Aufwendungen diverser Bundesministerien für die online-basierte Öffentlichkeitsarbeit vervielfacht.[4] Die Funktionsmechanismen von Twitter, Facebook und Instagram stellen die staatlichen Akteure dabei vor kommunikative Herausforderungen und es nimmt nicht wunder, wenn staatliches Informationshandeln Kontroversen auslöst, deren Wirkungen die digitale Sphäre schnell durchbrechen. So geriet der Bundesministerin für Ernährung und Landwirtschaft, Julia Klöckner, ein Videobeitrag mit dem Vorstandsvorsitzenden der Nestlé Deutschland AG auf Twitter zum medialen Verhängnis; unterstellt wurde der Politikerin die Übernahme von Gestaltungsmitteln aus dem Bereich des sog. Influencer-Marketings.[5] Die Landesmedienanstalt Berlin-Brandenburg überprüfte das Video wegen des Verdachts der Schleichwerbung.[6]

---

2 BVerfG, Beschluss vom 26.6.2002 – 1 BvR 558/91 u.a., E 105, S. 252 (268) = NJW 2002, S. 2621 (2623).

3 Ähnlich *Harding*, Die Charakterisierung staatlicher Accounts in sozialen Netzwerken, NJW 2019, S. 1910 (1913) m. w. Nachw.

4 *faz.net*, Zuviel Getwitter, 7.5.2019, abrufbar im Internet unter https://www.faz.net/aktuell/feuilleton/medien/fdp-und-djv-kritisieren-online-propaganda-von-ministern-16174630.html (letzter Zugriff 22.1.2020): Der Etat für die online-basierte Öffentlichkeitsarbeit des Bundesministeriums für Verkehr und digitale Infrastruktur wuchs innerhalb eines Jahres von 1,008 Mio. € auf 2,519 Mio. €; diesbezügliche Mittel des Bundesministeriums für Familie, Senioren, Frauen und Jugend vervierfachten sich binnen vier Jahren.

5 Kritisch *Ingendaay*, Weniger Zucker?, FAZ vom 6.6.2019, S. 9 („Industrielobbyismus mit Bundesmitteln").

6 *Wieduwilt*, Medienaufsicht prüft Klöckners Video, FAZ vom 7.6.2019, S. 20; Klöckners Video, FAZ vom 3.7.2019, S. 13. – Nach Ansicht der Landesmedienanstalt handelt es sich bei dem Video nicht um Wirtschaftswerbung; die Landesmedienanstalten haben gleichwohl angekündigt, Leitlinien für die Grenzen zulässiger Öffentlichkeitsarbeit des Staates zu entwickeln.

Das Risiko von Fehlentwicklungen staatlicher Öffentlichkeitsarbeit in der digitalen Welt ist demnach augenfällig. Dennoch gilt auch für die staatliche Öffentlichkeitsarbeit in sozialen Netzwerken: „In einer auf ein hohes Maß an Selbstverantwortung der Bürger bei der Lösung gesellschaftlicher Probleme ausgerichteten politischen Ordnung" ist es die Aufgabe staatlicher Stellen, Informationen zu verbreiten, die „die Bürger zur eigenverantwortlichen Mitwirkung an der Problembewältigung befähigen".[7] Unter den in sozialen Netzwerken herrschenden Bedingungen vorgeblicher Gleichordnung muss aber – gleich wie zutraulich der Ton sein mag – stets bewusst bleiben, dass es sich bei staatlicher Öffentlichkeitsarbeit nicht etwa um die Ausübung der Freiheitsrechte des Art. 5 Abs. 1 Grundgesetz (GG) handelt,[8] sondern um die Ausübung hoheitlicher Gewalt. Die Öffentlichkeitsarbeit staatlicher Stellen in sozialen Netzwerken unterliegt damit umfangreichen Rechtsbindungen.

Vor diesem Hintergrund thematisiert der vorliegende Beitrag die polizeiliche Öffentlichkeitsarbeit in sozialen Netzwerken an dem Beispiel der Twitter-Präsenz „@Polizei_Ffm" des Polizeipräsidiums Frankfurt am Main. Anliegen ist neben der Freilegung zentraler rechtlicher Determinanten eine Annäherung an das untersuchte Phänomen selbst: Voraussetzung dieser Arbeit ist eine Vergewisserung über ihren realen Gegenstand; berücksichtigt werden in der Hinsicht Motive und Praxis polizeilicher Öffentlichkeitsarbeit in den sozialen Medien. Die rechtswissenschaftliche Untersuchung wird sich auf diesem Fundament in keinen Details verlieren, sondern auf Grundsätzliches konzentrieren. Ziel ist dabei, Grund und Grenzen der polizeilichen Öffentlichkeitsarbeit in sozialen Netzwerken aufzuzeigen sowie Perspektiven auf neue Problemfelder zu eröffnen.

II. Das Prinzip Twitter

1. Eigene Funktionslogik

Twitter ist ein sogenannter Mikroblogging-Dienst des US-amerikanischen Unternehmens Twitter Inc. Bereits der Name – zu Deutsch „Gezwitscher" – verrät das zentrale Charakteristikum des Netzwerks: In ursprünglich maximal 140 Zeichen, seit November 2017 höchstens 280 Zeichen[9] zählenden Beiträgen, den „Tweets"

---

7 BVerfG, Beschluss vom 26.6.2002 – 1 BvR 558/91 u.a., E 105, S. 252 (269) = NJW 2002, S. 2621 (2623).
8 Vgl. BVerfG-K, Beschluss vom 17.8.2010 – 1 BvR 2585/06, NJW 2011, S. 511 Tz. 23.
9 *Heeg*, Trump bekommt mehr Platz zum Polemisieren, FAZ Woche vom 10.11.2017, S. 6.

(„Zwitschern"), können sich angemeldete Nutzer beliebig mitteilen und den Text gegebenenfalls mit Bildern, einem GIF[10] oder einem Video ergänzen. Die Kurznachrichten sind grundsätzlich öffentlich; ein Tweet ist damit in seiner Reichweite nicht auf die angemeldeten Nutzer des sozialen Netzwerks beschränkt, sondern erreicht potenziell (fast)[11] alle Internetnutzer. Die Verwendung von „Hashtags" als Schlagworte (geschrieben mit einem #-Symbol) erleichtert dabei die Kennzeichnung – und das Setzen – von Themen besonderen Interesses. Diese Indexierung via Hashtag kulminiert mithilfe eines Algorithmus in sogenannten (weltweiten) Trends, die ein bestimmtes, gegenwärtig auf Twitter besonders relevantes, „virales" Thema bezeichnen. Schlagworte wie die Solidaritätsbekundung #jesuischarlie nach dem Anschlag auf die Satirezeitschrift „Charlie Hebdo" im Jahr 2015 oder das Bekenntnis #metoo, unter dem sich Beiträge von Opfern sexualisierter, meist männlicher Gewalt versammeln, zeigen, dass Hashtags – mitunter namensgebend – gesellschaftliche Debatten prägen können.[12]

Neben diesen allgemeinen Tweets ermöglicht Twitter Unterhaltungen, ausgelöst durch die Antwort auf einen Tweet, ferner die erneute Veröffentlichung eines unter Umständen fremden Tweets („Retweet") sowie die Markierung einzelner Beiträge mit der Wertung „Gefällt mir" („Like"). Die Interaktion mit unliebsamen Twitter-Profilen kann im Übrigen anhand der Funktion „Blockieren" beendet werden; in der Konsequenz können die betreffenden Accounts dem jeweiligen Nutzer nicht mehr folgen und dessen Account, insbesondere die Tweets, anzeigen. Richtmaß für den Erfolg eines Twitter-Profils ist schließlich die Anzahl seiner „Follower" („Anhänger"): Angemeldete Nutzer des Netzwerks können bis zu 5.000 Accounts folgen und auf dieser Grundlage ihren persönlichen „Feed" gestalten, der aktuelle Kurznachrichten der jeweils verfolgten Profile zusammenstellt. In diesem Sinne ist die Kommunikationskultur des Kurznachrichtendienstes und seiner Nutzer nicht unwesentlich von dem Motiv geleitet, mithilfe möglichst vieler Follower (u.a.) publizistische Wirkmacht zu gewinnen. Vor diesem Hintergrund und mit Blick auf die stets knappe Form der höchstens 280 Zeichen langen Nachrichten

---

10 Abkürzung für „Graphics Interchange Format", einem komprimierten Dateiformat, das bevorzugt für kurze Animationen eingesetzt wird, siehe *Encyclopedia Britannica*, GIF, abrufbar im Internet unter https://www.britannica.com/technology/GIF (letzter Zugriff 22.1.2020).

11 Twitter ist in der Volksrepublik China gesperrt, siehe *Branigan*, China blocks Twitter, Flickr and Hotmail ahead of Tiananmen anniversary, 2.6.2009, abrufbar im Internet unter https://www.theguardian.com/technology/2009/jun/02/twitter-china (letzter Zugriff 22.1.2020).

12 Zur kulturellen Leistung des Hashtags *Möller*, Kulturgeschichte des Hashtags, Deutschlandfunk Kultur, 6.1.2016, abrufbar im Internet unter https://www.deutschlandfunkkultur.de/ein-kreuz-macht-karriere-kulturgeschichte-des-hashtags.976.de.html?dram:article_id=341691 (letzter Zugriff 22.1.2020).

sowie ihre Indexierung mittels „Hashtag" kann durchaus von einer eigenen Funktionslogik des Mediums Twitter gesprochen werden.[13] Dieser Befund trifft – mit Differenzierungen – auch auf andere soziale Netzwerke, namentlich Facebook und Instagram, zu.

2. Potenziale für den Dialog und die Kooperation mit der Öffentlichkeit

Neuere polizeiwissenschaftliche Untersuchungen und Erfahrungsberichte zur polizeilichen Nutzung sozialer Medien zeigen: Sowohl (Polizei-)Wissenschaft als auch Praxis versprechen sich von offiziellen Präsenzen auf Twitter und Co. ungekannte Möglichkeiten; durchaus kann in diesem Zusammenhang von Euphorie gesprochen werden. Insbesondere beziehen sich diese Erwartungen auf die Freisetzung von Potenzialen für den Dialog und die Kooperation mit der Öffentlichkeit.

a. Möglichkeiten für polizeiliche Zwecke

Für die Nutzung sozialer Netzwerke allgemein sprechen:

– die Möglichkeit *direkter Kommunikation* mit den Bürgern;[14]
– damit verbunden die Möglichkeit der *Interaktion*;[15]
– außerdem die *große Reichweite*[16]
– und die *rasche Übermittlung* der Information.[17]

Kaum zu vernachlässigen sind ferner technische und finanzielle Faktoren. Zum einen stellen Twitter und Facebook eine äußerst leistungsfähige kommunikative Infrastruktur zur Verfügung, die selbst extremen Zugriffszahlen auf (polizeiliche)

---

13 Siehe allgemein zu den Funktionen von Twitter https://help.twitter.com/de/using-twitter (letzter Zugriff 22.1.2020).
14 *Denef et al.*, Best Practice in Police Social Media Adaptation, Comparative Police Studies in the EU, 2012, S. 16, 18.
15 *Hepp/Fasel*, Die Polizei im Netz: Chancen und Grenzen der digitalen Bürgerinformation, Die Polizei 2013, S. 80 (82); *Denef et al.*, Fn. 14, S. 20 f.
16 *Denef et al.*, Fn. 14, S. 16.
17 *Hepp/Fasel*, Fn. 15, S. 82.

Profile, bspw. in Krisensituationen, standhält.[18] Die Nutzung sozialer Netzwerke zur polizeilichen Öffentlichkeitsarbeit hat sich zum anderen als ausgesprochen kosteneffizient erwiesen: Die Betreuung der Online-Konten verlangt nach der Erfahrung einiger Polizeibehörden kein zusätzliches Personal, *zum Teil* werden sogar keine zusätzlichen Kosten verursacht.[19] Twitter vereinigt diese in der Gesamtschau bemerkenswerten Vorteile; das Netzwerk verspricht dabei noch schnellere, da kürzere, Kommunikation.[20] Seine „Schlüsselrolle" in der Social-Media-Strategie deutscher Polizeibehörden[21] verdankt Twitter aber seiner publizistischen Wirkmacht, wie die Pressestelle der Polizei München betont:

> „In Krisen- und Ad-hoc-Lagen [..] bespielen [wir] schwerpunktmäßig den Kurznachrichtendienst Twitter, da dieser von den Nutzern vornehmlich mobil verwendet wird, keinen Algorithmus für die Verbreitung nutzt und Nachrichten auch mittels Mediensprung durch die Anwesenheit von Stakeholdern wie z.b. Politikern und Journalisten ein hohes Verbreitungspotenzial haben."[22]

Seine Nutzung eignet sich vor diesem Hintergrund zur Verfolgung diverser polizeilicher Zwecke. Hierzu gehören:

Imagepflege: Mit der Präsenz in sozialen Netzwerken gibt sich die Polizei bürgernah, authentisch und transparent.[23] Um größeren Rückhalt in der Bevölkerung zu gewinnen, kehren die Behörden die „menschliche Seite" polizeilicher Arbeit

---

18 *Denef et al.*, Fn. 14, S. 26 f.
19 *Denef et al.*, Fn. 14, S. 28 f.
20 *Fanta*, Kriminologe: „Sichtbarkeit der Polizei in sozialen Medien bedeutet, dass das Gewaltmonopol greift", 5.3.2018, abrufbar im Internet unter https://netzpolitik.org/2018/kriminologe-sichtbarkeit-der-polizei-in-sozialen-medien-bedeutet-dass-das-gewaltmonopol-greift/ (letzter Zugriff 22.1.2020).
21 *Reuter et al.*, Influencer in Uniform: Wenn die Exekutive viral geht, 5.3.2018, abrufbar im Internet unter https://netzpolitik.org/2018/wenn-die-exekutive-viral-geht-twitter-wird-zum-lieblingswerkzeug-der-deutschen-polizei/ (letzter Zugriff 22.1.2020).
22 Zitat nach *Reuter*, Der elektrische Türknauf und die Molotowcocktails: Falschmeldungen der Polizei auf Twitter, 5.3.2018, abrufbar im Internet unter https://netzpolitik.org/2018/der-elektrische-tuerknauf-und-die-molotowcocktails-falschmeldungen-der-polizei-auf-twitter/ (letzter Zugriff 22.1.2020).
23 *Rüdiger/Denef*, Soziale Medien – Muss sich die Polizei neu ausrichten?, Deutsche Polizei 2013, S. 4 (8); *Bayerl/Rüdiger*, Die polizeiliche Nutzung sozialer Medien in Deutschland: Die Polizei im digitalen Neuland, in: Stierle/Wehe/Siller (Hrsg.), Handbuch Polizeimanagement, 2017, S. 919 (921); *Hepp/Fasel*, Fn. 15, S. 84. – Zu Recht kritisch *Caspar*, Nutzung des Web 2.0 – zwischen Bürgernähe und Geschwätzigkeit?, ZD 2015, S. 12 (15).

nach außen.[24] Damit einer geht nicht zuletzt das Streben nach mehr Unabhängigkeit von der medialen Berichterstattung sowie nach Deutungshoheit über polizeiliches Handeln.[25]

Vorbereitung auf Krisen: Polizeiliche Profile in sozialen Medien sind Teil der Vorsorge hinsichtlich schwerer Gefahrenlagen (Naturkatastrophen, Terroranschläge), die sowohl eine große Reichweite polizeilicher Informationen als auch die Erreichbarkeit der Polizei erfordern.[26]

Vorbeugung und Richtigstellung von Fehlinformationen: Die polizeiliche Gegenwart in sozialen Netzwerken kann im Wege proaktiver Information der Verbreitung falscher Tatsachen über polizeiliches Handeln vorbeugen und nachträglich Fehlinformationen richtigstellen.[27]

„*Crowd-Sourcing*": Die Nutzung sozialer Medien ist verknüpft mit der Erwartung, Teilhabe an dem Wissen vieler Internetnutzer zu erlangen.[28] Damit verbunden sind eine Verbesserung des Zeugenverhaltens und die gesteigerte Resonanz von Zeugen- und Hilfeaufrufen in sozialen Medien.[29]

Personalwerbung: Die polizeiliche Präsenz in sozialen Medien bietet sich als Mittel zur Rekrutierung neuer Mitarbeiter an.[30] Vor allem die Ansprache in der Polizei unterrepräsentierter Gruppen kann hier gelingen.[31]

Schließlich handelt es sich bei den sozialen Netzwerken wie Twitter – ohne Ansehen dieser (nicht erschöpfend) genannten Zwecke – schlicht um einen Teil der Lebenswirklichkeit. Unabhängig von der Präsenz polizeilicher Stellen sind die Aufgaben und das Handeln der Polizei Themen in der „virtuellen Welt". Es scheint vor diesem Hintergrund ein logischer Schritt für die Polizei, eine „eigene Stimme" auf Facebook, Twitter oder Instagram zu beanspruchen.[32]

---

24 *Denef et al.*, Fn. 14, S. 24 ff.
25 *Krischok*, Das Internet in der polizeilichen Gefahrenabwehr, in: Rüdiger/Bayerl (Hrsg.), Digitale Polizeiarbeit, 2018, S. 237 (244) mit Verweis auf *Holecek*, Interview mit Ralf Jäger, Vorsitzender der Innenministerkonferenz, Deutsche Polizei 2014, S. 3 (5); ebenso *Denef et al.*, Fn. 14, S. 18.
26 *Denef et al.*, Fn. 14, S. 16.
27 *Hepp/Fasel*, Fn. 15, S. 83; *Denef et al.*, Fn. 14, S. 15.
28 *Bayerl/Rüdiger*, Fn. 23, S. 927.
29 *Hepp/Fasel*, Fn. 15, S. 84; *Bayerl/Rüdiger*, Fn. 23, S. 927; *Denef et al.*, Fn. 14, S. 18 f.
30 *Hepp/Fasel*, Fn. 15, S. 83.
31 *Bayerl/Rüdiger*, Fn. 23, S. 929 f.
32 *Denef et al.*, Fn. 14, S. 14 ff.

b. Kehrseiten der sozialen Netzwerke

Verbunden mit der polizeilichen Präsenz in sozialen Medien sind allerdings auch Nachteile, die – neben grundsätzlichen Bedenken hinsichtlich der Logarithmen und ihrer Auswirkung auf den Prozess freier Meinungsbildung – konkret polizeiliche Belange betreffen. Nicht immer werden in dem Zusammenhang rechtliche Bindungen klar von tatsächlichen Risiken unterschieden. In diesem Sinne sind der Datenschutz und das Legalitätsprinzip keine „Nachteile" oder „Probleme", sie sind zwingende gesetzliche Vorgaben.[33] Zu den Nachteilen der sozialen Medien gehören indes:

Nutzung einer fremden Infrastruktur: Bei den sozialen Netzwerken handelt es sich um private kommunikative Infrastrukturen, auf deren konkrete Gestalt der einzelne Nutzer – und damit auch die Polizei – keinen Einfluss nehmen kann. Die Erstellung eines polizeilichen Kontos auf Twitter oder Facebook ist an die Allgemeinen Geschäftsbedingungen des betreffenden Unternehmens gebunden; über den vertraglich zugesicherten Zugriff auf anfallende Daten und deren Verwendung verfügt faktisch nicht die umfangreichen Rechtsbindungen unterliegende Polizei, sondern ein privates Unternehmen, meist mit Sitz in den USA.

Kommunikationskultur: Die sozialen Medien haben, zum Teil bedingt durch ihre Funktionslogik,[34] eine eigene Kommunikationskultur hervorgebracht. Neben bloßen Überspitzungen sind in den Netzwerken der sogenannte Shitstorm, laut Duden ein „Sturm der Entrüstung [...], der zum Teil mit beleidigenden Äußerungen einhergeht",[35] sowie die Hassrede („hatespeech") verbreitet. Beklagt werden exemplarisch „der raue Ton, die hämischen Kommentare, [und] die schnellen Empörungswellen" auf Twitter und Facebook.[36]

„Cyber-Vigilantismus": Soziale Netzwerke können sich nicht nur als reichweitenstarkes Medium für polizeiliche Fahndungsaufrufe erweisen, sie geben Einzelnen auch Raum für Selbstjustiz und private Fahndungsaufrufe.[37]

---

33 Dies aber insinuierend *Bayerl/Rüdiger*, Fn. 23, S. 931 ff.
34 Siehe oben II. 1.
35 *Duden*, Shitstorm, abrufbar im Internet unter https://www.duden.de/rechtschreibung/Shitstorm (letzter Zugriff 22.1.2020).
36 *Pauer/Pham/Wefing*, Die große Vergiftung, DIE ZEIT vom 16.5.2013, S. 2 (3).
37 *Bayerl/Rüdiger*, Fn. 23, S. 928 m. w. Nachw. – Nicht zu unterschätzen ist außerdem die Gefahr des Hacking, siehe *faz.net*, Vulgäre und rätselhafte Botschaften im Namen der Londoner Polizei verschickt, 21.7.2019, abrufbar im Internet unter https://www.faz.net/aktuell/gesellschaft/kriminalitaet/twitter-account-und-e-mail-dienst-von-scotland-yard-gehackt-16295449.html (letzter Zugriff 22.1.2020).

"Das Internet vergisst nie": Die Veröffentlichung von Informationen in sozialen Medien ist stets mit dem irreversiblen Kontrollverlust über die Information verbunden. Während dieses Charakteristikum Informationen allgemein – ob digital oder analog – eignet, übersteigern die Allverfügbarkeit und Auffindbarkeit beinahe jeder Information unter den Bedingungen des Internets die damit (auch) verbundenen Risiken.[38]

III. Der Realbereich polizeilicher Öffentlichkeitsarbeit in sozialen Netzwerken

1. Die polizeiliche Präsenz in sozialen Netzwerken als europäisches Phänomen

Die deutsche Polizei galt noch vor wenigen Jahren als „zurückhaltend" im Umgang mit den sozialen Medien, insbesondere verglichen mit den europäischen Nachbarn.[39] Waren 2013 in Deutschland nur 19 polizeiliche Social-Media-Präsenzen zu verzeichnen, sind im Jahr 2018 über 330 solcher offiziellen Auftritte bekannt.[40] Die Mehrheit der Konten existiert bei Twitter (159 Accounts), etliche Profile bei Facebook, Instagram und YouTube kommen hinzu.[41] Die Beschäftigung von bundesweit 80 Social-Media-Managern, jeweils *ausschließlich* betraut mit der Betreuung eines polizeilichen Online-Profils,[42] verdeutlicht dabei den Eindruck eines tiefgreifenden Wandels polizeilicher Öffentlichkeitsarbeit. Als Hintergrund der Entwicklung gelten zwei Ereignisse im Verlauf der Jahre 2015 und 2016: Die Proteste anlässlich der Eröffnung des Neubaus der Europäischen Zentralbank in

---

38 Darauf im Kontext der polizeilichen Öffentlichkeitsfahndung hinweisend *Caspar*, Fn. 23, S. 15.
39 *Rüdiger/Denef*, Fn. 23, S. 7 f.
40 *Bouhs/Reisin*, Polizei betreibt über 330 Social-Media-Profile, 5.9.2018, abrufbar im Internet unter https://www.ndr.de/fernsehen/sendungen/zapp/Polizei-betreibt-ueber-330-Social-Media-Profile,polizei5110.html (letzter Zugriff 22.1.2020).
41 Detailliert *Bouhs/Reisin*, Fn. 40.
42 Mit nach Ländern differenzierender Übersicht wiederum *Bouhs/Reisin*, Fn. 40. – Wie oben betont, ist die Betreuung einer polizeilichen Social-Media-Präsenz auch ohne zusätzlichen finanziellen und Personalaufwand möglich; dies teilt etwa das Polizeipräsidium Freiburg auf Anfrage mit: „Social Media ist beim Polizeipräsidium Freiburg Teil des Aufgabenspektrums innerhalb der Stabsstelle Öffentlichkeitsarbeit – ohne eigene Organisationsstruktur und ohne eigenes Budget." Anfrage abrufbar im Internet unter https://fragdenstaat.de/anfrage/augaben-und-zeitaufwand-fur-den-betrieb-der-diversen-social-media-accounts-der-polizei-freiburg-2017/ (letzter Zugriff 22.1.2020).

Frankfurt am Main 2015 („Blockupy") und der Amoklauf in München am 22. Juli 2016 offenbarten erstmals das Potenzial sozialer Netzwerke für polizeiliche Zwecke.[43]

Gleichwohl bleibt zu konstatieren, dass die Polizeien etwa der Niederlande oder des Vereinigten Königreichs im Vergleich mit der Polizei in Deutschland deutlich umfassendere und innovativere Social-Media-Aktivitäten entfalten.[44] Zu den Neuerungen gehört bspw. das Konzept des „digital community policing",[45] nunmehr übernommen und praktiziert in Niedersachsen.[46] Zugleich richtet nicht nur die deutsche Polizei, sondern auch die Polizeiwissenschaft den Blick nach Europa. Projekte wie „Comparative Police Studies in the EU" (COMPOSITE) und „Solving Crime through Social Media" (SOMEP) untersuchen den Komplex „Social Media" als einen Gegenstand europäischer Polizeiforschung. Ungeachtet bestehender Unterschiede im Einzelnen kann die polizeiliche Präsenz in sozialen Netzwerken damit als europäisches Phänomen bezeichnet werden. Soziale Medien sind ein „pressing issue for European police forces"[47] – es gibt aber weder in Europa[48] noch in Deutschland[49] eine gemeinsame Praxis.

2. Beispiel: „@Polizei_Ffm"

Die Untersuchung der polizeilichen Social-Media-Präsenz bedarf neben der abstrakten Grundlegung einer konkreten Tatsachenbasis; geboten ist mithin ein Blick

---

43 *Johann/Oswald*, Bürgerdialog 2.0 – Eine empirische Analyse zum Einsatz von Facebook als Kommunikationsmedium deutscher Polizeien, in: Rüdiger/Bayerl, Fn. 25, S. 19; *Reuter et al.*, Fn. 21.
44 Im Vereinigten Königreich gab es bereits im Jahr 2013 1.089 polizeiliche Social-Media-Präsenzen, in den Niederlanden 718 Konten, siehe *Rüdiger/Denef*, Fn. 23, S. 8.
45 Dazu *Denef et al.*, Fn. 14, S. 22 ff.; ferner *Bayerl/Rüdiger*, Fn. 23, S. 926 f. – Es geht um personifizierte dienstliche Accounts einzelner Polizisten, die auf lokaler Ebene mit anderen Nutzern in Kontakt treten.
46 Digitales Community Policing, abrufbar im Internet unter https://www.polizei-nds.de/wir_ueber_uns/polni_socialmedia/digital.community.policing/digital.community.policing-112171.html (letzter Zugriff 22.1.2020).
47 *Denef et al.*, Fn. 14, S. 6.
48 *Denef et al.*, Fn. 14, S. 6.
49 *Bröckling*, In den sozialen Medien schreibt jede Polizei ihre eigenen Regeln, 7.3.2018, abrufbar im Internet unter https://netzpolitik.org/2018/in-den-sozialen-medien-schreibt-jede-polizei-ihre-eigenen-regeln/ (letzter Zugriff 22.1.2020). – Daran ändern auch wissenschaftliche Vorarbeiten nichts, siehe bspw. *Klessmann/Gorny*, Soziale Medien im öffentlichen Sektor – Best Practice für Richtlinien, in: Schliesky/Schulz (Hrsg.), Transparenz, Partizipation, Kollaboration – Web 2.0 für die öffentliche Verwaltung, 2012, S. 101 und *Schulz*, Social Media Guidelines für die öffentliche Verwaltung, ebenda, S. 121.

auf den Realbereich. Exemplarisch, aber nicht repräsentativ, steht in diesem Sinne das Profil des Polizeipräsidiums Frankfurt am Main in den Monaten Mai und Juni 2019. Die Wahl des Kontos „@Polizei_Ffm" ist nicht zwingend, folgt aber mehreren Erwägungen: Zum einen zählt die Polizei Frankfurt am Main mit der – oben bereits erwähnten – Berichterstattung zu den Blockupy-Protesten 2015 zu den (deutschen) Pionieren des massenwirksamen polizeilichen Twitterns. Zum anderen ist die Twitter-Aktivität der Polizei Frankfurt am Main (in ebendiesem Zusammenhang) bereits Gegenstand einer rechtswissenschaftlichen Abhandlung gewesen.[50] Aus diesem Grund und angesichts der schnellen Entwicklung polizeilicher Öffentlichkeitsarbeit lohnt sich ein erneuter Blick auf „@Polizei_Ffm".

a. Daten

Eckpunkte des Twitter-Profils des Polizeipräsidiums Frankfurt am Main sind:[51]

- Der Account existiert seit Januar 2014.
- Seitdem veröffentlichte „@Polizei_Ffm" über 34.000 Tweets und verfügt über 254.000 Follower.
- Das Profil folgt über 500 Konten, zum größten Teil anderen polizeilichen sowie staatlichen Stellen, aber auch Sportmannschaften und Radiosendern sowie Presseorganen.
- Der Polizei Frankfurt am Main gefallen 12.100 Tweets.

b. Themenspektrum

Das Twitter-Profil „@Polizei_Ffm" bedient ein breites Themenspektrum, das von der Selbstdarstellung im Sinne klassischer Öffentlichkeitsarbeit bis hin zu orthodoxem Verwaltungshandeln im Wege von Ge- und Verboten reicht.[52]

---

50 *Gawlas/Pichl/Röhner*, Die Deutungsmacht der Polizei – Verfassungsrechtliche Probleme des Twitterns durch die Frankfurter Polizei, LKRZ 2015, S. 363.
51 Jeweils Stand Juli 2019.
52 Grundlage der thematischen Realbereichsanalyse sind die insgesamt 246 Tweets und Retweets des Polizeipräsidiums Frankfurt am Main („@Polizei_Ffm") in den Monaten Mai (134 Tweets, davon 19 Retweets) und Juni 2019 (112 Tweets, davon 8 Retweets). Eine inhaltliche Analyse der Tweets ergab die im Folgenden referierten Themenbereiche. Soweit möglich, wurde jeder Tweet einem, teilweise auch mehreren Bereichen zugeordnet. Während die so ermittelten numerischen Verhältnisse allenfalls von relativem Wert sind, erlauben sie in dem hier gewählten Rahmen Aussagen über das Themenspektrum und die Themenschwerpunkte.

Den thematischen Schwerpunkt bildet eindeutig der so inhaltlich weite wie heterogene Bereich *Bürgerservice*: In zahlreichen Tweets teilt die Frankfurter Polizei Verkehrshinweise (Sperrungen, Umleitungen, Parkmöglichkeiten), allgemeine Empfehlungen und gesundheitliche Ratschläge sowie „Tipps und Tricks" mit. In der Erwartung hoher Temperaturen heißt es etwa: „Heute wird es heiß! [...] Deshalb unsere Tipps: viel Trinken [,] Schatten aufsuchen [,] Kopfbedeckung tragen [usw.]".[53] Ferner sind in diesem Zusammenhang Informationen zur Erreichbarkeit der Polizei (meist bei Großereignissen)[54] und die Weiterleitung relevanter Informationen bspw. zu Störungen im lokalen Nahverkehr[55] oder der Wasserversorgung[56] zu erwähnen. Vervollständigt wird der Themenbereich durch die Verbreitung polizeilicher Angebote wie etwa der Fahrradcodierung zur Diebstahlsprävention.[57]

Überschneidungen gibt es zu dem Thema *(Groß-)Ereignisse*; sie bilden oft den Anlass polizeilicher „Serviceleistungen", verdienen aber eigenständige Erwähnung. Bei diversen Konzerten, Festivals, Sportveranstaltungen sowie Demonstrationen beschränkt sich „@Polizei_Ffm" nicht nur auf Verkehrsinformationen und die Wegbeschreibung zur örtlichen Dienststelle, die Tweets befassen sich vielmehr auch mit dem Verlauf der betreffenden Veranstaltung und bieten (polizeiliche) Berichterstattung in Echtzeit. In besonderer Ausprägung ist dies bei Demonstrationen der Fall, wie folgender Tweet illustriert: „Aus dem Aufzug heraus wurden Feuerwerkskörper gezündet & Personen haben sich vermummt. Der Aufzug wurde deswegen kurz gestoppt, läuft aber jetzt wieder. [...]"[58] Im Übrigen fallen in den Bereich die Koordination von Besucherströmen sowie speziell die Organisation der getrennten An- und Abreise verfeindeter Fußballfans.[59]

In (vergleichsweise) unregelmäßigen Intervallen und oft aus Anlass kurzfristiger polizeilicher Schwerpunkte bzw. Aktionen (Kraftomnibus-Kontrollen,[60] Schwerpunkt „Schwächere Verkehrsteilnehmer"[61]) dokumentiert „@Polizei_Ffm" *Polizeieinsätze*: In rascher Abfolge verfasste Tweets begleiten unter anderem Ver-

---

53 https://twitter.com/Polizei_Ffm/status/1145278303097384960 (letzter Zugriff 22.1.2020).
54 https://twitter.com/Polizei_Ffm/status/1136988682030854145 (letzter Zugriff 22.1.2020).
55 https://twitter.com/Polizei_Ffm/status/1131870433903599616 (letzter Zugriff 22.1.2020).
56 https://twitter.com/Polizei_Ffm/status/1138877739103084545 (letzter Zugriff 22.1.2020).
57 https://twitter.com/Polizei_Ffm/status/1126476019639234560 (letzter Zugriff 22.1.2020).
58 https://twitter.com/Polizei_Ffm/status/1141059814811930626 (letzter Zugriff 22.1.2020).
59 https://twitter.com/Polizei_Ffm/status/1123994238578982915; https://twitter.com/Polizei_Ffm/status/1124049585578627073 (jeweils letzter Zugriff 22.1.2020).
60 https://twitter.com/Polizei_Ffm/status/1132528203912962051 (letzter Zugriff 22.1.2020).
61 https://twitter.com/Polizei_Ffm/status/1131110080760471552 (letzter Zugriff 22.1.2020).

kehrskontrollen, bspw. die Durchsuchung von Lastkraftwagen[62] und die Überprüfung transportierter Lebensmittel,[63] sowie Maßnahmen zur Sicherung von Veranstaltungen.[64]

Zahlreiche Tweets der Frankfurter Polizei sind dem Bereich *Selbstdarstellung* zuzuordnen: Neben Hinweisen auf polizeiliche Publikumsveranstaltungen[65] und deren Begleitung auf Twitter[66] sowie gelegentlichen Einblicken „hinter die Kulissen"[67] der Polizei, stellt sich eine Direktion der Stadt sogar „persönlich" vor.[68] Eng mit der polizeilichen Selbstdarstellung verknüpft ist ferner die Personalwerbung.[69]

Im Übrigen nutzt die Polizei Frankfurt am Main Twitter zur Verbreitung diverser *Aufrufe*: Es geht um Zeugensuche,[70] Fahndungen[71] und Hinweise zu vermissten Personen.[72] Dagegen spielt das Thema *Gefahrenlagen* eine wenig prominente Rolle bei „@Polizei_Ffm"; gleichwohl finden sich vereinzelte Beiträge, bspw. zu dem Fund einer Weltkriegsbombe[73] oder der Abgabe von Schüssen im Stadtzentrum.[74]

Zu den verbleibenden, indes untergeordneten Themenbereichen gehören die *Bewusstseinsbildung* („Awareness", bspw. Aufklärung über Hassrede im Internet)[75] und die *Positionierung in gesellschaftlichen Kontexten*, etwa die Distanzierung von Homo- bzw. Transphobie[76] oder das Bekenntnis zum Grundgesetz.[77] Selten formuliert die Frankfurter Polizei inhaltlich Ge- und Verbote auf Twitter[78] oder weist

---

62 https://twitter.com/Polizei_Ffm/status/1132611843489447936 (letzter Zugriff 22.1.2020).
63 https://twitter.com/Polizei_Ffm/status/1132617280716791808 (letzter Zugriff 22.1.2020).
64 https://twitter.com/Polizei_Ffm/status/1135073931658964993 (letzter Zugriff 22.1.2020).
65 https://twitter.com/Polizei_Ffm/status/1140168690475905024 (letzter Zugriff 22.1.2020).
66 https://twitter.com/Polizei_Ffm/status/1140190865207570432 (letzter Zugriff 22.1.2020).
67 https://twitter.com/Polizei_Ffm/status/1145226874446127104 (letzter Zugriff 22.1.2020).
68 https://twitter.com/Polizei_Ffm/status/1140200526858117120 (letzter Zugriff 22.1.2020).
69 https://twitter.com/Polizei_Ffm/status/1130798757145141248 (letzter Zugriff 22.1.2020).
70 https://twitter.com/Polizei_Ffm/status/1133690807863709696 (letzter Zugriff 22.1.2020).
71 https://twitter.com/bpol_koblenz/status/1128932603250319361 [Retweet] (letzter Zugriff 22.1.2020).
72 https://twitter.com/Polizei_Ffm/status/1128310633055780864 (letzter Zugriff 22.1.2020).
73 https://twitter.com/Polizei_Ffm/status/1143499996970532864 (letzter Zugriff 22.1.2020).
74 https://twitter.com/Polizei_Ffm/status/1133427781914845184; https://twitter.com/Polizei_Ffm/status/1133444015167299585 (jeweils letzter Zugriff 22.1.2020).
75 https://twitter.com/Polizei_Ffm/status/1136621767378776064 (letzter Zugriff 22.1.2020).
76 https://twitter.com/Polizei_Ffm/status/1129265534904750081 (letzter Zugriff 22.1.2020).
77 https://twitter.com/Polizei_Ffm/status/1131439808092561409 (letzter Zugriff 22.1.2020).
78 https://twitter.com/Polizei_Ffm/status/1141066296718757888 (letzter Zugriff 22.1.2020).

auf bestehende (fremde) Verfügungen hin.[79] Einige Tweets bei „@Polizei_Ffm" entziehen sich schließlich einer thematischen Einordnung und können allenfalls der Kategorie *Unterhaltung* zugewiesen werden – dies ist bspw. der Fall, wenn „@Polizei_Ffm" den „Pechvogel des Tages" kürt.[80]

c. (Sprach-)Duktus[81]

In Gestalt wie Sprache zeichnen die Kurznachrichten von „@Polizei_Ffm" ein gemischtes Bild: Das Polizeipräsidium Frankfurt am Main tritt im Wesentlichen sachlich auf Twitter in Erscheinung, dennoch gleitet der Ton gelegentlich in die Distanzlosigkeit ab. Konkret ist der meist nüchterne Ton durchsetzt von launigen Kommentaren,[82] Mundart und/oder Umgangssprache[83] sowie – ganz im Sinne der Praxis in sozialen Netzwerken – diversen „Emojis" (also Piktogrammen zur Mitteilung von Gefühlen, Gegenständen, Tieren usw.). Bemerkenswert ist etwa ein Tweet, in dem die Gesichter der auf dem angehängten Foto abgebildeten Journalisten in unsachlicher Weise (d.h. mit Smileys) verfremdet sind.[84] Beteiligt sich „@Polizei_Ffm" an Unterhaltungen zu eigenen Tweets, bilden diese Verhaltensweisen (jedenfalls im Rahmen der hier vorgenommenen Stichproben) keine Ausnahme; zu den bereits beschriebenen Charakteristika tritt der Einsatz diverser GIFs, die bspw. Spielfilmausschnitte[85] oder Unfälle[86] wiedergeben und als nonverbale Antworten zu verstehen sind.

Auch im Rahmen an sich sachlicher Tweets fällt außerdem die konstant pronominale Anrede mit „Du" (Ihr, Dir, Euch, Dein, Euer usw.) ins Auge. Fast ausnahmslos sind die Tweets versehen mit Hashtags zur Kontextualisierung und Indexierung der Beiträge, eine große Zahl der Nachrichten enthält ferner neben Piktogrammen

---

79 https://twitter.com/Polizei_Ffm/status/1123574558991294464 (letzter Zugriff 22.1.2020).
80 https://twitter.com/Polizei_Ffm/status/1132632233221808128 (letzter Zugriff 22.1.2020).
81 Zur Tatsachenbasis siehe bereits oben Fn. 52. In Stichproben wurden zusätzlich Beiträge von „@Polizei_Ffm" zu Unterhaltungen im Rahmen eigener Tweets ausgewertet.
82 Dies ist etwa der Fall, wenn „@Polizei_Ffm" schreibt: „Unsere Kollegin erklärt diesen Busfahrern, dass der Bus aufgrund technischer Mängeln nicht weiterfahren darf. Einem der Fahrgäste ist das egal. Da sein Visum bereits vor 2 Jahren abgelaufen ist, geht seine Reise nun zu uns in die Zelle." (https://twitter.com/Polizei_Ffm/status/1132589953538580485, letzter Zugriff 22.1.2020).
83 Beispiele sind Hashtags wie #UFFBASSE (https://twitter.com/Polizei_Ffm/status/1143821049966080000) oder #frankfurtbleibtstabil (https://twitter.com/Polizei_Ffm/status/114386394752056524 9, jeweils letzter Zugriff 22.1.2020).
84 https://twitter.com/Polizei_Ffm/status/1131119486944333824 (letzter Zugriff 22.1.2020).
85 https://twitter.com/Polizei_Ffm/status/1147867064121679872 (letzter Zugriff 22.1.2020).
86 https://twitter.com/Polizei_Ffm/status/1144209319543672838 (letzter Zugriff 22.1.2020).

ein Bild oder GIF. Auf die Anfügung eines Autorenkürzels zur Identifikation des jeweiligen Urhebers wird bei den Tweets verzichtet, in Unterhaltungen dagegen praktiziert. Insgesamt kann von einer gewissen formalen Anpassung an die Kommunikationspraktiken in sozialen Medien gesprochen werden.

3. Fazit: Neues Selbstverständnis der Polizei

Die Auswertung der Twitter-Präsenz „@Polizei_Ffm" unterstützt nach all dem die von dem europäischen Forschungsprojekt COMPOSITE getroffene Annahme, soziale Medien berührten das Selbstverständnis der Polizei:[87] Der inhaltliche Schwerpunkt auf den Bereich *Bürgerservice* und der zum Teil distanzlose Umgangston suggerieren eine Organisation, die den niederschwelligen Dialog und die Kooperation mit der Öffentlichkeit sucht. Zugleich scheint sich die (Frankfurter) Polizei nicht mehr als hoheitliche, sondern freund(schaft)liche Behörde zu präsentieren; sie kommuniziert scheinbar auf Augenhöhe mit den Bürgern.

Die detaillierte Berichterstattung über Großereignisse und damit zusammenhängende polizeiliche Maßnahmen ergänzt diese neue Nahbarkeit. Aus polizeilicher Sicht kann der Griff nach der Deutungshoheit positiven Einfluss auf den gesellschaftlichen Diskurs ausüben und gemeinsam mit Einsatzberichten sowie der klassischen Selbstdarstellung zu einer günstigen Wahrnehmung in der Öffentlichkeit beitragen. Letztlich könnte der angestrebte Imagewandel das Verhältnis zwischen Polizei und Bürgern – wenn nicht grundsätzlich, so doch vordergründig – verändern.

IV. Die polizeiliche Präsenz in sozialen Netzwerken als entformalisiertes Staatshandeln

Kaum ausschlaggebend ist das neue Selbstverständnis der Polizei unter den Bedingungen der sozialen Netzwerke für die *Unverbrüchlichkeit des Rechts als oberster Maxime*[88]: Die polizeiliche Präsenz in sozialen Netzwerken ist staatliches Informationshandeln und damit staatliche Herrschaftsausübung.[89] Fragen der Abgrenzung

---

87 *Denef et al.*, Fn. 14, S. 6; ebenso *Bayerl/Rüdiger*, Fn. 23, S. 921 und *Reuter et al.*, Fn. 21.
88 *Schoch*, Entformalisierung staatlichen Handelns, in: Isensee/Kirchhof (Hrsg.), Handbuch des Staatsrechts, Band III, 2005, § 37 Rn. 104.
89 *Schoch*, Fn. 88, § 37 Rn. 56.

von hoheitlichen und privaten Äußerungen – im Kontext der Öffentlichkeitsarbeit politischer Amtsträger bekannt[90] – stellen sich bei den *offiziellen* polizeilichen Präsenzen nicht.[91] Art. 1 Abs. 3 GG und Art. 20 Abs. 3 GG gelten ausnahmslos.

1. Publikumsinformation als polizeiliche Aufgabe

Nimmt man zum einen den hoheitlichen Charakter polizeilicher Social-Media-Aktivitäten zur Kenntnis und erkennt zum anderen die Direktiven der Art. 1 Abs. 3 GG und Art. 20 Abs. 3 GG, so ist die Berufung auf Grundrechte, bspw. die Meinungsfreiheit, versperrt. Vielmehr verlangt das demokratische Verteilungsprinzip nach einer Aufgabenzuweisung für das staatliche Informationshandeln.[92] Zu differenzieren ist zwischen der *Information über Staatstätigkeit* (d.h. polizeiliche Tätigkeit) und der *Information zur Wahrnehmung von Staatsaufgaben* (d.h. polizeilicher Aufgaben).[93]

a. Information über polizeiliche Tätigkeit

Mit der Information über polizeiliche Tätigkeit ist die staatliche Öffentlichkeitsarbeit *im eigentlichen Sinne* beschrieben.[94] Es geht um staatliches Informationshandeln mit dem Ziel der Selbstdarstellung; Gegenstand sind vergangene, gegenwärtige sowie zukünftige Tätigkeiten der staatlichen (polizeilichen) Stelle.[95]

---

90 Ausführlich *Harding*, Fn. 3, S. 1910; *Reinhard*, Die Follower, die ich rief …: Welchen Bindungen unterliegt der Staat beim Blockieren seiner Kritiker in den sozialen Medien?, 27.6.2019, abrufbar im Internet unter https://verfassungsblog.de/die-follower-die-ich-rief/ (letzter Zugriff 22.1.2020).
91 *Harding*, Fn. 3, S. 1913. – Etwas anderes gilt für das Phänomen sogenannter „Instacops", die im Rahmen privater Konten mit Uniform auftreten, siehe dazu *Britzelmeier*, #instacops, SZ vom 28.8.2019, S. 27.
92 Ähnlich Ausarbeitung der *Wissenschaftlichen Dienste des Deutschen Bundestags*, Öffentlichkeitsarbeit von Polizeibehörden in sozialen Medien, WD 3-3000-157/15, S. 4.
93 Angelegt bereits bei *Gröschner*, Öffentlichkeitsarbeit als Behördenaufgabe, DVBl 1990, S. 619 (620); grundlegend *Schoch*, Fn. 88, § 37 Rn. 74; außerdem *Bumke*, Publikumsinformation, Die Verwaltung 37 (2004), S. 3 (12).
94 Zu dem holistischen Verständnis von Öffentlichkeitsarbeit des BVerfG siehe *Schoch*, Fn. 88, § 37 Rn. 113 (undifferenzierter „Schlüsselbegriff").
95 *Schoch*, Fn. 88, § 37 Rn. 76.

Konkret sind der Kategorie Informationen zu Polizeieinsätzen, zu polizeilichen Publikumsveranstaltungen und der „Blick hinter die Kulissen" polizeilicher Arbeit zuzuordnen.[96]

Die Suche nach einer kompetenziellen Grundlage für die Information über polizeiliche Tätigkeit im einfachen Recht ist indes vergeblich. Das in diesem Zusammenhang regelmäßig angeführte presserechtliche Informationsrecht[97] gegen staatliche Stellen normiert einen Anspruch gegen die (Polizei-)Behörden, nicht etwa eine Aufgabe zu aktiver Publikumsinformation in eigener Sache.[98] Nichts anderes gilt für die Informationszugangsansprüche der (Landes-)Transparenz- bzw. Informationsfreiheitsgesetze.[99] Sieht das Beamtenrecht vor, die Entscheidung über die Unterrichtung der Öffentlichkeit liege bei der jeweiligen Behördenleitung,[100] so ist darin ebenfalls keine Aufgabenzuweisung, sondern eine (nachgelagerte) Zuständigkeitsabgrenzung zu sehen.[101] Ministerielle Erlasse, wie der Erlass des Ministeriums für Inneres und Kommunales des Landes Nordrhein-Westfalen zur „Nutzung sozialer Netzwerke im Internet durch die Polizeibehörden des Landes NRW",[102] sind Verwaltungsvorschriften und als solche allein die jeweiligen Behörden bindende Anweisungen, die die polizeiliche Aufgabe voraussetzen, nicht begründen.[103] Die behördlichen Ermächtigungen des Verbraucherinformationsrechts (§ 6 Abs. 1 Satz 3 VIG) und des Lebensmittelrechts (§ 40 Abs. 1a LFGB)[104] sowie die

---

96 Siehe oben III. 2. b.
97 § 4 PresseG BW; § 4 BayPrG; § 4 PresseG Bln; § 5 BbgPG; § 4 PresseG Bremen; § 4 PresseG HH; § 3 HessPresseG; § 4 PresseG MP; § 4 PresseG Nds; § 4 PresseG NRW; § 12a LMG RP; § 5 LMG SL; § 4 SächsPresseG; § 4 PresseG LSA; § 4 PresseG SH; § 4 ThürPresseG.
98 *Ingold*, „Polizei 2.0": Grenzen der behördlichen Öffentlichkeitsarbeit in sozialen Netzwerken, Verwaltungsarchiv 108 (2017), S. 240 (246f.). – Ähnlich *Gawlas/Pichl/Röhner*, Fn. 50, S. 366 sowie VG Gelsenkirchen, Urteil vom 23.10.2018 – 14 K 3543/18, AfP 2018, S. 552 Tz. 89f.; bestätigt durch OVG NRW, Urteil vom 17.9.2019 – 15 A 4753/18, K & R 2019, S. 824 (828) (Argumentation jeweils im Kontext der Befugnis zu Grundrechtseingriffen durch polizeiliche Öffentlichkeitsarbeit). – A.A. NdsOVG, Beschluss vom 20.2.2013 – 5 LA 101/12, NJW 2013, S. 1177.
99 *Ingold*, Fn. 98, S. 247.
100 So § 43 LBG NRW.
101 VG Düsseldorf, Urteil vom 6.6.2019 – 18 K 16606/17, K & R 2019, S. 673 (675).
102 Erlass MIK NRW vom 30.9.2016 – 4/LRed – 11.04.06.
103 Vgl. VG Gelsenkirchen, Urteil vom 23.10.2018 – 14 K 3543/18, AfP 2018, S. 552 Tz. 94 sowie OVG NRW, Urteil vom 17.9.2019 – 15 A 4753/18, K & R 2019, S. 824 (827) (jeweils im Kontext der Befugnis zu Grundrechtseingriffen durch polizeiliche Öffentlichkeitsarbeit).
104 Thematisiert ohne die hier vorgenommene Differenzierung bei *Ingold*, Fn. 98, S. 247. – Außen vor bleibt dabei die Frage nach der (fehlenden) Zuständigkeit der Polizei im Bereich des Lebensmittelrechts, die bspw. in Baden-Württemberg gem. § 18 Abs. 1 AGLMBG bei den Lebensmittelüberwachungsbehörden liegt.

polizeiliche Generalklausel kommen allenfalls im Zusammenhang mit der Information zur Wahrnehmung polizeilicher Aufgaben infrage.[105]
Gleichwohl gilt als gesicherte Erkenntnis, dass es sich bei der staatlichen Öffentlichkeitsarbeit um das Recht und die Aufgabe aller Staatsfunktionen – und damit auch der Polizei – handelt.[106] In der Sache ist die Öffentlichkeitsarbeit eine Annexaufgabe zur Erfüllung von Staatsaufgaben.[107] Das BVerfG charakterisiert die Öffentlichkeitsarbeit in diesem Sinne – ausgehend von Regierung und gesetzgebenden Körperschaften – als „in Grenzen nicht nur verfassungsrechtlich zulässig, sondern notwendig":[108] Die Demokratie des Grundgesetzes bedürfe „eines weitgehenden Einverständnisses der Bürger mit der vom Grundgesetz geschaffenen Staatsordnung". Getragen werde dieser Grundkonsens von dem Bewusstsein der Bürger, dass der vom Grundgesetz verfasste Staat „einen weiten Freiheitsraum zur Entfaltung im privaten wie im öffentlichen Bereich" offenhalte und gewährleiste. Vor diesem Hintergrund sei es Aufgabe der staatlichen Öffentlichkeitsarbeit, diesen staatsbürgerlichen Grundkonsens unter dem Grundgesetz „lebendig zu erhalten". Realisierungsbedingungen von Rechts- und Sozialstaatlichkeit sowie der grundrechtlichen Freiheits- und Gleichheitsverbürgungen verleihen der Rechtsprechung des BVerfG neben der demokratietheoretischen Perspektive weitere Konturen,[109] wenn „die Bürger für ihre persönliche Meinungsbildung und Orientierung" Informationen erwarten, die andernfalls nicht verfügbar sind.[110] Insbesondere betreffe dies Bereiche,

> „in denen die Informationsversorgung der Bevölkerung auf interessengeleiteten, mit dem Risiko der Einseitigkeit verbundenen Informationen beruht und die gesellschaftlichen Kräfte nicht ausreichen, um ein hinreichendes Informationsgleichgewicht herzustellen".

---

105 Deshalb zu pauschal *Herrmann*, Gefahrenabwehr durch Öffentlichkeitsarbeit in den sozialen Netzwerken Facebook und Twitter, VR 2016, S. 122 (124).
106 Grundlegend *Schoch*, Fn. 88, § 37 Rn. 77; so schon *Gröschner*, Fn. 93, S. 620; zuletzt *Gusy*, Neutralität staatlicher Öffentlichkeitsarbeit – Voraussetzungen und Grenzen, NVwZ 2015, S. 700 (701).
107 *Gusy*, Fn. 106, S. 701.
108 BVerfG, Urteil vom 2.3.1977 – 2 BvE 1/76, E 44, S. 125 (147) = NJW 1977, S. 751 (753).
109 *Gusy*, Die Informationsbeziehungen zwischen Staat und Bürger, in: Hoffmann-Riem/Schmidt-Aßmann/Voßkuhle (Hrsg.), Grundlagen des Verwaltungsrechts, Band II, 2012, § 23 Rn. 96.
110 BVerfG, Beschluss vom 26.6.2002 – 1 BvR 558/91 u.a., E 105, S. 252 (269) = NJW 2002, S. 2621 (2623); BVerfG, Beschluss vom 26.6.2002 – 1 BvR 670/91, E 105, S. 279 (302) = NJW 2002, S. 2626 (2629).

Davon erfasst sind „wichtige Vorgänge auch außerhalb oder weit im Vorfeld" der konkreten Aufgabenwahrnehmung. Festzuhalten bleibt also: Staatliche Aufgaben berechtigen zur Information über ihre Wahrnehmung.[111] Bei der so verstandenen Öffentlichkeitsarbeit handelt es sich um eine Daueraufgabe, die auch losgelöst von konkreten Anlässen zur Sicherung der gemeingesellschaftlichen Informationsversorgung zu erfüllen ist.[112]

b. Information zur Wahrnehmung polizeilicher Aufgaben

Die Öffentlichkeitsarbeit *im eigentlichen Sinne* ist von verhaltenslenkenden Informationsmaßnahmen zu unterscheiden; sie sind nicht Information über Staatstätigkeit, sondern „Sachpolitik mit informationellen Mitteln".[113] Die Information zur Wahrnehmung polizeilicher Aufgaben kann damit nicht mit den die Öffentlichkeitsarbeit stützenden demokratietheoretischen, rechts- und sozialstaatlichen sowie gleichheits- und freiheitsrechtlichen Erwägungen des BVerfG begründet werden.[114] Fernliegend sind auch die Ermächtigungsgrundlagen des Verbraucherinformationsrechts (§ 6 Abs. 1 Satz 3 VIG) und des Lebensmittelrechts (§ 40 Abs. 1a LFGB)[115] – adressiert sind zum einen nur die (nach Landesrecht) zuständigen Fachbehörden[116] bzw. die im konkreten Fall nach Verbraucherinformationsrecht pflichtigen Stellen i.S.v. § 2 Abs. 2 Satz 1 VIG, zum anderen beziehen sich VIG und LFGB bereichsspezifisch auf Informationen zu Verbraucherprodukten bzw. Lebens- und Futtermitteln.[117] Geht es (grundsätzlich) um die Kompetenz zur polizeilichen Aufgabenwahrnehmung mit dem Mittel Information, liegt diese vielmehr in der allgemeinen Ermächtigung zur Gefahrenabwehr: Nach der polizei-

---

111 Pointiert *Gusy*, Fn. 109, Rn. 97; im Ergebnis auch Ausarbeitung der *Wissenschaftlichen Dienste des Deutschen Bundestags*, Öffentlichkeitsarbeit von Polizeibehörden in sozialen Medien, WD 3-3000-157/15, S. 4 f.
112 So die Rechtsprechung des BVerfG zusammenfassend *Schoch*, Information der lokalen Öffentlichkeit durch kommunale Amtsblätter und Telemedienangebote, 2019, S. 80.
113 *Schoch*, Fn. 112, S. 80.
114 Wohl a.A. *Ingold*, Fn. 98, S. 248.
115 Im Ergebnis *Ingold*, Fn. 98, S. 247.
116 In Baden-Württemberg sind z.B. die Lebensmittelüberwachungsbehörden gem. § 18 AGLMBG zuständig; dies sind das Ministerium (Abs. 2), die Regierungspräsidien (Abs. 3) und die unteren Verwaltungsbehörden (Abs. 4).
117 Siehe nur § 1 VIG sowie § 1 LFGB.

lichen Generalklausel[118] kann die Polizei die notwendigen Maßnahmen treffen, um eine *im konkreten Fall bestehende Gefahr* gegen die öffentliche Sicherheit (oder Ordnung) abzuwehren. Das Opportunitätsprinzip im Gefahrenabwehrrecht überlässt dabei die Wahl des Mittels – entsprechend der Umstände des Einzelfalls – der zuständigen (Polizei-)Behörde;[119] umfasst von der polizeilichen Generalklausel ist damit auch die Gefahrenabwehr im Wege staatlichen Informationshandelns.

Folgt damit die polizeiliche Kompetenz zu informationeller Aufgabenwahrnehmung wiederum aus einer staatlichen Aufgabe, so darf dies nicht darüber hinwegtäuschen, dass hier erstens nicht die Rede von einer Annexaufgabe, sondern von der *originären* Gefahrenabwehraufgabe der Polizei ist. Im Gegensatz zur Öffentlichkeitsarbeit handelt es sich bei der Gefahrenabwehraufgabe zweitens nicht um eine Aufgabe, die losgelöst von konkreten Anlässen zur Sicherung der gemeingesellschaftlichen Informationsversorgung zu erfüllen ist: Voraussetzung ist eine konkrete Gefahr für die öffentliche Sicherheit (oder Ordnung).

c. Kein staatliches Funktionsverbot im Bereich der sozialen Netzwerke

Die Kompetenz zur Information über polizeiliche Tätigkeit einerseits sowie zur Wahrnehmung polizeilicher Aufgaben andererseits ist keineswegs auf konventionelle Formen staatlichen Informationshandelns (Wurfsendungen, Anzeigen usw.) beschränkt.[120] Die Vertriebs- und Verbreitungswege polizeilicher Publikumsinformation sind entwicklungsoffen.[121] Zulässig ist auch die Nutzung sozialer Netzwerke. Dies erkennt bereits das BVerfG, wenn es bemerkt, die staatliche Teilhabe an öffentlicher Kommunikation habe sich im Laufe der Zeit grundlegend gewandelt und verändere sich unter dem Eindruck der informationstechnischen Entwicklung fortlaufend weiter.[122]

---

118 Länder: § 3 i.V.m. § 1 Abs. 1 Satz 1 PolG BW; Art. 11 Abs. 1 BayPAG, Art. 7 Abs. 2 i.V.m. Art. 6 BayLStVG; § 17 Abs. 1 ASOG Bln; § 10 Abs. 1 BbgPolG, § 13 Abs. 1 BbgOBG; § 10 Abs. 1 Satz 1 BremPolG; § 3 Abs. 1 HmbSOG; § 11 HessSOG; § 13 SOG MV; § 11 i.V.m. § 2 Nr. 1 lit. a NdsSOG; § 8 Abs. 1 PolG NRW, § 14 Abs. 1 OBG NRW; § 9 Abs. 1 Satz 1 POG RP; § 8 Abs. 1 PolG SL; § 3 Abs. 1 SächsPolG; § 13 i.V.m. § 3 Nr. 3 lit. a SOG LSA; § 174 LVwG SH; § 12 Abs. 1 und 2 ThürPAG, § 5 Abs. 1 ThürOBG. – Bund: § 14 Abs. 1 und Abs. 2 Satz 1 BPolG; § 38 BKAG.

119 *Schoch*, Polizei- und Ordnungsrecht, in: ders. (Hrsg.), Besonderes Verwaltungsrecht, 2018, Kap. 1 Rn. 303 f.

120 Ebenso Ausarbeitung der *Wissenschaftlichen Dienste des Deutschen Bundestags*, Öffentlichkeitsarbeit von Polizeibehörden in sozialen Medien, WD 3-3000-157/15, S. 8.

121 *Schoch*, Fn. 112, S. 88.

122 BVerfG, Beschluss vom 26.6.2002 – 1 BvR 558/91 u.a., E 105, S. 252 (268) = NJW 2002, S. 2621 (2623).

Verfehlt ist in diesem Kontext deshalb das Postulat staatlicher Funktionsverbote nach dem Vorbild der „Staatsfreiheit" von Presse[123] und Rundfunk[124]: Bei dem staatlichen (polizeilichen) Informationshandeln geht es nicht um eine Erscheinungsform der „Presse" oder des „Rundfunks", sondern um die Wahrnehmung von Staatsaufgaben.[125] Ungeachtet dieses kategorialen Unterschieds ist die Behauptung eines pauschalen Funktionsverbots ebenso wenig mit dem Wesen des Internets im Allgemeinen sowie der sozialen Netzwerke im Besonderen vereinbar:[126] Beide bilden eine mehr (Internet) oder weniger (soziale Medien) offene Infrastruktur, die verfassungskräftig kaum der alleinigen Verfügungsmacht bspw. der „Presse" oder des „Rundfunks" zugeordnet ist.[127] Zu erinnern ist aber an den Vorrang freier gesellschaftlicher Organisation von Kommunikationsprozessen[128] – seine staatliche Achtung ist und bleibt zwingend.[129]

2. Grenzen der Publikumsinformation

a. Allgemeine Anforderungen

Über die allgemeinen Anforderungen an die Rechtmäßigkeit staatlichen Informationshandelns herrscht weitgehende Einigkeit;[130] bezeichnet werden in der Sache rechtsstaatliche Mindeststandards. Unverzichtbar ist demnach die Wahrung des Aufgabenbezugs jeder staatlichen Publikumsinformation,[131] hinzu kommen das

---

123 Dazu *Grabenwarter*, in: Maunz/Dürig, Grundgesetz-Kommentar, Stand: 86. Ergänzungslieferung, Art. 5 Abs. 1, Abs. 2 Rn. 375 ff.
124 Ebenfalls *Grabenwarter*, Fn. 123, Art. 5 Abs. 1, Abs. 2 Rn. 830 ff.
125 Ausführlich *Schoch*, Fn. 112, S. 86; in diese Richtung außerdem *Mandelartz*, Öffentlichkeitsarbeit der Regierung, DÖV 2009, S. 509 (513 f.). – Dies anerkennend OVG NRW, Urteil vom 17.9.2019 – 15 A 4753/18, K & R 2019, S. 824 (828): „Eine Polizeibehörde wird aber nicht journalistisch tätig, auch wenn sie Öffentlichkeitsarbeit betreibt."
126 In Bezug auf das Internet bereits *Ladeur*, Verfassungsrechtliche Fragen regierungsamtlicher Öffentlichkeitsarbeit und öffentlicher Wirtschaftstätigkeit im Internet, DÖV 2002, S. 1 (6).
127 In diesem Sinne *Schoch*, Fn. 112, S. 50 f.
128 *Ladeur*, Fn. 126, S. 7.
129 Ausführlich unten IV. 2. c.
130 Statt vieler *Gusy*, Fn. 109, § 23 Rn. 9 m. w. Nachw.
131 Grundlegend BVerfG, Beschluss vom 26.6.2002 – 1 BvR 558/91 u.a., E 105, S. 252 (270) = NJW 2002, S. 2621 (2623); BVerfG, Beschluss vom 26.6.2002 – 1 BvR 670/91, E 105, S. 279 (305 f.) = NJW 2002, S. 2626 (2630).

(bereichsspezifisch bedingte) Gebot staatlicher Neutralität[132] sowie die Sachlichkeit und Richtigkeit[133] der betreffenden Information.[134] Diese Konturen wurden indes entlang des staatlichen Informationshandelns von Gubernative und Legislative gezeichnet. Grundlage sind die – wie bereits in anderem Zusammenhang bemerkt[135] – demokratietheoretischen, rechts- und sozialstaatlichen sowie gleichheits- und freiheitsrechtlichen Erwägungen des BVerfG. Eine unbesehene Übertragung der Rechtmäßigkeitsbedingungen staatlichen Informationshandelns von Gubernative und Legislative auf die Verwaltung ist vor diesem Hintergrund zweifelhaft, Differenzierungen sind mit Blick auf die Wahrung des Aufgabenbezugs und das Gebot staatlicher Neutralität angezeigt.

So legt das BVerfG bei der Wahrung des Aufgabenbezugs regierungsamtlicher Öffentlichkeitsarbeit großzügige Maßstäbe an: Einerseits ist die Publikumsinformation zulässig schon bei „wichtige[n] Vorgänge[n]" auch außerhalb oder weit im Vorfeld" der konkreten Aufgabenwahrnehmung. Andererseits nimmt das Gericht die Vereinnahmung fremder Zuständigkeitsbereiche durch regierungsamtliche Öffentlichkeitsarbeit bewusst in Kauf. Die problemangemessene und gegebenenfalls in Kompetenzen anderer Staatsorgane übergreifende Unterrichtung durch die Bundesregierung sei unter dem Aspekt der föderalen Kompetenzaufteilung unbedenklich, da dieses Informationshandeln weder das Informationshandeln der Landesregierungen ausschließe noch den Verwaltungsbehörden verwehre, ihre administrativen Aufgaben zu erfüllen.[136] Hinter dieser verfassungsgerichtlichen Großzügigkeit steht der Gedanke, regierungsamtliche Öffentlichkeitsarbeit erhalte den allgemeinen staatsbürgerlichen Konsens unter dem Grundgesetz[137] und entspreche der Regierungsverantwortung, etwaige Informationsdefizite in der Bevölkerung auszugleichen; die Rede ist außerdem von der Glaubwürdigkeit der

---

132 Ausführlich und zu der Frage nach einem allgemeinen Neutralitätsgebot *Payandeh*, Die Neutralitätspflicht staatlicher Amtsträger im öffentlichen Meinungskampf, Der Staat 55 (2016), S. 519. – Ob es eine allgemeine Neutralitätspflicht gibt, kann hier offenbleiben: Jedenfalls die Neutralitätspflicht der Verwaltung ist unbestritten.
133 BVerfG, Beschluss vom 26.6.2002 – 1 BvR 558/91 u.a., E 105, S. 252 (272 f.) = NJW 2002, S. 2621 (2624).
134 Zum Ganzen ausführlich *Gusy*, Fn. 109, § 23 Rn. 109 (ohne Neutralitätsgebot); ebenso Ausarbeitung der *Wissenschaftlichen Dienste des Deutschen Bundestags*, Öffentlichkeitsarbeit von Polizeibehörden in sozialen Medien, WD 3-3000-157/15, S. 9.
135 Siehe oben IV. 1. a.
136 BVerfG, Beschluss vom 26.6.2002 – 1 BvR 558/91 u.a., E 105, S. 252 (269, 271 f.) = NJW 2002, S. 2621 (2623 f.); BVerfG, Beschluss vom 26.6.2002 – 1 BvR 670/91, E 105, S. 279 (302, 307) = NJW 2002, S. 2626 (2629 f.).
137 BVerfG, Urteil vom 2.3.1977 – 2 BvE 1/76, E 44, S. 125 (147) = NJW 1977, S. 751 (753).

Regierung.[138] Während der Verwaltung durchaus eine nicht zu vernachlässigende Rolle für die Erhaltung des staatsbürgerlichen Grundkonsenses zugeschrieben werden kann, ist diese primär durch die gesetzestreue Aufgabenwahrnehmung zu erfüllen.[139] Die Funktion, abstrakte Informationsdefizite auszugleichen und durch möglichst vollständige Information Glaubwürdigkeit zu gewinnen, fällt ihr aber kaum zu. Der weit verstandene Aufgabenbezug regierungsamtlicher Information ist deshalb im Rahmen der behördlichen Publikumsinformation durch eine strenge Aufgabenakzessorietät zu ersetzen: Stellen der öffentlichen Verwaltung dürfen (grundsätzlich)[140] nicht weit im Vorfeld der konkreten Aufgabenwahrnehmung informieren. Ein Ausgreifen in fremde Kompetenzbereiche ist unzulässig.

Auf die Äußerungen *politischer* Amtsträger zugeschnitten ist die obergerichtliche und verfassungsgerichtliche Rechtsprechung zu dem Gebot staatlicher Neutralität. Die Gerichte schaffen in dem Zusammenhang einen gleitenden Maßstab für die Zulässigkeit amtlicher Publikumsinformationen: Abhängig davon, wer die betreffende Äußerung tätigt, wen die Äußerung betrifft und in welchem Kontext die Äußerung fiel, entfaltet das Neutralitätsgebot unterschiedliche Konsequenzen.[141] Eine wichtige Rolle spielt ferner der Zeitpunkt der Äußerung.[142] Bestimmend ist dabei die Prämisse, dass politische Amtsträger auch nach ihrer Wahl nicht zu einem *politischen Neutrum* mutieren, sondern inhärent politisch agieren. Kaum mit dem politischen Prozess der (Parteien-)Demokratie des Grundgesetzes vereinbar wäre folglich ein Gebot strikter politischer Neutralität – gerichtet an

---

138 BVerfG, Beschluss vom 26.6.2002 – 1 BvR 558/91 u.a., E 105, S. 252 (269, 271) = NJW 2002, S. 2621 (2623); BVerfG, Beschluss vom 26.6.2002 – 1 BvR 670/91, E 105, S. 279 (302, 307) = NJW 2002, S. 2626 (2629, 2630).
139 Treffend *Gärditz*, Unbedingte Neutralität? Zur Zulässigkeit amtlicher Aufrufe zu Gegendemonstrationen durch kommunale Wahlbeamte, NWVBl 2015, S. 165 (168): „Berufsbeamte […] werden […] in den Dienst des demokratischen Systems gestellt, in dem demokratische Macht nur in den Formen des Rechts ausgeübt wird."
140 Etwas anderes gilt – mit Blick auf Art. 28 Abs. 2 S. 1 GG – für die Kommunen, siehe *Schoch*, Fn. 112, S. 78 ff.
141 So die Rspr. des BVerfG zusammenfassend *Payandeh*, Fn. 132, S. 523 f. m. w. Nachw. – Für die konsequente Anwendung einer Je-Desto-Formel *Möstl*, Demokratische Willensbildung und Hoheitsträger. Grund und Grenzen öffentlicher Äußerungsbefugnisse von Repräsentanten des Staates, in: Uhle (Hrsg.), Information und Einflussnahme, 2018, S. 49 (73 ff.).
142 Grundlegend BVerfG, Urteil vom 2.3.1977 – 2 BvE 1/76, E 44, S. 125 (152 f.) = NJW 1977, S. 751 (754).

politische Amtsträger.[143] Die gesetzlich weitgehend programmierte Verwaltung und damit auch die Polizei hat staatliche Aufgaben dagegen *ausnahmslos neutral* zu verrichten:[144] Denn im Unterschied zu politischen Amtswaltern erfolgt schon die Auswahl der Berufsbeamten nicht in einem politischen Prozess, sondern nach dem Leistungsprinzip (Art. 33 Abs. 2 GG).[145] Die Rechts- und Verfassungsbindung der Exekutive (Art. 20 Abs. 3 GG) verbietet anschließend andere als gesetzliche Verhaltensdirektiven der Verwaltung. Sichergestellt ist dies durch die rechtliche Steuerung des Ermessens, die verwaltungsverfahrensrechtlichen Befangenheitsregeln (§§ 20, 21 VwVfG) sowie die Bindung an den allgemeinen Gleichheitssatz (Art. 3 Abs. 1 GG).[146] Nicht zuletzt unterliegen die Beamten den besonderen beamtenrechtlichen Neutralitätspflichten: Das Gebot der politischen Neutralität gehört nicht nur zu den Grundsätzen des Berufsbeamtentums (Art. 33 Abs. 5 GG), § 60 Abs. 1 Satz 2 Bundesbeamtengesetz und § 33 Abs. 1 Satz 2 Beamtenstatusgesetz kodifizieren die Pflicht aller Berufsbeamten, „ihre Aufgaben unparteiisch und gerecht zu erfüllen und ihr Amt zum Wohl der Allgemeinheit zu führen".[147]

Nach dieser Differenzierung unterliegt die polizeiliche Öffentlichkeitsarbeit – verglichen mit dem Informationshandeln von Regierung und gesetzgebenden Körperschaften – strengen Anforderungen: An die Stelle der Wahrung des Aufgabenbezugs tritt die Aufgabenakzessorietät. Das Gebot staatlicher Neutralität wirkt strikt, nichts anderes kann für die Sachlichkeit und Richtigkeit polizeilicher Information gelten. Bei der Information zur polizeilichen Aufgabenwahrnehmung sind außerdem der Tatbestand der polizeilichen Generalklausel, bzw. einer anderen, u.U. zur Verfügung stehenden Ermächtigungsgrundlage sowie das Übermaßverbot[148] auf Rechtsfolgenebene zu beachten. Dementsprechend geht die Aufgaben-

---

143 Siehe bereits das Sondervotum *Rottmann* zu BVerfG, Urteil vom 2.3.1977 – 2 BvE 1/76, E 44, S. 125 (181 ff.) = NJW 1977, S. 751 (758 ff.); mit Blick auf das Amt des Bundespräsidenten zwischenzeitlich BVerfG, Urteil vom 10.6.2014 – 2 BvE 4/13, E 136, S. 323 Rn. 30 ff. = NVwZ 2014, S. 1156 Tz. 27 ff.; zu den Neutralitätspflichten des (Ober-)Bürgermeisters OVG NRW, Urteil vom 4.11.2016 – 15 A 2293/15, NVwZ 2017, S. 1316 Tz. 60. – Aus der Literatur *Payandeh*, Fn. 132, S. 529 ff.; *Gärditz*, Fn. 139, S. 167 f.; *Möstl*, Fn. 141, S. 69 ff.
144 Ähnlich *Ingold*, Fn. 98, S. 262 f.
145 Darauf hinweisend *Payandeh*, Fn. 132, S. 532.
146 *Payandeh*, Fn. 132, S. 530; *Gärditz*, Fn. 139, S. 168.
147 *Payandeh*, Fn. 132, S. 538 m. w. Nachw.
148 Gesetzliche Konkretisierungen des Landesrechts: § 5 PolG BW; Art. 4 BayPAG, Art. 8 BayLStVG; § 11 ASOG Bln; § 3 BbgPolG, § 14 BbgOBG; § 3 BremPolG; § 4 HmbSOG; § 4 HessSOG; § 15 SOG MV; § 4 NdsSOG; § 2 PolG NRW, § 15 OBG NRW; § 2 POG RP; § 2 PolG SL; § 3 Abs. 2–4 SächsPolG; § 5 SOG LSA; § 73 Abs. 2, 3 LVwG SH; § 4 ThürPAG, § 6 ThürOBG. – Für den Bund: § 15 BPolG.

akzessorietät hier in der Prüfung des (jeweiligen) Tatbestands auf; dies ist etwa bei Fahndungsaufrufen i.S.v. §§ 131 ff. Strafprozessordnung (StPO)[149] der Fall.

aa. Aufgabenakzessorietät

Die Wahrung der Aufgabenakzessorietät als Rechtmäßigkeitsbedingung polizeilicher Öffentlichkeitsarbeit verlangt primär einen erkennbaren Zusammenhang polizeilicher Verlautbarungen mit der Abwehr von Gefahren für die öffentliche Sicherheit oder Ordnung. Nicht zu fordern ist bei der Information über polizeiliche Tätigkeit dagegen das Bestehen einer konkreten Gefahr im Sinne der polizeilichen Generalklausel. Die äußere Grenze der Aufgabenakzessorietät markieren fremde behördliche Kompetenzen zur Sachaufgabenerledigung: Jeder Übergriff in die Zuständigkeit etwa der Gewerbeaufsichtsämter, Straßenverkehrsbehörden oder Versammlungsbehörden durch polizeiliches Informationshandeln verbietet sich[150] – selbst wenn die betreffende Polizeibehörde nach Landesrecht bspw. zuständige Versammlungsbehörde[151] sein sollte. Obliegt die Gefahrenabwehr im Versammlungsrecht der Versammlungsbehörde, so fällt die entsprechende Aufgabe zu behördlicher Öffentlichkeitsarbeit allein in ihre sachliche Zuständigkeit. Entsprechende Akte behördlicher Öffentlichkeitsarbeit müssen folglich unter, mindestens jedoch im Namen der zuständigen Behörde erfolgen.

Problematisch ist unter diesen Voraussetzungen der weit gefasste thematische Schwerpunkt *Bürgerservice*: Überspannt ist nicht nur der Bezug zur Gefahrenabwehr, der Bereich greift auch in fremde Sachkompetenzen etwa der Straßenverkehrsbehörden ein. Nichts anderes gilt für die polizeiliche Berichterstattung über Demonstrationen und Tweets, die allenfalls unterhaltsam sind (oder sein wollen). Zulässig sind dagegen Beiträge zur polizeilichen Selbstdarstellung und Einsatzberichte. In einen Graubereich fallen die polizeiliche Positionierung in gesellschaftlichen Kontexten[152] sowie – je nach thematischer Ausrichtung – polizeiliche Beiträge zum Thema *Bewusstseinsbildung*.

---

149 Siehe zur polizeilichen Zuständigkeit *Schmitt*, in: Meyer-Goßner/Schmitt (Hrsg.), Strafprozessordnung, 2019, § 163 Rn. 34. – Weiterführend und mit dem Hinweis auf Probleme des Datenschutzes *Caspar*, Fn. 23, S. 15f.
150 Näher zur sachlichen Zuständigkeit *Schoch*, Fn. 119, Kap. 1 Rn. 858 ff.
151 Dies ist etwa in Baden-Württemberg der Fall, siehe § 1 Abs. 1 VersGZuVO.
152 Eingehend im Zusammenhang mit kommunalen Wahlbeamten *Gärditz*, Fn. 139, S. 170.

bb. Neutralität

Das Gebot strikter Neutralität polizeilicher Öffentlichkeitsarbeit entfaltet auf Twitter Konsequenzen für die inhaltliche Positionierung speziell durch „Liking", „Sharing" und „Following":[153] Wenn sich die Polizei jeder politischen, religiösen und sonstigen Parteinahme zu enthalten hat, stehen diese Funktionen polizeilichen Stellen nur äußerst eingeschränkt zur Verfügung. Vor allem das Folgen anderer Profile zeigt eine grundsätzliche Billigung der betreffenden Inhalte und erscheint deshalb lediglich mit Blick auf andere staatliche Stellen unbedenklich.[154]

cc. Sachlichkeit

Nach dem Sachlichkeitsgebot sind staatliche Informationen „mit angemessener Zurückhaltung zu formulieren".[155] Nicht vereinbar mit diesem Grundsatz sind neben „diffamierenden oder verfälschenden Darstellungen"[156] unsachliche oder herabsetzende Formulierungen.[157] Ironische Antworten, Kraftausdrücke und die Übernahme social-media-spezifischer Sprachphänomene („Vong")[158] stehen hiermit nicht in Einklang. Bedenklich ist darüber hinaus die pronominale Anrede mit „Du":[159] Der Wissenschaftliche Dienst des Deutschen Bundestags bringt mit der Praxis neben Amtspflichtverletzungen sogar (daraus resultierende) Schadensersatzansprüche in Verbindung.[160] Zu erinnern ist außerdem daran, dass auch

---

[153] Siehe oben II. 1. – Dazu auch *Milker*, Die Polizei auf Twitter – Brauchen wir ein Social-Media-Gesetz für staatliche Stellen?, NVwZ 2018, S. 1751 (1754 f.).

[154] Zum „Folgeverhalten" der Polizei Frankfurt siehe oben III. 2. a.; für eine umfassende Auswertung siehe *Reuter et al.*, Fn. 21.

[155] BVerfG, Beschluss vom 26.6.2002 – 1 BvR 558/91 u.a., E 105, S. 252 (272) = NJW 2002, S. 2621 (2624).

[156] BVerfG, Beschluss vom 26.6.2002 – 1 BvR 670/91, E 105, S. 279 (295) = NJW 2002, S. 2626 (2627).

[157] *Gusy*, Fn. 109, § 23 Rn. 109.

[158] Mit realen Fallbeispielen *Fanta*, Twitter und die Hauptstadtbullen: Darf die Polizei eigentlich Ironie?, 7.3.2018, abrufbar im Internet unter https://netzpolitik.org/2018/twitter-und-die-hauptstadtbullen-darf-die-polizei-eigentlich-ironie/ (letzter Zugriff 22.1.2020); außerdem *Mast*, WTF, hier spricht die Polizei!!!, 8.3.2017, abrufbar im Internet unter https://www.juwiss.de/27-2017/ (letzter Zugriff 22.1.2020).

[159] Siehe oben III. 2. c.

[160] Ausarbeitung der *Wissenschaftlichen Dienste des Deutschen Bundestags*, Öffentlichkeitsarbeit von Polizeibehörden in sozialen Medien, WD 3-3000-157/15, S. 10 f. m. w. Nachw.

Polizisten als Adressaten einer Ansprache (zu Recht) Wert auf förmlichen Umgang legen – und auf das „Du" gegebenenfalls mit einer Anzeige reagieren.[161]

dd. Richtigkeit

Richtig sind staatliche Informationen, wenn sie in der Sache zutreffen, d.h. mit der Realität übereinstimmen.[162] Insofern problematisch erweist sich auf Twitter vor allem die polizeiliche Echtzeitberichterstattung bspw. über Polizeieinsätze oder Demonstrationen.[163] Denn entsprechende Äußerungen, in enger zeitlicher Nähe zu dem betreffenden Vorgang in sozialen Medien rasch verbreitet, sind vor ihrer Veröffentlichung schwer zu verifizieren und damit besonders fehleranfällig.[164] Das Gebot der Richtigkeit staatlichen Informationshandelns bedingt Mindestanforderungen an die notwendige Sorgfalt im Rahmen der polizeilichen Öffentlichkeitsarbeit. Unverzichtbar ist dementsprechend eine gesicherte Tatsachengrundlage. Unzulässig ist die Äußerung bloßer, als solche nicht kenntlichgemachter Vermutungen. Kommt es dennoch zur Verbreitung falscher Informationen, sind diese richtigzustellen.

ee. Fazit

Schon die allgemeinen Anforderungen an staatliches Informationshandeln zeigen: Die Kommunikationslogik der sozialen Netzwerke ist nicht unbesehen auf die polizeiliche Öffentlichkeitsarbeit zu übertragen. Die Aufgabenakzessorietät grenzt das mögliche Themenspektrum ein. Die Neutralität setzt dem Following, Sharing und Liking enge Grenzen. Die Sachlichkeit bestimmt den zu wählenden Ton und die Richtigkeit verlangt stets eine gesicherte Tatsachengrundlage. Wenn die Polizei München dennoch zu der Auffassung gelangt, Social Media funktio-

---

161 Aus der Vergangenheit: Sag' doch nicht „Du" zu mir, DIE ZEIT vom 17.9.1976, und *spiegel.de*, Dieter Bohlen darf Polizisten Duzen, 8.2.2006, abrufbar im Internet unter https://www.spiegel.de/panorama/gesellschaft/gerichtsbeschluss-dieter-bohlen-darf-polizisten-duzen-a-399643.html (letzter Zugriff 22.1.2020).
162 Ausführliche Würdigung im Kontext polizeilicher Öffentlichkeitsarbeit bei VG Düsseldorf, Urteil vom 6.6.2019 – 18 K 16606/17, K & R 2019, S. 673 (675).
163 So *Krischok*, Fn. 25, S. 244: „Die Wahrung der Richtigkeit ist bei herausfordernden Lagen, wie großen Demonstrationen, unter den Anforderungen eines Echtzeitmediums wie Twitter eine kaum zu leistende Herausforderung."
164 Beispiele aus dem Realbereich bei *Reuter*, Fn. 22.

niere „nur auf emotionaler Basis" und auf Anfrage mitteilt, es sei daher notwendig, „in regelmäßigen, wohlausgewogenen Abständen bewusst diesen Mechanismus zu bedienen",[165] dann ignoriert sie ihre (Verfassungs-)Rechtsbindung.

b. Grundrechte: Eingriff und Gesetzesvorbehalt

Im Fokus der jüngeren Rechtsprechung zur polizeilichen Öffentlichkeitsarbeit stehen neben den allgemeinen Anforderungen an staatliches Informationshandeln (prozessual bedingt) die Grundrechte: Mit dem staatlichen Informationshandeln in sozialen Netzwerken können im Einzelfall Eingriffe in die Freiheitsrechte des GG verbunden sein. Mit Blick auf die Praxis polizeilicher Twitter-Präsenzen (Echtzeitberichterstattung über Demonstrationen, Einsatzberichte, Veröffentlichung von Lichtbildern)[166] verdienen die Versammlungsfreiheit (Art. 8 Abs. 1 GG) und das allgemeine Persönlichkeitsrecht (Art. 2 Abs. 1 i.V.m. Art. 1 Abs. 1 GG) besondere Aufmerksamkeit.[167]

Den Dreh- und Angelpunkt bildet die Frage nach den Voraussetzungen des Grundrechtseingriffs als „Kardinalproblem"[168] nicht regelnder staatlicher Handlungen. Beobachter konstatieren, das Bild der Rechtsprechung zur Eingriffsqualität behördlichen Informationshandelns sei bunt, und dogmatische Ansatzpunkte schienen „eher zufällig an faktische Besonderheiten einzelner Fälle geknüpft".[169] Vorliegend von Interesse ist allerdings nur die in der Rechtsprechung des BVerfG wiederkehrende Figur des „funktionalen Äquivalents", denn sie ist auslösender Faktor des Gesetzesvorbehalts. Von einem solchen „funktionalen Äquivalent" ist die Rede, sofern staatliches Informationshandeln „in seiner Zielsetzung und seinen mittelbar-faktischen Wirkungen" einem Eingriff gleichkommt.[170] Zwar gibt

---

165 *Fanta*, Fn. 158.
166 Siehe oben III. 2. b. und c.
167 Ebenso Ausarbeitung der *Wissenschaftlichen Dienste des Deutschen Bundestags*, Öffentlichkeitsarbeit von Polizeibehörden in sozialen Medien, WD 3-3000-157/15, S. 11 ff.
168 *Di Fabio*, Grundrechte im präzeptoralen Staat am Beispiel hoheitlicher Informationstätigkeit, JZ 1993, S. 689 (694).
169 So *Robbers*, Behördliche Auskünfte und Warnungen gegenüber der Öffentlichkeit, AfP 1990, S. 84. – Vorgeworfen wird dem BVerfG die Entwicklung einer „Sonderdogmatik", siehe *Schoch*, Fn. 88, § 37 Rn. 113; *Huber*, Die Informationstätigkeit der öffentlichen Hand – ein grundrechtliches Sonderregime aus Karlsruhe?, JZ 2003, S. 290.
170 Zuletzt BVerfG, Beschluss vom 21.3.2018 – 1 BvF 1/13, E 148, S. 40 Rn. 28 = NJW 2018, S. 2109 Tz. 28.

die „tautologieverdächtig[e]" Formulierung[171] kaum Auskunft über konkrete Kriterien. Der älteren Rechtsprechung ist aber zu entnehmen, ein Grundrechtseingriff liege dann vor, „wenn (1) unter Inanspruchnahme staatlicher Autorität, (2) beabsichtigt und zielgerichtet oder vorhersehbar und in Kauf genommen (3) schwerwiegende Einbußen grundrechtlich geschützter Freiheit herbeigeführt werden".[172]

Dies bedeutet für die polizeiliche Öffentlichkeitsarbeit auf Twitter, dass zum einen die Verbreitung von Beiträgen über Versammlungen nur in engen Grenzen zulässig ist. Entfalten entsprechende Tweets einen abschreckenden Charakter gegen die Versammlungsteilnahme oder sind dem Beitrag Lichtbildaufnahmen der Versammlung angefügt, so ist die Maßnahme als Grundrechtseingriff zu werten.[173] Zutreffend ist in diesem Zusammenhang erkannt worden, dass daran die Zielrichtung betreffender Lichtbildaufnahmen zur Öffentlichkeitsarbeit in sozialen Netzwerken (im Sinne der Transparenz polizeilicher Aufgabenwahrnehmung) nichts ändert: Der „Abschreckungs- und Einschüchterungseffekt" erfährt vielmehr eine Vertiefung, denn

> „die Versammlungsteilnehmer müssen [...] mit einem erheblich gesteigerten Verbreitungsgrad der Lichtbilder und einem entsprechend breiten [...] Bekanntwerden ihrer Versammlungsteilnahme rechnen".[174]

Zum anderen greifen identifizierende Veröffentlichungen, die sich erkennbar auf einzelne Personen beziehen oder aber den Rückschluss auf ihre Identität durch eindeutige Sachverhaltsbeschreibungen zulassen, in das allgemeine Persönlichkeitsrecht ein.[175] Insbesondere die Schilderung von Polizeieinsätzen und Versammlungsverläufen sowie die Veröffentlichung selbst verfremdeter Aufnahmen

---

171 *Bethge*, Mittelbare Grundrechtsbeeinträchtigungen, in: Merten/Papier (Hrsg), Handbuch der Grundrechte, Band 3, 2009, § 58 Rn. 22 zu einer inhaltsgleichen Formulierung des BVerfG.
172 So zusammenfassend *Schoch*, Die Schwierigkeiten des BVerfG mit der Bewältigung staatlichen Informationshandelns, NVwZ 2011, S. 193 (195) m. w. Nachw.
173 Ausführlich VG Gelsenkirchen, Urteil vom 23.10.2018 – 14 K 3543/18, AfP 2018, S. 552 Tz. 60ff.; bestätigt durch OVG NRW, Urteil vom 17.9.2019 – 15 A 4753/18, K & R 2019, S. 824f., insbesondere S. 825: „Dabei ist die Anfertigung von Übersichtsaufzeichnungen von einer Versammlung mit Foto- und/oder Videotechnik nach dem heutigen Stand der Technik für die Aufgezeichneten immer ein Grundrechtseingriff [...]." – Aus der Literatur: *Gawlas/Pichl/Röhner*, Fn. 50, S. 367; *Ingold*, Fn. 98, S. 255. – (Real-)Beispiele bei *Monroy*, Betont lässiger Auftritt der Polizei auf Twitter häufig rechtswidrig, 6.7.2015, abrufbar im Internet unter https://netzpolitik.org/2015/betont-laessiger-auftritt-der-polizei-auf-twitter-haeufig-rechtswidrig/ (letzter Zugriff 22.1.2020).
174 OVG NRW, Urteil vom 17.9.2019 – 15 A 4753/18, K & R 2019, S. 824 (825f.).
175 *Caspar*, Fn. 23, S. 16f.; *Gawlas/Pichl/Röhner*, Fn. 50, S. 366.

einzelner Personen in Zusammenhang mit polizeilichen Maßnahmen unterliegen damit unter Umständen dem Rechtfertigungszwang des Grundrechtseingriffs – und dem Vorbehalt des Gesetzes.[176]

Während die Polizei bei der Information zur Wahrnehmung polizeilicher Aufgaben durchaus auf entsprechende Normen des Fachrechts (bspw. §§ 131 ff. StPO) zurückgreifen kann, stellen weder das Kunsturhebergesetz noch das Presse- oder Datenschutzrecht eine Grundlage zur grundrechtsinvasiven Information über polizeiliche Tätigkeiten zur Verfügung.[177] Ebenso wenig ist von der polizeilichen Aufgabe zur Öffentlichkeitsarbeit auf die Befugnis zu Grundrechtseingriffen zu schließen.[178] Im Rahmen von Versammlungen ist außerdem § 12a Abs. 1 Versammlungsgesetz (VersG)[179] zu beachten, der abschließend die Zulässigkeit von „Bild- und Tonaufnahmen von Teilnehmern bei oder im Zusammenhang mit öffentlichen Versammlungen" bei tatsächlichen Anhaltspunkten für erhebliche Gefahren für die öffentliche Sicherheit oder Ordnung regelt: Nach dem Grundsatz der „Polizeifestigkeit" des Versammlungsrechts verbietet sich in diesem Kontext nicht nur der Rückgriff auf andere – ohnehin nicht existente – Ermächtigungsgrundlagen, auch die Voraussetzungen des § 12a Abs. 1 VersG liegen im Rahmen der Öffentlichkeitsarbeit „ersichtlich [...] nicht vor".[180]

Im Ergebnis statuiert der Eingriff in Grundrechte eine zwar einzelfallspezifische, aber – mangels einer dem Vorbehalt des Gesetzes genügenden Ermächtigungsgrundlage – absolute Grenze für die polizeiliche Information zur Selbstdarstellung.

---

176 Dies ist etwa der Fall, wenn die Polizei Frankfurt ein Bild einer „schwedische[n] Rockband" veröffentlicht und aus dem Beitrag Zeitpunkt und ungefährer Ort der Aufnahme hervorgehen, siehe https://twitter.com/Polizei_Ffm/status/1132568517893656582 (letzter Zugriff 22.1.2020).

177 Ausführlich im Kontext des Art. 8 Abs. 1 GG VG Gelsenkirchen, Urteil vom 23.10.2018 – 14 K 3543/18, AfP 2018, S. 552 Tz. 78 ff.; dies bestätigend OVG NRW, Urteil vom 17.9.2019 – 15 A 4753/18, K & R 2019, S. 824 (827) zu § 23 Abs. 1 Nr. 3 KUG: „Diese Vorschrift ist ersichtlich nicht auf hoheitliche Maßnahmen zugeschnitten, bei denen ein grundrechtlicher Schutz des staatlichen Akteurs von vornherein nicht in Betracht kommt."

178 Statt vieler *Schoch*, Fn. 88, § 37 Rn. 112. – Ebenso, da in Lichtbildaufnahmen zur polizeilichen Öffentlichkeitsarbeit ein „funktionales Äquivalent" erkennend OVG NRW, Urteil vom 17.9.2019 – 15 A 4753/18, K & R 2019, S. 824 (828).

179 Das Versammlungsgesetz des Bundes gilt gem. Art. 125a Abs. 1 Satz 1 GG in den Ländern fort, die (noch) kein Landesversammlungsgesetz erlassen haben.

180 VG Gelsenkirchen, Urteil vom 23.10.2018 – 14 K 3543/18, AfP 2018, S. 552 Tz. 79 bis 81; dies bestätigend und mit differenzierter Begründung insbesondere zum abschließenden Charakter des § 12a Abs. 1 VersG OVG NRW, Urteil vom 17.9.2019 – 15 A 4753/18, K & R 2019, S. 824 (826 f.). – Dazu auch *Ingold*, Fn. 98, S. 255.

c. Verhältnis zur gesellschaftlichen Selbstorganisation

Ins Verhältnis zu setzen ist die polizeiliche Öffentlichkeitsarbeit schließlich mit dem Vorrang der freien gesellschaftlichen Organisation von Kommunikationsprozessen[181]: Das Grundgesetz geht von der Unterscheidung zwischen der Willensbildung des Volkes und der Bildung des staatlichen Willens durch seine verfassten Organe aus.[182] Konsequenz ist, dass der Prozess der Meinungs- und Willensbildung des Volkes grundsätzlich staatsfrei bleiben muss.[183] Gleichwohl markiert die Verfassung keine trennscharfe Linie; sie kennt kein Schwarz und kein Weiß, sondern zeichnet Schattierungen: Die „Willensbildung des Volkes und [die] staatliche Willensbildung sind auf vielfältige Weise miteinander verschränkt".[184] In Erinnerung zu rufen ist etwa die Angewiesenheit des Einzelnen – und der Gesellschaft – auf staatliche Informationen. Ohne Zweifel trägt die Öffentlichkeitsarbeit in sozialen Netzwerken wie Twitter in diesem Sinne zu größerer Transparenz der polizeilichen Arbeit bei. Die Polizei kann im Wege der Publikumsinformation auf Twitter eine gesicherte Tatsachengrundlage schaffen, Fehlinformationen über polizeiliches Handeln entgegentreten und so in der Tat Informationen zur Verfügung stellen, die „die Bürger zur eigenverantwortlichen Mitwirkung an der Problembewältigung" in der Demokratie benötigen.[185]

Unverrückbar bleibt aber der Grundsatz: In einer Demokratie vollzieht sich die Willensbildung vom Volk zum Staat, nicht umgekehrt.[186] Problematisch ist die Praxis polizeilicher Öffentlichkeitsarbeit deshalb vor dem Hintergrund ihrer Selektivität, kaum weniger bedenklich ist in dem Zusammenhang das Streben der Polizei nach Deutungshoheit.[187] Zwar ist die redaktionelle Auswahl potenzieller Inhalte im Rahmen der Öffentlichkeitsarbeit unvermeidlich, stets verbunden sind mit dem Prozess indes Wertungen:[188] Wertfreie behördliche Öffentlichkeitsarbeit

---

181 *Ladeur*, Fn. 126, S. 7.
182 BVerfG, Urteil vom 19.7.1966 – 2 BvF 1/65, E 20, S. 56 (98) = NJW 1966, S. 1499 (1503).
183 BVerfG, Urteil vom 19.7.1966 – 2 BvF 1/65, E 20, S. 56 (99) = NJW 1966, S. 1499 (1503).
184 BVerfG, Urteil vom 19.7.1966 – 2 BvF 1/65, E 20, S. 56 (99) = NJW 1966, S. 1499 (1503).
185 BVerfG, Beschluss vom 26.6.2002 – 1 BvR 558/91 u.a., E 105, S. 252 (269) = NJW 2002, S. 2621 (2623).
186 BVerfG, Urteil vom 19.7.1966 – 2 BvF 1/65, E 20, S. 56 (99) = NJW 1966, S. 1499 (1503).
187 Kritisch zur Deutungsmacht der Polizei *Belina*, Wie Polizei Raum und Gesellschaft gestaltet, in: Loick (Hrsg.), Kritik der Polizei, 2018, S. 119 (123 f.).
188 *Bröckling* (Fn. 49) berichtet bspw., dass „überproportional oft im Vergleich mit anderen Delikten zu Drogen- und Sexualstrafdelikten getwittert" werde.

ist eine Fiktion. Die damit verbundene (subtile) Einflussnahme auf den Prozess freier öffentlicher Meinungsbildung ist nur in Kauf zu nehmen, solange sich die Polizei nicht zu einem dominanten Akteur in der gesellschaftlichen Diskussion über polizeiliches Verhalten aufschwingt. Die Polizei kann folglich niemals die Deutungshoheit über ihr Handeln beanspruchen. Die Deutungshoheit, verstanden als Prärogativ der maßgeblichen Interpretation und Bewertung von Fakten, liegt bei der Gesellschaft.

Zu gewärtigen ist mit Blick auf die Medienfreiheiten überdies eine Gefahr für die tatsächlichen Ausübungsbedingungen des Art. 5 Abs. 1 Satz 2 GG: Intensive polizeiliche Öffentlichkeitsarbeit tritt faktisch in Konkurrenz zu den Medien[189] und kann deren institutionelle Eigenständigkeit bedrohen. Polizeiliche Quellen werden meist privilegiert behandelt und bilden – mitunter ungeprüft – die Grundlage journalistischer Recherchen.[190] Die Vergangenheit zeigt, dass sich die Polizei so nicht unwesentlich an der Polarisierung gesellschaftlicher Debatten beteiligen und die Bildung sogenannter Echokammern[191] in sozialen Netzwerken begünstigen kann.[192]

Das Verhältnis zwischen polizeilicher Öffentlichkeitsarbeit und freier Meinungsbildung ist damit komplex und von den im Einzelfall gegenläufigen Direktiven staatlicher Transparenz einerseits und Staatsfreiheit der Meinungsbildung andererseits bestimmt. Die Lösung dieses Spannungsverhältnisses ist keineswegs trivial und sollte sich letztlich an dem Leitbild der praktischen Konkordanz orientieren: Die polizeiliche Öffentlichkeitsarbeit muss „sowohl mit der Gewährleistung der Information der Bürger als auch mit dem Vorrang gesellschaftlicher Organisation von Kommunikationsprozessen vereinbar" sein.[193]

---

189 Dazu *Friehe*, Facebook, Twitter und Regierung. Neue Medien und regierungsamtliche Kommunikation zwischen Öffentlichkeitsarbeit und Parteipolitik, in: Uhle , Fn. 141, S. 81 (92 ff.).

190 *Ladeur*, Fn. 126, S. 5. – Anfällig hierfür sind nicht (mehr) nur kleinere und mittlere Zeitungen, siehe die Analyse anhand der Berichterstattung über die G20-Proteste in Hamburg 2017 bei *Ulrich*, Eskalation. Dynamiken der Gewalt im Kontext der G20-Proteste in Hamburg 2017, Forschungsbericht, 2018, S. 70.

191 Zum Begriff *Schemmel*, Soziale Netzwerke in der Demokratie des Grundgesetzes, Der Staat 57 (2018), S. 501 (507).

192 Ausführlich und auf Grundlage einer detaillierten Datenanalyse *Ulrich*, Fn. 190, S. 66 ff.

193 *Ladeur*, Fn. 126, S. 7.

3. Blockieren einzelner Nutzer auf Twitter

Allein das Polizeipräsidium Frankfurt am Main blockiert über 130 Nutzerkonten.[194] In der Sache ist das Blockieren einzelner Nutzer eine staatliche Reaktion auf individuelles Verhalten; für die Betroffenen bedeutet die Maßnahme den Ausschluss von polizeilicher Information und Kommunikation. Aufgeworfen ist damit die Frage nach der Grundrechtsrelevanz und den Voraussetzungen des Blockierens durch staatliche Stellen: Denn während sich das Nutzungsverhältnis der Betroffenen mit dem Unternehmen Twitter Inc. nach Privatrecht richtet, bleibt die Beziehung zwischen Polizei und (twitternden) Bürgern auch in dem sozialen Netzwerk eine öffentlich-rechtliche und ist damit maßgeblich verfassungsrechtlich determiniert.[195]

Die wichtigste Konsequenz dieser Weichenstellung ist das prinzipielle Zugangsrecht aller Twitter-Nutzer zu den behördlichen Konten gemäß Art. 3 Abs. 1 GG in Verbindung mit der Selbstbindung der Verwaltung:[196] Bei den polizeilichen Twitter-Auftritten handelt es sich um öffentliche Einrichtungen. Die Präsenzen sind jedenfalls personelle oder organisatorische Einheiten zur Benutzung durch die Allgemeinheit, und mit dem Betrieb der frei zugänglichen Accounts widmen die Polizeibehörden diese „konkludent der Öffentlichkeit als Informations- und [...] Kommunikationsplattform".[197] Deutliche Züge nimmt die Widmung (meist) in Form einer sogenannten „Netiquette" an. Faktisch geht es dabei um eine Benutzungsordnung der öffentlichen Einrichtung,[198] für den Ausschluss einzelner Benutzer kann die „Netiquette" aber nur Anhaltspunkte bieten und ist verfassungskonform auszulegen.[199] So bestimmt etwa die Netiquette der Polizei Hessen, dass auf ihren Social-Media-Präsenzen (1) auf „Beleidigungen, Verleumdungen, üble Nachrede und Provokation [usw.]" sowie (2) auf „kommerzielle Beiträge" zu ver-

---

194   Stand März 2018, siehe *Fanta*, Parlamentsgutachten rügt Polizei für Blockieren von Nutzern auf Twitter, 9.3.2018, abrufbar im Internet unter https://netzpolitik.org/2018/parlamentsgutachten-ruegt-polizei-fuer-blockieren-von-nutzern-auf-twitter/ (letzter Zugriff 22.1.2020).
195   *Friehe*, Fn. 189, S. 96.
196   VG München, Urteil vom 27.10.2017 – M 26 K 16.5928, MMR 2018, S. 418 Tz. 17; VG Mainz, Urteil vom 13.4.2018 – 4 K 762/17.MZ, MMR 2018, S. 556 Tz. 74; ebenso *Milker*, Fn. 153, S. 1754.
197   Grundlegend *Kalscheuer/Jacobsen*, Das digitale Hausrecht von Hoheitsträgern, NJW 2018, S. 2358 (2360); außerdem *Milker*, Fn. 153, S. 1753 f. – Aus der Rechtsprechung: VG München, Urteil vom 27.10.2017 – M 26 K 16.5928, MMR 2018, S. 418 Tz. 12; VG Mainz, Urteil vom 13.4.2018 – 4 K 762/17.MZ, MMR 2018, S. 556 Tz. 74 (beide zu öffentlich-rechtlichen Rundfunkanstalten).
198   VG München, Urteil vom 27.10.2017 – M 26 K 16.5928, MMR 2018, S. 418 Tz. 12; VG Mainz, Urteil vom 13.4.2018 – 4 K 762/17.MZ, MMR 2018, S. 556 Tz. 80.
199   VG München, Urteil vom 27.10.2017 – M 26 K 16.5928, MMR 2018, S. 418 Tz. 15; *Milker*, Fn. 153, S. 1754.

zichten sei, ferner (3) „Erwähnungen und Kommentare einen sachlichen Bezug" zu dem betreffenden Tweet der Polizei oder allgemein zu polizeilichen Themen haben sollten, und (4) grundsätzlich nur auf Deutsch kommuniziert werde. Bei Verstößen gegen diese Benutzungsordnung behält sich die Polizei Hessen vor, „den jeweiligen Nutzer künftig aus der Diskussion auszuschließen".[200]

Blockiert die Polizei bestimmte Nutzer, greift die Maßnahme vor diesem Hintergrund nicht nur in das Recht auf gleiche Teilhabe an öffentlichen Leistungen und Einrichtungen (Art. 3 Abs. 1 GG) ein. Sie verkürzt insbesondere die Meinungsfreiheit (Art. 5 Abs. 1 Satz 1 Alt. 1 GG) und die Informationsfreiheit (Art. 5 Abs. 1 Satz 1 Alt. 2 GG),[201] indem Betroffene von polizeilicher Kommunikation ausgeschlossen werden und damit nicht nur an der Äußerung ihrer Meinung in dem gewählten Kontext eines (konkreten) Twitter-Profils sowie der Beteiligung an dort geführten Diskussionen,[202] sondern auch an dem Empfang polizeilicher Information gehindert sind. Der (pragmatische) Hinweis auf die Möglichkeit, den Ausschluss unter Verwendung eines anderen (synonymen) Profils zu umgehen, ändert hieran nichts: Adressat der Maßnahme bleibt zum einen die handelnde Person als Kontoinhaber, nicht das jeweilige Nutzerkonto. In der Konsequenz setzt das Argument zum anderen die mangelnde Rechtstreue Betroffener voraus. Zwar vertretbar, aber kaum zwingend erscheint mit Blick auf die nicht unerhebliche Grundrechtsrelevanz des Blockierens deshalb das Ergebnis der Rechtsprechung, entsprechende Eingriffe könnten sich auf das *digitale Hausrecht* der jeweiligen Behörden stützen.[203] Folgt man den Gerichten,[204] so ist der Ausschluss einzelner Nutzer von dem Zugang zu polizeilichen Twitter-Präsenzen nur zulässig, sofern die Sperrung „dem Zweck der Sicherung des Nutzungszwecks des Kontos" entspricht und „darauf abzielt, künftige Störungen zu verhindern". Dementsprechend sind als Voraussetzungen einer Sperrung (1) Störungen der Aufgabenwahrnehmung bzw. des Nutzungszwecks durch den betreffenden Nutzer, (2) die Gefahr

---

200 *Polizei Hessen*, Netiquette in den sozialen Medien, 21.8.2018, abrufbar im Internet unter https://k.polizei.hessen.de/1830262738 (letzter Zugriff 22.1.2020).

201 *Kalscheuer/Jacobsen*, Fn. 197, S. 2359; Ausarbeitung der *Wissenschaftlichen Dienste des Deutschen Bundestags*, Zugang zur Öffentlichkeitsarbeit der Polizei in sozialen Medien („Twitter"), WD 3-3000-044/18, S. 3 f. – Jeweils mit Hinweis außerdem auf die Pressefreiheit (Art. 5 Abs. 1 Satz 2 GG).

202 VG Mainz, Urteil vom 13.4.2018 – 4 K 762/17.MZ, MMR 2018, S. 556 Tz. 77.

203 VG München, Urteil vom 27.10.2017 – M 26 K 16.5928, MMR 2018, S. 418 Tz. 19; VG Mainz, Urteil vom 13.4.2018 – 4 K 762/17.MZ, MMR 2018, S. 556 Tz. 81. – Die Ausarbeitung der *Wissenschaftlichen Dienste des Deutschen Bundestags*, Zugang zur Öffentlichkeitsarbeit der Polizei in sozialen Medien („Twitter"), WD 3-3000-044/18, S. 4 nennt dagegen die polizeiliche Generalklausel.

204 A.A. *Friehe*, Fn. 189, S. 97 f., 115 ff.

einer Wiederholung dieser Störungen sowie (3) die Wahrung des Übermaßverbots zu nennen.[205] Die Störungen müssen nachhaltig sein und die Sperrung muss in vorhersehbarer Weise erfolgen.[206]

Konkret ist das Blockieren einzelner Nutzer nur unter der besonderen Beachtung vor allem der Meinungsfreiheit zulässig: Das Tatbestandsmerkmal „nachhaltige Störungen" ist entlang der im Einzelfall betroffenen Grundrechte auszulegen. Eine nach Art. 5 Abs. 1 Satz 1 GG zulässige Meinungsäußerung kann entsprechend keine „Störung" begründen. Die Grenze zur Störung dürfte erst bei Schmähkritik und Formalbeleidigung überschritten sein oder – je nach Abwägungsergebnis – aufgrund entgegenstehender Grundrechte, bspw. des allgemeinen Persönlichkeitsrechts Dritter. Beschrieben sind mit diesen hohen Voraussetzungen aber keine *unabänderlichen* (Rechts-)Tatsachen; der Vorbehalt des allgemeinen Gesetzes gem. Art. 5 Abs. 2 GG befugt die zuständigen Gesetzgeber zu einer abwägenden Beschränkung der Meinungsfreiheit bereits im Vorfeld von Schmähkritik und Formalbeleidigung. In diesem Sinne bietet der Erlass von Gesetzen, „die sich nicht gegen eine bestimmte Meinung richten, sondern dem Schutz eines schlechthin ohne Rücksicht auf eine bestimmte Meinung zu schützenden Rechtsgutes dienen",[207] rechtspolitische Perspektiven auf die Kodifikation einer polizeilichen Ermächtigungsgrundlage zur Blockierung einzelner Nutzer in sozialen Netzwerken. Ausgangspunkt sollte eine gesellschaftliche Debatte über die Kommunikationskultur und die Grenzen des „Sagbaren" im digitalen Diskurs sein.[208] Die Grundlage einer Kodifikation bilden gleichwohl die Vorgaben des Art. 5 Abs. 1 Satz 1 GG: Keinesfalls ist die Blockierung aufgrund kritischer, missliebiger oder überspitzter Äußerungen zulässig; es fehlt insofern bereits ein legitimer Zweck.[209] Mit Blick auf das Übermaßverbot scheint außerdem die Aussprache einer Verwarnung vor der Blockierung geboten.[210] Zur Sicherstellung nachträglichen Rechtsschutzes gelten Dokumentationspflichten.[211] Zusammenfassend bedeutet dies:

---

205 VG Mainz, Urteil vom 13.4.2018 – 4 K 762/17.MZ, MMR 2018, S. 556 Tz. 82, 115.
206 VG Mainz, Urteil vom 13.4.2018 – 4 K 762/17.MZ, MMR 2018, S. 556 Tz. 99, 114.
207 *Bethge*, in: Sachs (Hrsg.), Grundgesetz, 2018, Art. 5 Rn. 143.
208 Anlass hierzu bieten nicht selten gerichtliche Auseinandersetzungen, vgl. etwa die Debatte um eine Gerichtsentscheidung zu herabsetzenden Äußerungen über die ehemalige Bundesministerin für Ernährung, Landwirtschaft und Verbraucherschutz, Renate Künast; beispielhaft: *Haupt*, Der Fall Künast, FAS Nr. 38 vom 22.9.2019, S. 12.
209 Ausarbeitung der *Wissenschaftlichen Dienste des Deutschen Bundestags*, Zugang zur Öffentlichkeitsarbeit der Polizei in sozialen Medien („Twitter"), WD 3-3000-044/18, S. 4.
210 *Milker*, Fn. 153, S. 1756.
211 *Friehe*, Fn. 189, S. 117.

An die Rechtmäßigkeit staatlichen Blockierens bestehen – auch bei einer Kodifikation ihrer Voraussetzungen – hohe Anforderungen, die stets eine Würdigung der Umstände im Einzelfall verlangen.

V. Ausblick

Ziel der Abhandlung ist es, grundlegende Aspekte polizeilichen Informationshandelns auf Twitter zu beleuchten. Zahlreiche Folgefragen stellen sich: Nicht nur ist aus der Perspektive des Allgemeinen Verwaltungsrechts offen, wie staatliche Maßnahmen in den sozialen Netzwerken (bspw. Blockierungen) zu qualifizieren sind, und ob etwa Verwaltungsakte in sozialen Netzwerken wirksam bekanntgegeben werden können. Nach der Entscheidung des Europäischen Gerichtshofs zur gemeinsamen Verantwortlichkeit eines Fanpage-Betreibers und des dazugehörigen sozialen Netzwerks[212] ist ebenso unklar, unter welchen datenschutzrechtlichen Voraussetzungen staatliche Stellen zukünftig Social-Media-Präsenzen betreiben können. Zumindest denkbar ist überdies die Kodifizierung und Vereinheitlichung der Praxis polizeilicher Social-Media-Arbeit und ihrer Voraussetzungen.

Festzuhalten ist jedoch: Die sozialen Medien sind Auslöser eines gesellschaftlichen Wandels, der unweigerlich auch staatliche Stellen und damit die Polizei erfasst. Berührt ist nicht zuletzt das Selbstverständnis der Gefahrenabwehrbehörden, die sich auf Twitter kaum mehr als hierarchisch organisierte Staatsmacht mit Zwangsbefugnissen, sondern eher auf Augenhöhe mit der Gesellschaft präsentieren. Diese Entwicklung ist in die eigene Kommunikations- und Funktionslogik der sozialen Netzwerke eingebettet, in deren Mittelpunkt die Erzeugung maximaler Aufmerksamkeit steht. Die vorliegende Untersuchung zeigt indes, dass diese Logik nicht unbesehen auf das polizeiliche (staatliche) Informationshandeln zu übertragen ist: Für die Polizei gelten zum einen die Gebote der Aufgabenakzessorietät, Neutralität, Sachlichkeit und Richtigkeit. Zum anderen statuieren die Grundrechte einzelfallbezogene Grenzen und verlangen grundsätzlich die freie Zugänglichkeit der staatlichen Profile. Der Vorrang der gesellschaftlichen Selbstorganisation kommunikativer Prozesse fordert im Übrigen die Zurückhaltung staatlichen Informationshandelns. Die kommunikative Praxis auf Twitter und Co. ist deshalb nur schwer mit der Rechtsbindung der Polizei vereinbar: Leitmotiv staat-

---

212 EuGH, Urteil vom 5.5.2018 – C-210/16 – ULD Schleswig-Holstein gegen Wirtschaftsakademie Schleswig-Holstein, ZD 2018, S. 357 (m. Anm. *Marosi/Matthé* und *Schulz*). – Sachsen-Anhalt hat vor dem Hintergrund der Entscheidung seine Facebook-Seite abgeschaltet, siehe epd medien 26/2019, S. 23.

lichen Informationshandelns muss die gesetzestreue Aufgabenwahrnehmung, nicht die Aufmerksamkeitsmaximierung sein. Gleichwohl lassen die hier skizzierten Direktiven nicht den Schluss zu, eine effektive Nutzung der neuen Potenziale sozialer Medien stehe in einem kategorischen Widerspruch zu der Rechtsbindung der Polizei: Der rapide Anstieg der Follower-Zahlen bei und nach Gefahren- und Katastrophenlagen[213] legt vielmehr nahe, dass die meisten Bürger an sicherheitsrelevanten Informationen, nicht aber an umfassender Öffentlichkeitsarbeit „auf Augenhöhe" interessiert sind. Gerade in der Nutzung sozialer Medien in engem Zusammenhang zu konkreten Gefahren liegen also die Vorzüge der dialogischen Echtzeitkommunikation auf Twitter.

---

213 *Bouhs/Reisin*, Fn. 40.

Anne Homeier*

Zur Anspruchsverpflichtung der Bundesanwaltschaft nach dem IFG im Fall „netzpolitik.org"

Inhaltsübersicht

I. Urteil des Bundesverwaltungsgerichts vom 28.2.2019 – 7 C 23.17
1. Hintergrund der Entscheidung
2. Parallelverfahren

II. Zwischen Exekutive und Judikative: Aufgaben und Organisation des Generalbundesanwalts
1. Aufgaben
2. Hierarchische Organisationsstruktur und Weisungsrecht

III. Materiell-rechtliche Erfolgsaussichten des Auskunftsanspruchs auf Grundlage von § 1 Abs. 1 IFG
1. Anwendungsbereich des IFG
2. Vorrang spezialgesetzlicher Regelungen gem. § 1 Abs. 3 IFG
3. Absoluter Ausschlusstatbestand: Nachrichtendienste und Sicherheitsbehörden

IV. Ausblick

I. Urteil des Bundesverwaltungsgerichts vom 28.2.2019 – 7 C 23.17

Werden auf Grundlage des Informationsfreiheitsrechts Informationen zu tagespolitischen Vorgängen verlangt, „sucht die Exekutive schnell nach einer Art informationellen Niqab".[1] So lehnte die Bundesanwaltschaft einen Antrag ab, mit dem Informationen zu den Vorgängen im Fall „netzpolitik.org" begehrt wurden.[2] Ob in dem oben angeführten Verfahren von einem „informationellen Niqab" gesprochen

---

* Anne Homeier ist wissenschaftliche Mitarbeiterin am Institut für Öffentliches Recht (Abteilung IV) an der Albrecht-Ludwigs-Universität Freiburg i. Br. und Doktorandin bei Prof. Dr. Friedrich Schoch.
1 *Rixecker*, Verborgene Räume der Strafaktenführung, FS Tolksdorf, 2014, S. 365. – Zur geheimen Verwaltung und dem Arkanprinzip vgl. *Gröschner*, VVDStRL 63 (2004), S. 344 (347); *Wegener*, Der geheime Staat, 2006, S. 383 ff.
2 BVerwG, Urteil vom 28.2.2019 – 7 C 23.17, NVwZ 2019, S. 978.

werden kann oder ob vielmehr die Bundesanwaltschaft zu Recht keine Informationen preisgab, richtet sich in diesem Fall nicht nach der Verfassung oder der EMRK, sondern allein nach den Vorschriften des IFG.[3]

1. Hintergrund der Entscheidung

Im April 2015 veröffentlichten Journalisten einen ausführlichen Artikel zur neu geplanten Einheit „Erweiterte Fachunterstützung Internet" des Bundesamts für Verfassungsschutz (BfV), die Internetdaten auswerten und analysieren soll.[4] Mit den Worten des Deutschlandfunks ging es dabei um die „massenhafte Überwachung sozialer Netzwerke".[5] Wie die neue Einheit des BfV ausgestaltet sein sollte, konnten die Journalisten detailliert beschreiben: Das Konzeptpapier des BfV mit der Einstufung „VS-Vertraulich" haben sie zu großen Teilen wörtlich auf der Seite „netzpolitik.org" veröffentlicht.[6] Infolgedessen hat das BfV Anzeige erstattet und der damalige Generalbundesanwalt Harald Range eröffnete das Ermittlungsverfahren wegen Verdacht des Landesverrats gemäß § 94 StGB.[7] Nach deutlicher Kritik an den strafrechtlichen Ermittlungen gegen die Journalisten aus Politik, Gesellschaft und insbesondere der Presse wurde das Ermittlungsverfahren eingestellt.

Der Einfluss des Bundesjustizministers auf das Ermittlungsverfahren wird unterschiedlich beurteilt und ist wohl nicht aufklärbar.[8] Nach der offiziellen Erklärung des Generalbundesanwalts wurde er von dem damaligen Bundesjustizminister Heiko Maas angewiesen, die Ermittlungen einzustellen, und einen bereits

---

3 Zu dem presserechtlichen Auskunftsanspruch vgl. VGH BW, Urteil vom 16.5.2017 – 10 S 1478/16, NVwZ 2019, S. 750 Tz. 41 ff.; VG Gelsenkirchen, Urteil vom 20.5.2019 – 20 K 2012/18, AfP 2019, S. 366: Kein presserechtlicher Anspruch auf Einsicht in die Ermittlungsakte; siehe auch *v. Coelln*, Zur Medienöffentlichkeit der Dritten Gewalt, 2005, S. 500 ff.; zu Art. 10 Abs. 1 EMRK vgl. VGH BW, Urteil vom 16.5.2017 – 10 S 1478/16, NVwZ 2019, S. 750 Tz. 45, 50 ff.; BVerwG, Urteil vom 28.2.2019 – 7 C 23.17, NVwZ 2019, S. 978 Tz. 21 f.: IFG und § 475 StPO entsprechen den Anforderungen an die Verhältnismäßigkeit von Einschränkungen i.S.v. Art. 10 Abs. 2 EMRK.

4 BT-Drs. 18/16400, S. 8.

5 *Kloiber*, Pläne des Verfassungsschutzes – Massenhafte Überwachung sozialer Netzwerke, 10.8.2015, abrufbar im Internet unter https://www.deutschlandfunkkultur.de/plaene-des-verfassungsschutzes-massenhafte-ueberwachung.976.de.html?dram:article_id=327919 (letzter Zugriff 21.1.2020).

6 Der aktualisierte Artikel ist abrufbar unter *Meister*, Geheime Referatsgruppe: Wir enthüllen die neue Verfassungsschutz-Einheit zum Ausbau der Internet-Überwachung (Updates), 15.4.2015, abrufbar im Internet unter https://netzpolitik.org/2015/geheime-referatsgruppe-wir-praesentieren-die-neue-verfassungsschutz-einheit-zum-ausbau-der-internet-ueberwachung/ (letzter Zugriff 21.1.2020).

7 *Bannas*, Bis die Köpfe rollen, FAZ Nr. 179 vom 5.8.2015, S. 2.

8 *Trentmann*, Die Weisungsfeindlichkeit des strafprozessualen Anfangsverdachts, JR 2015, S. 571.

erteilten „Gutachtenauftrag zurückzuziehen".[9] Das Gutachten von Prof. Dr. Jan-Hendrik Dietrich sollte die Frage beantworten, ob die veröffentlichten Dokumente als Staatsgeheimnisse i.S.v. § 93 StGB einzuordnen sind.[10] Die ministerielle Weisung soll Range nach einem Bericht über das vorläufige Ergebnis des Gutachtens, das die Strafbarkeit der Journalisten bestätigte, erhalten haben. Maas widersprach dieser Darstellung. Eine Weisung habe es nicht gegeben; es habe sich vielmehr um eine einvernehmliche Entscheidung gehandelt. In der Folge entzog Maas dem Generalbundesanwalt das Vertrauen und entließ ihn in den vorzeitigen Ruhestand.[11]

Neben der Debatte um die strafrechtliche Verantwortlichkeit von Journalisten[12] hat der Vorfall eine erneute Diskussion über die Abhängigkeit der Staatsanwaltschaften ausgelöst.[13] Bereits 2009 hatte der Deutsche Richterbund für eine Öffnungsklausel geworben, die Abweichungen von den Regelungen des Weisungsrechts in § 147 Nr. 2 GVG auf Länderebene ermöglicht.[14] Ziel war die Beschränkung des ministeriellen Weisungsrechts gegenüber den Staatsanwaltschaften. Auch die Parlamentarische Versammlung des Europarates und die Staatengruppe gegen Korruption des Europarates sprachen sich für eine Abschaffung des ministeriellen Weisungsrechts aus.[15] Mit dem Urteil des Europäischen Gerichtshofs zur Ausstellung von EU-Haftbefehlen vom 27.5.2019 erreicht die Debatte einen neuen Höhepunkt: Unabhängig sei eine Justizbehörde wie die Staatsanwaltschaft nur, wenn sie „nicht der Gefahr ausgesetzt ist, etwa einer Einzelweisung seitens der Exekutive unterworfen zu werden".[16] Wegen der aus Sicht des Europäischen

---

9   Pressemitteilung des Generalbundesanwalts vom 4.8.2015, abrufbar im Internet unter https://www.generalbundesanwalt.de/de/showpress.php?heftnr=560&newsid=560 (letzter Zugriff 21.1.2020).

10 In der später veröffentlichten Untersuchung bejahte er diese Frage zumindest teilweise, vgl. *Dietrich*, Rekonstruktion eines Staatsgeheimnisses, RW 2016, S. 566 (594): „Die Ermittlungsbehörde konnte jedenfalls insoweit von einem Anfangsverdacht ausgehen und Ermittlungen nach §§ 94 ff. StGB einleiten."

11 Vgl. *Bannas*, Fn. 7, S. 2.

12 Vgl. *Lindig*, Was die Presse darf – und was nicht, FAZ Nr. 235 vom 10.10.2015, S. 16; *Altwegg*, Echo aus „Netzpolitik", FAZ Nr. 182 vom 8.8.2015, S. 16.

13 *Knauer*, in: Münchner Kommentar zur Strafprozessordnung, Band 3/2, 2018, GVG § 146 Rn. 26 ff.

14 *Titz*, Weisungsfreie Staatsanwälte – conditio sine qua non für eine selbstverwaltete Justiz? KritV 2010, S. 260 (266).

15 *Rautenberg*, Deutscher Widerstand gegen weisungsunabhängige Staatsanwaltschaft, ZRP 2016, S. 38 mit Verweis auf die Resolution der Parlamentarischen Versammlung des Europarates Nr. 1685/2009 und auf den Evaluationsbericht IV der Staatengruppe gegen Korruption (GRECO), veröffentlicht am 28.1.2015.

16 So wörtlich EuGH, Urteil vom 27.5.2019 – C-508/18, C-82/19 PPU, NJW 2019, S. 2145 Rn. 74 (m. Anm. *Schubert*).

Gerichtshofs mangelnden Unabhängigkeit sind EU-Haftbefehle, die von deutschen Staatsanwaltschaften ausgestellt werden, deshalb unwirksam. Die praktischen Auswirkungen dieser Entscheidung dürfen mit Spannung erwartet werden.[17]

Im Anschluss wurde der Vorfall um das Ermittlungsverfahren gegen die Journalisten von der Verwaltungsgerichtsbarkeit aufgearbeitet. In erster Instanz hatte sich das Verwaltungsgericht Karlsruhe mit der Frage zu beschäftigen, ob die Deutsche Gesellschaft für Informationsfreiheit e.V. nach § 1 Abs. 1 Satz 2 IFG Anspruch auf Zugang zu Informationen über ein Ermittlungsverfahren der Generalbundesanwaltschaft hat, genauer: Zugang zu einer (vermeintlichen) ministeriellen Weisung an den Generalbundesanwalt sowie zu dem im Rahmen des Ermittlungsverfahrens in Auftrag gegebenen Gutachten.[18] Die erstinstanzliche Klageabweisung wurde von dem Verwaltungsgerichtshof Baden-Württemberg und dem Bundesverwaltungsgericht bestätigt.[19]

2. Parallelverfahren

Neben dem genannten verwaltungsgerichtlichen Prozess gegen den Generalbundesanwalt wurden zur gleichen Zeit – und möglicherweise von demselben Kläger – zwei weitere Verfahren mit dem Ziel angestrengt, Auskunft über die (vermeintliche) Weisung zu erhalten. Eines der Verfahren richtete sich gegen das Bundesministerium der Justiz und wurde ebenfalls auf die Rechtsgrundlage von § 1 Abs. 1 IFG gestützt. In der ersten Instanz wurde die Klage als unzulässig abgewiesen. Nach der Zurückverweisung durch das Bundesverwaltungsgericht[20] ist das Verfahren aktuell bei dem Verwaltungsgericht Berlin anhängig. In seiner Entscheidung wird sich das Verwaltungsgericht Berlin im Zusammenhang mit den Ausführungen des Bundesverwaltungsgerichts ggf. auch mit der Frage zu beschäftigen haben, ob der Ausschlussgrund des § 3 Nr. 8 IFG auf das Bundesjustizministerium anzuwenden ist, soweit dieses über sicherheitsrelevante Dokumente aus dem Schriftverkehr zu dem Generalbundesanwalt verfügt.

---

17 *Oehmichen*, Bedeutung und Wirkung der Auslegung des Begriffs der „Ausstellenden Justizbehörde" i.S.d. Art. 6 I EHB-RB durch die Urteile des EuGH vom 27.5.2019, FD-StrafR 2019, 417966.
18 VG Karlsruhe, Urteil vom 16.6.2016 – 3 K 4229/15, BeckRS 2016, 48435.
19 BVerwG, Urteil vom 28.2.2019 – 7 C 23.17, NVwZ 2019, S. 978; VGH BW, Urteil vom 16.5.2017 – 10 S 1478/16, NVwZ 2019, S. 750.
20 BVerwG, Urteil vom 22.3.2018 – 7 C 21.16, NVwZ 2018, S. 1229.

In einem weiteren Verfahren wurde gem. § 475 Abs. 1, Abs. 4 StPO Auskunft aus den Ermittlungsakten bei dem Generalbundesanwalt bzw. dem Bundesgerichtshof beantragt.[21] Mangels berechtigten Interesses des Antragsstellers wurde der Antrag abgelehnt: Möchte der Antragsteller Auskunft bzw. Akteneinsicht erhalten, um „die Öffentlichkeit über den Akteninhalt zu informieren und [diesen] öffentlich zur Diskussion zu stellen", kann er kein berechtigtes Interesse i.S.v. § 475 Abs. 1 S. 1 StPO rechtlich für sich beanspruchen; es handele sich vielmehr um ein „allgemeines Informationsbedürfnis des Einzelnen".[22]

II. Zwischen Exekutive und Judikative: Aufgaben und Organisation des Generalbundesanwalts

1. Aufgaben

Der Schwerpunkt der staatsanwaltschaftlichen Aufgaben liegt in der Vertretung der Anklage vor Gericht und der Verfolgung von Straftaten als Ermittlungsbehörde.[23] Für die Bundesanwaltschaft als Staatsanwaltschaft am Bundesgerichtshof sind die zu verfolgenden Straftaten gem. § 142a GVG auf die sog. Staatsschutzdelikte eingegrenzt.[24]

Auch wenn die Staatsanwaltschaft nicht zur rechtsprechenden Gewalt i.S.v. Art. 92 GG zählt, handelt sie bei der Verfolgung strafbarer Handlungen als Organ der Rechtspflege und ist damit „keine Verwaltungsbehörde im üblichen Sinne, sondern eine Institution sui generis".[25] Ihr obliegt zusammen mit den Gerichten die Justizgewährung auf dem Gebiet des Strafrechts.[26] Als Aufgaben der Justizgewährung sind insbesondere die Ermittlungstätigkeit mit ggf. anschließender Anklageerhebung zu nennen.[27] Den Rahmen der Verfolgung von strafbaren Handlungen bilden das Anklagemonopol gem. § 152 Abs. 1 StPO und das

---

21 Gem. § 478 Abs. 1 Satz 1 StPO entscheidet die Staatsanwaltschaft über die Erteilung von Auskünften und Akteneinsicht im vorbereitenden Verfahren und nach rechtskräftigem Abschluss des Verfahrens, im Übrigen entscheidet der Vorsitzende des mit der Sache befassten Gerichts. – Zu welchem Zeitpunkt der Antrag nach § 475 Abs. 1, Abs. 4 StPO gestellt wurde, ist nicht bekannt.
22 BGH, Beschluss des Ermittlungsrichters vom 8.11.2017 – 1 BGs 461/17, S. 5f.
23 *Kissel/Mayer*, Gerichtsverfassungsgesetz, 2018, GVG § 141 Rn. 10.
24 *Bock*, Der Generalbundesanwalt beim Bundesgerichtshof, Jura 2017, S. 895 (896).
25 *Kissel/Mayer*, Fn. 23, GVG § 141 Rn. 9.
26 *Schmitt*, in: Meyer-Goßner/Schmitt (Hrsg.), Strafprozessordnung, 2019, GVG Vor § 141 Rn. 6.
27 BVerwG, Urteil vom 28.2.2019 – 7 C 23.17, NVwZ 2019, S. 978 (979 Tz. 16): „vorbereitende Tätigkeiten".

Legalitätsprinzip gem. § 152 Abs. 2 StPO: Ausgangspunkt jedes strafgerichtlichen Verfahrens ist die Klageerhebung durch die Staatsanwaltschaft. Die Strafverfolgungsbehörde ist bei ausreichenden Verdachtsmomenten zur Verfolgung und zur Anklage verpflichtet.[28] Ab dem Zeitpunkt der Eröffnung des Ermittlungsverfahrens bis zur Einreichung einer Anklageschrift bei dem zuständigen Gericht gem. § 170 Abs. 1 StPO entscheidet grundsätzlich allein die Staatsanwaltschaft über „ob" und „wie" der Verfolgungsmaßnahmen und ist damit Herrin des Ermittlungsverfahrens.[29] Ab dem Zwischenverfahren (oder Eröffnungsverfahren) und insbesondere dem sich ggf. anschließenden Hauptverfahren liegen die Entscheidungen über die Eröffnung des Hauptverfahrens, die Verfahrensleitung und insbesondere die Entscheidung in der Sache in der Hand des zuständigen Gerichts.[30] In diesen Verfahrensabschnitten vertritt die Staatsanwaltschaft das öffentliche Interesse an der Aufklärung und Verfolgung von Straftaten.[31] Dies zeigt sich insbesondere an dem Schlussvortrag, in dem die Verhandlung zusammengefasst und bestimmte Anträge, wie der Antrag auf Freispruch oder Verurteilung des Angeklagten, gestellt werden. Neben der Zuständigkeit für die Verfolgung von Staatsschutzdelikten ist die Bundesanwaltschaft zuständig für die staatsanwaltlichen Aufgaben vor dem Bundesgerichtshof in Revisions- und Beschwerdeverfahren gem. § 135 Abs. 1, Abs. 2 GVG.[32]

Gleichzeitig übt die Staatsanwaltschaft als Behörde der Justizverwaltung Verwaltungstätigkeiten aus. Hierzu zählen bspw. die Zustellung vollstreckungsbedürftiger Entscheidungen, bei der nach § 36 Abs. 2 StPO die Staatsanwaltschaft das Erforderliche veranlasst,[33] sowie die Veröffentlichung von Pressemitteilungen zu laufenden Ermittlungsverfahren.[34]

---

28   Zu den Ausnahmen von Anklagemonopol und Verfolgungszwang: *Schmitt*, Fn. 26, StPO § 152 Rn. 1 (Privatklageverfahren nach den §§ 374 ff. StPO) und Rn. 7 (Opportunitätsprinzip, §§ 153 ff. StPO).
29   *Kindhäuser/Schumann*, Strafprozessrecht, 2019, § 5 Rn. 2 ff.; *Titz*, Fn. 14, S. 261. – Zum Weisungsrecht vgl. auch unten S. 45.
30   *Schmitt*, Fn. 26, StPO Einl. Rn. 63 f.
31   *Kissel/Mayer*, Fn. 23, GVG § 141 Rn. 10.
32   *Bock*, Fn. 24, S. 896.
33   Damit Zustellung und Vollstreckung „in einer Hand liegen", werden z.B. Haftbefehle gem. §§ 112 ff. StPO durch die Staatsanwaltschaft zugestellt und vollstreckt, vgl. *Schmitt*, Fn. 26, StPO § 36 Rn. 10.
34   *Kissel/Mayer*, Fn. 23, EGGVG § 23 Rn. 36, 39; *Schönenbroicher*, in: Mann/Sennekamp/Uechtritz (Hrsg.), Verwaltungsverfahrensgesetz, 2019, § 2 Rn. 26.

2. Hierarchische Organisationsstruktur und Weisungsrecht

Die für alle Behörden typische Weisungsgebundenheit ist für die Staatsanwaltschaft in §§ 146, 147 GVG normiert: Im Gegensatz zu den unabhängigen Richtern müssen die Beamten der Staatsanwaltschaft den Dienstanweisungen ihres Vorgesetzten nachkommen. Für den Generalbundesanwalt legt § 147 Nr. 1 GVG fest, dass der Bundesminister der Justiz weisungs- und leitungsbefugt ist. Durch das sog. externe oder ministerielle Weisungsrecht in § 147 Nr. 1 und Nr. 2 GVG wird ermöglicht, dass die Verfolgung von Straftaten im Einzelfall aus der politischen Leitungsebene gesteuert und verantwortet werden kann.[35]

Das ministerielle Weisungsrecht ist seit langem Gegenstand von Kontroversen in der Fachliteratur.[36] Durch die Ermittlungen im Fall „netzpolitik.org" und die Entlassung Ranges sowie das Urteil des EuGH zum Europäischen Haftbefehl wurde die Diskussion mit neuem Schwung wieder aufgenommen.[37] Insbesondere der Deutsche Richterbund fordert seit mehreren Jahren, das Weisungsrecht abzuschaffen oder ein Schriftformerfordernis für ministerielle Weisungen einzuführen.[38] Um zu dem Ergebnis zu kommen, dass zumindest die Aufnahme von Ermittlungen nicht von Weisungen beeinflusst werden kann, möchte Trentmann den Anfangsverdacht als weisungsfeindlich einordnen.[39] Er stützt sich dabei auf den Wortlaut des Legalitätsprinzips in § 152 Abs. 2 StPO und betont, dass bei der Frage, ob der Anfangsverdacht vorliege, der Auslegungsspielraum stark begrenzt sei.

Daneben wird gefordert, den Sonderstatus des Generalbundesanwalts als politischen Beamten gem. § 54 Abs. 1 Nr. 5 BBG abzuschaffen, wonach der Generalbundesanwalt jederzeit in den einstweiligen Ruhestand versetzt werden kann.[40] Die praktischen Auswirkungen von dem ministeriellen Weisungsrecht und von

---

35 *Eisele/Trentmann*, Die Staatsanwaltschaft – „objektivste Behörde der Welt"?, NJW 2019, S. 2365 (2366).

36 Nach *Rautenberg* ist die Kontroverse um die Weisungsgebundenheit über 200 Jahre alt, vgl. Fn. 15, S. 38; deutlich *Henn*, Zum ministeriellen Weisungsrecht gegenüber der Staatsanwaltschaft, DRiZ 1973, S. 152: „Wer sich zu dem Weisungsrecht des Justizministers bekennt, der bekennt sich deshalb zur Möglichkeit der politischen Einflußnahme der Exekutive auf Maßnahmen der Dritten Gewalt."

37 *Trentmann*, Der Fall netzpolitik.org – Lehrstück für den Rechtsstaat, ZRP 2015, S. 198.

38 *v. Lijnden*, EU-Haftbefehl nur durch Richter, FAZ Nr. 123 vom 28.5.2019, S. 4; *Franzen*, Weisungsrecht gegenüber der Staatsanwaltschaft abschaffen?, ZRP 2019, S. 154; für den Staatsanwalt als Angehörigen der Dritten Gewalt sei „die Abschaffung des externen Weisungsrechts unabdingbar", vgl. *Titz*, Fn. 14, S. 267; *Trentmann*, Fn. 35, S. 199f.; zu den Gefahren des Weisungsrechts vgl. *Maier*, Wie unabhängig sind Staatsanwälte in Deutschland, ZRP 2003, S. 387 (388f.).

39 *Trentmann*, Fn. 8, S. 579.

40 *Trentmann*, Fn. 37, S. 200.

§ 54 Abs. 1 Nr. 5 BBG wurden im Fall „netzpolitik.org" durch das abrupte Ende der strafrechtlichen Ermittlungen und die sich anschließende Versetzung in den Ruhestand verdeutlicht.

Die Befürworter der aktuellen Regelung sehen das staatsanwaltliche Weisungsrecht als notwendiges Bindungsglied zwischen demokratisch legitimiertem Parlament und der Aufgabe der Strafrechtspflege:[41] Für Rechtseinheit und Rechtssicherheit sei das (ministerielle) Weisungsrecht unverzichtbar.[42] Zur Begründung wird darauf verwiesen, dass auch in der Rechtsprechung Entscheidungen durch übergeordnete Gerichte aufgehoben werden können; für die Staatsanwaltschaften könne letztlich nichts anderes gelten.[43]

III. Materiell-rechtliche Erfolgsaussichten des Auskunftsanspruchs auf Grundlage von § 1 Abs. 1 IFG

1. Anwendungsbereich des IFG

In welchen Fällen das IFG anwendbar ist, bestimmt sich mangels ausdrücklicher Regelung anhand der Regelung zur materiellen Anspruchsverpflichtung.[44] Mit anderen Worten: Ist die Bundesanwaltschaft im konkreten Fall dazu verpflichtet, den Informationszugang zu gewähren, ist der Anwendungsbereich des IFG eröffnet. Für das Verfahren, mit welchem Informationszugang zu dem Ermittlungsverfahren der Bundesanwaltschaft begehrt wurde, stellte die Frage nach dem Anspruchsgegner die entscheidende Fallfrage dar.

a. Maßstab für die Bestimmung des materiellen Anspruchsgegners

Verpflichtet zur Übermittlung von Informationen sind gem. § 1 Abs. 1 Satz 1 IFG die Behörden des Bundes sowie nach Maßgabe des § 1 Abs. 1 Satz 2 IFG sonstige

---

41 *Sarstedt*, Gebundene Staatsanwaltschaft?, NJW 1964, S. 1752 (1754 f.); *Krey/Pföhler*, Zur Weisungsgebundenheit des Staatsanwalts, NStZ 1985, S. 145 (147); *Hund*, Brauchen wir eine „unabhängige Staatsanwaltschaft"?, ZRP 1994, S. 470 (471); *Andoor*, Weisungsrecht gegenüber der Staatsanwaltschaft abschaffen?, ZRP 2019, S. 154.
42 *Hund*, Fn. 41, S. 473: „zu erwartende[..] führungslose[..], chaotische[..] Zustände".
43 So bereits *Kohlhaas*, Stellung der Staatsanwaltschaft als Teil der rechtsprechenden Gewalt, 1963, S. 50; mit der gleichen Argumentation *Sarstedt*, Fn. 41, S. 1755.
44 *Schoch*, Informationsfreiheitsgesetz, 2016, Einl. Rn. 277, § 1 Rn. 89.

Bundesorgane und -einrichtungen, soweit sie öffentlich-rechtliche Verwaltungsaufgaben wahrnehmen.

Der Behördenbegriff des IFG ist nach dem gesetzgeberischen Willen[45] und nach der gefestigten Rechtsprechung des Bundesverwaltungsgerichts[46] in Anlehnung an § 1 Abs. 4 VwVfG zu bestimmen und *funktioneller* Natur. Materieller Anspruchsgegner ist damit jede Stelle auf Bundesebene, die öffentlich-rechtliche Verwaltungsaufgaben wahrnimmt.[47] Mit der Definition des Behördenbegriffs ist der Maßstab aufgezeigt: Entscheidend ist, dass die beantragte Information bei dem Handeln als Verwaltungsbehörde generiert wurde. In diesen Fällen ist die Stelle tauglicher Anspruchsgegner für Informationsbegehren nach dem IFG. Ist die in Rede stehende Tätigkeit nicht der Verwaltung, sondern den anderen Staatsgewalten zuzurechnen, richtet sich der geltend gemachte Anspruch nicht gegen eine Behörde oder sonstige Stelle i.S.d. IFG und muss – mangels Eröffnung des Anwendungsbereiches – abgelehnt werden.

In welchen Fällen staatliches Handeln materiell als Verwaltungstätigkeit zu qualifizieren ist, kann durch eine positive oder negative Begriffsbestimmung erfolgen; die verschiedenen positiven Definitionen von Verwaltung sind in ihrer Zahl jedoch kaum überschaubar.[48] In der Rechtsprechung hat sich die negative Begriffsbestimmung anhand der Substraktionsmethode durchgesetzt.[49] Danach handelt es sich um Verwaltung im materiellen Sinne, wenn die konkrete Tätigkeit der staatlichen Organe weder der Gesetzgebung noch der Rechtsprechung zugeordnet werden kann.[50]

---

45 BT-Drs. 15/4493, S. 7; *Schoch*, Fn. 44, § 1 Rn. 113.
46 Für den Bundestag als informationspflichtige Behörde i.S.d. IFG bzgl. der Zuarbeiten der Wissenschaftlichen Dienste des Bundestages vgl. BVerwG, Urteil vom 25.6.2015 – 7 C 1.14, NJW 2015, S. 3258 Tz. 13 (m. Anm. *Richter/Müller*); für den Bundesrechnungshof vgl. BVerwG, Urteil vom 15.11.2012 – 7 C 1.12, NVwZ 2013, S. 431 Tz. 22 ff. (m. Anm. *Schoch*); für das Bundesministerium der Justiz vgl. BVerwG, Urteil vom 3.11.2011 – 7 C 3.11, ZUR 2012, S. 183 (184).
47 *Schliesky*, in: Knack/Henneke (Hrsg.), Verwaltungsverfahrensgesetz, 2020, § 1 Rn. 88.
48 In diesem Sinne *Schönenbroicher*, Fn. 34, § 1 Rn. 27: „Versuche der Definition von ‚Verwaltung' füllten schon vor Erlass des VwVfG ganze Bibliotheken."; vgl. die Aufzählung positiv gefasster Definitionen in der Literatur bei *Ehlers*, in: ders./Pünder (Hrsg.), Allgemeines Verwaltungsrecht, Verwaltung und Verwaltungsrecht im demokratischen und sozialen Rechtsstaat, 2015, S. 9, Rn. 6.
49 Zur Rspr. vgl. BVerwG, Urteil vom 3.11.2011 – 7 C 3.11, ZUR 2012, S. 183 (184); BVerwG, Urteil vom 18.10.2005 – 7 C 5.04, NVwZ 2006, S. 343 (344); *Ehlers*, Fn. 48, § 1 Rn. 7 ff.
50 *Schoch*, Fn. 44, § 1 Rn. 119; *Brink*, in: ders./Polenz/Blatt (Hrsg.), Informationsfreiheitsgesetz, 2017, § 1 Rn. 85 f.

b. Die Bundesanwaltschaft als tauglicher Anspruchsgegner

Für die Frage nach der Anspruchsverpflichtung im Fall „netzpolitik.org" müssen die Bereiche von Exekutive und Judikative abgegrenzt und die Bundesanwaltschaft in das System der Gewaltenteilung eingeordnet werden. Organisationsrechtlich ist die Bundesanwaltschaft zur Exekutive zu zählen.[51] Anders als die Bundesgerichte ist sie gem. Art. 92 GG nicht der recht*sprechenden* Gewalt zugeordnet. Nimmt sie aber mit den Gerichten Aufgaben der Justizgewährung wahr, handelt sie als Organ der Rechts*pflege*.[52]

Handelt die Bundesanwaltschaft in ihrer Funktion als „ein der dritten Gewalt zugeordnetes Organ der Rechtspflege" im Rahmen der Justizgewährungspflicht, liegt keine materielle Verwaltungstätigkeit vor.[53] Für die Frage nach der Einordnung des Generalbundesanwalts als Organ der Rechtspflege oder als Justizverwaltungsbehörde muss damit das konkrete Betätigungsfeld im Einzelfall zugeordnet werden.[54] Der Anspruch auf Informationszugang müsste sich demnach auf Informationen beziehen, die „im Zusammenhang mit der Wahrnehmung öffentlich-rechtlicher Verwaltungsaufgaben gewonnen wurden".[55] Keine Orientierung für die Abgrenzung zwischen den materiellen Verwaltungsaufgaben der Bundesanwaltschaft und den Aufgaben der Rechtspflege bietet § 23 EGGVG;[56] diese Vorschrift betrifft behördliches Vorgehen, das mit einem Eingriff verbunden ist, und nimmt nicht jedes Verwaltungshandeln von Justizverwaltungsbehörden in Bezug.[57]

Mit dem in Auftrag gegebenen Gutachten sollte nach der Pressemitteilung des Generalbundesanwalts die Objektivität der Ermittlungen gesichert werden.[58] Die Bewertung der Strafbarkeit gehört zu den zentralen Aufgaben staatsanwaltlicher

---

51 BVerfG, Urteil vom 20.2.2001 – 2 BvR 1444/00, BVerfGE 103, S. 142 (156); *Schmitt*, Fn. 26, GVG Vor § 141 Rn. 6; *Kissel/Mayer*, Fn. 23, GVG § 141 Rn. 8; *Schoch*, Fn. 44, § 1 Rn. 213.

52 *Schmidt*, Lehrkommentar zur Strafprozeßordnung und zum Gerichtsverfassungsgesetz, Band I, 1964, S. 79; *Kissel/Mayer*, Fn. 23, GVG § 141 Rn. 9; so bereits BVerfG, Urteil vom 19.3.1959 – 1 BvR 295/58, NJW 1959, S. 871 (872); BVerwG, Urteil vom 28.2.2019 – 7 C 23.17, NVwZ 2019, S. 978 Tz. 16; VGH BW, Urteil vom 16.5.2017 – 10 S 1478/16, NVwZ 2018, S. 750 Tz. 27 m. w. Nachw.

53 Nach *Schmitt*, Fn. 26, GVG Vor § 141 Rn. 7 m. w. Nachw.

54 *Fischer*, Die Medienöffentlichkeit im strafrechtlichen Ermittlungsverfahren, 2014, S. 256.

55 *Fischer*, Fn. 54, S. 253; *Rixecker*, Fn. 1, S. 372.

56 *Schönenbroicher*, Fn. 34, § 2 Rn. 27; in diesem Sinne *Fischer*, Fn. 54, S. 258. – Für eine Anwendung von § 23 Abs. 1 Satz 1 EGGVG auf die Behörden der Staatsanwaltschaft vgl. *Conrad*, Der sogenannte Justizverwaltungsakt, 2011, S. 149, 195 f.

57 *Schmitt*, Fn. 26, EGGVG § 23 Rn. 6; *Kissel/Mayer*, Fn. 23, EGGVG § 23 Rn. 6.

58 Pressemitteilung des Generalbundesanwalts vom 4.8.2015, Fn. 9.

Tätigkeiten im Rahmen des Ermittlungsverfahrens. Jede Information über die materiell-rechtliche Strafbarkeit – unabhängig von der Herkunft der Information[59] – steht nicht im Zusammenhang mit Verwaltungsaufgaben, sondern mit der Aufgabe der Staatsanwaltschaft als Organ der Rechtspflege.

Auch die (vermeintliche) Weisung des Bundesjustizministers an den Generalbundesanwalt stellt keine Information dar, die im Rahmen einer materiellen Verwaltungstätigkeit gewonnen wurde. Selbst wenn man davon ausgeht, dass der Bundesminister der Justiz den Generalbundesanwalt tatsächlich angewiesen hat, den Auftrag zur Erstellung des Gutachtens zurückzunehmen und die Ermittlungen einzustellen, ist eine solche Weisung keine Information aus einem Verwaltungsvorgang; sie ist Kernbestandteil des Ermittlungsverfahrens und damit dem Anwendungsbereich des IFG entzogen.[60] Ob die vermeintliche Weisung rechtswidrig oder rechtmäßig war, ist entgegen der Argumentation der Kläger für den Anspruch aus § 1 Abs. 1 IFG unerheblich.[61]

In beiden Fällen bezieht sich der Antrag auf Informationen, die Teil von Ermittlungsakten gem. § 199 Abs. 2 StPO und damit dem Anwendungsbereich des IFG entzogen sind. In diesem Sinne war das klägerische Vorbringen auszulegen, mit dem „Einsicht in die Akten des dahinterstehenden Verwaltungsvorgangs" begehrt wurde.[62] Nach dem Klägervortrag existieren separiert geführte „Berichtshefte", die als Verwaltungsvorgang zu qualifizieren seien.[63] Diese Vermutung konnten die Kläger nicht weiter begründen, weshalb die Aufklärungsrüge mangels substantiierten Vortrags nicht durchdringen konnte.[64] Dass von der Generalbundesanwaltschaft – oder allgemein von der Staatsanwaltschaft – neben den Ermittlungsakten weitere Akten als Verwaltungsvorgang angelegt werden, um wesentliche Vorgänge des Ermittlungsverfahrens zu dokumentieren, die wiederum keinen Niederschlag in den Akten des Ermittlungsverfahrens gefunden haben, erscheint zweifelhaft.

---

59 *Schoch*, Fn. 44, § 1 Rn. 31. – Unerheblich ist damit, ob die Information durch eigene Recherchen des Generalbundesanwalts und den dort beschäftigten Staatsanwälten gewonnen wurde oder durch ein sog. externes Gutachten. Der Grundsatz „iura novit curia" gilt lediglich für Gerichte; für den Generalbundesanwalt und die Landesstaatsanwaltschaften existiert keine vergleichbare Regelung.

60 BVerwG, Urteil vom 28.2.2019 – 7 C 23.17, NVwZ 2019, S. 978 Tz. 17.

61 BVerwG, Urteil vom 28.2.2019 – 7 C 23.17, NVwZ 2019, S. 978 Tz. 18.

62 VG Karlsruhe, Urteil vom 16.6.2016 – 3 K 4229/15, BeckRS 2016, 48435.

63 Grund zu dieser Annahme sahen die Kläger darin, dass sich nach den Angaben der vormals tatverdächtigen Journalisten „weder die Weisung noch der in diesem Zusammenhang entstandene Schriftverkehr" in den Ermittlungsakten befände, vgl. VG Karlsruhe, Urteil vom 16.6.2016 – 3 K 4229/15, BeckRS 2016, 48435.

64 BVerwG, Urteil vom 28.2.2019 – 7 C 23.17, NVwZ 2019, S. 978 Tz. 17; VGH BW, Urteil vom 16.5.2017 – 10 S 1478/16, NVwZ 2018, S. 750 Tz. 30.

Der Entscheidung des Bundesverwaltungsgerichts ist in dieser Hinsicht uneingeschränkt zuzustimmen: Der dogmatische Befund ist eindeutig.[65] Gleiches gilt, falls man den klägerischen Antrag als Antrag auf Einsicht in die Berichtshefte des Staatsanwalts verstehen möchte.[66] An dem Ergebnis wird jedoch deutlich, aus welchem Grund die Kritiker des ministeriellen Weisungsrechts zumindest für eine verbindliche Formvorschrift für Weisungen plädieren;[67] eine schriftliche Weisung oder eine schriftliche Bestätigung einer zunächst mündlich ergangenen Weisung wäre zweifelsohne Bestandteil der Ermittlungsakten geworden.

2. Vorrang spezialgesetzlicher Regelungen gem. § 1 Abs. 3 IFG

Sind spezialgesetzliche Regelungen aus anderen Rechtsvorschriften i.S.d. § 1 Abs. 3 IFG vorrangig, wird der Zugangsanspruch aus § 1 Abs. 1 IFG verdrängt. Im Strafprozessrecht ist das Auskunfts- und Akteneinsichtsrecht in Straf- und Ermittlungsakten in den §§ 147, 406e, 475 StPO geregelt.[68] Während §§ 147, 406e StPO Einsichtsrechte des Verteidigers und des Beschuldigten bzw. Verletzten festlegen, können nach § 475 Abs. 4 i.V.m. Abs. 1 StPO unbeteiligten Privatpersonen und sonstigen Stellen Auskünfte aus den Akten erteilt werden. In den Entscheidungen konnte das Vorrangverhältnis von § 475 Abs. 4 i.V.m. Abs. 1 StPO zu § 1 Abs. 1 IFG offengelassen werden, da bereits der Anwendungsbereich nicht eröffnet war.[69] Implizit geht das Bundesverwaltungsgericht wohl von einem Vorrangverhältnis aus, wenn es auf die Argumentation des Revisionsklägers eingeht. Die von dem Revisionskläger gerügte fehlende Kontrollmöglichkeit der Öffentlichkeit im Bereich der Strafrechtspflege wird mit dem Hinweis auf § 475 StPO verneint, der ein „hinreichendes Informationszugangsniveau" gewährleiste.[70]

---

65 Ebenso *Rossi*, Anm. zu BVerwG, Urteil vom 28.2.2019 – 7 C 23.17, NVwZ 2019, S. 978 (980). – Mit dem gleichen Ergebnis zu einem Anspruch aus § 1 Abs. 2 LIFG BW gegen die Staatsanwaltschaft vgl. VGH BW, Urteil vom 6.8.2019 – 10 S 303/19, BeckRS 2019, 19612 Rn. 21 ff., 28 ff.
66 Zum IFG MV vgl. OVG MV, Urteil vom 24.4.2013 – 1 L 140/10, NVwZ 2013, S. 1503. – Für Einsichtsansprüche bzgl. der internen Senatshefte des BGH vgl. BGH, Beschluss von 9.1.2015 – 2 ARs 157/12, ARs 239/14, 2 ARs 249/14, BeckRS 2015, 2621.
67 Hierfür *Trentmann*, Fn. 8, S. 579; *Maier*, Fn. 38, S. 389, 391; siehe oben S. 45.
68 Zu den verschiedenen Rechtsgrundlagen der Akteneinsicht vgl. *Wittreck*, Die Verwaltung der Dritten Gewalt, 2006, S. 459; kritisch zu § 475 StPO vgl. *v. Coelln*, Fn. 3, S. 511.
69 Ohne Bezugnahme auf § 1 Abs. 3, vgl. BVerwG, Urteil vom 28.2.2019 – 7 C 23.17, NVwZ 2019, S. 978 Tz. 19; VGH BW, Urteil vom 16.5.2017 – 10 S 1478/16, NVwZ 2018, S. 750 Tz. 23; VG Karlsruhe, Urteil vom 16.6.2016 – 3 K 4229/15, BeckRS 2016, 48435.
70 BVerwG, Urteil vom 28.2.2019 – 7 C 23.17, NVwZ 2019, S. 978 Tz. 19.

Mit dem gleichen Anspruchsziel wie im Verfahren vor dem Bundesverwaltungsgericht wurde in einem parallelen Verfahren von dem Generalbundesanwalt Auskunft auf Grundlage von § 475 StPO verlangt.[71] Der Bundesgerichtshof ordnete § 475 StPO unter Bezugnahme auf die Rechtsprechung als abschließende Regelung ein, die dem IFG vorgehe.[72] Im Ergebnis wurden auch in diesem Verfahren auf Grundlage der strafprozessualen Regelung keine Auskünfte erteilt: Ein berechtigtes Interesse i.S.v. § 475 Abs. 1 Satz 1 StPO, das „über ein allgemeines Informationsinteresse [jedes] Einzelnen hinausgeht", konnten die Antragsteller nicht zur Überzeugung des Bundesgerichtshofs darlegen.[73]

In der Literatur und der verwaltungsgerichtlichen Rechtsprechung zu den Informationsfreiheitsgesetzen der Länder wird differenziert: Bezieht sich ein Antrag auf Einsicht in Akten i.S.v. § 199 Abs. 2 Satz 2 StPO, sind die Vorschriften der StPO als abschließende Regelung zu verstehen.[74] Durch die §§ 147, 406e, 475 ist die Einsicht in Straf- und Ermittlungsakten als Informationsgegenstand spezialgesetzlich geregelt. Dies zeigen insbesondere § 406e StPO mit seinem auf den Verletzten und seinen Rechtsanwalt beschränkten Anwendungsbereich und das von § 475 StPO geforderte „berechtigte Interesse", welches einen schonenden Ausgleich von Interessen (neugieriger) Dritter und von Verfahrensbetroffenen vorschreibt.

Im Ergebnis lässt sich für das Verfahren „netzpolitik.org" Folgendes festhalten: Wird der Informationszugang zu einem Gutachten gefordert, das im Zuge der Ermittlungen angefordert und erstellt wurde und das die strafrechtliche Verantwortung der Beschuldigten bewerten soll, verlangt der Antragsteller letztlich Informationen, die in den Ermittlungsakten gem. § 199 Abs. 2 Satz 2 StPO enthalten sind. Gleiches gilt im Ergebnis für eine (vermeintliche) Weisung mit dem Inhalt, ob und wie ein konkretes Ermittlungsverfahren fortzuführen ist. Informationszugangsrechte zu Straf- und Ermittlungsakten können nur über die vorrangigen Regelungen der StPO gewährt werden.[75] Ist der Anwendungsbereich des IFG eröffnet, wird der Anspruch aus § 1 Abs. 1 IFG durch die speziellere Norm verdrängt. Das Vorrangverhältnis zwischen allgemeiner und spezieller Informationszugangsregelung besteht nur, soweit der Anwendungsbereich des IFG eröff-

---

71 Siehe oben S. 43.
72 BGH, Beschluss des Ermittlungsrichters vom 8.11.2017 – 1 BGs 461/17, S. 6 (unveröffentl. Beschluss, der der Verf. vorliegt). – Zu § 1 Abs. 3 LIFG BW vgl. VGH BW, Urteil vom 6.8.2019 – 10 S 303/19, BeckRS 2019, 19612 Rn. 19.
73 BGH, Beschluss des Ermittlungsrichters vom 8.11.2017 – 1 BGs 461/17, S. 5 f.
74 *Schoch*, Fn. 44, § 1 Rn. 352 f. m. w. Nachw. zur Rspr.; *Brink*, Fn. 50, § 1 Rn. 146.
75 *Fischer*, Fn. 54, S. 260.

net ist.[76] Ist die in Anspruch genommene Bundesanwaltschaft nicht zur Informationsgewährung verpflichtet, besteht bereits mangels Anwendbarkeit des IFG kein Vorrang spezialgesetzlicher Regelungen gem. § 1 Abs. 3 IFG.[77]

3. Absoluter Ausschlusstatbestand: Nachrichtendienste und Sicherheitsbehörden

In dem gegen den Generalbundesanwalt gerichteten Verfahren stellte sich die Frage nach einem Anspruchsausschluss gem. §§ 3 bis 6 IFG nicht. Vor dem Hintergrund des aktuell anhängigen Verfahrens, in dem seitens des Antragsstellers bzw. Klägers von dem Bundesministerium der Justiz Zugang zu der (vermeintlichen) Weisung begehrt wird, soll die Bereichsausnahme des § 3 Nr. 8 IFG an dieser Stelle in den Blick genommen werden.[78]

Anders als die in Nr. 1 bis Nr. 7 genannten Verweigerungsgründe ist der Anspruchsausschluss nach § 3 Nr. 8 IFG als Bereichsausnahme konzipiert. Unerheblich ist damit, ob durch den Informationszugang in § 3 aufgezählte Schutzgüter gefährdet werden könnten.[79] Gegenüber den Nachrichtendiensten sowie näher bezeichneten Sicherheitsbehörden besteht per se kein Anspruch auf Informationszugang, da der Gesetzgeber alle dort verfügbaren Informationen unter erhöhten Geheimnisschutz stellt.[80] Gem. § 1 Nr. 5 der Rechtsverordnung zur Sicherheitsüberprüfungsfeststellung (SÜFV)[81] hat die Bundesregierung festgestellt, dass die Aufgaben des Generalbundesanwalts mit den Aufgaben der Nachrichtendienste vergleichbar und ebenso geheimhaltungsbedürftig sind. Für Informationszugangsansprüche gegen den Generalbundesanwalt steht damit fest, dass der Ausschlussgrund greift, soweit der Generalbundesanwalt bei Ermittlungstätigkeiten auf dem Gebiet der Spionageabwehr und der Terrorismusbekämpfung übermittelte Informationen der Nachrichtendienste des Bundes verwendet.

Ähnlich gelagerte Auskunftsbegehren gegen das Bundesjustizministerium sollen nach der Auffassung des Bundesverwaltungsgerichts ebenfalls nach § 3 Nr. 8 IFG ausgeschlossen sein. Zwar ist das Bundesjustizministerium nicht in dem Kata-

---

76 *Rixecker*, Fn. 1, S. 371.
77 VGH BW, Urteil vom 16.5.2017 – 10 S 1478/16, NVwZ 2018, S. 750 Tz. 23; ohne Bezugnahme auf § 1 Abs. 3 IFG, BVerwG, Urteil vom 28.2.2019 – 7 C 23.17, NVwZ 2019, S. 978 Tz. 19.
78 Vgl. oben S. 45.
79 *Schoch*, Fn. 44, Vorb. §§ 3–6 Rn. 81, § 3 Rn. 335 f.
80 Zur Kritik an der Gesetzesbegründung vgl. *Schoch*, Fn. 44, § 3 Rn. 341.
81 Verordnung vom 3.12.2015, BGBl. I S. 2186.

log von § 1 SÜFV für Behörden mit vergleichbarer Sicherheitsempfindlichkeit aufgeführt. Da das Ministerium „typischerweise über eine Vielzahl von Dokumenten [verfügt], die geheimhaltungsbedürftig sind" und als aufsichtführende Behörde eng mit der Bundesanwaltschaft zusammenarbeitet, möchte das Bundesverwaltungsgericht den Ausschlussgrund in diesem Fall auch auf das Ministerium anwenden.[82] In dem Verfahren gegen das Ministerium begründet das Bundesverwaltungsgericht eine mögliche Anwendung von § 3 Nr. 8 IFG mit dessen Stellung als Aufsichtsbehörde gem. § 147 Nr. 1 GVG.[83] In diesem Sinne argumentiert auch *Rossi*: Es sei „widersprüchlich", wenn die Entscheidung über den Informationszugang davon abhänge, bei welcher Stelle die Auskunft beantragt wird.[84]

Dieses Rechtsverständnis muss sich die Kritik gefallen lassen, dass § 3 Nr. 8 IFG als Bereichsausnahme im Gegensatz zu den übrigen Verweigerungsgründen ein Sonderstatus innewohnt und die Vorschrift daher eng ausgelegt werden muss.[85] Da die Aufzählung von sicherheitsempfindlichen Behörden in § 1 SÜFV als abschließender Katalog konzipiert ist,[86] kann die Bereichsausnahme für Nachrichtendienste und Sicherheitsbehörden nicht auf das Bundesjustizministerium erweitert werden. Laut der Gesetzesbegründung sollen durch § 3 Nr. 8 IFG alle Stellen, die über besonders sicherheitsrelevante Informationen verfügen, aus dem Anwendungsbereich des IFG herausgenommen werden.[87] Durch Wortlaut und Systematik der Verweigerungsgründe wird deutlich, dass der Anknüpfungspunkt für die Verweigerung des Informationszugangs nicht die Gefährdung eines genauer bestimmten Schutzgutes ist, wie bei § 3 Nr. 1 Buchst. c IFG die innere oder äußere Sicherheit ist. Maßgeblich ist nach § 3 Nr. 8 IFG (ggf. i.V.m. § 1 SÜFV) allein, wer materieller Antragsgegner ist. Gehört der Antragsgegner zu den genannten sicherheitsrelevanten Stellen, muss jeder Zugangsanspruch abgelehnt werden. Eine „funktionsbezogene Auslegung" von § 3 Nr. 8 IFG – wie das Bundesverwaltungsgericht sie vornimmt – lässt dies außer Acht und nimmt zuerst das Ergebnis in den Blick.[88] Ausgehend von der Dogmatik des § 3 IFG darf die Bereichsaus-

---

82 BVerwG, Urteil vom 22.3.2018 – 7 C 21.16, NVwZ 2018, S. 1229 Tz. 27.
83 BVerwG, Urteil vom 22.3.2018 – 7 C 21.16, NVwZ 2018, S. 1229 Tz. 27; ebenso BVerwG, Urteil vom 22.5.2016 – 7 C 18.14, NVwZ 2016, S. 940 Tz. 21 ff.
84 BVerwG, Urteil vom 28.2.2019 – 7 C 23.17, NVwZ 2019, S. 978 (981) (m. Anm. *Rossi*); in diesem Sinne auch *Polenz*, Fn. 50, § 3 Rn. 138 f.
85 BT-Drs. 15/4493, S. 9.
86 *Warg*, in: Schenke/Graulich/Ruthig (Hrsg.), Sicherheitsrecht des Bundes, § 34 SÜG Rn. 2; *Schoch*, Fn. 44, § 3 Rn. 345 f.
87 BT-Drs. 15/4493, S. 12; *Schoch*, Fn. 44, § 3 Rn. 336.
88 Vgl. zur Kritik die Anm. *Schoch* zu BVerwG, Urteil vom 22.5.2016 – 7 C 18.14, NVwZ 2016, S. 940 Tz. 23 f.

nahme nicht auf Stellen, „die auf Grund ihrer Aufgabenstellung in einer besonders engen Beziehung zu den Nachrichten stehen",[89] erweitert werden. Nimmt man die gesetzgeberische Wertung ernst und legt den Verweigerungsgrund in Nr. 8 nicht „funktionsbezogen", sondern eng aus, ist die Regelung nicht auf andere als die in § 3 Nr. 8 IFG und § 1 SÜFV genannten Behörden anwendbar; das Bundesministerium kann sich nicht auf den absoluten Verweigerungsgrund berufen. Unbenommen ist dem Ministerium, sich bei Vorliegen der Voraussetzungen auf die Verweigerungsgründe in Nr. 1 Buchst. c, Nr. 2 und Nr. 4 des § 3 IFG zu berufen. Sollte von der Informationsgewährung eine Gefahr für sicherheitsrelevante Bereiche ausgehen, bieten die übrigen Verweigerungsgründe im Ergebnis ausreichenden Schutz.[90]

IV. Ausblick

Die Entscheidung des Bundesverwaltungsgerichts verdient Zustimmung. Freilich war das öffentliche Interesse an den Ermittlungen gegen die Journalisten und die Vorgänge in der Bundesanwaltschaft groß. Es ist jedoch nicht Aufgabe der Rechtsprechung, den Wortlaut der Gesetzesvorschriften entsprechend des von Kläger und Öffentlichkeit gewünschten Maßes zu überdehnen.[91] Die gesetzgeberische Entscheidung ist bei § 1 Abs. 1 IFG eindeutig: Im Interesse der Funktionsfähigkeit von Gesetzgebung und (Straf-)Rechtspflege sind staatliche Tätigkeiten, die nicht zu den materiellen Verwaltungsaufgaben zählen, von dem Informationszugangsanspruch ausgenommen.

---

89 BVerwG, Urteil vom 22.5.2016 – 7 C 18.14, NVwZ 2016, S. 940 Tz. 23.
90 So bereits BVerwG, Urteil vom 22.5.2016 – 7 C 18.14, NVwZ 2016, S. 940 (944) (m. Anm. *Schoch*).
91 In diesem Sinne *Rossi*, Anm. zu BVerwG, Urteil vom 28.2.2019 – 7 C 23.17, NVwZ 2019, S. 978 (980).

Wilhelm Mecklenburg*

Zur Auslegung und Verfassungswidrigkeit der Neuregelung des § 96 Abs. 4 BHO

Inhaltsübersicht

I. Einleitung
II. Das IFG des Bundes als Gesetz ohne Bereichsausnahmen
III. Die Entscheidung des Bundesverwaltungsgerichts vom 15.11.2012
IV. Die Novellierung der §§ 96, 97 und 99 BHO durch Gesetz vom 15.7.2013
  1. Die Ausgangsfassung
  2. Die geänderte Fassung
  3. Zur Auslegung der Neuregelung
 4. Kein verbesserter Informationszugang durch die Neufassung von § 96 Abs. 4 BHO
V. Verfassungskonformität von § 96 Abs. 4 BHO (neu)
  1. Vorbemerkungen
  2. Formelle Verfassungswidrigkeit: Denaturierung
  3. Formelle Verfassungswidrigkeit: Verletzung des Öffentlichkeitsgrundsatzes
  4. Materielle Verfassungswidrigkeit
VI. Ergebnis

I. Einleitung

Das Informationsfreiheitsgesetz (IFG) des Bundes vom 5.9.2005 ist ein Ergebnis einer langen Auseinandersetzung um den Paradigmenwechsel vom Grundsatz des Amtsgeheimnisses zum Grundsatz der Aktenöffentlichkeit („gläserne Verwaltung"). Bereits 1987 wurde erstmalig ein auf „Umweltakten" bezogenes Gesetz für ein Akteneinsichtsrecht in den Bundestag[1] eingebracht, das auf einem sehr

---

* Dr. Wilhelm Mecklenburg ist Rechtsanwalt in Pinneberg.
1 Entwurf eines Gesetzes über das Einsichtsrecht in Umweltakten (Akteneinsichtsrechtsgesetz – AERG), BT-Drs. 11/152 vom 11.11.1987 (Fraktion DIE GRÜNEN).

weitreichenden Begriff der Umweltakten aufbaute.[2] Die Richtlinie 90/313/EWG über den freien Zugang zu Informationen über die Umwelt, am 7.6.1990 erlassen,[3] wurde von Deutschland nur sehr zögerlich[4] und unzureichend[5] umgesetzt. Das UIG 1994 musste alsbald wegen Behebung verschiedener Verstöße gegen die Richtlinie 90/313/EWG novelliert werden.[6]

Ein Gesetz über den Zugang zu Umweltinformationen enthält von vornherein eine Lücke hinsichtlich solcher Informationen, die keine Umweltinformationen sind, wobei die Größe dieser Lücke von der Reichweite des Begriffs der Umweltinformationen abhängt. Vor diesem Hintergrund hatten einige Bundesländer, beginnend mit Brandenburg,[7] allgemeine Informationszugangsgesetze verabschiedet.

Der Koalitionsvertrag 1998 der ersten rot-grünen Bundesregierung enthielt eine Vereinbarung, ein Informationsfreiheitsgesetz des Bundes zu schaffen.[8] Dieses Vorhaben kam nicht über einen Referentenentwurf hinaus.[9] Auch während der zweiten rot-grünen Legislaturperiode stagnierten die Arbeiten. Verantwortlich hierfür[10] war das Bestreben der einzelnen Ressorts der Bundesregierung und zugeordneter Behördenzweige, jeweils für ihren Arbeitsbereich sogenannte „Bereichsausnahmen" im Gesetz festzuschreiben, aufgrund derer sie an sie gerichtete Informationsanfragen jeweils ohne Einzelfallprüfung hätten ablehnen können. An der Frage der Bereichsausnahmen war ein früherer Gesetzentwurf von 2001 gescheitert.[11]

---

2   Der Begriff der „Umweltakten" nach § 2 Abs. 2 dieses Gesetzes umfasste insbesondere „alle Akten, die im Zusammenhang mit Verwaltungshandeln nach Maßgabe von [...] Bau- und Planungsvorschriften geführt werden".
3   ABl. 1990 L 158 S. 56.
4   Mit anderthalb Jahren Verspätung: Gesetz zur Umsetzung der Richtlinie 90/313/EWG des Rates vom 7.6.1990 über den freien Zugang zu Informationen über die Umwelt, BGBl. I 1994 S. 1490 (anderthalb Jahre Verspätung gegenüber der Umsetzungsfrist).
5   Es folgten zwei Verurteilungen durch den EuGH wegen fehlerhafter Umsetzung, EuGH C-321/96 vom 17.6.1998 (Mecklenburg gegen Landrat Pinneberg), EuGH C-217/97 vom 9.9.1999, Kommission gegen Deutschland).
6   Vgl. hierzu BT-Drs. 14/4599 vom 14.11.2000, S. 83 ff.
7   Akteneinsichts- und Informationszugangsgesetz (AIG) des Landes Brandenburg vom 10.3.1998, GVBl. I 1998 S. 46, auf der Grundlage von Art. 21 Abs. 3 und 4 der Brandenburgischen Landesverfassung vom 20.8.1992 – auch hier ist eine erhebliche Verzögerung zu beobachten!
8   Für die nachfolgenden Ausführungen vgl. *Mecklenburg/Pöppelmann*, IFG-Kommentar 2006, S. 15.
9   Referentenentwurf abgedruckt in *Schoch/Kloepfer*, Informationsfreiheitsgesetz (IFG Profi-E), S. 201 ff.
10 Siehe hierzu *Schoch*, IFG-Kommentar, 2016, Vorb. §§ 3–6 Rn. 45.
11 Vgl. *Schoch*, Fn. 10.

Um diese Blockade zu überwinden, fand sich eine parlamentarische Arbeitsgruppe von Abgeordneten zusammen mit dem Ziel, einen eigenen Gesetzentwurf „aus der Mitte des Bundestags" einzubringen. Begleitet wurde dies von einem ad-hoc-Bündnis aus Vertretern von Journalisten- und Bürgerrechtsorganisationen,[12] das seinerseits einen eigenen Gesetzentwurf vorlegte, der am 2.4.2004 dem damaligen Präsidenten des Deutschen Bundestages, Wolfgang Thierse, überreicht wurde, und der insbesondere als Vergleichsmaßstab für ein in den Bundestag einzubringendes Gesetz dienen sollte.

Mit Gesetzentwurf vom 14.12.2004 erreichte das jetzige Informationsfreiheitsgesetz des Bundes schließlich den Bundestag.[13] Am 14.3.2005 erfolgte eine öffentliche Anhörung. Am 27.4.2005 reichte die Arbeitsgemeinschaft der Spitzenverbände der Krankenkassen nachträglich und unaufgefordert eine Stellungnahme ein, mit der – allerdings erfolglos – die Aufnahme einer *Bereichsausnahme für die Sozialverwaltung* in das Gesetz verlangt wurde. Am 1.6.2005 beschloss der Innenausschuss des Bundestages, den Vermittlungsausschuss anzurufen. Wäre dies geschehen, hätte das Gesetz aus zeitlichen Gründen nicht mehr in der 15. Legislaturperiode verabschiedet werden können und wäre der Diskontinuität verfallen.[14] Für das Zustandekommen des Gesetzes war deshalb entscheidend, dass diejenigen Länder, in denen die FDP an der Regierung beteiligt war, sich im Bundesrat der Stimme enthielten, weshalb der Bundesrat am 8.7.2005 beschloss, den Vermittlungsausschuss nicht anzurufen. Nach der Ausfertigung des Gesetzes am 5.9.2005 trat es alsdann am 1.1.2006 in Kraft.

Das IFG kann im Ergebnis für sich in Anspruch nehmen, keine (offene) Strategie der Bereichsausnahmen zu verfolgen;[15] eine Struktur des Gesetzes, die in der Rechtsprechung affirmativ bestätigt wurde.[16] Die einzige Ausnahme betrifft nach § 3 Nr. 8 Alt. 1 IFG die Nachrichtendienste. Für die sonstigen in § 3 Nr. 8 IFG Alt. 2 genannten Behörden und Stellen gilt eine aufgabenabhängige Ausnahme, also keine Bereichsausnahme.

---

12 Deutsche Journalistinnen- und Journalistenorganisation, Deutscher Journalistenverband, Humanistische Union, Netzwerk Recherche, Transparency International.
13 BT-Drs. 15/4493 vom 14.12.2004, Gesetzentwurf der Fraktionen SPD und Bündnis 90/DIE GRÜNEN, Gesetzentwurf und Gesetzgebungsvorgang abgedruckt in *Mecklenburg/Pöppelmann*, IFG-Kommentar, 2006, S. 177 f., 175 f.
14 Vgl. *Mecklenburg/Pöppelmann*, Fn. 8, S. 15.
15 So auch *Schoch*, Fn. 10, Vorb. §§ 3–6 Rn. 46.
16 Vgl. *Schoch*, Fn. 15, m. w. Nachw.

Dies gilt auch für den Bundesrechnungshof. Auch für diesen sieht das IFG keine Bereichsausnahme vor, sondern eine auf den „Schutz der externen Finanzkontrolle" aufgabenbezogene Ausnahme.

Ein für die Thematik der vorliegenden Arbeit interessantes Beispiel für die Lobbyarbeit entsprechender Stellen ist der Änderungsantrag des SSW (LtDrs 14/2685 des schleswig-holsteinischen Landtages) zum IFG-2000 (Gesetzentwurf des SSW, LtDrs 14/2374 des schleswig-holsteinischen Landtages), wonach zu den ausdrücklich nicht informationsverpflichteten Behörden, abweichend vom ursprünglichen Gesetzentwurf gehören soll „der Landesrechnungshof, soweit er in richterlicher Unabhängigkeit tätig wird". Dies bedeutet eine Ausnahme für den sogenannten „Hofbereich" des Rechnungshofes, also keine vollständige Bereichsausnahme für den Rechnungshof. Absolut geschützt wird durch diese Vorschrift allerdings der interessantere Teil der Tätigkeit des Rechnungshofes, nämlich die eigentliche Rechnungsprüfung. Es ist dieses Modell, das letztlich durch die hier zu besprechende Änderung der Bundeshaushaltsordnung auch für das Informationsfreiheitsrecht des Bundes realisiert wurde.

II. Das IFG des Bundes als Gesetz ohne Bereichsausnahmen

Gerade weil das IFG des Bundes als Gesetz ohne Bereichsausnahmen konzipiert und als solches verabschiedet wurde, ist es trotz seines umfangreichen Ausnahmekatalogs vor allem in § 3 IFG letztlich ein sehr erfolgreiches Gesetz, auch wenn dieser Erfolg nicht zuletzt auch dadurch erzielt wurde, dass viele Ansprüche gerichtlich durchgesetzt werden mussten. Aber die Tatsache, dass solche Rechtsstreitigkeiten möglich waren und vielfach auch zum Erfolg führten, beruht eben gerade darauf, dass Informationsverweigerungen auf fallbezogene Ausnahmen gestützt werden mussten und eben nicht auf Bereichsausnahmen gestützt werden konnten. In der Tat kann als Befund durchaus festgehalten werden, dass die verwaltungsgerichtliche Rechtsprechung und namentlich das Bundesverwaltungsgericht zur Stärkung der Informationszugangsfreiheit beigetragen haben.[17]

Ebenfalls substanziell zum Erfolg beigetragen hat, dass bei den Ausnahmeregeln auf offene Klauseln (Beeinträchtigung des Wohls des Bundes oder eines

---

17 Siehe *Greve*, Die Änderung der BHO: Eingeschränkter Informationszugang gegenüber dem Bundesrechnungshof unter Aufgabe der Regelungssystematik des IFG?, NVwZ 2014, S. 275.

Landes) wie etwa bei § 29 Abs. 2 VwVfG[18] verzichtet wurde. Stattdessen wurde, wenn auch überreichlich und in manchen Ausnahmegründen wie beim Schutz von Betriebs- und Geschäftsgeheimnissen, zu weitgehend auf „ganz bestimmte, genau bezeichnete" Ausnahmen abgehoben, wie dies erstmalig in der Umweltinformationsrichtlinie 90/313/EWG[19] als Leitlinie vorgegeben wurde.

III. Die Entscheidung des Bundesverwaltungsgerichts vom 15.11.2012

Mit Urteil vom 15.11.2012[20] entschied das Bundesverwaltungsgericht, das OVG Münster[21] bestätigend, dass der Bundesrechnungshof auch hinsichtlich seiner Prüftätigkeit anspruchsverpflichtete Behörde i.S.v. § 1 Abs. 1 Satz 1 IFG sei.

Das Verwaltungsgericht Köln hatte demgegenüber einen entsprechenden Anspruch noch verneint,[22] und zwar mit der Begründung, für die Anspruchsverpflichtung komme es darauf an, ob der Bundesrechnungshof bei der Ausübung seiner Prüftätigkeit als Bundesbehörde oder im Rahmen seiner verfassungsrechtlich garantierten Stellung als unabhängiges Organ der Finanzkontrolle tätig werde und insoweit keine öffentlich-rechtlichen Verwaltungsaufgaben wahrnehme. Das VG Köln entschied sich für die letztere Alternative und wies den geltend gemachten Anspruch, der auf den Zugang zu Informationen über die Prüfung von Zuwendungen, die seitens des Bundesministeriums für wirtschaftliche Zusammenarbeit und Entwicklung an verschiedene Organisationen zur Förderung entwicklungswichtiger Vorhaben gewährt worden waren, zurück.

Das OVG Münster,[23] das über die Berufung gegen das Urteil des VG Köln zu entscheiden hatte, setzte sich unter I. der Gründe ausführlich mit dem Behördenbegriff des IFG auseinander und stellte fest, dass vom Anwendungsbereich des

---

18 § 29 Abs. 2 VwVfG lautet: „Die Behörde ist zur Gestattung der Akteneinsicht nicht verpflichtet, soweit durch sie die ordnungsgemäße Erfüllung der Aufgaben der Behörde beeinträchtigt, das Bekanntwerden des Inhalts der Akten dem Wohl des Bundes oder eines Landes Nachteile bereiten würde oder soweit die Vorgänge nach einem Gesetz oder ihrem Wesen nach, namentlich wegen der berechtigten Interessen der Beteiligten oder dritter Personen, geheim gehalten werden müssen."
19 Dort im Erwägungsgrund 7.
20 BVerwG, Urteil vom 15.11.2012 – 7 C 1.12 = NVwZ 2013, S. 431 (m. Anm. *Schoch*) = BeckRS 2013, 46016 (Förderung Entwicklungshilfe).
21 OVG Münster, Urteil vom 26.10.2011 – 8 A 2593/10 = BeckRS 2011, 55609.
22 VG Köln, Urteil vom 30.9.2010 – 13 K 717/09 = BeckRS 2010, 54866.
23 OVG Münster, Urteil vom 26.10.2011 – 8 A 2593/10 = BeckRS 2011, 55609, I. der Gründe.

Informationsfreiheitsgesetzes lediglich Tätigkeiten der Gesetzgebung und Rechtsprechung, nicht aber auch „sonstige unabhängige Tätigkeiten" ausgenommen seien. Der Bundesrechnungshof nehme öffentlich-rechtliche Verwaltungsaufgaben im Sinne des § 1 Abs. 1 IFG in der Form schlicht-hoheitlichen Verwaltungshandelns wahr (I.3. der Gründe). Seine Prüftätigkeit sei nicht deshalb mit rechtsprechender Tätigkeit gleichzustellen, weil seine Mitglieder aufgrund ihrer richterlichen Unabhängigkeit (Art. 114 Abs. 2 Satz 1 GG) eine besondere Stellung innehätten (I.3.a der Gründe). Des Weiteren werde der Bundesrechnungshof durch seine Beratungsfunktion auch nicht der Gesetzgebung gleichgestellt. Weder wirke er durch Finanzkontrolle und Berichterstattung an der parlamentarischen Entscheidung im engeren Sinne mit noch werde er im „spezifischen Bereich der Wahrnehmung parlamentarischer Angelegenheiten" tätig, der nach der Gesetzesbegründung ebenfalls vom Anwendungsbereich ausgenommen sein solle (I.3.b der Gründe).

Diese Argumentation wird vom Bundesverwaltungsgericht bestätigt,[24] was sich letztlich so zusammenfassen lässt, dass sich staatliches Handeln – jedenfalls informationsrechtlich – immer einer der drei Gewalten des Art. 20 Abs. 2 Satz 2 GG (Gesetzgebung, vollziehende Gewalt, Rechtsprechung) zuordnen lässt und „Schattenräume" wie „Finanzkontrolle" oder „Regierungshandeln" insoweit nicht bestehen.[25] Zwar gesteht auch das Bundesverwaltungsgericht dem „Hofbereich" des Bundesrechnungshofes einige Besonderheiten zu,[26] was aber am Ergebnis an der insoweit zwingenden Zuordnung zu einer der drei Staatsgewalten nichts ändere.

Argumentativ abgesichert wird dieses Ergebnis durch den Hinweis des Bundesverwaltungsgerichtes auf die systematische Auslegung des IFG, in diesem Fall das Verhältnis von § 1 Abs. 1 IFG zu § 3 Nr. 1 lit. e) IFG. Der letztere Ausnahmegrund sei auf den Schutz der Prüfungstätigkeit des Bundesrechnungshofs bezogen und habe nur dann einen bedeutsamen Anwendungsbereich, wenn der Bundesrechnungshof auch in dieser Hinsicht grundsätzlich informationspflichtig sei. Insgesamt hat die Auslegung Zustimmung gefunden.[27]

---

24 BVerwG, Urteil vom 15.11.2012 – 7 C 1.12 = NVwZ 2013, S. 431 (m. Anm. *Schoch*) = BeckRS 2013, 46016 (Förderung Entwicklungshilfe), II.2. der Gründe, Rn. 21 ff.

25 Ähnlich auch *Schoch* (S. 434) in seinen Anmerkungen zum Urteil des Bundesverwaltungsgericht, BVerwG, Urteil vom 15.11.2012 – 7 C 1.12 =BeckRS 2013, 46016 (Förderung Entwicklungshilfe) = NVwZ 2013, S. 431 (m. Anm. *Schoch*).

26 BVerwG, Urteil vom 15.11.2012 – 7 C 1.12 = NVwZ 2013, S. 431 (m. Anm. *Schoch*) = BeckRS 2013, 46016 (Förderung Entwicklungshilfe) Rn. 29.

27 Vgl. *Schoch*, Fn. 10, § 1 Rn. 148 ff.

Mit dem Urteil des Bundesverwaltungsgerichts vom 15.11.2012 bestand also eine Situation, in der grundsätzlich ein umfassender informatorischer Zugriff auf die Akten des Bundesrechnungshofs auch im Hofbereich bestand.

Die jetzt zu besprechende Änderung der Bundeshaushaltsordnung hat dieses Ergebnis der Rechtsprechung „neutralisiert". Die Bundeshaushaltsordnung stellt nach dem Willen des Gesetzgebers nunmehr eine „*Teilbereichsausnahme*" für den Hofbereich des Bundesrechnungshofs bereit. Dies sieht auch der Bundesbeauftragte für den Datenschutz und die Informationsfreiheit so, der die entsprechende Änderung der BHO ausdrücklich ablehnte.[28]

IV. Die Novellierung der §§ 96, 97 und 99 BHO durch Gesetz vom 15.7.2013

1. Die Ausgangsfassung

Die Fassungen der §§ 96, 97, 99 BHO, die dann Gegenstand der hier zu besprechenden Änderungen wurden, lauten nach dem Stand des Art. 10 des Gesetzes vom 9.12.2010:[29]

> „§ 96 Prüfungsergebnis
> (1) Der Bundesrechnungshof teilt das Prüfungsergebnis den zuständigen Dienststellen zur Äußerung innerhalb einer von ihm zu bestimmenden Frist mit. Er kann es auch anderen Dienststellen und dem Haushaltsausschuss des Deutschen Bundestages mitteilen, soweit er dies aus besonderen Gründen für erforderlich hält.
> (2) Prüfungsergebnisse von grundsätzlicher oder erheblicher finanzieller Bedeutung teilt der Bundesrechnungshof dem Bundesministerium der Finanzen mit.
> (3) Der Bundesrechnungshof ist zu hören, wenn die Verwaltung Ansprüche des Bundes, die in Prüfungsmitteilungen erörtert worden sind, nicht verfolgen will. Er kann auf die Anhörung verzichten.

---

28 Schreiben des Bundesbeauftragten für den Datenschutz und die Informationsfreiheit an den Haushaltsausschuss des Deutschen Bundestages vom 10.6.2013, Ausschuss-Drs. 17(8)6059, vgl. hierzu auch BT-Drs. 17/13931, S. 4.
29 Vgl. den Hinweis auf BT-Drs. 17/13931, S. 3.

§ 97 Bemerkungen
(1) Der Bundesrechnungshof fasst das Ergebnis seiner Prüfung, soweit es für die Entlastung der Bundesregierung wegen der Haushaltsrechnung und der Vermögensrechnung von Bedeutung sein kann, jährlich für den Bundestag und den Bundesrat in Bemerkungen zusammen, die er dem Bundestag, dem Bundesrat und der Bundesregierung zuleitet.
(2) In den Bemerkungen ist insbesondere mitzuteilen,
1. ob die in der Haushaltsrechnung und der Vermögensrechnung und die in den Büchern aufgeführten Beträge übereinstimmen und die geprüften Einnahmen und Ausgaben ordnungsgemäß belegt sind,
2. in welchen Fällen von Bedeutung die für die Haushalts- und Wirtschaftsführung geltenden Vorschriften und Grundsätze nicht beachtet worden sind,
3. welche wesentlichen Beanstandungen sich aus der Prüfung der Betätigung bei Unternehmen mit eigener Rechtspersönlichkeit ergeben haben,
4. welche Maßnahmen für die Zukunft empfohlen werden.
(3) In die Bemerkungen können Feststellungen auch über spätere oder frühere Haushaltsjahre aufgenommen werden.
(4) Bemerkungen zu geheimzuhaltenden Angelegenheiten werden den Präsidenten des Bundestages und des Bundesrates sowie dem Bundeskanzler und dem Bundesministerium der Finanzen mitgeteilt.

§ 99 Angelegenheiten von besonderer Bedeutung
Über Angelegenheiten von besonderer Bedeutung kann der Bundesrechnungshof den Bundestag, den Bundesrat und die Bundesregierung jederzeit unterrichten. Berichtet er dem Bundestag und dem Bundesrat, so unterrichtet er gleichzeitig die Bundesregierung."

Es ist festzustellen, dass diese Vorschriften keinen (direkten) Bezug zu einer Information der Öffentlichkeit durch den Rechnungshof haben. Ein mittelbarer Bezug entsteht allenfalls insoweit, als die jährlichen Bemerkungen des Bundesrechnungshofes nach § 97 BHO dem Bundestag mitzuteilen waren (und immer noch sind) und diese Bemerkungen traditionell als Bundestagsdrucksache verteilt und damit grundsätzlich (d.h., bis auf Bemerkungen über geheimzuhaltende Angelegenheiten) öffentlich zugänglich werden. Im Übrigen geht es um einen Informationsaustausch zwischen verschiedenen staatlichen Stellen und nicht um einen Austausch zwischen einer staatlichen Stelle und Vertretern der Öffentlichkeit.

2. Die geänderte Fassung

Demgegenüber lauten die Neufassungen der §§ 96, 97, 99 BHO in der Fassung des Art. 2 des Gesetzes vom 15.7.2013 (BGBl. I, 2395 – Änderungen nachfolgend *kursiv*):

„§ 96 Prüfungsergebnis
Absätze 1 bis 3: Unverändert.

(4) Der Bundesrechnungshof kann Dritten durch Auskunft, Akteneinsicht oder in sonstiger Weise Zugang zu dem Prüfungsergebnis gewähren, wenn dieses abschließend festgestellt wurde. Gleiches gilt für Berichte, wenn diese abschließend vom Parlament beraten wurden. Zum Schutz des Prüfungs- und Beratungsverfahrens wird Zugang zu den zur Prüfungs- und Beratungstätigkeit geführten Akten nicht gewährt. Satz 3 gilt auch für die entsprechenden Akten bei den geprüften Stellen.

§ 97 Bemerkungen
Absätze 1 bis 4: Unverändert.

(5) Der Bundesrechnungshof veröffentlicht seine Bemerkungen außer in den Fällen des Absatzes 4 unverzüglich nach Zuleitung im Internet.

§ 99 Angelegenheiten von besonderer Bedeutung
Über Angelegenheiten von besonderer Bedeutung kann der Bundesrechnungshof den Bundestag, den Bundesrat und die Bundesregierung jederzeit unterrichten. Berichtet er dem Bundestag und dem Bundesrat, so unterrichtet er gleichzeitig die Bundesregierung. *Der Bundesrechnungshof veröffentlicht seine Berichte zu Angelegenheiten von besonderer Bedeutung unverzüglich nach Zuleitung im Internet.*"

3. Zur Auslegung der Neuregelung

a. Vorbemerkungen

Die Ergänzung des § 97 BHO ist deklaratorischer Natur. Die Veröffentlichung von Bemerkungen ist, wie gesagt, bisher indirekt immer schon in der Form von Bundestagsdrucksachen erfolgt.

Die Bedeutung der Ergänzung von § 99 BHO ist demgegenüber unklar. Jedenfalls für den Fall, dass der Bundestag und/ oder der Bundesrat unterrichtet werden, ist davon auszugehen, dass diese Berichte zugleich als Drucksachen dieser

Gremien erscheinen und damit (auch) über das Internet zugänglich werden. Lediglich in den Fällen, in denen ausschließlich die Bundesregierung, nicht aber Bundestag oder Bundesrat unterrichtet werden **und** der Bericht eine Angelegenheit von besonderer Bedeutung betrifft, ergibt sich (möglicherweise) eine Neuerung.

Im Übrigen hatte das Bundesverwaltungsgericht zwischenzeitlich Gelegenheit, sich zur Neuregelung der BHO zu äußern,[30] wobei sich nach dem Vorangehenden die maßgeblichen Änderungen aus dem neuen § 96 Abs. 4 BHO (neu) ergeben.

b. § 96 Abs. 4 BHO (neu) als Anspruchsnorm

Bei der Neuregelung des § 96 Abs. 4 BHO handelt es sich nicht um eine „proaktive"[31] Informationszugangsregelung, d.h., um eine solche, bei der die Behörde von sich aus Informationen der Öffentlichkeit zur Verfügung stellt. Vielmehr handelt es sich um eine Regelung zum Informationszugang auf Antrag, auch wenn das Wort „Antrag" nicht auftaucht.

Dies sieht jedenfalls das Bundesverwaltungsgericht so,[32] wobei es sich auf seine Auslegung der analog strukturierten Vorschrift des § 111 Abs. 3 Satz 1 BBG[33] stützt. Eine überzeugende Begründung hierfür liefert das Bundesverwaltungsgericht allerdings nicht,[34] das Ergebnis wird auch von Schoch bestritten.[35] Im Fall des § 96 Abs. 4 BHO kann sich das Bundesverwaltungsgericht auf die (spärlichen, hierzu weiteres unten) Gesetzgebungsmaterialien stützen, wo es im Bericht des federführenden Ausschusses heißt:

> „Der neue Absatz 4 stellt eine spezialgesetzliche Informationszugangsregelung für die genannten Informationen dar. Im Übrigen bleibt das Informationsfreiheitsgesetz des Bundes weiterhin anwendbar."

Die gesetzgeberische Absicht ist der hiernach in der Tat klar.

---

30 BVerwG, Urteil vom 22.3.2018 – 7 C 30.15 (Sportförderung).

31 Der Begriff „proaktiv" ist seit einiger Zeit, auch im Kontext des hier streitigen Gesetzgebungsverfahrens, gängig. Er bedeutet aber nichts anderes als das herkömmliche, auch international übliche (vgl. Art. 7 Abs. 1 der Umweltinformationsrichtlinie 2003/4/EG) „aktiv". Aktiver Informationszugang ist ein solcher, bei dem eine Stelle von sich aus Informationen zur Verfügung stellt, also von sich aus aktiv wird. Passiver Informationszugang ist demgegenüber Informationszugang auf Antrag.

32 BVerwG, Urteil vom 22.3.2018 – 7 C 30.15 (Sportförderung) Rn. 17.

33 BVerwG, Urteil vom 29.6.2017 – 7 C 24.15 (Einsicht in Personalakten nach IFG) = NVwZ 2017, S. 1862 (m. Anm. *Hofmann*), dort Rn. 17f. der Entscheidung und S. 1869f. in den Anmerkungen.

34 So auch *Hofmann* in seinen Anmerkungen zu BVerwG, Urteil vom 29.6.2017 – 7 C 24.15 (Einsicht in Personalakten nach IFG) = NVwZ 2017, S. 1862 (m. Anm. *Hofmann*), NVwZ 2017, S. 1862/1869.

35 Vgl. *Schoch*, Fn. 10, § 1 Rn. 348.

c. Spezialität, zum Ersten

Aus der Interpretation der Norm als Anspruchsnorm folgt allerdings, dass nunmehr zu prüfen ist, bzw. geprüft werden kann, ob und wie weit die Konkurrenzregelung des § 1 Abs. 3 IFG anwendbar ist. Das Bundesverwaltungsgericht erklärt, § 96 Abs. 4 BHO (neu) sei eine spezialgesetzliche Regelung i.S.v. § 1 Abs. 3 IFG, dies allerdings nur bei Ansprüchen gegenüber dem Bundesrechnungshof selber, nicht gegenüber anderen Stellen.

Spezialität bedeutet, dass die allgemeinere Norm durch die speziellere Norm verdrängt wird. Um die Anwendung des IFG auszuschließen, muss § 96 Abs. 4 BHO (neu) also speziell gegenüber § 1 Abs. 1 IFG sein.

§ 96 Abs. 4 BHO (neu) regelt in der Tat einen Ausschnitt des Informationszugangs, wie er in § 1 Abs. 1 IFG geregelt ist. Entscheidend hierfür ist aber die Bejahung des Charakters der Norm als Anspruchsnorm. Wäre § 96 BHO (neu) keine Anspruchsnorm, könnte keine Spezialität zur Anspruchsnorm § 1 Abs. 1 IFG bestehen. Im Übrigen handelt es sich grundsätzlich um Informationen, für die der Anspruch nach § 1 Abs. 1 IFG eröffnet ist.

Unschädlich für die Spezialität ist, dass § 96 Abs. 4 Satz 1 und 2 BHO (neu) als zugangsgewährende Normen nur gegenüber dem Bundesrechnungshof selber anwendbar ist.

§ 96 Abs. 4 Satz 3 und 4 BHO (neu) enthält allerdings Ausnahmen vom Informationsanspruch, die sowohl für Informationen beim Bundesrechnungshof als auch für solche bei den geprüften Stellen vorhanden sind, indem Zugang zu den zur Prüfungs- und Beratungstätigkeit geführten Akten nicht gewährt wird und dies auch für entsprechende Akten bei den geprüften Stellen gilt.

All dies kann jedoch als ein Ausschnitt aus dem Regelungsgehalt des IFG angesehen werden, sodass eine Spezialität zu bejahen ist.

Soweit ansonsten andere Stellen (also weder der Bundesrechnungshof selber noch geprüfte Stellen) betroffen sind, gilt das IFG. Es ist dann allerdings bei der Prüfung der Versagungsgründe nach dem Bundesverwaltungsgericht auf § 3 Nr. 1 lit. e IFG und dort auf die Maßstäbe des § 96 Abs. 4 BHO (neu) abzustellen.[36] Auch dies führt nicht aus dem Regelungskomplex des IFG hinaus; die Spezialität von § 96 Abs. 4 BHO (neu) bleibt (auch insoweit) bestehen.

Die Tatsache, dass § 96 Abs. 4 BHO (neu) speziell ist gegenüber § 1 Abs. 1 IFG, bedeutet, dass, wie vom Gesetzgeber gewünscht, das IFG durch § 96 Abs. 4 BHO (neu) in dessen Anwendungsbereich verdrängt wird.

---

36 BVerwG, Urteil vom 22.3.2018 – 7 C 30.15 (Sportförderung) Rn. 13.

d. Zugang zu Umweltinformationen, Spezialität zum Zweiten

Zu betonen ist freilich, dass all dies nur gegenüber dem IFG, nicht aber dem UIG gilt. Der bundesdeutsche Gesetzgeber ist hinsichtlich der Einräumung von Informationszugangsrechten nur frei, soweit es Informationen betrifft, die keine Umweltinformationen sind. Denn für Umweltinformationen hat der Unionsgesetzgeber sein Bestimmungsrecht hinsichtlich der Allgemeinzugänglichkeit von Informationen (Art. 5 Abs. 1 Satz 1 GG) durch die Richtlinie 2003/4/EG ausgeübt, sodass insoweit ein (Anwendungs-)Vorrang besteht.[37]

Soweit Rossi darauf abhebt, es ginge bei der Prüftätigkeit des Bundesrechnungshofs nicht um Verwaltungstätigkeit, weshalb die Anwendung des UIG hier nicht in Betracht käme,[38] hat dieser Einwand im Hinblick auf die Entscheidung des Bundesverwaltungsgerichts vom 15.11.2012[39] keinen Bestand mehr: § 96 Abs. 4 BHO (neu) ist anwendbar nur im Anwendungsbereich des IFG, nicht aber im Anwendungsbereich des UIG.

Dies hat Folgen für die Frage der Spezialität von § 96 Abs. 4 BHO (neu). Denn es gibt Informationen, die sowohl unter das IFG als auch das UIG fallen. In dieser Situation wird der Sachverhalt *nicht* abschließend von § 96 Abs. 4 BHO (neu) geregelt und Spezialität ist *nicht* gegeben.

Die Entscheidung des Bundesverwaltungsgerichts vom 22.3.2018 befasst sich mit dieser Problematik nicht.

4. Kein verbesserter Informationszugang durch die Neufassung von § 96 Abs. 4 BHO

Im Bericht des federführenden Ausschusses zur Verabschiedung des Entwurfes eines Ersten Gesetzes zur Änderung des Finanzausgleichsgesetzes[40] heißt es zur Nr. 2 (Art. 2 – neu – Änderung der Bundeshaushaltsordnung):

---

37 Anwendungsvorrang bedeutet, dass auch Behörden das mit EU-Recht nicht vereinbare nationale Recht unbeachtet lassen und das europäische Recht anwenden müssen (*Callies/Ruffert*, EUV, AEUV – Kommentar, Art. 1 Rn. 1 ff., 21).

38 Siehe *Rossi*, Möglichkeiten und Grenzen des Informationshandelns des Bundesrechnungshofs, 2012, S. 126. In der Tat beruht das gesamte Buch auf dem nunmehr als fehlerhaft anzusehenden Ergebnis, dass der Bundesrechnungshof sich jedenfalls in den Bereichen, in denen er seine verfassungsrechtlich übertragene Aufgabe der externen Finanzkontrolle ausübt, im sog. Hof-Bereich also, keiner der drei klassischen Staatsgewalten zuordnen lässt. (Dort: S. 38.)

39 BVerwG, Urteil vom 15.11.2012 – 7 C 1.12 = NVwZ 2013, S. 431 (m. Anm. *Schoch*) = BeckRS 2013, 46016 (Förderung Entwicklungshilfe).

40 BT-Drs. 1713931 vom 12.6.2013, S. 4.

„Mit dieser Ergänzung wird der Zugang zu Prüfungsergebnissen und Berichten des Bundesrechnungshofs klargestellt und konkretisiert. Diese bereichsspezifische Regelung steht in engem sachlichen Zusammenhang mit den neu aufgenommenen Veröffentlichungspflichten des Bundesrechnungshofs in den §§ 97 und 99 der Bundeshaushaltsordnung (BHO). Die nunmehr spezialgesetzlich eingeräumten Zugangsmöglichkeiten werden lediglich dadurch begrenzt, dass eine Einsichtnahme in Prüfungsergebnisse erst dann möglich ist, wenn diese abschließend festgestellt wurden."

Im Bundestag führte die Rednerin von Bündnis 90/DIE GRÜNEN u.a. aus:

„Gleichzeitig wollen wir den Gesetzentwurf zum Finanzausgleichsgesetz nutzen, um die Transparenzpflichten des Bundesrechnungshofes zu konkretisieren, dessen unklare Pflichten zur Herausgabe von Unterlagen in der Vergangenheit zu Unsicherheiten geführt hat. Ich finde es positiv, dass wir dazu einen interfraktionellen Beschluss zur Änderung der Bundeshaushaltsordnung erreicht haben. Mit dem Antrag wird die einstimmige Empfehlung des Rechnungsprüfungsausschusses umgesetzt, der sich für eine Konkretisierung eingesetzt hat. Der Zugang zu relevanten Prüfungsergebnissen des Bundesrechnungshofes soll künftig verbessert werden. Bei besonders wichtigen Vorgängen soll der Rechnungshof die entsprechenden Berichte von sich aus veröffentlichen."[41]

Wenn hier von „eingeräumten Zugangsrechten" (als seien diese neu eingeräumt worden) die Rede ist und davon, dass „der Zugang zu relevanten Prüfungsergebnissen [...] künftig verbessert werden soll", so ist dies eine reine Irreführung der Öffentlichkeit. Mit der Änderung der Bundeshaushaltsordnung wurde eben nicht angestrebt, den Informationszugang zu verbessern. Es gab auch keine „unklare" Regelung (mehr), nachdem das Bundesverwaltungsgericht mit seinem Urteil vom 15.11.2012[42] bestehende Unklarheiten gerade im Sinne der Informationsfreiheit klargestellt hatte.

Das erkämpfte „Mehr an Informationsfreiheit" sollte vielmehr unverzüglich beseitigt werden. Auf jeden Fall ist klar, dass die Neuregelung die Ansprüche auf Informationszugang schmälert.

---

41 *Deutscher Bundestag*, 17. Wahlperiode, 246. Sitzung, 13.6.2013, S. 31520.
42 BVerwG, Urteil vom 15.11.2012 – 7 C 1.12 = NVwZ 2013, S. 431 (m. Anm. *Schoch*) = BeckRS 2013, 46016 (Förderung Entwicklungshilfe).

V. Verfassungskonformität von § 96 Abs. 4 BHO (neu)

1. Vorbemerkungen

Die Verfassungskonformität von § 96 Abs. 4 (neu) BHO kann, so Schoch, kaum bejaht werden.[43] Auch Rossi, der zuvor als Gutachter des Bundesrechnungshofs aufgetreten war,[44] begrüßte zwar die Neuregelung in der Sache und hielt diese auch für materiell verfassungskonform, bedauerte aber, dass diese Neuregelung in verfassungsrechtlich zumindest bedenklicher Form, nämlich aufgrund der Gesetzesinitiative eines Ausschusses, zustande gekommen sei.

Die Kläger des Verfahrens zum Urteil des Bundesverwaltungsgerichts vom 22.3.2018[45] haben darüber hinaus die materielle Verfassungswidrigkeit der Gesetzesänderung gerügt, sind aber weder hiermit noch mit der Rüge der formellen Verfassungswidrigkeit durchgedrungen.

Eine Verfassungsbeschwerde gegen die Entscheidung des Bundesverwaltungsgerichts vom 22.3.2018 hat das Bundesverfassungsgericht nicht zur Entscheidung angenommen.[46]

2. Formelle Verfassungswidrigkeit: Denaturierung

Ansatzpunkt der geltend gemachten formellen Verfassungswidrigkeit des Gesetzes ist der Vorwurf der Denaturierung des Gesetzentwurfes, indem dieser im Widerspruch zu § 62 Abs. 1 Satz 2 GO-BT durch einen Bundestagsausschuss (den Haushaltsausschuss) eingebracht wurde.[47]

Die Vorschrift lautet:

> „Als vorbereitende Beschlussorgane des Bundestages haben sie (die Ausschüsse, Verfasser) die Pflicht, dem Bundestag bestimmte Beschlüsse zu empfehlen, die sich nur auf die ihnen überwiesenen Vorlagen oder mit diesen in unmittelbarem Sachzusammenhang stehenden Fragen beziehen dürfen".

---

43 So *Schoch*, Fn. 10, Einl. Rn. 267, m. w. Nachw.
44 Vgl. *Rossi*, Fn. 38, die Veröffentlichung laut ihrem Vorwort auf S. 5 auf zwei Gutachten, die Rossi im November 2010 dem Bundesrechnungshof erstattet hatte.
45 BVerwG, Urteil vom 22.3.2018 – 7 C 30.15 (Sportförderung) Rn. 29 ff.
46 BVerfG, Urteil vom 14.3.2019 – 1 BvR 1977/18.
47 Vgl. BVerwG, Urteil vom 22.3.2018 – 7 C 30.15 (Sportförderung) Rn. 27.

Völlig unstreitig ist, dass der Haushaltsausschuss gegen diese Vorschrift verstoßen hat. Denn der maßgebliche, dem Ausschuss zur Beratung übersandte Gesetzentwurf auf BT-Drs. 17/13427 vom 8.5.2013 trug den Titel „Gesetzentwurf des Bundesrates, Entwurf eines Ersten Gesetzes zur Änderung des Finanzausgleichsgesetzes". Es ging um den Finanzausgleich zwischen Bund und Ländern, speziell die „Sonderbedarfs-Bundesergänzungszuweisungen zum Ausgleich von Sonderlasten durch die strukturelle Arbeitslosigkeit" (zugunsten der Länder Brandenburg, Mecklenburg-Vorpommern, Sachsen, Sachsen-Anhalt und Thüringen). Der Bericht des Haushaltsausschusses als federführendem Ausschuss findet sich auf BT-Drs. 17/13931 vom 12.6.2013. Die Beschlussvorlage, über die der Ausschuss zu beraten hatte, wird dahingehend geändert, dass der bisherige Gesetzentwurf zur Änderung des Finanzausgleichsgesetzes nunmehr Art. 1 des Gesetzentwurfes wird und die Überschrift „Entwurf eines Gesetzes zur Änderung des Finanzausgleichsgesetzes und der Bundeshaushaltsordnung" erhält und zudem als Art. 2 in die oben beschriebene Änderung der Bundeshaushaltsordnung eingefügt wird. Der entscheidende Punkt ist, dass Art. 2 in keinerlei Sachzusammenhang mit Art. 1 steht und deshalb gegen das Verbot der Denaturierung von Ausschussvorlagen verstoßen wurde. Der Beratungsverlauf wird in BT-Drs. 17/13931 wie folgt beschrieben:

„Der Haushaltsausschuss hat den Gesetzentwurf auf Drucksache 17/13427 in seiner 125. Sitzung am 12. Juni 2013 beraten. Ihm lag dabei auf Ausschussdrucksache 17(8)6059 ein Schreiben des Bundesbeauftragten für den Datenschutz und die Informationsfreiheit vom 10. Juni 2013 zur beabsichtigten Änderung der Bundeshaushaltsordnung vor. Dem Änderungsantrag der Fraktionen CDU/CSU, SPD, FDP und BÜNDNIS 90/DIE GRÜNEN auf Ausschussdrucksache 17(8)6070 stimmte der Ausschuss mit den Stimmen der Fraktionen CDU/CSU, SPD, FDP und BÜNDNIS 90/DIE GRÜNEN bei Stimmenthaltung der Fraktion DIE LINKE zu. Sodann beschloss der Haushaltsausschuss mit den Stimmen aller Fraktionen, dem Deutschen Bundestag die Annahme des Gesetzentwurfs auf Drucksache 17/13427 in geänderter Fassung zu empfehlen".

Die Ausschussdrucksache wurde 17(8)6059, d.h. der eigentliche Änderungsantrag konnte vom Verfasser nicht beschafft werden, da der Haushaltsausschuss auf Nachfrage die Übermittlung verweigerte.

Es liegt mithin ein klassischer Fall der Denaturierung durch ein Omnibus-Gesetzgebungsverfahren vor, indem ein völlig außerhalb des Sachzusammenhangs der ursprünglichen Vorlage liegender Gesetzentwurf als (weiterer) Artikel einem bestehenden Gesetzentwurf hinzugefügt wurde.

Diese Änderung im Lauf der Beratung wurde erstmals mit der Drucksache 17/13427 vom 12.6.2013 öffentlich zugänglich. Der Gesetzentwurf wurde alsdann einen Tag später, am 13.6.2013, in zweiter und dritter Lesung vom Bundestag angenommen, genauer: am Folgetag zum 13.6.2013, nämlich um 0:25 Uhr am 14.6.2013. Eine Debatte gab es nicht, Reden wurden zu Protokoll genommen; die parlamentarische Behandlung bis zur Beschlussfassung dauerte insgesamt 56 Sekunden.[48]

Dies als eine öffentliche Verhandlung des Bundestages (Art. 42 Abs. 1 Satz 1 GG), zumal hinsichtlich eines bürgerrechtlich bedeutsamen Gesetzes, zu bezeichnen, ist eine „Förmelei".

Nach Auffassung des Bundesverwaltungsgerichts ist (formelle) Verfassungswidrigkeit gleichwohl nicht gegeben. Das Gericht meint nämlich, auf die Frage der Denaturierung der Vorlage durch den Haushaltsausschuss käme es nicht an, da der Gesetzentwurf betreffend die Änderung der Bundeshaushaltsordnung „aus der Mitte des Bundestags" eingebracht worden sei.[49] Denn der Haushaltsausschuss, dem mit 41 Mitgliedern deutlich mehr als fünf Prozent der 662 Mitglieder des 17. Deutschen Bundestages angehörten, habe dem Deutschen Bundestag die Annahme des Gesetzentwurfes in geänderter Fassung mit den Stimmen aller Fraktionen empfohlen. Dies greift nicht durch, da nicht bekannt ist, wie viele Mitglieder des Ausschusses an der fraglichen Sitzung teilgenommen haben.[50] Allenfalls ließe sich schließen, dass mindestens die Hälfte der Ausschussmitglieder (bei 41 Mitgliedern also 21) anwesend gewesen sein müssen, da Beschlussfähigkeit bestand.[51] Das Fünf-Prozent-Quorum des § 76 Abs. 1 GO-BT wäre aber erst bei 34 Abgeordneten erreicht gewesen.

Die kühne Lösung des Bundesverwaltungsgerichts zu diesem Problem lautet:

> „Denn der Haushaltsausschuss, die mit 41 Mitgliedern deutlich mehr als 5 % der 662 Mitglieder des Deutschen Bundestages angehören, hat im Deutschen Bundestag die Annahme des Gesetzentwurfs in geänderter Fassung mit den Stimmen aller Fraktionen empfohlen (BT-Drs. 17/13931, Seite 4). Mit der ein-

---

48 *Staud*, ZEIT ONLINE, Bundestag versteckt Rechnungshof-Akten, 12.3.2014, abrufbar im Internet unter https://www.zeit.de/politik/deutschland/2014-03/ifg-transparenz-bundesrechnungshof (letzter Zugriff 22.1.2020), mit einer knappen Beschreibung zum Gesetzgebungsverfahren, u.a. mit einem Hinweis auf einen ähnlich gestalteten, wenn auch gescheiterten Versuch zur Einführung einer Bereichsausnahme für die Bankenaufsicht.
49 BVerwG, Urteil vom 22.3.2018 – 7 C 30.15 (Sportförderung) Rn. 24.
50 Es ist dem Verfasser nicht gelungen, diese Zahl zu recherchieren; es ist ihm auch nicht bekannt, ob sie seinerzeit protokolliert worden ist.
51 § 67 Satz 1 GO-BT.

helligen Beschlussempfehlung ist dem Sinn und Zweck des Quorums in § 76 Abs. 1 Satz 1 GO-BT unabhängig davon genüge getan, ob alle bzw. mindestens 34 Ausschussmitglieder an der Ausschusssitzung teilgenommen haben."[52]

Mit dieser Formulierung wird die Anforderung nach Einhaltung eines Quorums von fünf Prozent der Abgeordneten ersetzt durch die Anforderung „einhellige Beschlussfassung eines Ausschusses mit einer Mitgliederzahl von mehr als fünf Prozent der Abgeordneten des Bundestages". So formuliert springt ins Auge, dass Sinn und Zweck der Quorumsregelung des § 76 Abs. 1 Satz 1 GO-BT, die eben eine präzise Zahl fixiert, gerade nicht erfüllt sind.

Tatsächlich *könnte* das Bundesverwaltungsgericht Art. 76 Abs. 1 Alt. 2 GG meinen, wo auf die „Mitte des Bundestages" Bezug genommen wird, ohne dass ein bestimmtes Quorum genannt wird. Hierfür spricht, dass das Bundesverwaltungsgericht im weiteren Verlauf des Urteils vom 22.3.2018 meint:

„Das in der verfassungsrechtlichen Literatur behandelte Verbot einer Denaturierung von Gesetzesvorlagen oder eines so genannten „Omnibus-Verfahrens", wonach Gesetzesvorlagen während des parlamentarischen Verfahrens in ihren Grundzügen erhalten bleiben müssen und ein Gesetzesvorhaben nicht ohne Sachzusammenhang an ein anderes, bereits laufendes Gesetzgebungsverfahren angehängt werden darf (vgl. Brandner, Jura 1999, 449 <453>, Bryde, JZ 1998, 115 <117 f.>, vgl. auch Rossi, DVBl. 2017, 676 <679 ff.>; Schmidt-Jortzig/Schünemann, in: Kommentar zum GG, Stand November 1996, Art. 76 Rn. 99 ff.; siehe auch BGH, Urteil vom 17. Oktober 2003 – V ZR 91/03 – FamRZ 2004, 192 <193>, Kersten, in: Maunz/Dürig, GG, Stand September 2017, Art. 76 Nr. 64; Brosius-Gersdorf, in: Dreier, GG, 3. Aufl. 2015, Art. 77 Rn. 20; Rubel, in: Umbach/Clemens, GG, 2002, Art. 76 Rn. 24; vgl. auch Brüning, in: Bonner Kommentar zum GG, Stand August 2016, Art. 76 Rn. 169), kommt hier nicht zum Tragen, weil – wie oben ausgeführt – der Haushaltsausschuss die Annahme des Gesetzesentwurfs in der geänderten Fassung mit den Stimmen aller Fraktionen empfohlen hat und deshalb eine erneute Einbringung durch die Mitte des Bundestages zur Wahrung des Initiativrechts eine bloße Förmelei darstellte. Überdies wäre ein – unterstellter – Verfassungsverstoß angesichts der im verfassungsrechtlichen Schrifttum vertretenen unterschiedlichen Auffassungen zur Zulässigkeit von Denaturierungen und „Omnibus"-Verfahren sowie in Ermangelung einschlägiger Rechtsprechung des Bundes-

---

[52] BVerwG, Urteil vom 22.3.2018 – 7 C 30.15 (Sportförderung) Rn. 25.

verfassungsgerichts zu im vorgenannten Sinne relevanten Änderungen und Ergänzungen von Gesetzesvorlagen in den Fachausschüssen jedenfalls nicht evident (vgl. zum Evidenzerfordernis – BVerfG, Urteil vom 26. Juli 1972 – 2 BvF 1/71 – BVerfGE 34, 9 <25>, Beschlüsse vom 15. Januar 2008 – 2 BvL 12/01 – BVerfGE 120, 56 und vom 8. Dezember 2009 – 2 BvR 758/07 – BVerfGE 125, 104 <132>; vgl. auch BGH, Urteil vom 17. Oktober 2003 – V ZR 91/03 – FamRZ 2004, 192)."

Die ausführliche Begründung, warum die Geschäftsordnung nicht zum Tragen käme, weil ein Verstoß gegen deren verfassungsrechtlichen Grundlagen nicht vorläge, vermeidet genau die präzise Aussage, dass das Quorum des § 62 Abs. 1 Satz 2 GO-BT nicht mit Sicherheit eingehalten wurde.

Tatsächlich wäre die Beklagte des Verfahrens für den Nachweis, das Fünf-Prozent-Quorum sei erfüllt, beweisfällig gewesen; dass ein Beweis nicht erbracht wurde, hätte zugunsten der Kläger in Ansatz gebracht werden müssen.

Die Argumentation des Bundesverwaltungsgericht ist demgegenüber, auch ohne dies ausdrücklich auszusprechen, sehr nahe daran, einerseits zu behaupten, auf die Denaturierung käme es nicht an, weil das Quorum erfüllt sei und andererseits gleichzeitig zu behaupten, auf das Quorum käme es nicht an, weil der Ausschuss einhellig entschieden habe.

3. Formelle Verfassungswidrigkeit: Verletzung des Öffentlichkeitsgrundsatzes

Soweit das Gericht die übrigen Begründungselemente zur formellen Verfassungswidrigkeit (Beratung durch den Rechnungshof, Fehlbezeichnung des Gesetzentwurfs, Ausfall der 1. Lesung) in der Randnummer 28 abweist, so gilt im Gegenzug Folgendes: Es ist gut dokumentiert, dass der Bundesrechnungshof unter erheblichen gutachterlichen Aufwand[53] initiativ beraten hat.[54] Nach Ansicht des Verfassers fällt dies nicht, jedenfalls nicht ohne Weiteres (anders als das Bundesverwaltungsgericht andeutet), unter § 88 Abs. 2 BHO. Denn die genannte Vorschrift lautet:

---

53 Vgl. *Rossi*, Fn. 44.
54 Vgl. *Staud*, Fn. 48.

„Der Bundesrechnungshof kann auf Grund von Prüfungserfahrungen den Bundestag, den Bundesrat, die Bundesregierung und einzelne Bundesministerien beraten. Soweit der Bundesrechnungshof den Bundestag oder den Bundesrat berät, unterrichtet er gleichzeitig die Bundesregierung."

Die Beratung, die hier erfolgt ist, ist gerade nicht aufgrund von Prüfungserfahrungen erfolgt, sondern aufgrund von Erfahrungen mit Informationsanträgen.

Gewichtiger als dieser Einwand ist aber der Einwand, dass mit dem Gesetzgebungsverfahren für die Änderung der Bundeshaushaltsordnung in die Öffentlichkeit der Verhandlungen des Bundestages nur noch als Förmelei eingehalten, effektiv aber völlig unterlaufen worden ist. Nur theoretisch hätte die Öffentlichkeit in den wenigen Stunden zwischen Bekanntgabe des Gesetzentwurfes am 12.6.2013 und der Verabschiedung des Gesetzes um 0:25 Uhr am 14.6.2013 zur Kenntnis nehmen können. Deshalb wäre die Situation eine völlig andere gewesen, wenn statt der gewählten klandestinen Vorgehensweise der Art. 2 des Gesetzes zugleich mit dem Art. 1 in das Gesetzgebungsverfahren eingebracht worden wäre. Dies wäre dann nämlich am 24.4.2013 mit der Einbringung der Bundestagsdrucksache 309/13 in den Bundesrat geschehen; ganz abgesehen davon, dass dann von Anfang an affirmativ auf die beabsichtigte Neutralisierung des Urteils des Bundesverfassungsgerichts vom 15.11.2012 hingewiesen worden wäre. Insoweit ist es irreführend, wenn das Bundesverwaltungsgericht darauf hinweist, drei Lesungen seien in der vorliegenden Situation nicht erforderlich gewesen.[55] Dies spielt auf die auch unter Rn. 25 des Urteils vom 22.3.2018 genannten Regelungen in Art. 76, Abs. 1 und 2 GG an, wonach für Ausschussvorlagen eben nicht mehrere Vorlagen erforderlich sind. Die ursprüngliche Vorlage war aber eine Bundesratsvorlage, sodass dieser Einwand nicht durchgreift.

Richtig ist, dass dieser Verstoß gegen das Öffentlichkeitsprinzip als Verstoß gegen formelles Verfassungsrecht schwierig zu fassen ist. Daran, dass gegen den Geist der Verfassung verstoßen wurde, kann aber kein Zweifel bestehen.

---

55 BVerwG, Urteil vom 22.3.2018 – 7 C 30.15 (Sportförderung) Rn. 28 a.E.

4. Materielle Verfassungswidrigkeit

a. Vorbemerkungen und Fragestellungen

In der Auslegung des Bundesverwaltungsgerichts, namentlich, was die Spezialität der Vorschrift angeht, ist § 96 Abs. 4 BHO (neu) eine Vorschrift, die bestehende Informationszugangsrechte einschränkt. Es ergibt sich die Frage, ob dies verfassungsrechtlich zulässig ist oder ob umgekehrt ein verfassungsrechtlicher Bestandsschutz besteht (bestanden hätte).[56]

Diese Aufgabenstellung ist zu präzisieren. Es kann nicht davon ausgegangen werden, dass einmal eingeräumten Informationszugangsrechten eine Ewigkeitsgarantie im Sinne des Art. 79 Abs. 3 GG zur Seite stünde. Das Gesetz zur Änderung der Bundeshaushaltsordnung, um das es hier geht, ändert einen Teilaspekt von Informationszugangsrechten, berührt aber nicht die in Art. 5 niedergelegten Grundsätze der Informationsfreiheit.

Nicht so offensichtlich sind aber die Antworten auf die folgenden Fragen: (1) Hätte die Änderung der Bundeshaushaltsordnung einer verfassungsrechtlichen Verhältnismäßigkeitsprüfung unterzogen werden müssen? (2) Wenn dies der Fall ist, wäre die Verhältnismäßigkeitsprüfung so ausgegangen, dass sich die Änderung der Bundeshaushaltsordnung, soweit sie den bis dahin bestehenden Zugang zu Informationen des Bundesrechnungshofes aufhebt, verfassungsrechtlich unzulässig?

b. Die Antwort des Bundesverwaltungsgerichts

Das Bundesverwaltungsgericht verneint mit knapper Begründung die beiden soeben in den Vorbemerkungen aufgeworfenen Fragen:[57]

> „Soweit die Revision unter Bezugnahme auf die Rechtsprechung des Bundesverfassungsgerichts (BVerfG, Beschluss vom 20. Juni 2017 – 1 BvR 1978/13 – BVerfGE 145, 365 Rn. 20) einen verfassungsrechtlichen Bestandsschutz des geltend gemachten Informationsfreiheitsrechts gemäß Art. 5 Abs. 1 Satz 1 Halbs. 2 GG geltend macht, ist diese Auffassung unzutreffend. Zwar eröffnet § 1 Abs. 1 Satz 1 IFG einen Anspruch auf Zugang zu amtlichen Informationen

---

56 BVerwG, Urteil vom 22.3.2018 – 7 C 30.15 (Sportförderung) Rn. 25.
57 BVerwG, Urteil vom 22.3.2018 – 7 C 30.15 (Sportförderung) Rn. 32.

aus allgemein zugänglichen Quellen im Sinne des Art. 5 Abs. 1 Satz 1 Halbs. 2 GG. Einschränkungen der Zugänglichkeit und die Art der Zugangseröffnung durch den Gesetzgeber stellen für Dritte aber keine Beschränkung im Sinne des Art. 5 Abs. 2 GG dar. Vielmehr gestaltet der Gesetzgeber den Umfang der Zugänglichkeit im Zuge der Öffnung der Informationsquelle aus (vgl. BVerfG, Urteil vom 24. Januar 2001 – 1 BvR 2623/95 u.a. – BVerfGE 103, 44 <61> und Beschluss vom 20. Juni 2017 – 1 BvR 1978/13 – BVerfGE 145, 365 Rn. 22; vgl. BVerwG, Beschluss vom 27. Mai 2013 – 7 B 43.12 – NJW 2013, 2538 Rn. 13). Dabei hat der Gesetzgeber den Bezug zum Demokratieprinzip des Art. 20 Abs. 1 GG zu beachten, der als eine der Komponenten für die Informationsfreiheit wesensbestimmend ist (vgl. BVerfG, Beschluss vom 3. Oktober 1969 – 1 BvR 46/65 – BVerfGE 27, 71 <81 f.>). Diese Leitlinie für die Ausgestaltung der Informationsfreiheit führt allerdings nicht zu einem Bestandsschutz für die Zugangsregelungen des Informationsfreiheitsgesetzes. Die Allgemeinzugänglichkeit nach dem Informationsfreiheitsgesetz kann vielmehr grundsätzlich zurückgenommen werden (vgl. Schulze-Fielitz, in: Dreier, GG, 3. Aufl. 2013, Art. 5 Rn. 79). Das Grundrecht auf Informationsfreiheit ist auf die – auch nachträgliche – Ausgestaltung durch den Gesetzgeber angewiesen (vgl. BVerwG, Beschluss vom 18. Juli 2011 – 7 B 14.11 – Buchholz 400 IFG Nr. 5 Rn. 9). Nur wenn aus Verfassungsrecht folgt, dass der Zugang als solcher weiter oder gar unbeschränkt hätte eröffnet werden müssen, ist ein einschränkendes Gesetz am Maßstab von Art. 5 Abs. 2 GG zu prüfen (zum rundfunkmäßigen Zugang vgl. BVerfG, Urteil vom 24. Januar 2001 – 1 BvR 2623/95 u.a. – BVerfGE 103, 44 <61 f.>). Das ist hier nicht der Fall. Die Eröffnung eines allgemeinen Zugangs zu Informationsbeständen der Exekutive stellt zwar ein grundsätzlich geeignetes Mittel dar, um einen offenen Prozess politischer Meinungs- und Willensbildung als Voraussetzung demokratischer Legitimation zu gewährleisten und konkretisiert so das Demokratieprinzip und zugleich die Informationsfreiheit in ihrer Funktion für die politische Willensbildung. Verfassungsrechtlich zwingend geboten ist dies aber nicht".

c. Kritik an der Auffassung des Bundesverwaltungsgerichts

Das Bundesverwaltungsgericht folgt hier einer Auslegung von Art. 5 Abs. 1 Satz 1 Alt. 2, Art. 5 Abs. 2 GG, wonach die Informationsfreiheit ähnlich wie die Eigentumsfreiheit (Art. 14 Abs. 1 GG) ein normgeprägtes Grundrecht darstelle. Mit der Eröffnung einer Informationsquelle wie im vorliegenden Zusammenhang durch § 1 Abs. 1 IFG aktiviert hiernach der Gesetzgeber das Grundrecht auf Informationsfreiheit, kann diese Aktivierung aber nach dem *actus-contrarius*-Grundsatz auch wieder zurücknehmen, es sei denn, Verfassungsrecht verpflichte ihn (ohnehin) zur Eröffnung einer Informationsquelle.

Diese Auffassung ist im Schrifttum nicht unumstritten und in dieser Form auch nicht durch die Rechtsprechung des Bundesverfassungsgerichts gedeckt.

Die Normprägung in Art. 5 Abs. 1 Satz 1 Alt. 2 GG ergibt sich, anders als bei Art. 14 Abs. 1 Satz 2 GG, nicht durch eine ausdrückliche Ermächtigung an den Gesetzgeber, sondern nur indirekt über eine Auslegung des Begriffs der Allgemeinzugänglichkeit. Anders als bei der Inhaltsbestimmung des Eigentums, können auch Private ohne Weiteres über die Allgemeinzugänglichkeit verfügen. Die Frage ist dann, ob der Staat ebenso ungebunden ist wie der Private – eine Frage, die keinesfalls ohne Weiteres zu bejahen ist.[58] Sodann ist daran zu erinnern, dass Änderungen der Inhaltsbestimmung des Eigentums keineswegs im Belieben des Gesetzgebers stehen, sondern ggfs. die verfassungsrechtliche Anforderung der Verhältnismäßigkeit zu beachten haben.[59] Die Entscheidungen des Bundesverfassungsgerichts, soweit sie die *Eröffnung* einer Informationsquelle betrifft und diese Art. 5 Abs. 1 Satz 1 Alt. 2 GG zuordnet.[60] Die hier relevante Fallgestaltung eines *Entzugs* der Informationsquelle durch den Gesetzgeber ist nicht betroffen.

Es ist aber so, dass der *Entzug* einer einmal (hier: durch den Gesetzgeber) eingeräumten Informationsquelle in den Entscheidungen des Bundesverfassungsgerichts bisher nicht behandelt wurde.

Dogmatischer Anknüpfungspunkt ist die Überlegung, dass aus der Gesetzessystematik des Art. 5 GG folgt, dass die Allgemeinzugänglichkeit nicht zur beliebigen Disposition des Staates steht und dass vielmehr solche Dispositionen ihrerseits am Grundrecht der Informationsfreiheit zu messen sind. Die Schranke der „allgemeinen Gesetze" in Art. 5 Abs. 2 GG bezieht sich auf alle in Art. 5 Abs. 1 GG genannten Grundrechte, also auch auf die Informationsfreiheit. Für die Informationsfreiheit wäre die Schranke des Art. 5 Abs. 2 GG jedoch weitestgehend gegenstandslos, wenn der Staat bindungsfrei die Allgemeinzugänglichkeit bestimmen und auf diese Weise den Umfang des Grundrechts beliebig begrenzen könnte.[61]

---

58 *Bethge*, in: Sachs (Hrsg.), GG-Kommentar, 2018, Art. 5 Rn. 56 a.
59 *Wendt*, in: Sachs (Hrsg.), GG-Kommentar, 2018, Art. 14 Rn. 73.
60 BVerfG, Urteil vom 24.1.2001 – 1 BvR 2623/95 (n-tv), Leitsatz 1, BVerfG, Urteil vom 20.6.2017 – 1 BvR 1978/13 (Adenauer-Akten), II.1. der Gründe.
61 Vgl. *Bethge*, Fn. 58, Art. 5 Rn. 57, unter Hinweis auf *Gurlitt*, DVBl 2003, S. 1121, BVerfG, Urteil vom 3.10.1969 – 1 BvR 46/65 = NJW 1970, S. 235/237 = BVerfGE 27, 71/ 84 f. (Leipziger Volkszeitung).

Es besteht also kein beliebiges Gestaltungsermessen des Gesetzgebers im Rahmen des Art. 5 Abs. 1 Satz 1 Alt. 2 GG.[62] Die fallentscheidende Frage ist die, ob diese Einschränkung, wie das Bundesverwaltungsgericht in seiner Entscheidung vom 22.3.2018[63] meint, nur insoweit gilt, als es um verfassungsunmittelbare Ansprüche geht.

Aus Sicht des Verfassers ist dies zu verneinen – jedenfalls, soweit es um die Rücknahme eines einmal eingeräumten Informationszugangsrechts geht. Denn Art. 5 Abs. 1 Satz 1 Alt. 2 GG und Art. 5 Abs. 2 GG stehen in einem Wechselwirkungsverhältnis.[64] Ganz praktisch ist es für einen Antragsteller unerheblich, ob der Informationszugang durch eine Neuabgrenzung der allgemein zugänglichen Quelle oder durch eine Ausnahme vom Informationszugangsrecht verhindert wird.

Da die sich aus den allgemeinen Gesetzen ergebenden Schranken der Grundrechte des Art. 5 Abs. 1 GG ihrerseits im Lichte dieser Grundrechte gesehen werden müssen, und die allgemeinen Gesetze aus der Erkenntnis der Bedeutung der Kommunikationsgrundrechte im freiheitlichen Staat auszulegen und so in ihrer diese Grundrechte beschränkenden Wirkung selbst wieder einzuschränken sind, ergibt sich mithin eine entsprechende Anforderung für die Einschränkung des Informationszugangs im Rahmen der Rücknahme der Bestimmung der Allgemeinzugänglichkeit.

Es hätte also, anders als das Bundesverwaltungsgericht in seiner Entscheidung vom 22.3.2018 meint, einer Verhältnismäßigkeitsprüfung bezüglich der Neufassung des § 96 Abs. 4 BHO bedurft.

d. Zur Verhältnismäßigkeitsprüfung für § 96 Abs. 4 BHO (neu)

Die erst unter V.4.a. oben gestellte Frage, ob der Gesetzgeber eine Verhältnismäßigkeitsprüfung für die Neufassung des § 96 Abs. 4 BHO hätte durchführen müssen, ist also zu bejahen – jedenfalls dann, wenn man dem Bundesverwaltungsgericht hinsichtlich der Spezialität bezüglich des IFG und damit hinsichtlich der Einschränkung bestehender Informationszugangsrecht folgt.

---

62 Vgl. *Wirtz/Brink*, Die verfassungsrechtliche Verankerung der Informationsfreiheit, NVwZ 2015, S. 1166/1171, dort unter Hinweis auf Institutsgarantien und das Untermaßverbot.
63 BVerwG, Urteil vom 22.3.2018 – 7 C 30.15 (Sportförderung) Rn. 32.
64 Vgl. *Bethge*, Fn. 58, Art. 5 Rn. 142 ff., speziell 145 ff.

Aus Sicht des Verfassers kann aber auch die zweite dort gestellte Frage nach der Verhältnismäßigkeit der Neufassung der Vorschrift beantwortet werden. In der Tat scheitert die Zulässigkeit der Änderung der Vorschrift am Gebot der Erforderlichkeit. Dies ergibt sich effektiv aus der Entscheidung des Bundesverwaltungsgerichts vom 15. 11.2012.[65] Denn dort war nicht nur festgehalten worden, dass der Informationszugangsanspruch gegenüber dem Bundesrechnungshof nach dem IFG dem Grunde nach eröffnet war, sondern auch, dass der Anspruch im konkreten Fall nicht ausnahmsweise ausgeschlossen war. Darüber hinaus, und genau dies ist für die vorliegende Fallgestaltung von Bedeutung, hat das Bundesverwaltungsgericht (zutreffend) festgestellt, dass das Schutzsystem des IFG hinsichtlich der Belange des Bundesrechnungshofs völlig zureichend war – es bestand also keinerlei Erfordernis, die Rechtssetzung enger zu fassen. Die Gesetzesänderung war also unverhältnismäßig, weil sie nicht erforderlich war.

VI. Ergebnis

Das Bundesverfassungsgericht hat auf eine Verfassungsbeschwerde gegen das Urteil des Bundesverwaltungsgerichts vom 22.3.2018 mit einer schlichten, d.h. ohne Begründungstext abgesetzten Nichtannahmeentscheidung[66] geantwortet. Insoweit ist Stand der Rechtsprechung nunmehr das soeben genannte Urteil vom 22.3.2018, obwohl nach dem Vorangehenden erhebliche Zweifel an der Auslegung von § 96 BHO (neu) als Spezialregelung gegenüber dem IFG sowie der formellen und materiellen Verfassungskonformität der Vorschrift bestehen; der Verfasser hält § 96 Abs. 4 BHO (neu) für verfassungswidrig.

---

65 BVerwG, Urteil vom 15.11.2012 – 7 C 1.12 = NVwZ 2013, S. 431 (m. Anm. *Schoch*) = BeckRS 2013, 46016 (Förderung Entwicklungshilfe); es ist erhellend, hierzu auch die vorgehende Entscheidung des OVG Münster 8 A 2593/10 vom 26.10.2011 = BeckRS 2011, 55609 heranzuziehen.

66 BVerfG 1 BvR 1977/18 vom 14.3.2019, nicht über www.bundesverfassungsgericht.de auffindbar.

Michèle Finck und Domagoj Pavić*

Blockchain-Technologien zwischen Datenschutz und Transparenz

Inhaltsübersicht

I. Einleitung
II. Blockchain-Technologien – ein kurzer Überblick
III. Blockchain-Technologien und die DSGVO
   1. Grundbegriffe der DSGVO
   2. Art. 15 DSGVO: Auskunftsrecht der betroffenen Person
   3. Art. 16 DSGVO: Recht auf Berichtigung
   4. Art. 17 DSGVO: Recht auf Löschung („Recht auf Vergessenwerden")
   5. Art. 18 DSGVO: Recht auf Einschränkung der Verarbeitung
   6. Art. 20 DSGVO: Recht auf Datenübertragbarkeit
IV. Fazit

I. Einleitung

Mit dem Emporkommen von Kryptowährungen wie Bitcoin entstand eine regelrechte Welle der Euphorie um die Blockchain-Technologie (oftmals auch als Distributed Ledger Technology (DLT) bezeichnet).[1] Auch wenn der Hype zwischenzeitlich ein wenig stagnierte, so wurde dieser mit der Ankündigung von Facebook, sich einem Verband rund um die neue Kryptowährung „Libra" anzuschließen,[2]

---

* Dr. Michèle Finck ist Wissenschaftliche Referentin am Max-Planck-Institut für Innovation und Wettbewerb in München. Domagoj Pavić ist Student der Rechtswissenschaften an der Ludwig-Maximilians-Universität München sowie Studentische Hilfskraft am Max-Planck-Institut für Innovation und Wettbewerb.

1 In der Literatur sind viele verschiedene Definitionen von Blockchains und DLT zu finden. Dabei werden häufig unterschiedliche technische Merkmale dieser beiden Formen der Datenverwaltung betont. Da derzeit kein Konsens über eine einheitliche Definition besteht, werden in diesem Text beide Terminologien als Synonyme verwendet.

2 *Facebook*, Coming in 2020: Calibra, 18.6.2019, abrufbar im Internet unter https://newsroom.fb.com/news/2019/06/coming-in-2020-calibra/ (letzter Zugriff 2.9.2019).

wieder neu entfacht. Werden Blockchains von der breiten Masse zwar hauptsächlich mit Kryptowährungen assoziiert, so stellen diese lediglich eine von vielen möglichen Anwendungsformen dieser Technologie dar. In diesem Zusammenhang ist auch darauf hinzuweisen, dass nicht „die eine" Blockchain-Technologie besteht, sondern vielmehr verschiedene Versionen dieser Technologie existieren. Insofern könnte auch von einem Technologiekonzept gesprochen werden. Blockchains können neben der Finanzbranche auch in diversen anderen Bereichen, wie bspw. der Medizintechnik oder der Medienindustrie, eingesetzt werden.[3] Auch in der Juristerei zeigen sich durch sog. Smart Contracts[4] zahlreiche Einsatzmöglichkeiten.

Trotz der rasanten Entwicklung der letzten Jahre ist die Technologie noch nicht ausgereift. Auch wenn sich die konkreten Anwendungsbeispiele häufen, so bleiben diese vergleichsweise selten. Dennoch werden Blockchains als disruptive Kraft angesehen, die in der Lage ist, einzelne Geschäftsmodelle und sogar ganze Märkte zu dezentralisieren. Da es sich bei DLT im Kern um eine neue Form der Datenspeicherung bzw. -verwaltung handelt, drängen sich insbesondere Fragen hinsichtlich ihrer Beziehung zum Datenschutzrecht auf, zumal dabei zwei völlig verschiedene Ansätze miteinander kollidieren. Während die Datenschutz-Grundverordnung (DSGVO) für eine digitale Welt konzipiert wurde, in der Daten zentral gesammelt, gespeichert und verarbeitet werden, zielen Blockchains auf die Dezentralisierung dieser Prozesse ab. Infolge dieses radikalen Paradigmenwechsels stellt sich konsequenterweise die Frage, ob ein Rechtsrahmen, der für eine zentralisierte digitale Sphäre konstruiert wurde, auch auf dezentralisierte digitale Systeme ohne Weiteres angewendet werden kann. Die DSGVO verfolgt dabei unter anderem das Ziel, den Verbrauchern mehr Kontrolle über ihre persönlichen Daten zu geben[5] und hat zu diesem Zweck die Rechte der betroffenen Person erweitert. Vor diesem Hintergrund ist die Frage nach der Vereinbarkeit von Blockchains mit diesen sog. Betroffenenrechten von besonderer Brisanz. Dieser Thematik geht der nachfolgende Beitrag auf den Grund.

---

3 *Schütte et al.*, Blockchain und Smart Contracts, 2017, S. 22 ff., abrufbar im Internet unter https://www.sit.fraunhofer.de/fileadmin/dokumente/studien_und_technical_reports/Fraunhofer-Positionspapier_Blockchain-und-Smart-Contracts.pdf?_=1516641660 (letzter Zugriff 2.9.2019).

4 Zu Smart Contracts siehe *Paal/Fries*, Smart Contracts, 2019.

5 *CNIL*, Blockchain and the GDPR: Solutions for a responsible use of the blockchain in the context of personal data, 6.11.2018, S. 8, abrufbar im Internet unter https://www.cnil.fr/sites/default/files/atoms/files/blockchain.pdf (letzter Zugriff 2.9.2019).

II. Blockchain-Technologien – ein kurzer Überblick

Bevor jedoch die datenschutzrechtlichen Herausforderungen näher beleuchtet werden, ist es notwendig, sich zunächst mit den allgemeinen Grundzügen der Technologie selbst zu beschäftigen. Aus diesem Grund versucht dieser Abschnitt, einen kurzen Überblick über das Wesen und die Besonderheiten der Technologie zu vermitteln.

Unter einer Blockchain versteht man grundsätzlich eine gemeinschaftlich genutzte und synchronisierte digitale Datenbank, die von einem Algorithmus verwaltet und auf mehreren sog. Knoten gespeichert wird. Als Knoten werden dabei diejenigen Computer bezeichnet, auf denen eine lokale Version der entsprechenden Datenbank gespeichert ist.

Wie der Begriff bereits unschwer vermuten lässt, ist eine Blockchain oft eine Kette von Blöcken (andere Strukturen wie z.B. Hashgraphs sind jedoch auch möglich). Mehrere Transaktionen werden hierbei zu einem Datenblock zusammengesetzt, der anschließend zu der bereits vorhandenen Kette von Blöcken hinzugefügt wird. Hierzu werden die einzelnen Datenblöcke bei Erreichen einer bestimmten Größe durch einen Hash-Prozess mit dem virtuellen Kassenbuch verknüpft. Ein solcher Hash ist im Wesentlichen ein digitaler Fingerabdruck, der bestimmte Informationen in Form von verschiedenen Zeichen- und Zahlenfolgen darstellt. Mithilfe dieser kryptographischen Hash-Verkettung wird auf jedem neuen Block der Hash des vorangehenden Blocks gespeichert, wodurch die Blockchain alle jemals gespeicherten Informationen in chronologischer Reihenfolge protokollieren kann.[6] Dies hat zur Folge, dass Änderungen in einem Datenblock zu Änderungen des Hashs dieses Blocks sowie aller darauffolgenden Blöcke führen. Auf diese Weise wird sichergestellt, dass die Blockchain manipulationssicher ist.[7]

Blockchain-Netzwerke erreichen ihre Widerstandsfähigkeit durch Replikation. Die gespeicherten Daten des virtuellen Kassenbuchs werden vielfach repliziert und damit gleichzeitig auf mehreren Knoten gespeichert, sodass selbst bei einem Ausfall von einem oder mehreren Knoten die gespeicherten Daten unberührt bleiben. Infolgedessen besteht auf Hardware-Ebene im Regelfall kein zentraler Punkt,

---

6 *Martini/Weinzierl*, Die Blockchain-Technologie und das Recht auf Vergessenwerden, NVwZ 2017, S. 1251 (1251).

7 *Felten*, Blockchain: What is it good for, 26.2.2018, abrufbar im Internet unter https://freedom-to-tinker.com/2018/02/26/blockchain-what-is-it-good-for/ (letzter Zugriff 2.9.2019).

der angegriffen werden könnte (dies kann jedoch der Fall sein, wenn alle Knoten in einem Datencenter liegen).[8] Auf der Software-Ebene kann dies hingegen durchaus der Fall sein.[9]

Die replizierten Daten, die in den einzelnen Datenblöcken gespeichert sind, werden durch ein Konsens-Protokoll synchronisiert, welches es dem verteilten Netzwerk ermöglicht, sich auch ohne einen zentralen Kontrollpunkt auf den aktuellen Stand des Kontos zu einigen. Dieses Protokoll bestimmt, wie neue Blöcke zu der Kette hinzugefügt werden. Durch diesen Prozess werden Daten chronologisch auf eine Art und Weise angeordnet, die es schwierig macht, Daten zu ändern, ohne gleichzeitig auch die nachfolgenden Blöcke zu verändern. Dies bietet Netzwerkteilnehmern die Sicherheit, dass ihre Versionen des Kassenbuchs einheitlich und präzise sind.

III. Blockchain-Technologien und die DSGVO

1. Grundbegriffe der DSGVO

Bevor die Betroffenenrechte analysiert werden können, ist zuvor erforderlich, einzelne Begrifflichkeiten der DSGVO im Kontext von Blockchain-Technologien näher zu erläutern.

a. Personenbezogene Daten

Unter dem Begriff „personenbezogene Daten" versteht man alle Informationen, die sich auf eine identifizierte oder identifizierbare natürliche Person (sog. „betroffene Person") beziehen.[10] Werden Daten vollständig anonymisiert, so handelt es nicht mehr um personenbezogene Daten, sodass der Anwendungsbereich der DSGVO nicht eröffnet ist. Bei Blockchains können vor allem zwei verschiedene Datensätze als personenbezogene Daten in Betracht kommen: Transaktionsdaten sowie öffentliche Schlüssel.

---

8 *Catalini/Gans*, Some Simple Economics of the Blockchain, 2016, S. 1, abrufbar im Internet unter https://papers.ssrn.com/sol3/papers.cfm?abstract_id=2874598 (letzter Zugriff 2.9.2019).
9 *Finck*, Blockchain Regulation and Governance in Europe, 2018, S. 182 ff.
10 Art. 4 Nr. 1 DSGVO.

Transaktionsdaten können sowohl einem Hashing-Prozess unterzogen oder verschlüsselt worden sein, als auch als einfacher Text vorkommen. Unabhängig davon, in welcher Form sie auf der Blockchain gespeichert sind, herrscht in der Literatur weitestgehend Konsens darüber, dass Transaktionsdaten stets als personenbezogene Daten einzustufen sind, zumal auch die beiden erstgenannten Formen meistens zu keiner Anonymisierung der entsprechenden Daten führen können.[11]

Öffentliche Schlüssel wiederum stellen eine Folge von Buchstaben und Zahlen dar, welche die pseudonyme Identifizierung einer natürlichen oder juristischen Person für Zwecke der Transaktion und Kommunikation ermöglichen. Sie verbergen die Identität einer Person, sofern sie nicht mit zusätzlichen Identifizierungsmerkmalen verknüpft sind.[12] Sie stellen damit Daten dar, die „ohne Hinzuziehung zusätzlicher Informationen nicht mehr einer spezifischen betroffenen Person zugeordnet werden können".[13] Aus diesem Grund ist man sich in der Literatur darüber einig, dass auch öffentliche Schlüssel personenbezogene Daten darstellen können.[14]

b. Die Verantwortlichkeit

Weitaus schwieriger als die Frage nach den personenbezogenen Daten gestaltet sich jedoch die Suche nach dem bzw. den Verantwortlichen.

aa. Verantwortliche gem. Art. 4 Nr. 7 DSGVO

Normadressaten der DSGVO sind insbesondere die „Verantwortlichen". Diese werden gem. Art. 4 Nr. 7 DSGVO definiert als die natürliche oder juristische Person, Behörde, Einrichtung oder andere Stelle, die allein oder gemeinsam mit anderen über die Zwecke und Mittel der Verarbeitung von personenbezogenen Daten entscheidet.

---

11 *Finck*, Blockchains and Data Protection in the European Union, EDPL 2018, S. 17 (22).
12 Dies ist natürlich nur der Fall, wenn sich der öffentliche Schlüssel auf eine natürliche Person bezieht. Es gibt jedoch auch Anwendungen von DLT, in denen dies nicht der Fall ist.
13 Art. 4 Nr. 5 DSGVO.
14 Siehe hierzu *Berberich/Steiner*, Blockchain technology and the GDPR – How to Reconcile Privacy and Distributed Ledgers?, EDPL 2016, S. 422; *Lyons et al.*, Blockchain and the GDPR, 16.10.2018, S. 20, abrufbar im Internet unter https://www.eublockchainforum.eu/sites/default/files/reports/20181016_report_gdpr.pdf (letzter Zugriff 10.9.2019); *CNIL*, Fn. 5.

Um die Identität des Verantwortlichen hinsichtlich eines bestimmten Vorgangs zur Verarbeitung personenbezogener Daten festzustellen, ist zu prüfen, wer die Zwecke und Mittel der Verarbeitung bestimmt. Nach Auffassung der Artikel-29-Datenschutzgruppe stellt „die Entscheidung über das „Warum" und das „Wie" bestimmter Verarbeitungstätigkeiten" die Entscheidung über die Zwecke und Mittel dar.[15] Geht es nach dem Wortlaut von Art. 4 Nr. 7 DSGVO, so scheinen die „Mittel" und „Zwecke" der Verarbeitung personenbezogener Daten von gleicher Bedeutung für die Bestimmung des Verantwortlichen zu sein. Allerdings wurde in letzter Zeit immer deutlicher, dass dem Zweckkriterium Vorrang einzuräumen ist – also dem „Warum" der Verarbeitung und damit der Motivation einer Partei. Insbesondere die letzten Urteile des EuGH zur gemeinsamen Verantwortlichkeit, auf die sogleich näher eingegangen wird, machen dies klar.

bb. Gemeinsame Verantwortliche gem. Art. 26 DSGVO

Gem. Art. 26 Abs. 1. S. 1 DSGVO sind gemeinsame Verantwortliche zwei oder mehr Verantwortliche, die gemeinsam die Zwecke der und die Mittel zur Verarbeitung festlegen. In jüngster Vergangenheit hat der EuGH in einigen Entscheidungen konkretisiert, wie der Begriff des gemeinsamen Verantwortlichen genau auszulegen ist.

So entschied der EuGH in *Wirtschaftsakademie Schleswig-Holstein*, dass der Betreiber einer Fanpage auf Facebook als gemeinsamer Verantwortlicher einzustufen ist. Zwar werden die Zwecke und Mittel der Datenverarbeitung primär durch Facebook bestimmt.[16] Allerdings ist auch der

> „Betreiber einer auf Facebook unterhaltenen Fanpage [...] durch die von ihm vorgenommene Parametrierung u.a. entsprechend seinem Zielpublikum sowie den Zielen der Steuerung oder Förderung seiner Tätigkeit an der Entscheidung über die Zwecke und Mittel der Verarbeitung personenbezogener Daten der Besucher seiner Fanpage beteiligt".[17]

---

15 *Artikel-29-Datenschutzgruppe*, Stellungnahme 1/2010 zu den Begriffen „für die Verarbeitung Verantwortlicher" und „Auftragsverarbeiter" (WP 169), 16.2.2010, S. 16.
16 EuGH, Urteil vom 5.6.2018 – C- 210/16 – Unabhängiges Landeszentrum für Datenschutz Schleswig-Holstein gegen Wirtschaftsakademie Schleswig-Holstein GmbH, Rn. 30.
17 EuGH, Fn. 16, Rn. 29.

Daran anknüpfend bejahte der EuGH in seinem neueren Urteil *Fashion ID* die gemeinsame Verantwortlichkeit eines Webseitenbetreibers und Facebook bei der Einbindung des Like-Buttons. Zweck der Einbindung eines solchen „Gefällt mir"-Buttons von Facebook durch den Betreiber in seine Webseite scheint die Optimierung der eigenen Produkte zu sein, indem diese auf Facebook sichtbarer gemacht werden, wenn ein Besucher ihrer Website den Button anklickt. Es entstand der Eindruck, dass Fashion ID (der Betreiber der Webseite) mit der Einbindung eines derartigen Buttons jedenfalls stillschweigend in das Erheben personenbezogener Daten der Besucher auf ihrer Website sowie deren Weitergabe durch Übermittlung einwilligte, um sich auf diesem Wege den entsprechenden wirtschaftlichen Vorteil zu sichern. Diese Verarbeitungsvorgänge werden

> „im wirtschaftlichen Interesse sowohl von Fashion ID als auch von Facebook Ireland durchgeführt, für die die Tatsache, über diese Daten für ihre eigenen wirtschaftlichen Zwecke verfügen zu können, die Gegenleistung für den Fashion ID gebotenen Vorteil darstellt".[18]

Ziel dieser weiten Auslegung des Begriffs des Verantwortlichen ist es dabei, einen effektiven und umfassenden Schutz der betroffenen Person zu gewährleisten.[19] Das Bestehen einer gemeinsamen Verantwortlichkeit hat aus diesem Grund nicht zwangsweise eine gleichwertige Verantwortlichkeit der Akteure für dieselbe Verarbeitung personenbezogener Daten zur Folge. Vielmehr ist es möglich, dass diese

> „Akteure in die Verarbeitung personenbezogener Daten in verschiedenen Phasen und in unterschiedlichem Ausmaß einbezogen sein, so dass der Grad der Verantwortlichkeit eines jeden von ihnen unter Berücksichtigung aller maßgeblichen Umstände des Einzelfalls zu beurteilen ist."[20]

---

18 EuGH, Urteil vom 29.7.2019 – C-40/17 – Fashion ID GmbH & Co. KG gegen Verbraucherzentrale NRW e. V., Rn. 80.
19 EuGH, Urteil vom 13.5.2014 – C-131/12 – Google Spain SL und Google Inc. gegen Agencia Española de Proteccíon de Datos (AEPD) und Mario Costeja González, Rn. 34; EuGH, Urteil vom 5.6.2018 – C- 210/16 – Unabhängiges Landeszentrum für Datenschutz Schleswig-Holstein gegen Wirtschaftsakademie Schleswig-Holstein GmbH, Rn. 28.
20 EuGH, Urteil vom 29.7.2019 – C-40/17 – Fashion ID GmbH & Co. KG gegen Verbraucherzentrale NRW e. V., Rn. 70. Siehe hierzu auch EuGH, Urteil vom 10.7.2018 – C-25/17 – Tietosuojavaltuutettu gegen Jehovan todistajat.

cc. Verantwortliche für durch Blockchains ermöglichte Verarbeitung personenbezogener Daten

Fraglich ist nun jedoch, wer als Verantwortlicher für die durch Blockchains ermöglichte Verarbeitung personenbezogener Daten infrage kommt. Hierbei ist zu berücksichtigen, dass die Frage nach der Verantwortlichkeit von Fall zu Fall festgelegt werden sollte. Generell ist jedoch zwischen privaten und/oder genehmigungsfreien (permissionless) Blockchains einerseits sowie öffentlichen und genehmigungsfreien Blockchains andererseits zu unterscheiden.

In privaten und/oder genehmigungsfreien DLT gibt es für gewöhnlich eine bestimmte juristische Person (etwa ein Unternehmen oder, wie im Libra-Beispiel, ein Konsortium), welche die Mittel, und in vielen Fällen auch Zwecke, der Verarbeitung personenbezogener Daten bestimmt. In einem solchen Fall ist diese Gesellschaft der Verantwortliche. In Übereinstimmung mit dem Urteil *Wirtschaftsakademie Schleswig-Holstein* kann jedoch auch argumentiert werden, dass diejenigen Parteien, die die entsprechende Infrastruktur für ihre eigenen Zwecke nutzen, als gemeinsame Verantwortliche anzusehen sind.

Schwieriger gestaltet sich die Frage nach der Verantwortlichkeit hingegen bei öffentlichen und genehmigungsfreien Blockchains. Hierbei kommen mehrere Beteiligte eines solchen Blockchain-Ökosystems in Betracht. Zunächst könnte hier erwogen werden, Softwareentwickler als Verantwortliche anzusehen. Diese schlagen anderen Teilnehmern zwar Software-Updates vor. In der Regel entscheiden sie jedoch nicht darüber, ob diese auch tatsächlich übernommen werden. Sie haben dementsprechend nur eine sehr eingeschränkte Rolle bei der Bestimmung der Mittel der Verarbeitung und üben in aller Regel keinen Einfluss auf deren Zwecke aus. Daher scheiden sie als Verantwortliche wahrscheinlich aus.

Außerdem könnten Miner als Verantwortliche zu charakterisieren sein. Diese führen das Protokoll aus, können Daten zum freigegebenen Kassenbuch hinzufügen und eine (meist vollständige) Kopie auf ihren Rechnern speichern. Dennoch ist umstritten, ob Miner die Zwecke und Mittel der Verarbeitung beeinflussen können. Zwar ist anzuerkennen, dass sie bei der Auswahl der auszuführenden Protokollversion eine erhebliche Kontrolle über die Mittel ausüben. Allerdings ist das Kriterium der Mittel, wie bereits erwähnt, dem des Zwecks untergeordnet, sodass Miner aller Voraussicht nach nicht als Verantwortliche einzustufen sind.[21] Vielmehr sind sie als „gehorsame Diener" eines Systems anzusehen, die zumin-

---

21 So auch: *CNIL*, Premiers Éléments d'analyse de la CNIL: Blockchain, 2018, S. 2, abrufbar im Internet unter https://www.cnil.fr/sites/default/files/atoms/files/la_blockchain.pdf (letzter Zugriff 2.9.2019).

dest finanziell von der Wartung eines Systems, das Arbeitsnachweise verwendet, profitieren.[22]

Auch Knoten könnten möglicherweise Verantwortliche darstellen. Sobald ein Miner einen gültigen Hash für einen Block findet, überträgt er seinen Hash an andere Knoten, die anschließend prüfen, ob der Hash gültig ist. Sollte dies der Fall sein, so fügen sie den neuen Block zu ihrer eigenen lokalen Kopie hinzu. Insofern wird vorgebracht, dass jeder Knoten, „der eine Transaktion vornimmt (und insofern Informationen an alle anderen Knoten verteilt) und/oder in seine Kopie eingetragen hat" als Verantwortlicher anzusehen ist, zumal er auf diese Weise mit der Teilnahme am Netzwerk seinen eigenen Zweck verfolgt.[23] Zudem wird vorgeschlagen, Knoten als gemeinsame Verantwortliche anzusehen, wenn man bedenkt, dass sie den gleichen Einfluss und die Freiheit haben, ein bestimmtes Blockchain-Netzwerk auszuwählen (oder neu zu starten). Sie können bspw. mit der erforderlichen Mehrheit durch eine sog. Fork die Regeln des Netzwerks ändern, was als Zeichen gemeinsamer Verantwortlichkeit interpretiert werden könnte.[24]

Schlussendlich kommen auch Nutzer selbst in Betracht. Teilweise wird vertreten, dass Nutzer dann Verantwortliche sein können, wenn sie den Zweck der Verarbeitung (nämlich eine Transaktion in der Blockchain aufzuzeichnen) und die Mittel, mit denen eine bestimmte Blockchain zur Ausführung ihrer Transaktion verwendet wird, bestimmen.[25] In einem kürzlich vorgelegten Bericht des Europäischen Parlaments wird die gleiche Auffassung vertreten. Demnach können

„Nutzer von Blockchain-Systemen sowohl Verantwortliche für die von ihnen auf den Ledger hochgeladenen personenbezogenen Daten als auch – aufgrund der Speicherung einer vollständigen Kopie des Ledgers auf ihren eigenen Computern – Auftragsverarbeiter sein".[26]

Nachdem die relevanten Begrifflichkeiten analysiert worden sind, wird nun im Folgenden auf einzelne Betroffenenrechte näher eingegangen.

---

22 *Martini/Weinzierl*, Fn. 6, S. 1253.
23 *Martini/Weinzierl*, Fn. 6, S. 1253.
24 *Wirth/Kolain*, Privacy by Block Chain Design: A Blockchain-enabled GDPR-compliant Approach for Handling Personal Data, 2018, S. 5, abrufbar im Internet unter https://dl.eusset.eu/bitstream/20.500.12015/3159/1/blockchain2018_03.pdf (letzter Zugriff 2.9.2019).
25 *Bacon et al.*, Blockchain Demystified: A Technical and Legal Introduction to Distributed and Centralised Ledgers, Richmond JOLT 2018, S. 1 (64).
26 *Europäisches Parlament*, Bericht über das Thema „Blockchain – eine zukunftsorientierte Handelspolitik" (2018/2085 (INI)), 27.11.2018, S. 11 Rn. 23, abrufbar im Internet unter http://www.europarl.europa.eu/doceo/document/A-8-2018-0407_DE.pdf (letzter Zugriff 9.9.2019).

2. Art. 15 DSGVO: Auskunftsrecht der betroffenen Person

In Übereinstimmung mit Art. 15 DSGVO hat eine betroffene Person das Recht, von dem Verantwortlichen eine Bestätigung darüber zu verlangen, ob sie betreffende personenbezogene Daten verarbeitet werden.[27] Ist dies der Fall, so kann sie bspw. zusätzliche Informationen über die Verarbeitungszwecke, die Kategorien personenbezogener Daten, die verarbeitet werden, die Empfänger, gegenüber denen die personenbezogenen Daten offengelegt werden, die geplante Dauer, für die die personenbezogenen Daten gespeichert werden sowie das Bestehen einer automatisierten Entscheidungsfindung, einschließlich Profiling, anfordern.[28] Gem. Art. 15 Abs. 2 DSGVO ist die betroffene Person außerdem berechtigt, über geeignete Garantien unterrichtet zu werden, sofern personenbezogene Daten an ein Drittland übermittelt werden. Gerade Abs. 2 dürfte im Kontext der Blockchain-Technologie einige Schwierigkeiten mit sich bringen, da ein Knoten, der einen Block auf dem Gebiet der Europäischen Union validiert, anschließend die entsprechenden Informationen mit allen Knoten im Netzwerk unabhängig von ihrer geographischen Lage teilt.[29] Allerdings stellen sich im Rahmen von Art. 15 DSGVO auch noch andere wichtige Fragen hinsichtlich der Anwendung auf DLT, da die Verantwortlichen zumeist selbst nicht wissen, welche Daten in der Blockchain tatsächlich gespeichert sind – zumal sie häufig nur die verschlüsselte oder „gehashte" Version dieser Daten verarbeiten oder sehen. Selbst für den Fall, dass eine betroffene Person erfolgreich Kontakt mit einem Knoten oder anderen Verantwortlichen aufnehmen könnte, so wäre dieser oftmals nicht in der Lage, zu überprüfen, ob die personenbezogenen Daten der betroffenen Person verarbeitet wurden. Logischerweise stünde es der betroffenen Person im nächsten Schritt frei zu, sich einem genehmigungsfreien Netzwerk anzuschließen und somit eine Kopie aller (verschlüsselten) Daten – einschließlich ihrer eigenen – zu erhalten. Allerdings ist fraglich, ob eine solche Lösung als zufriedenstellend anzusehen ist.

Schließlich sieht Art. 15 Abs. 3 DSGVO als logische Folge des Auskunftsrechts zusätzlich vor, dass der Verantwortliche eine Kopie der personenbezogenen Daten, die Gegenstand der Verarbeitung sind, zur Verfügung stellt. Dies wäre ebenfalls

---

27 Art. 15 Abs. 1 DSGVO.
28 Art. 15 Abs. 1 DSGVO.
29 An dieser Stelle könnte ebenfalls die Frage aufgeworfen werden, ob dies nicht eine Veröffentlichung im Sinne des *Lindqvist*-Urteils darstellt. Siehe hierzu EuGH, Urteil vom 6.11.2013 – C-101/01 – Bodil Lindqvist.

nicht möglich, sofern die jeweiligen Daten kryptografisch pseudonymisiert worden wären und die Knoten keine Möglichkeiten hätten, diese Daten zu entschlüsseln. Aus diesem Grund könnten personenbezogene Daten selbst etwa off-chain gespeichert werden. Ein solches Speichern von Transaktionsdaten außerhalb der Kette hätte zur Folge, dass die jeweiligen Daten an die entsprechenden datenschutzrechtlichen Anforderungen angepasst werden könnten, ohne dass die Blockchain selbst berührt werden muss. Eine solche off-chain Speicherung erleichtert zwar die Einhaltung der DSGVO im Hinblick auf vorhandene Transaktionsdaten, nicht jedoch auf öffentliche Schlüssel, zumal diese einen essenziellen Teil der Technologie darstellen und einen Teil der Metadaten einer Transaktion bilden, die für deren Validierung erforderlich ist.

3. Art. 16 DSGVO: Recht auf Berichtigung

Die DSGVO sieht vor, dass personenbezogene Daten sachlich richtig und auf dem neuesten Stand sein müssen.[30] Trifft dies nicht zu, so sind alle angemessenen Maßnahmen zu treffen, damit personenbezogene Daten, die im Hinblick auf die Zwecke ihrer Verarbeitung unrichtig sind, unverzüglich gelöscht oder berichtigt werden.[31] Hieran knüpft auch Art. 16 DSGVO an, welcher der betroffenen Person das Recht erteilt, von dem Verantwortlichen unverzüglich die Berichtigung sie betreffender unrichtiger personenbezogener Daten zu verlangen. Im Kontext der Blockchain-Technologie würde dies bedeuten, dass die betroffene Person die Berichtigung der entsprechenden personenbezogenen Daten unter den angegebenen Bedingungen bei den jeweiligen Verantwortlichen beantragen könnte. Sollte es sich bei den Verantwortlichen um die Knoten im Netzwerk handeln, führt dies jedoch zu zwei Problemen: Zunächst kann eine betroffene Person unmöglich sämtliche Knoten einer Blockchain identifizieren,[32] sofern es sich um eine öffentliche und genehmigungsfreie Blockchain handelt. Doch selbst wenn es der betroffenen Person gelingen würde, eine Forderung gem. Art 16 DSGVO zu stellen, so wären viele der potenziellen Verantwortlichen, wie etwa Knoten oder Nutzer, nicht in der Lage, verschlüsselte Daten, die in einem Block gespeichert sind, zu

---

30 Art. 5 Abs. 1 lit. d DSGVO.
31 Art. 5 Abs. 1 lit. d DSGVO.
32 Die Gründe hierfür sind etwa, dass Knoten oft nur eine begrenzte Zeit online sind, geschlossene Ports haben oder häufig ihre IP-Adresse wechseln.

lesen oder zu ändern. Da Informationen, die auf Blockchains gespeichert wurden, nur in Ausnahmefällen geändert werden können, werden diese auch als „unveränderliche" Kassenbücher bezeichnet.[33] Damit scheint es, als könne das Recht auf Berichtigung im Rahmen von DLT grundsätzlich nicht umgesetzt werden. Allerdings sieht Art. 16 DSGVO ausdrücklich vor, dass das Prinzip der Änderung mit Rücksicht auf die jeweilige Technologie angewendet werden muss. Infolgedessen müssen die „Zwecke der Verarbeitung" berücksichtigt werden. Gleichzeitig können Daten „auch mittels einer ergänzenden Erklärung" berichtigt werden.[34] Dies lässt die Frage zu, ob es genügt, neue Daten hinzuzufügen, durch welche die zuvor hinzugefügten Daten berichtigt werden (ohne dabei den ursprünglichen Eintrag zu löschen), um die Anforderungen von Art. 16 DSGVO als erfüllt anzusehen.

Auch an dieser Stelle bietet sich die Speicherung personenbezogener Daten außerhalb der Kette für Transaktionsdaten als naheliegendste Lösung an, gleichwohl dies für öffentliche Schlüssel wieder nicht durchführbar bleibt. Im Übrigen sieht Art. 19 DSGVO vor, dass der Verantwortliche „allen Empfängern, denen personenbezogene Daten offengelegt wurden, jede Berichtigung oder Löschung der personenbezogenen Daten" mitteilt. Jedoch besteht für die Verantwortlichen keine Verpflichtung, sofern sich die Berichtigung als unmöglich erweist oder mit einem unverhältnismäßigen Aufwand verbunden ist. Auch die Anwendung des Rechts auf Auskunft bei einer DLT wird durch ähnliche Erschwernisse belastet.

4. Art. 17 DSGVO: Recht auf Löschung („Recht auf Vergessenwerden")

Die größten Schwierigkeiten im Hinblick auf die Vereinbarkeit von Blockchains mit der DSGVO bereitet wohl Art. 17 DSGVO.

a. Art. 17 Abs. 1 DSGVO

Gem. Art. 17 DSGVO hat die betroffene Person das Recht, von dem Verantwortlichen die unverzügliche Löschung der sie betreffenden personenbezogenen Daten zu verlangen. Der Verantwortliche wiederum ist verpflichtet, personenbezogene Daten unverzüglich zu löschen, sofern einer der in Abs. 1 genannten Gründe

---

33 Siehe hierzu *Walch*, The Path of the Blockchain Lexicon (and the Law), RBFL 2017, S. 713.
34 Art. 16 DSGVO.

zutrifft. Das Recht auf Vergessenwerden stellt damit kein absolutes Recht dar, sodass der Einzelne nicht uneingeschränkt die Löschung ihn betreffender Informationen beanspruchen kann.

Eines der bekanntesten Merkmale von Blockchains ist ihre Sicherheit vor Manipulationen. Wenngleich es im Bereich des Möglichen liegt, Änderungen an Daten vorzunehmen, so ist dies in den allermeisten Fällen nur sehr mühselig und äußerst umständlich zu realisieren. Überdies hätte eine solche Modifikation zur Folge, dass die zusammenhängende Kette von Blöcken verändert würde. Dies zeigt sich darin, dass im Falle einer Manipulation von Daten eines Blocks sowohl der diesem Block zugehörige Hash, als auch der Hash jedes nachfolgenden Blocks geändert werden müsste. Angesichts dieser Schwierigkeiten, die sich beim Ändern oder Löschen von Daten ergeben, kann eine unkomplizierte Anwendung von Art. 17 Abs. 1 DSGVO ausgeschlossen werden.

aa. Der Begriff der „Löschung"

Bevor mit der Analyse des Rechts auf Löschung begonnen werden kann, muss zunächst der Begriff der Löschung selbst näher beleuchtet werden. Bereits hier stößt man auf erste Schwierigkeiten, da die „Löschung" im Gesetzestext nirgends definiert ist. Fraglich ist insbesondere, ob die Löschung eine vollstände Zerstörung der entsprechenden Daten erfordert, oder der Begriff nicht doch anders ausgelegt werden kann.

Für eine mildere Auslegung könnte das *Google Spain*-Urteil des EuGH sprechen. In diesem Urteil entschied der EuGH, dass bereits das Entfernen von Links zu von Dritten veröffentlichten Internetseiten (mit Informationen zu dem Antragsteller) aus der Ergebnisliste eines Suchmaschinenbetreibers (sog. Delisting) für ausreichend erachtet wird.[35] Allerdings ist hierbei zu berücksichtigen, dass der Antragsteller dies auch nur von Google verlangte. Hätte er die vollständige Vernichtung der relevanten Daten erwirken wollen, so hätte er sich an die entsprechende ursprüngliche Datenquelle (eine Online-Zeitschrift) und nicht Google wenden müssen. Dies könnte darauf hinweisen, dass die DSGVO lediglich von den Verantwortlichen verlangt, alles in ihrer Macht stehende zu tun, um ein Ergebnis zu erzielen, welches der Zerstörung der entsprechenden Daten im Rahmen ihrer eigenen tatsächlichen Möglichkeiten so nahe wie nur möglich kommt.

---

35 EuGH, Urteil vom 13.5.2014 – C-131/12 – Google Spain SL und Google Inc. gegen Agencia Española de Protección de Datos (AEPD) und Mario Costeja González, Rn. 88.

Ferner weisen auch nationale und supranationale Regulierungsbehörden darauf hin, dass durchaus Alternativen zur vollständigen Vernichtung von Daten denkbar sind. So vertrat etwa die Artikel-29-Datenschutzgruppe in ihrer Stellungnahme zum Cloud Computing den Standpunkt, dass die Zerstörung eines Speichermediums als Löschung angesehen werden könnte.[36] Auch nationale Datenschutzbehörden und Gerichte haben bereits festgestellt, dass eine Löschung nicht unbedingt einer Zerstörung gleichkommen muss. So spricht sich etwa die Österreichische Datenschutzbehörde in einem Entschluss dafür aus, dass dem Verantwortlichen hinsichtlich der (technischen) Mittel ein Auswahlermessen zusteht und sogar die Anonymisierung von personenbezogenen Daten als ein mögliches Mittel zur Löschung herangezogen werden kann.[37] Auch das LG Frankfurt vertritt in einer kürzlich ergangenen Entscheidung die Ansicht, dass die Löschung jedenfalls nicht die völlige Zerstörung der betroffenen Daten erfordert. Dies lasse sich aus einem Umkehrschluss von Art. 4 Nr. 2 DSGVO herleiten, welcher das Löschen neben dem Vernichten als Regelbeispiel für die Verarbeitung anführt.[38] Gegen diese Argumentation ließe sich jedoch anführen, dass das Löschen und die Vernichtung sich letzten Endes auf den gleichen Vorgang beziehen könnten. Somit bestünden Unterschiede nur im Hinblick auf die jeweiligen Dateiformen. Während die Löschung Daten betreffe, die sich auf einem elektronischen Datenträger befinden, gelte die Vernichtung vielmehr für physische Datenträger.[39] Schließlich bleibt auch noch darauf hinzuweisen, dass bestimmte nationale Umsetzungsgesetze ebenfalls eine mildere Version des Rechts auf Vergessenwerden enthalten.[40] So sieht § 35 BDSG bspw. vor, dass Daten nicht gelöscht werden müssen, wenn dies aufgrund der spezifischen Art der Speicherung unmöglich oder nur mit unverhältnismäßig hohem Aufwand möglich ist.

Es bleibt jedoch abzuwarten, ob diese Auslegungsmöglichkeiten vom EuGH als zufriedenstellend eingestuft werden. In seiner *Nowak*-Entscheidung erklärte er, dass „gelöscht" als „zerstört" zu interpretieren ist. Konkret führte der EuGH aus, dass ein

---

36 *Artikel-29-Datenschutzgruppe*, Stellungnahme 05/2012 zum Cloud Computing (WP 196), 1.7.2012, S. 15.
37 Österreichische Datenschutzbehörde, Bescheid vom 5.12.2018 – DSB-D123.270/0009-DSB/2018.
38 LG Frankfurt a. M., Urteil vom 28.6.2019 – 2-03 O 315/17 = BeckRS 2019, 13139, Rn. 31 (mit Bezug auf OLG Frankfurt a. M., Urteil vom 6.9.2018 – 16 U 193/17 = GRUR 2018, 1283 (1285)).
39 *Ernst*, in: Paal/Pauly (Hrsg.), Datenschutz-Grundverordnung Bundesdatenschutzgesetz, 2018, Art. 4 Rn. 34.
40 Auch wenn die DSGVO eine Verordnung ist und daher gem. Art. 288 AEUV nicht umgesetzt werden muss, sind solche nationalen Umsetzungsgesetze aufgrund flexibler (Öffnungs-)Klauseln möglich.

„Prüfling [...] das Recht hat, von dem für die Verarbeitung der Daten Verantwortlichen zu verlangen, dass seine Prüfungsantworten und die Anmerkungen des Prüfers dazu nach einem bestimmen Zeitraum gelöscht werden, d.h. dass die Arbeit zerstört wird."[41]

Ob dies als pauschale Aussage gewertet werden kann, oder nicht doch von Fall zu Fall unterschiedlich zu entscheiden ist, kann nicht mit Sicherheit beantwortet werden, da es bei dieser Entscheidung im Kern nicht um Art. 17 DSGVO ging. Die entsprechenden Ausführungen des EuGH könnten jedoch damit erklärt werden, dass die vollständige Vernichtung der Prüfungsexemplare das einfachste Mittel der Vernichtung verkörpert (gleichwohl auch die Schwärzung der relevanten Informationen eine naheliegende Option darstellt).

bb. Umsetzung der Löschung im Kontext von Blockchains

Nachdem nun der Begriff der Löschung selbst näher erläutert wurde, ist fraglich, inwieweit das Recht auf Löschung im Kontext von Blockchain-Technologien umgesetzt werden kann. Angesichts des wachsenden Bewusstseins um die Schwierigkeit der Vereinbarkeit von Art. 17 DSGVO mit DLT wurden einige technische Lösungen entwickelt, die eine vollständige Datenvernichtung ermöglichen sollen.

Am häufigsten wird dabei die Zerstörung des privaten Schlüssels genannt. Dies hätte zur Folge, dass auf Daten, die mit einem öffentlichen Schlüssel verschlüsselt sind, nicht mehr zugegriffen werden könnte. Diesen Ansatz favorisiert auch die französische Datenschutzbehörde CNIL. Sie ist der Ansicht, dass eine Löschung erzielt werden könnte, wenn der geheime Schlüssel der verschlüsselten Hash-Funktion gemeinsam mit Informationen von anderen Systemen, in denen er zur Verarbeitung gespeichert wurde, gelöscht wird.[42]

Eine andere Option könnte das sog. „Pruning"[43] darstellen. Dieses ermöglicht es, veraltete Transaktionen in älteren Blöcken zu löschen, die für die Fortsetzung der Kette nicht mehr erforderlich sind. Die Idee bleibt jedoch umstritten, da dieses Verfahren sowohl die Nachvollziehbarkeit als auch die Manipulationssicherheit stark beeinträchtigen kann.[44]

---

41 EuGH, Urteil vom 20.12.2017 – C-434/16 – Peter Nowak gegen Data Protection Commissioner, Rn. 55.
42 *CNIL*, Fn. 5, S. 8f.
43 *Palm*, Implications and Impact of Blockchain Transaction Pruning, 2017, abrufbar im Internet unter http://www.diva-portal.org/smash/get/diva2:1130492/FULLTEXT01.pdf (letzter Zugriff 2.9.2019).
44 *Martini/Weinzierl*, Fn. 6, S. 1255.

Alternativ dazu ließe sich auch über die Verwendung von „Chamäleon-Hashes"[45] nachdenken. Auf diese Weise könnte der Inhalt von Blöcken in einer Blockchain von autorisierten Behörden unter bestimmten Bedingungen und mit vollständiger Transparenz und Rechenschaftspflicht neu geschrieben werden.[46] Diesem Ansatz stehen jedoch eine Reihe von Problemen entgegen. Zunächst wird die Kette de facto unveränderlich, wenn der Sperrschlüssel zerstört wird oder verloren geht. Außerdem benötigt eine solche Lösung eine vertrauenswürdige dritte Partei, wie bspw. Regierungen, Sonderorganisationen oder Schiedsrichter. Dies würde mit hoher Wahrscheinlichkeit auf großen Widerstand stoßen, da ein solches System den eigentlichen großen Vorteil von Blockchains (Dezentralisierung) konterkariert. Ferner können Chamäleon-Hashes keine alten Kopien der Blockchain, die weiterhin die überarbeiteten Informationen enthalten, entfernen, zumal es im Interesse der Miner liegt, ob sie diese Änderungen akzeptieren oder nicht.[47]

Eine weitere Möglichkeit könnten sog. „Hard-Forks"[48] darstellen, mithilfe derer Blockchains in Ausnahmefällen gewechselt werden können. Wirklich sinnvoll sind Hard-Forks indes nur für die am häufigsten „geminten" Blöcke, da alle nachfolgenden Blöcke ungültig werden, sodass alle in diesen Blöcken gespeicherten Transaktionen verarbeitet werden müssten. Dies wäre ungeachtet des verwendeten Konsensprotokolls zu kostspielig und zeitintensiv.

Ob eine dieser Lösungen jedoch die Anforderungen von Art. 17 DSGVO erfüllen kann, bleibt abzuwarten. Nur die Regulierungsbehörden und der EuGH werden diesbezüglich für die gewünschte Aufklärung sorgen können.

b. Art. 17 Abs. 2 DSGVO

Darüber hinaus bestimmt Art. 17 Abs. 2 DSGVO, dass der Verantwortliche unter Berücksichtigung der verfügbaren Technologie und der Implementierungskosten angemessene Maßnahmen, auch technischer Art, trifft, um für die Datenverarbeitung Verantwortliche, die die personenbezogenen Daten verarbeiten, darüber

---

45 Siehe hierzu *Erbguth*, Datenschutz auf öffentlichen Blockchains, 2018, S. 3, abrufbar im Internet unter https://erbguth.ch/Erbguth_DatenschutzBlockchains.pdf (letzter Zugriff 2.9.2019).
46 *Ateniese et al.*, Redactable Blockchain – or – Rewriting History in Bitcoin and Friends, 11.5.2017, S. 2, abrufbar im Internet unter https://eprint.iacr.org/2016/757.pdf (letzter Zugriff 2.9.2019).
47 *Ateniese et al.*, Fn. 46, S. 3.
48 Zum Konzept der Hard Forks siehe etwa *Palhas*, Blockchain Hard Forks, 2016, abrufbar im Internet unter https://medium.com/utrust/blockchain-hard-forks-17df13c7068f (letzter Zugriff 2.9.2019).

zu informieren, dass eine betroffene Person von ihnen die Löschung aller Links zu diesen personenbezogenen Daten oder von Kopien oder Replikationen dieser personenbezogenen Daten verlangt hat, sofern der Verantwortliche die personenbezogenen Daten öffentlich gemacht hat und zu deren Löschung verpflichtet ist (Informationspflicht). Inwiefern diese Informationspflicht im Rahmen von Blockchains eingehalten werden kann, ist bislang weitestgehend ungeklärt. Teilweise wird „die Kennzeichnung zu löschender bzw. gelöschter Informationen (bspw. durch Übernahme von Webseiten praktizierten Mechanismen wie dem *robots.txt*)" vorgeschlagen. Hierbei ist jedoch zu berücksichtigen, dass Art. 17 Abs. 2 DSGVO vom Verantwortlichen lediglich fordert, das technisch Mögliche und Zumutbare vorzunehmen.[49]

c. Territoriale Reichweite des Rechts auf Löschung

Kontrovers diskutiert wird auch die Frage nach dem räumlichen Geltungsbereich des Rechts auf Löschung. Dies ist für Blockchains von elementarer Bedeutung, da diese sich häufig über mehrere Standorte mit verschiedenen Rechtsordnungen erstrecken. Aktuell ist der genaue Geltungsbereich von Art. 17 DSGVO noch ungewiss. Die dringend erforderliche Klarheit wird das demnächst zu erwartende Urteil des EuGH in der Rechtssache Google/CNIL verleihen.[50] Im Wesentlichen geht es in diesem Verfahren um die Frage, ob Google fortan Suchergebnisse weltweit für alle Domains löschen muss, sofern die Löschung erfolgreich beantragt wurde. Bis dahin hatte Google die Löschung lediglich für EU-Domains, etwa google.de oder google.fr, durchgeführt, nicht jedoch für Domains außerhalb der EU, bspw. google.com.[51] In der Zwischenzeit hat sich der zuständige Generalanwalt Szpunar in seinen Schlussanträgen zu dieser Frage geäußert. Seiner Einschätzung zufolge sollte eine Unterscheidung nach dem Ort vorgenommen werden, von dem aus die Suche durchgeführt wird. Er teilte außerdem mit, dass Suchanfragen, die außerhalb des Gebiets der Europäischen Union gestellt werden, nicht von der Entfernung von Links betroffen sein sollten.[52] Ferner lehnt er die Anwendung des europäischen

---

49 *Martini/Weinzierl*, Fn. 6, S. 1257.
50 EuGH, laufende Rechtssache – C-507/17 – Google LLC gegen Commission nationale de l'informatique et des libertés (CNIL).
51 Siehe hierzu *Finck*, Google v CNIL: Defining the Territorial Scope of European Data Protection Law, 16.11.2018, abrufbar im Internet unter https://www.law.ox.ac.uk/business-law-blog/blog/2018/11/google-v-cnil-defining-territorial-scope-european-data-protection-law (letzter Zugriff 2.9.2019).
52 EuGH, Schlussanträge des Generalanwalts Szpunar vom 10.1.2019 – C-507/17 – Google LLC gegen Commission nationale de l'informatique et des libertés (CNIL), Rn. 46.

Datenschutzrechts über die Grenzen der EU-Mitgliedstaaten hinaus ab.[53] Allerdings bleibt das Problem, dass Nutzer die Löschung von Suchergebnissen auf bspw. google.de durch die Verwendung von google.com umgehen könnten. Um dies zu lösen, wird die Verwendung von Geo-Blocking vorgeschlagen.[54]

5. Art. 18 DSGVO: Recht auf Einschränkung der Verarbeitung

Art. 18 DSGVO gewährt der betroffenen Person das Recht, von dem Verantwortlichen in einer Vielzahl von Umständen die Beschränkung der Verarbeitung personenbezogener Daten zu erwirken. Insofern sieht das europäische Datenschutzrecht vor, dass die betroffene Person bei der Verwendung von DLT die Möglichkeit haben muss, eine Einschränkung der Verarbeitung zu erwirken. So kann sie sich bspw. auf dieses Recht berufen, wenn sie die Richtigkeit personenbezogener Daten bestreitet.[55] Um festzustellen, ob einer der (gemeinsamen) Verantwortlichen in einem bestimmten Blockchain-Netzwerk die Bestimmungen von Art. 18 DSGVO erfüllen kann, ist eine Einzelfallanalyse der technischen Anforderungen und Governance-Regelungen durchzuführen. Obgleich die CNIL in ihrem Positionspapier zu dem Schluss kommt, dass Art. 18 DSGVO unproblematisch mit Blockchain-Technologien vereinbar ist, so lassen sich dennoch vor allem zwei potenzielle Beeinträchtigungen feststellen, die einer Einhaltung von Art. 18 DSGVO entgegenstehen könnten.

Erstens stellen sich bei Blockchains technische Hindernisse bezüglich der Einschränkung der Verarbeitung, die mit der stattfindenden automatisierten Verarbeitung zusammenhängen. Tatsächlich sind diese Systeme häufig so konzipiert, dass sie (einseitige) Eingriffe in die Datenverarbeitung erschweren, um die Datenintegrität und das Vertrauen in das Netzwerk zu erhöhen. Speziell bei öffentlichen und genehmigungsfreien Kassenbüchern ist es nicht ohne Weiteres möglich, die Verarbeitung der in einem der Blöcke enthaltenen Daten zu unterbinden. Dies trifft sowohl im Hinblick auf die Anwendungsschicht (die Blockchain) als auch auf Blockchain-basierte Anwendungen (z.B. Smart Contract-Lösungen) zu.

Zweitens stellen sich auch Herausforderungen im Hinblick auf verschiedene der potenziell vielen gemeinsamen Verantwortlichen, die in der Lage sind, solche Eingriffe in das Netzwerk vorzunehmen.

---

53 EuGH, Fn. 52, Rn. 47 ff.
54 EuGH, Fn. 52, Rn. 69 f.
55 Art. 18 Abs. 1 lit. a DSGVO.

Bereits in Abschnitt III. 1. b. wurde festgestellt, dass nach der jüngsten Rechtsprechung zur gemeinsamen Verantwortlichkeit jede Partei, die ein gewisses Maß an Kontrolle über die Mittel und insbesondere die Zwecke der Verarbeitung personenbezogener Daten ausübt, als gemeinsamer Verantwortlicher gilt. Dies führt zu erheblichen Schwierigkeiten, da einige der möglichen Verantwortlichen, z.B. Knoten oder Nutzer, meistens nicht imstande sind, derart in das Netzwerk einzugreifen, um tatsächlich eine Einschränkung der Verarbeitung herbeizuführen.

Zuletzt drängt sich noch die Frage auf, in welcher Form Art. 18 DSGVO in der Praxis umzusetzen ist. Denn der DSGVO selbst ist nicht zu entnehmen, wie die Einschränkung der Verarbeitung zu vollziehen ist.[56] Gem. Art. 4 Nr. 3 DSGVO bezeichnet der Ausdruck „Einschränkung der Verarbeitung" die Markierung gespeicherter personenbezogener Daten mit dem Ziel, ihre künftige Verarbeitung einzuschränken. Übertragen auf Blockchains bedeutet dies, dass die auf einem Block gespeicherten und von Art. 18 DSGVO betroffenen Daten vom Verantwortlichen entsprechend gekennzeichnet werden müssen, um so die Einschränkung der Verarbeitung zu gewährleisten. Eine nicht abschließende Aufzählung von Methoden zur Beschränkung der Verarbeitung personenbezogener Daten wird in Erwägungsgrund 67 genannt. So können diese etwa darin bestehen, dass ausgewählte personenbezogene Daten vorübergehend auf ein anderes Verarbeitungssystem übertragen werden, dass sie für Nutzer gesperrt werden oder dass veröffentlichte Daten vorübergehend von einer Website entfernt werden. Diese Formulierung macht deutlich, dass es der DSGVO nicht darauf ankommt, eine verbindliche Methode vorzuschreiben, sondern vielmehr der Erfolg im Vordergrund steht. So müssen die entsprechenden Daten manuell oder technisch markiert werden, um eine erneute Verarbeitung dieser Daten, die dem Willen der betroffenen Person widersprechen würde, zu verhindern.[57] Allerdings ist fraglich, welche Lösung konkret für betroffene Daten herangezogen werden kann. Aus diesem Grund wäre es wünschenswert, dass die interdisziplinäre Forschung auch dieser Problematik näher auf den Grund geht.

6. Art. 20 DSGVO: Recht auf Datenübertragbarkeit

Das Recht auf Datenübertragbarkeit stellt eine der wichtigsten Neuerungen der DSGVO gegenüber der Datenschutzrichtlinie aus dem Jahre 1995 dar. Im Wesent-

---

56 *Worms*, in: Brink/Wolff (Hrsg.), BeckOK Datenschutz, 2019, Art. 18 Rn. 60.
57 *Worms*, Fn. 56, Art. 18 Rn. 47.

lichen handelt es sich bei diesem Betroffenenrecht um ein Mittel, mit dem betroffene Personen unter den in Art. 20 DSGVO genannten Umständen ihre jeweiligen Daten von einem Verantwortlichen zu einem anderen übertragen können. Das Prinzip der Datenübertragbarkeit soll es ermöglichen, personenbezogene Daten problemlos von einer IT-Umgebung in eine andere zu verschieben, kopieren und übertragen.[58] Entspricht ein Antrag auf Datenübertragbarkeit den in Art. 20 DSGVO genannten Anforderungen, so ist der Verantwortliche verpflichtet, ihr die betreffenden personenbezogenen Daten in einem strukturierten, gängigen und maschinenlesbaren Format zur Verfügung zu stellen.[59] Außerdem sollte dies in einem interoperablen Format erfolgen.[60]

Damit sich eine betroffene Person auf ihr Recht nach Art. 20 DSGVO berufen kann, müssen eine Reihe von Bedingungen erfüllt werden. Zunächst gilt das Recht auf Datenübertragbarkeit evident nur für personenbezogene Daten. Darüber hinaus müssen die betreffenden personenbezogenen Daten dem Verantwortlichen von der betroffenen Person selbst bereitgestellt worden sein. Ferner ist erforderlich, dass die Verarbeitung personenbezogener Daten auf einer Einwilligung oder auf einem Vertrag beruht und mithilfe automatisierter Verfahren erfolgt.[61]

Hinsichtlich der Frage nach der Vereinbarkeit von Blockchain-Technologien mit dem Recht auf Datenübertragbarkeit sieht die CNIL erneut kaum Probleme.[62] Gleichwohl betont Art. 20 DSGVO das Interesse an der Gewährleistung der Interoperabilität.[63] Dies gilt ungeachtet der zugrunde liegenden Technologie und damit auch für verschiedene DLT-Lösungen. In Bezug auf Social-Media-Netzwerke wurde hervorgehoben, dass es keinen Sinn macht, Daten von einem Social-Media-Anbieter zu einem anderen zu übertragen, sofern auf dem zweiten Netzwerk keine „Freunde" vorhanden sind.[64] Diese Bedenken, die durch Netzwerkeffekte hervorgerufen werden, gelten auch im Kontext von Blockchains – sowohl auf

---

58 *Artikel-29-Datenschutzgruppe*, Leitlinien zum Recht auf Datenübertragbarkeit (WP 242), 13.12.2016, S. 4.
59 Art. 20 Abs. 1 DSGVO.
60 Erwägungsgrund 68 DSGVO.
61 Art. 22 Abs. 1 DSGVO.
62 *CNIL*, Fn. 5, S. 8.
63 Der Begriff der Interoperabilität wird von der Artikel-29-Datenschutzgruppe dabei wie folgt definiert: „Die Fähigkeit verschiedener und unterschiedlicher Organisationen zur Interaktion zum beiderseitigen Nutzen und im Interesse gemeinsamer Ziele; dies schließt den Austausch von Informationen und Wissen zwischen den beteiligten Organisationen durch von ihnen unterstützte Geschäftsprozesse mittels Datenaustausch zwischen ihren jeweiligen IKT-Systemen ein." Siehe hierzu *Artikel-29-Datenschutzgruppe*, Fn. 58, S. 20 f.
64 *Edwards*, Law, Policy and the Internet, 2018, S. 109.

Infrastruktur- als auch auf Anwendungsebene. Die effiziente Durchsetzung der Datenübertragbarkeit ist daher einer der vielen Gründe, weshalb die Interoperabilität verschiedener Lösungen gefördert werden sollte.[65]

IV. Fazit

Die obige Analyse hat ergeben, dass zahlreiche Spannungen zwischen Blockchains und der DSGVO identifiziert werden können. Allgemein kann dies auf zwei Faktoren zurückgeführt werden. Erstens basiert die DSGVO darauf, dass zu jedem personenbezogenen Datenpunkt mindestens eine natürliche oder juristische Person existiert (der Verantwortliche), an den sich die jeweilige betroffene Person wenden kann, um die ihr nach dem EU-Datenschutzrecht zustehenden Rechte geltend zu machen. Demgegenüber basieren Blockchain-Technologien häufig auf dezentralen Netzwerken, die keinen einheitlichen Akteur haben, sondern viele verschiedene. Aus diesem Grund gelingt die Zuordnung der Verantwortlichkeit nur sehr mühsam. Erschwerend kommt hinzu, dass angesichts der jüngsten Entwicklungen in der Rechtsprechung Unsicherheiten darüber bestehen können, welche juristische Personen als (gemeinsame) Verantwortliche einzustufen sind. Zweitens beruht die DSGVO auf der Annahme, dass Daten bei Bedarf geändert oder gelöscht werden können, um den gesetzlichen Anforderungen zu entsprechen. In Blockchains sind solche Änderungen jedoch (bewusst) nur mit hohem Aufwand möglich, da auf diese Weise die Datenintegrität gewährleistet und das Vertrauen in das Netzwerk gestärkt werden soll.

Andererseits ist jedoch zu betonen, dass die Vereinbarkeit von Blockchain-Technologien mit der DSGVO immer von Fall zu Fall zu beurteilen ist. Wie eingangs erwähnt, handelt es sich bei Blockchains um eine Klasse von Technologien, die unterschiedliche technische Merkmale besitzen können. Dies impliziert, dass die Frage nach der Vereinbarkeit „der Blockchain" mit dem EU-Datenschutzgesetz gar nicht erst zu stellen ist. Zudem ist es nicht möglich, festzustellen, ob Blockchains in ihrer Gesamtheit mit der DSGVO vereinbar sind oder nicht. Daher muss jeder konkrete Anwendungsfall auf Grundlage einer detaillierten Einzelfallanalyse untersucht werden.

---

65 Zur Interoperabilität im Kontext von Blockchains siehe *Lyons et al.*, Scalability, Interoperability and Sustainability of Blockchains, 6.3.2019, abrufbar im Internet unter https://www.eublockchainforum.eu/sites/default/files/reports/report_scalaibility_06_03_2019.pdf (letzter Zugriff 9.9.2019).

Schlussendlich bleibt festzuhalten, dass zwar einige Unstimmigkeiten zwischen einzelnen Merkmalen von Blockchain-Technologien und Elementen des europäischen Datenschutzrechts existieren, jedoch viele der genannten Unstimmigkeiten nicht lediglich auf die Besonderheiten von DLT zurückzuführen sind. Vielmehr bestehen zahlreiche Unsicherheiten hinsichtlich der Verordnung selbst, die den Blockchain-Kontext überschreiten. Die fehlende Rechtssicherheit hinsichtlich zahlreicher Konzepte der DSGVO macht es schwierig, zu bestimmen, wie diese auf Blockchains und andere Technologien angewendet werden soll. Dies betrifft etwa die Definition des Verantwortlichen oder die Bedeutung des Begriffs „Löschen" im Rahmen von Art. 17 DSGVO.

Michael Peters*

Das Transparenzregister für wirtschaftliche Eigentümer zwischen Datenschutz, Geldwäsche und Steuerflucht

Inhaltsübersicht

I. Einleitung
II. Das Transparenzregister in Deutschland
  1. Entstehungsgeschichte
  2. Zugangsregelung
  3. Kritik der Familienunternehmer
  4. Öffentliches Interesse und Datenschutz
  5. Das Transparenzregister und der Bundesanzeiger
  6. Schwachstellen des Registers
III. Geldwäscherichtlinie, die Fünfte
IV. Fazit

I. Einleitung

Spätestens seitdem bekannt wurde, dass auch prominente Politiker wie der ehemalige britische Premierminister David Cameron und der ehemalige isländische Premierminister Sigmundur Davíö Gunnlaugsson in die Skandale rund um die Panama Papers verstrickt sind, ist die Bekämpfung von Steuerflucht und Geldwäsche in aller Munde. So schlugen seit 2015 die EU-Staatschefs verschiedene Maßnahmenpakete vor, um unterschiedliche Aspekte von Steuerhinterziehung zu erschweren. Manche davon wurden im Rahmen der Anti-Geldwäscherichtlinien der EU bereits umgesetzt, andere – wie etwa Maßnahmen zum internationalen Informationsaustausch – werden von Deutschland nur selten genutzt.[1]

---

* Michael Peters ist Projektleiter bei der Open Knowledge Foundation Deutschland und hat Volkswirtschaft studiert.
1 *Giegold*, Studie Steuerhinterziehung, 29.10.2019, abrufbar im Internet unter https://sven-giegold.de/eu-studie-steuerhinterziehung/ (letzter Zugriff 17.12.2019).

Bitter nötig sind schärfere Maßnahmen aber in jedem Fall: Im Jahr 2008 betrug das nicht versteuerte Auslands(finanz)vermögen deutscher Steuerpflichtiger etwa 250 bis 400 Milliarden Euro. Nach einer Studie der EU-Kommission entgingen allein dem deutschen Fiskus im Jahr 2016 rund 7,22 Milliarden € durch Steuerflucht.[2] Dabei werden in der Regel Gelder, die eigentlich im Herkunftsland besteuert werden sollten, in anderen Ländern versteckt, wo weniger oder keine Steuern gezahlt werden müssen. Für die Verschleierung werden Briefkastenfirmen genutzt, die nicht die wahren wirtschaftlichen Eigentümer nennen, sondern falsche Eigentümer, also „Strohpersonen", aufführen.

Veröffentlichungen wie die Panama Papers in der Süddeutschen Zeitung, die Paradise Papers und Mauritius Leaks haben Bewegung in den Politikbereich gebracht. Aber wie konnte die Verstrickung der Staats- und Regierungschefs überhaupt aufgedeckt werden? Bei Leaks wie den Panama Papers werden in der Regel große Datenmengen veröffentlicht, in diesem Fall von der Kanzlei Mossack Fonseca. In den Daten finden sich Informationen über gegründete Unternehmen in Panama und zu den Eigentümern – nicht nur, wie üblich, über die Strohpersonen, sondern auch regelmäßig zu den wahren Eigentümern. Als die Daten der Süddeutschen Zeitung zugespielt wurden, ging es also darum, Querverbindungen zwischen den Firmen in Panama und möglichen wirtschaftlichen Eigentümern in Deutschland herzustellen. Dafür wurden alle Informationen aus den Panama Papers nach Namen von Personen und Unternehmen sowie Adressen durchsucht, um diese dann in Verbindung mit ihren Herkunftsländern zu bringen. Der Name und die dazugehörige Firma eines Unternehmenseigners mussten also im Herkunftsland identifiziert werden.

Dies war eine der großen Schwierigkeiten der Recherche, da nur wenige Länder über öffentliche Register mit Informationen über wirtschaftliche Eigentümer verfügen. So mussten die Journalisten sich mühsam durch Datenberge kämpfen, um Unternehmenseigner zu identifizieren.

Dass sich die Öffentlichkeit bei der Bekämpfung von Geldwäsche und Steuerflucht aber nicht auf unabhängige Leaks und fleißige Journalisten verlassen kann, hat die Europäische Union bereits erkannt und mit der Vierten EU-Geldwäscherichtlinie (4. EU-GWRL) den Grundstein zum Aufbau eines Registers zu wirtschaftlichen Eigentümern gelegt.

Während bei Geldwäsche und Steuerflucht häufig ähnliche Mittel (z.B. Briefkastenfirmen) genutzt werden, ist der Zweck unterschiedlich. So wird bei Steuer-

---

2 *European Commission*, Estimating International Tax Evasion by Individuals, 2019, abrufbar im Internet unter https://ec.europa.eu/taxation_customs/sites/taxation/files/2019-taxation-papers-76.pdf (letzter Zugriff 18.12.2019).

flucht legal erworbenes Vermögen im Ausland versteckt, bei Geldwäsche illegal erworbenes Vermögen dagegen in den legalen Wirtschaftskreislauf überführt. Dafür wird das illegitime Bargeld meist in kleinen Mengen in das Finanzsystem eingespeist („placement"). In einem zweiten Schritt werden komplexe Finanzierungsstrukturen genutzt, um die Herkunft des Geldes zu verschleiern („layering"). Letztlich wird das Geld in einem legalen Investment, z.b. Immobilien, angelegt („integration").

Die erleichterte Identifikation von wirtschaftlichen Berechtigten durch ein Transparenzregister würde also nicht nur die Bekämpfung von Steuerflucht unterstützen, sondern ebenso den Kampf gegen Geldwäsche voranbringen. Sobald z.B. eine Briefkastenfirma als Käuferin einer größeren Immobilie auftritt, könnten mithilfe des Transparenzregisters die tatsächlich profitierenden natürlichen Personen identifiziert und aus geldwäscherechtlicher Sicht geprüft werden.[3]

II. Das Transparenzregister in Deutschland

1. Entstehungsgeschichte

Nach der Veröffentlichung der Panama Papers war der Aufschrei groß und der damalige Finanzminister Wolfgang Schäuble kündigte vollmundig die Bekämpfung von Geldwäsche und Steuerflucht an.[4] Während in der Bundesrepublik wenig passierte, hatte die Europäische Union bereits Vorarbeit geleistet und im Mai 2015 mit der Vierten EU-Geldwäscherichtlinie 2015/849 den Grundstein zur Bekämpfung von Geldwäsche und Steuerflucht gelegt. Diese Richtlinie sieht u.a. die Einführung eines Registers vor, welches die „Erfassung und Zugänglichmachung von Angaben über den wirtschaftlich Berechtigten (Transparenzregister)" ermöglicht.[5] Dabei sollen Informationen über den Vor- und Nachnamen, das Geburtsdatum, den Wohnort sowie die Art und den Umfang des wirtschaftlichen Interesses veröffentlicht werden.

---

3 *Herweg*, Staatsversagen bei Finanzkriminalität. Warum Deutschland für Geldwäsche anfällig ist, Bürgerrechte & Polizei/CILIP, 120, 2019.

4 ZEIT ONLINE, Zehn-Punkte-Plan gegen Briefkastenfirmen, 10.4.2016, abrufbar im Internet unter https://www.zeit.de/politik/deutschland/2016-04/wolfgang-schaeuble-geldwaesche-zehn-punkte-plan (letzter Zugriff 17.12.2019).

5 *Bundesanstalt für Finanzdienstleistungsaufsicht*, Vierte europäische Geldwäsche-Richtlinie und neue Geldtransfer-Verordnung verabschiedet, 15.6.2015, abrufbar im Internet unter https://www.bafin.de/SharedDocs/Veroeffentlichungen/DE/Fachartikel/2015/fa_bj_1506_geldwaesche.html (letzter Zugriff 17.12.2019).

Wirtschaftlich Berechtigter im Sinne des Geldwäschegesetzes (GwG) ist jede natürliche Person, „die unmittelbar oder mittelbar mehr als 25 Prozent der Kapitalanteile hält, mehr als 25 Prozent der Stimmrechte kontrolliert oder auf vergleichbare Weise Kontrolle ausübt".[6]

Die Umsetzungsfrist am 31.5.2017 gab der Bundesregierung zwei Jahre Zeit, um die Regelungen zu den Angaben über wirtschaftlich Berechtigte in nationales Recht umzusetzen. Ein logischer Ansatzpunkt wäre das bestehende Handelsregister gewesen. Es wird gemeinsam vom Bundesministerium für Justiz und Verbraucherschutz sowie den Bundesländern betrieben, fußt auf Daten von mehr als 100 Registergerichten, gibt Auskunft über wesentliche rechtliche und wirtschaftliche Verhältnisse von Kaufleuten und Unternehmen und kann von jedem eingesehen werden.[7] Das Handelsregister enthält außerdem, bspw. bei Gesellschaften mit beschränkter Haftung, bereits Informationen zu den wirtschaftlichen Eigentümern: deren Namen, Geburtsdaten, Wohnort und Höhe des Geschäftsanteils. Das Handelsregister deckt zwar nicht alle Auskunftspflichten der 4. EU-GWRL ab, hätte aber ohne Probleme ausgeweitet werden können, um den Vorgaben gerecht zu werden.

Zuständig für das Thema Geldwäsche und die Umsetzung der 4. EU-GWRL ist innerhalb der Bundesregierung allerdings nicht das Bundesministerium für Justiz und Verbraucherschutz, sondern das Bundesministerium für Finanzen (BMF). Dies ist sicherlich auch ein Grund dafür, dass es statt dem Ausbau des Handelsregisters zum Aufbau eines separaten Transparenzregisters kam.

2. Zugangsregelung

Eine der grundsätzlichen Fragen bei der Veröffentlichung ist die Regelung des Zugriffs. Können alle Menschen die Informationen über wirtschaftlich Berechtigte einsehen oder nur Mitarbeiter von Behörden? Ist das Register offen zugänglich oder müssen Nutzer sich registrieren? Gibt es Gebühren, die die Einsicht erschweren?

Die 4. EU-GWRL gibt als Mindeststandard vor, dass mindestens zuständige Behörden und Meldestellen, Verpflichtete und Personen oder Organisationen, die ein berechtigtes Interesse nachweisen können, Zugriff auf die Daten bekommen

---

6   GwG § 3 Abs. 2.
7   Gemeinsames Registerportal der Länder, abrufbar im Internet unter https://www.handelsregister.de/rp_web/welcome.do (letzter Zugriff 18.12.2019).

sollen. Das „berechtigte Interesse" ist dabei nicht näher definiert.[8] Die weitere Ausgestaltung wird den Mitgliedstaaten überlassen. Dabei muss der Zugang zu den Informationen im Einklang mit den Datenschutzvorschriften sein. Eine Online-Registrierung und Gebühren sind zulässig, dürfen aber nicht über die verursachten Verwaltungskosten hinausgehen.

Egal ob behördliche Fahnder, Journalisten oder zivilgesellschaftliche Organisationen – in der Praxis kommt es bei der Bekämpfung von Geldwäsche und Steuerflucht auf die Erkennung von Mustern an. Je mehr Informationen es gibt, umso einfacher lassen sich diese Muster überblicken. Wenn in einem Leak eine deutsche Adresse in Verbindung mit einem verdächtigen Unternehmen gebracht wird, sollten alle dazugehörigen Informationen auffindbar sein.

Als internationales Best-Practice-Beispiel gilt das britische Register Companies House.[9] Es kann ohne Registrierung kostenlos eingesehen und durchsucht werden. Die Daten werden offen und maschinenlesbar bereitgestellt, stehen unter einer offenen Lizenz und können gesammelt heruntergeladen und weiterverwendet werden. Dieses offene Register konnte bereits nach kurzer Zeit erste Erfolge verbuchen. Recherchen auf Basis der offenen Daten führten dazu, dass die Anmeldezahlen der „Scottish Limited Partnerships", einer Unternehmensform, die für Geldwäsche missbraucht wurde, drastisch reduziert wurden, wie eine Studie der Nichtregierungsorganisation (NRO) Global Witness aufzeigt.[10]

Das deutsche Finanzministerium stand also vor der Wahl, den EU-Mindeststandard umzusetzen oder internationalen Vorreitern wie Großbritannien zu folgen. Im Referentenentwurf bekannte es sich dann zu einer fortschrittlichen Umsetzung der Richtlinie und damit für ein Transparenzregister ohne Zugangsbeschränkungen und Gebühren, ähnlich der britischen Variante.

3. Kritik der Familienunternehmer

Der Referentenentwurf löste heftige Kritik vonseiten einiger Interessenverbände aus. Laut Arbeitgeberverbänden sei der öffentliche Zugang unverhältnismäßig und trage nicht zur Geldwäschebekämpfung bei. Die Familienunternehmer e.V.,

---

8   EU-GWRL, Art. 30 Abs. 5.
9   Companies House, abrufbar im Internet unter https://beta.companieshouse.gov.uk/ (letzter Zugriff 17.12.2019).
10 *Global witness*, The companies we keep. What the UK's Open Data register actually tells us about company ownership, July 2018, abrufbar im Internet unter https://www.globalwitness.org/documents/19400/Briefing_The_Companies_We_Keep.pdf (letzter Zugriff 17.12.2019).

ein Interessenverband, der nach eigenen Angaben 6.000 familiengeführte Unternehmen in Deutschland vertritt, behaupteten sogar, „die Gefahr für Leib und Leben von Familienunternehmern und ihren Angehörigen" würde steigen. In Nachfragen gegenüber der Süddeutschen Zeitung wurde allerdings eingestanden, dass es sich bei dieser vermeintlichen Bedrohung vor allem um ein Gefühl ihrer Mitglieder handele.[11]

Anders als der Name suggeriert, sind die Familienunternehmer nicht unbedingt Kleinunternehmer – auch Milliardenkonzerne wie BMW, Merck oder die Oetker-Gruppe zählen dazu.[12] Neben ihrem Engagement im Rahmen der EU-Geldwäscherichtlinie haben sie sich insbesondere gegen die Reform der Erbschaftssteuer eingesetzt.[13]

Unklar bleibt, welche Auswirkungen der Transparenz der Verband hier tatsächlich fürchtet. Möglicherweise sind es die Ausnahmeregelungen innerhalb der Erbschaftssteuer: Diese ermöglichen es Familienunternehmern, ihre Firmen günstiger an Familienmitglieder zu vererben. Eine Offenlegung der Eigentümerstrukturen könnte demnach aufdecken, welches Unternehmen welcher Person zu welchem Zeitpunkt vererbt wurde und wie Unternehmer auf diese Weise die Erbschaftssteuer umgehen.

So verfasste der Verband am 3.1.2017 ein Schreiben an das Bundesfinanzministerium, mit dem er den zuständigen Staatssekretär Michael Meister (CDU) unter Druck setzte. In dem Schreiben wurde auf „erhebliche verfassungsrechtliche und datenschutzrechtliche Bedenken" verwiesen.[14] Nachweise dafür wurden nicht geliefert. Die damalige Bundesbeauftragte für Datenschutz und Informationsfreiheit Andrea Voßhoff hingegen hatte keine Einwände gegen den öffentlichen Zugang zum Register.

---

11 *Endt et al.*, Der Eigentümer bleibt geheim, 5.2.2019, abrufbar im Internet unter https://www.sueddeutsche.de/wirtschaft/transparenzregister-firmeneigentuemer-eu-1.4317342 (letzter Zugriff 17.12.2019).

12 *Semsrott*, Akte „Transparenzregister": Wie die Unternehmerlobby die Position der Bundesregierung änderte, 6.2.2019, abrufbar im Internet unter https://www.abgeordnetenwatch.de/blog/2019-02-06/akte-transparenzregister-wie-die-unternehmer-lobby-die-position-die-bundesregierung (letzter Zugriff 17.12.2019).

13 *Gammelin*, Familienunternehmen gewinnen Lobbyschlacht um die Erbschaftsteuer, 20.6.2016, abrufbar im Internet unter https://www.sueddeutsche.de/wirtschaft/erbschaftsteuer-familienunternehmen-gewinnen-die-lobbyschlacht-1.3042505 (letzter Zugriff 17.12.2019).

14 *FragDenStaat*, bmf-transparenzregister-familien2.pdf, 25.6.2018, abrufbar im Internet unter https://fragdenstaat.de/dokumente/65/ (letzter Zugriff 17.12.2019).

Nichtsdestotrotz scheint die Argumentation im Finanzministerium Wirkung gezeigt zu haben. Dies beweist eine interne Akte zur 4. EU-GWRL, welche das Portal FragDenStaat.de mittels Informationsfreiheitsgesetz erhielt.[15] Am 24.1.2017 teilte eine ehemalige Mitarbeiterin des Staatssekretärs Meister mit, dass der damalige Minister Wolfgang Schäuble entschieden habe, den Zugang zum Transparenzregister entgegen dem ursprünglichen Entwurf nicht öffentlich auszugestalten.[16] Dem Schreiben angehängt war die Stellungnahme des Verbandes der Familienunternehmer. Der Gesetzesentwurf wurde am 22.2.2017 vom Kabinett beschlossen und am 23.6.2017 im Bundesgesetzblatt veröffentlicht.[17]

4. Öffentliches Interesse und Datenschutz

Die Familienunternehmer haben in der öffentlichen Diskussion den Datenschutz als wichtigstes Argument gegen ein offenes Transparenzregister hervorgebracht. Inwiefern die Bedenken gerechtfertigt sind, lässt sich auf Grundlage der Veröffentlichungspflichten beleuchten.

Die internationale NRO Open Ownership hat ein juristisches Gutachten erstellt, welches die Vereinbarkeit von offen zugänglichen Daten und dem Schutz persönlicher Informationen nachweist.[18] Denn laut Gesetz tatsächlich veröffentlicht werden müssen: Vor- und Nachname, Geburtsdatum, Wohnort sowie die Art und den Umfang des wirtschaftlichen Interesses. Bei einem offenen Zugang ließe sich herausfinden, wer mehr als 25 % der Anteile eines Unternehmens hält, wie alt diese Person ist und wo sie wohnt. Wieso deshalb Erpressungen oder Entführungen wahrscheinlicher werden sollten, bleibt unklar, insbesondere da vergleichbare Informationen bereits im Handelsregister öffentlich zugänglich sind. Anteilseigner von Gesellschaften mit beschränkter Haftung müssen dort Vor- und Nachnamen, Geburtsdatum, Wohnort und Höhe des Geschäftsanteils ausweisen. Weder

---

15 *FragDenStaat*, Akte zum Transparenzregister, 25.6.2018, abrufbar im Internet unter https://fragdenstaat.de/anfrage/akte-zum-transparenzregister/#nachricht-96372 (letzter Zugriff 17.12.2019).

16 *FragDenStaat*, dok-52-eu-vii-a-3a-240117-2017-0076004.pdf, 25.6.2018, abrufbar im Internet unter https://fragdenstaat.de/dokumente/63/ (letzter Zugriff 17.12.2019).

17 *Bundesfinanzministerium*, Gesetz zur Umsetzung der Vierten EU-Geldwäscherichtlinie, zur Ausführung der EU-Geldtransferverordnung und zur Neuorganisation der Zentralstelle für Finanztransaktionsuntersuchungen, 24.6.2017, abrufbar im Internet unter https://www.bundesfinanzministerium.de/Content/DE/Gesetzestexte/Gesetze_Verordnungen/2017-06-24-G-z-Umsetzung-Vierte-Geldwaescherichtlinie.html (letzter Zugriff 17.12.2019).

18 *Open Ownership*, Data protection and privacy in beneficial ownership disclosure, May 2019, abrufbar im Internet unter https://www.openownership.org/uploads/oo-data-protection-and-privacy-188205.pdf (letzter Zugriff 17.12.2019).

aufgrund des offenen Handelsregisters, noch aufgrund der Register in Dänemark oder Großbritannien lässt sich ein Anstieg von Erpressungen oder Entführungen aufzeigen.

Nichtsdestotrotz gibt es pragmatische Lösungsvorschläge, um allen Datenschutzbedenken entgegenzuwirken. So könnte im öffentlich zugänglichen Register zugunsten der Privatadresse des Berechtigten die Adresse des Unternehmens aufgeführt werden. Die 4. EU-GWRL schlägt vor, statt des vollständigen Geburtsdatums auf den Geburtstag zu verzichten. So wird der potenziellen Gefahr eines Identitätsdiebstahls vorgebeugt. Auch die Möglichkeit, allen Personen im Register eine eindeutige ID zuzuweisen, könnte die Angabe des Geburtsdatums in vielen Fällen obsolet machen.

Des Weiteren gibt es die Möglichkeit, Einträge unter Verschluss zu halten, sollte eine Gefährdung der persönlichen Sicherheit nachgewiesen werden können. In Großbritannien wurden sechs Monate nach Einführung des Registers 270 solcher Anträge gestellt (bei über einer Million Unternehmen). Den Anträgen wurde in begründeten Fällen insgesamt nur fünfmal stattgegeben.[19]

Der Druck der Familienunternehmer reichte also aus, um den öffentlichen Zugang aus dem Gesetzentwurf verschwinden zu lassen. Dabei handelt es sich um eine gefühlte Bedrohung, die sich empirisch nicht beweisen lässt. Nichtsdestotrotz zeigen pragmatische Lösungsvorschläge, wie sich Datenschutz und öffentliches Interesse vereinen lassen.

5. Das Transparenzregister und der Bundesanzeiger

Nach Verabschiedung des Gesetzes wurde im Oktober 2017 das Transparenzregister als sogenanntes „Auffangregister" geschaffen. Das bedeutet, dass es nur Auskunft über wirtschaftliche Berechtigte gibt, welche sich nicht bereits aus anderen öffentlichen Quellen wie bspw. dem Handelsregister ergeben. Statt eines zentralen Registers wie dem Handelsregister wurde der Bundesanzeiger Verlag damit beauftragt, das separate Transparenzregister aufzubauen.

Der Zugang wurde gestaffelt eingeführt. Vollen Zugriff haben zuständige Behörden, die Verpflichteten zur Erfüllung ihrer Sorgfaltspflicht und jeder, der der registerführenden Stelle darlegt, dass er ein berechtigtes Interesse an der Ein-

---

19 *Open Ownership*, Learning the lessons from the UK's public beneficial ownership register, October 2017, abrufbar im Internet unter https://www.openownership.org/uploads/learning-the-lessons.pdf (letzter Zugriff 18.12.2019).

sichtnahme hat.[20] In der Praxis sind damit vor allem Journalisten und Vertreter von NROs gemeint, bei denen aus der Satzung der Zweck der Bekämpfung von Geldwäsche hervorgeht.

Weiter wurde die Ausnahmeregelung der EU-Richtlinie übernommen. Die registerführende Stelle kann die Einsichtnahme bei wirtschaftlich Berechtigten verweigern, sofern diese in einem Antrag ein besonders schutzwürdiges Interesse darlegen. Dies liegt vor, wenn die Betroffenen nachweisen können, dass die Veröffentlichung sie der Gefahr aussetzen würde, Opfer von Betrug, Erpressung oder einer Geiselnahme zu werden[21] oder der wirtschaftlich Berechtigte minderjährig oder geschäftsunfähig ist. Bei Zugang nach berechtigtem Interesse werden nur Monat und Jahr der Geburt des wirtschaftlich Berechtigten sowie das Wohnsitzland zur Verfügung gestellt.

Die Diskussion rund um die Veröffentlichung hat dazu geführt, dass weder die private Adresse noch die des Unternehmens zugänglich ist.

Besonders kritisch ist auch die Tatsache, dass der Bundesanzeiger Verlag als registerführende Stelle eine nicht-staatliche Institution ist – Journalisten müssen ihre Recherchen somit gegenüber einem privaten Konzern offenlegen, was zu Interessenkonflikten führen kann. Entgegen der Erwartungen, die der Name schürt, gehört der Bundesanzeiger Verlag nämlich nicht dem Bund, sondern ist ein Tochter-Unternehmen der Dumont-Gruppe aus Köln, zu der u.a. auch Zeitungen und Radiosender gehören. Nichtsdestotrotz erfüllt der Bundesanzeiger Verlag Staatsaufgaben, indem er den Bundesanzeiger und das Bundesgesetzblatt veröffentlicht und das Unternehmens- und Transparenzregister betreibt.

Öffentlich rechtfertigt das Finanzministerium die Beauftragung des Bundesanzeiger Verlags damit, dass dieser bereits beim Unternehmensregister Erfahrung in der Registerführung gesammelt habe. Tatsächlich scheint die Hauptmotivation des Bundesministeriums zu sein, keine zusätzlichen Kosten verursachen zu wollen. Der Betrieb des Transparenzregisters wurde nie öffentlich ausgeschrieben. Stattdessen handelt es sich rechtlich um eine Beleihung, bei der die Bundesregierung den Bundesanzeiger Verlag mit dem Betrieb beauftragt. Dieser bekommt dafür keine Gelder aus dem Bundeshaushalt, kann aber selbstständig Gebühren für die Einsichtnahme erheben. Aktuell kostet die Abfrage pro Dokument 5,36 €. Dieses Vorgehen des Finanzministeriums bei der Beleihung des Bundesanzeiger Verlags erscheint zweifelhaft.

---

20 GwG § 23 Abs. 1.
21 GwG § 23 Abs. 2.

6. Schwachstellen des Registers

Das Transparenzregister soll Transparenz schaffen. Die Gebühren und eingeschränkten Suchkriterien – es kann nur nach Unternehmen gesucht werden, nicht nach Personen oder Adressen – führen dazu, dass die aktuelle Umsetzung dieses Ziel effektiv verfehlt.

Bei einem Register nach britischem Vorbild mit offenen und maschinenlesbaren Daten kann der gesamte Datensatz heruntergeladen, durchsucht und automatisiert abgeglichen werden. Wird eine Adresse als verdächtig gemeldet, können alle an der Adresse registrierten Firmen aufgeführt werden. Eine hohe Anzahl von Unternehmen an einer Adresse kann ein Indiz für Briefkastenfirmen und Geldwäsche sein. In der aktuellen Umsetzung des Transparenzregisters ist dies aber so nicht möglich, da nur nach Unternehmen gesucht werden kann. Journalisten und zivilgesellschaftliche Organisationen arbeiten mit den vorhandenen Verdachtsmomenten, die sich z.b. aus Leaks ergeben. Sollten daraus Informationen über Personen oder Adressen hervorgehen, können diese nicht mit dem Transparenzregister verglichen werden, was die Möglichkeiten erheblich einschränkt.

In vielen Fällen haben Unternehmen überhaupt keine wirtschaftlich berechtigte Person aufgeführt.[22] Die Höhe des Ausmaßes des Problems ist aufgrund des geschlossenen Registers daher auch nicht überprüfbar. Bei einem offenen Register mit maschinenlesbaren Daten könnten dagegen alle Daten auf einmal durchsucht und fehlende Einträge aufgezeigt werden. Journalisten, Zivilgesellschaft und ausländische Fahnder könnten so dabei unterstützen, die fehlenden Einträge zu finden, Missbrauchsfälle aufzuzeigen und die Datenqualität zu erhöhen.

Die Gebühren und der eingeschränkte Zugang lassen auch die Analysemöglichkeiten durch Big Data und Künstliche Intelligenz außer Acht. Sowohl Ermittlungsbehörden als auch andere Akteure könnten durch Analysen der gesamten Datenbank systemische Probleme, Auffälligkeiten und Netzwerke abbilden. Dies hat beispielhaft das Projekt OffeneRegister.de gezeigt, das durch die Bereitstellung des Handelsregisters als Open Data Recherchen zur massenhaften Anmeldung von Unternehmen an einem Standort durchführen konnte.[23] Über den Einzelzugriff auf vereinzelte Datenbankeinträge wäre dies nicht möglich gewesen.

---

22 *Tillack*, Warum das neue Transparenzregister seinen Namen nicht verdient, 6.4.2018, abrufbar im Internet unter https://www.stern.de/politik/deutschland/tillack/das-neue-transparenzregister-ist-selbst-wenig-transparent-7929378.html (letzter Zugriff 17.12.2019).

23 *Hammer*, Mini exploration of the offeneregister.de data, 6.2.2019, abrufbar im Internet unter https://twitter.com/luca/status/1093098394741026816?s=20 (letzter Zugriff 17.12.2019).

In der aktuellen Umsetzung können fehlende Einträge lediglich an das zuständige Bundesverwaltungsamt gemeldet werden. Ersten Erfahrungen zufolge wird auf fehlende Einträge aber nicht reagiert. Dies verwundert nicht – zuständige Behörden scheinen beim Thema Geldwäsche und Steuerflucht überlastet. Auch die Financial Intelligence Unit, im Rahmen der Umsetzung der 4. GWRL vom Bundeskriminalamt zur Generalzolldirektion, verbreitet mit phasenweise über 30.000 unbearbeiteten Verdachtsmeldungen zur Geldwäsche[24] keine Hoffnung auf Besserung. Der Unterstützung durch die Zivilgesellschaft und Journalisten verwehrt man sich weiterhin.

Die Mindestschwelle von 25 % der Anteile eines wirtschaftlich Berechtigten ist zu hoch angesetzt. Rechnerisch können bereits fünf Anteilseigner dazu führen, dass eine Identifikation der Eigentümer unmöglich wird. Zudem besteht keine Pflicht zur Ausleuchtung längerer Beteiligungsketten über Ländergrenzen hinweg, obwohl diese oft für die Verschleierung von Finanzströmen genutzt werden.[25] Des Weiteren wird verpasst, ein Schlupfloch im Transparenzregister zu schließen, das es deutschen Rechtspersonen ermöglicht, im Falle hochriskanter Offshore-Konstrukte unter besonderen Umständen auf das Identifizieren und Ermitteln des wirtschaftlich Berechtigten für die Zwecke des Transparenzregisters zu verzichten. Dieses Schlupfloch ließe sich beseitigen, indem GwG § 20 Abs. 3 ersatzlos gestrichen und GwG § 20 Abs. 1 wie an anderer Stelle ergänzt würde.[26]

III. Geldwäscherichtlinie, die Fünfte

Die Umsetzung der 4. EU-GWRL führte nicht nur in Deutschland zu unbefriedigenden Ergebnissen. Insbesondere der nicht öffentliche Zugang wurde innerhalb des Europäischen Parlaments als Problem identifiziert, da es den Nutzen der Register stark einschränkt.

---

24 *Deutscher Bundestag*, Drs. 19/1763, April 2018, abrufbar im Internet unter https://dipbt.bundestag.de/doc/btd/19/017/1901763.pdf (letzter Zugriff 18.12.2019).
25 Vgl. *Herweg*, Fn. 2.
26 Siehe *Meinzer*, Stellungnahme von Netzwerk Steuergerechtigkeit Deutschland und Tax Justice Network für die öffentliche Anhörung des Finanzausschusses des Deutschen Bundestages, 24.4.2017, S. 3–11, abrufbar im Internet unter http://www.bundestag.de/blob/503626/549f0248366374270c29 3ac20cec95a7/12-data.pdf (letzter Zugriff 18.12.2019).

Im Mai 2018 einigten sich die europäischen Staaten auf eine Anpassung der Anti-Geldwäscherichtlinie, die allgemein als Fünfte Geldwäscherichtlinie (5. EU-GWRL) bezeichnet wird.[27] Die Richtlinie entstand bereits 2016 als Reaktion auf die Pariser Terroranschläge und die Enthüllungen der Panama Papers. Ein zentraler Bestandteil: Anstelle von Personen oder Organisationen mit berechtigtem Interesse sollen nun „alle Mitglieder der Öffentlichkeit" Zugriff bekommen. Die EU-Staaten müssen die Richtlinie bis Januar 2020 umsetzen.

Das EU-Parlament schließt sich damit der Argumentation an, dass der öffentliche Zugang eine größere Kontrolle der Informationen durch die Zivilgesellschaft ermögliche und das Vertrauen in die Integrität der Geschäftstätigkeit und des Finanzsystems stärke.[28] Im Koalitionsvertrag vom 7.2.2018 kündigte die Bundesregierung an, „internationaler Vorreiter für Open Data" werden zu wollen. Die fünfte Richtlinie gab ihnen kurzfristig eine zweite Chance, um effektiv gegen die Bekämpfung von Geldwäsche und Steuerflucht vorzugehen und tatsächlich Vorreiter für Open Data zu werden. Dafür müssten die Daten als Open Data herausgegeben werden. Gleichzeitig engagiert sich die Bundesregierung seit Dezember 2016 in der Open Government Partnership (OGP) und seit Oktober 2019 als Teil des Lenkungsausschusses. Die OGP setzt sich international für offenes Regierungs- und Verwaltungshandeln ein und fördert Transparenz und Partizipation. Dabei ist die Transparenz wirtschaftlicher Eigentümer ein Eckpfeiler. Es gab somit zahlreiche Anreize, das Register als Open Data bereitzustellen.

Der Referentenentwurf des Finanzministeriums wurde im Mai 2019 von der Bundesregierung veröffentlicht.[29] Dieser setzt hinsichtlich des Transparenzregisters lediglich die Mindestvoraussetzung um, kein berechtigtes Interesse mehr nachweisen zu müssen. Die Familienunternehmer argumentieren weiter gegen die EU-Richtlinie und haben ein Rechtsgutachten in Auftrag gegeben, das zu dem Schluss kommt, der Grundsatz der Datenminimierung (DSGVO) würde verdrängt

---

27 *Council of the EU*, Money laundering and terrorist financing: new rules adopted, May 2018, abrufbar im Internet unter http://www.consilium.europa.eu/en/press/press-releases/2018/05/14/money-laundering-and-terrorist-financing-new-rules-adopted/ (letzter Zugriff 18.12.2019).

28 *Europäische Union*, Richtlinie (EU) 2018/843 des Europäischen Parlaments und des Rates, ABl. 2018 L 156 S. 43.

29 *Bundesfinanzministerium*, Gesetz zur Umsetzung der Änderungsrichtlinie zur vierten EU-Geldwäscherichtlinie, 2019, abrufbar im Internet unter https://www.bundesfinanzministerium.de/Content/DE/Gesetzestexte/Gesetze_Gesetzesvorhaben/Abteilungen/Abteilung_VII/19_Legislaturperiode/2019-05-24-Gesetz-4-EU-Geldwaescherichtlinie/0-Gesetz.html (letzter Zugriff 18.12.2019).

und das Verhältnismäßigkeitsprinzip nicht gewahrt.[30] Zusätzlich argumentieren sie, wenn der Zugang öffentlich würde, müssten Identitäten der Nutzer geprüft, Suchanfragen gespeichert und wirtschaftliche Berechtigte darüber in Kenntnis gesetzt werden, sofern dies nicht den Kampf gegen Geldwäsche behindere.

Diese Argumentation ist alarmierend und in vielerlei Hinsicht irreführend. Art. 6 Abs. 1 lit. c der Datenschutzgrundverordnung erlaubt explizit die Verarbeitung zur Erfüllung einer rechtlichen Verpflichtung, welche durch die 5. EU-Richtlinie bedingt ist.[31] Bei der Speicherung der Suchanfragen hingegen liegt ein Verstoß gegen das Grundprinzip der Datensparsamkeit nahe.

Das Gesetz wurde am 12.12.2019 im Bundestag verabschiedet und ist am 1.1.2020 in Kraft getreten.[32] Der Wegfall des berechtigten Interesses sorgt nun lediglich dafür, dass jede Person einen Anspruch auf Registereinsicht hat – der Nachweis eines berechtigten Interesses gegenüber dem Bundesanzeiger Verlag also somit nicht mehr notwendig ist. Die Daten können aufgrund der Gebühren aber weiterhin nicht heruntergeladen und für großflächige Analysen genutzt werden. Nach wie vor kann nur nach Unternehmen gesucht werden. Eine Kopie des Personalausweises muss immer noch einem nicht-staatlichen Akteur übergeben werden.

IV. Fazit

Die Umsetzung sowohl der 4., als auch der 5. EU-GWRL bot eine Chance für die Bundesregierung, offene Daten zu wirtschaftlichen Eigentümern zu veröffentlichen und damit ein Zeichen für die Bekämpfung von Geldwäsche und Steuerflucht zu setzen. Diese Chance hat die Bundesregierung zweimal verpasst. Statt eines Registers, das offene Daten zur Verfügung stellt und Kompetenzen (ausländische Fahnder, Zivilgesellschaft, Journalisten) mit einbezieht, entstand ein geschlossenes.

---

30 Prof. Dr. Gregor Kirchhof, LL.M., Stellungnahme, Öffentliche Anhörung, Finanzausschuss des Deutschen Bundestages, 6.11.2019, Umsetzung der Änderungsrichtlinie zur vierten EU-Geldwäscherichtlinie, abrufbar im Internet unter https://www.bundestag.de/resource/blob/666612/82807e3ec104e61db3da1f83050b5ff5/12-Kirchhof-data.pdf (letzter Zugriff 18.12.2019).

31 *Europäische Union*, Verordnung (EU) 2016/679 des Europäischen Parlaments und des Rates, ABl. 2016 L 119 S. 1.

32 Gesetz zur Umsetzung der Änderungsrichtlinie zur Vierten EU-Geldwäscherichtlinie, abrufbar im Internet unter https://www.bundesfinanzministerium.de/Content/DE/Gesetzestexte/Gesetze_Gesetzesvorhaben/Abteilungen/Abteilung_VII/19_Legislaturperiode/2019-12-19-Gesetz-4-EU-Geldwaescherichtlinie/3-Verkuendetes-Gesetz.pdf?__blob=publicationFile&v=2 (letzter Zugriff 21.1.2020).

Zusätzlich zum Handelsregister gibt es jetzt ein zweites unvollständiges Register, welches einem weiteren Ministerium (BMF) zugeordnet ist, seinen Zweck nicht erfüllt und von einem nicht-staatlichen Verlag betrieben wird. Nutzer müssen zur Anmeldung ihren Personalausweis hochladen. In Leaks auftauchende Personen können auch nach Implementierung der 5. Richtlinie nicht im Transparenzregister gesucht werden. Großflächige Analysen aufgrund verdächtiger Adressen sind Außenstehenden ebenfalls nicht möglich. Dies erschwert die Arbeit von Journalisten und zivilgesellschaftlichen Organisationen bei der Aufdeckung von Steuerflucht und Geldwäsche.

Der Umsetzungsprozess der 5. Richtlinie zeigt, wie das öffentliche Interesse zu transparenten Eigentümerstrukturen zugunsten privater Lobbyinteressen vernachlässigt wurde, obwohl sich durch die eingehende Analyse keine Datenschutzbedenken ergeben. Weder vollständige Geburtstage noch Privatadressen werden im Transparenzregister veröffentlicht.

Ohne ein zentrales Register auf Basis offener Daten bleibt Deutschland nach wie vor ein Paradies für Geldwäsche und Steuerflucht. Im Schattenfinanzindex 2018 des Netzwerks Steuergerechtigkeit belegt die Bundesrepublik gar den siebten Platz der attraktivsten Steueroasen weltweit.[33] Trotzdem bleibt ein Funken Hoffnung am Horizont: Die Umsetzung der EU Public Sector Information Directive (PSI-Richtlinie) beschäftigt sich grundsätzlich mit der Veröffentlichung offener Daten. Dabei wurden Handels- und Transparenzregisterdaten bereits als mögliche High Value Datasets eingestuft. Sollte dies bestätigt werden, müssten alle Mitgliedstaaten diese als Open Data bereitstellen.

---

33 *Tax Justice Network*, Financial Secrecy Index – 2018 Results, abrufbar im Internet unter https://netzwerksteuergerechtigkeit.files.wordpress.com/2018/01/6_fsi-ranking_incl-_eu-tax-havens.pdf (letzter Zugriff 18.12.2019).

Peter Schaar*

Freedom of Information in Germany: An Overview[1]

Table of Contents

I. Introduction
II. German Freedom of Information Act
1. Freedom of Information Legislation at the Various Levels of Government
2. Other Transparency Regulations
3. Essential FOIA Provisions
III. **Confidentiality and Freedom of Information**
1. Protection of Personal Data
2. Trade and Business Secrets
3. Public and National Security
4. Protection of Ongoing Court Proceedings and Investigations
IV. **Historical Background**
1. West German Debate on Access to Information
2. Peaceful Revolution in East Germany
3. Legislation after 1990
V. **From Access on Request to Proactive Transparency**
1. Digitization
2. The Hamburg Transparency Act
VI. **Outlook**

I. Introduction

The right to access files and documents stored by public authorities improves public participation in the democratic process. Freedom of information is, however, not only a civil right. It may also contribute to greater acceptance of government activities, as decision-making processes become comprehensible for the people and it helps administrations to demonstrate their accountability and efficiency.

---

* Peter Schaar is Chairman of the European Academy for Freedom of Information and Data Protection (EAID) in Berlin and former German Federal Commissioner for Data Protection and Freedom of Information.
1 This text is based on a brief evaluation that the author has compiled for the Gesellschaft für Internationale Zusammenarbeit (GIZ), Short Paper – Freedom of Information and Transparency in Germany, 2019.

Transparency, Open Data and Open Government create new economic opportunities in an increasingly digital society. Freedom of information can become a lasting success story only if it is assured by the legal system, firmly embedded as a principle in people's minds and routinely practised by institutions.

Freedom of information is a dynamic matter. Digitalization is fundamentally changing the way information is processed. This has a considerable impact on the right of access to information enshrined in the Freedom of Information Act. On the one hand, the information processed by government agencies within the framework of e-Government is multiplying. On the other hand, digitally stored data can be accessed much more efficiently than analogue files. The Hamburg Transparency Act reacts to this fundamental change. Government agencies are obliged to provide information not only on request. They also need to actively publish a large amount of information. In addition, data must be made available in such a way that it can be further processed digitally. The newly introduced transparency portal, in which important information is made available for retrieval via Internet, is of central importance here.

II. German Freedom of Information Act

In Germany, the concept of free and unconditional access to the files, documents and information stored by government bodies is still relatively new from a legal perspective. The Federal Freedom of Information Act (FOIA) came into force on 1 January 2006. Prior to this, information held by federal authorities was subject to the principle of official secrecy. Today, by contrast, the work of those same authorities is ideally characterised by transparency and openness. Other countries have maintained similar regulations for many years and have applied them with increasing degrees of success.

In principle, the FOIA grants everyone an unconditional right to inspect files and obtain information held by any federal authority or other public body of the German Federation. In this context, the role of the Federal Commissioner for Freedom of Information is to oversee the information practices of federal institutions and, in his or her capacity as ombudsperson, to field complaints from members of the public. These duties are performed by the Federal Data Protection Commissioner.

1. Freedom of Information Legislation at the Various Levels of Government

Due to Germany's federal structure, the Federal Freedom of Information Act is limited to federal authorities. At the time it was passed into law by the German Bundestag (parliament) in 2005, only four of the 16 federal states (Länder) had enacted freedom of information legislation. The number of Länder with their own FOIA now (2019) stands at 13.

The legal situation at federal level and in those Länder where citizens are entitled to access information under federal state laws is not always the same. While they are identical in terms of the underlying principle, individual provisions may differ, for example those governing the protection of trade or business secrets. Three federal state FOIAs have been specifically designed as "transparency acts", obliging public authorities to publish a wide range of information proactively, i.e. without waiting for a freedom of information request. The state of Hamburg has played a pioneering role in this "second-generation" freedom of information legislation (see V.2. below).

At Länder level, only Bavaria, Saxony and Lower Saxony still lack freedom of information laws. Even here, however, free access to information is often guaranteed within municipalities and cities under local regulations.

2. Other Transparency Regulations

Even before the introduction of the national FOIA, citizens were entitled to access certain information under existing legislation. In particular, the Administrative Procedure Act guaranteed the parties involved in an administrative procedure the right to inspect the relevant files. Data protection laws enshrined the right of every individual to request information about his or her personal data. In addition, the government was obliged to answer parliamentary questions, and press laws stipulated that all government agencies had to answer questions from journalists. In contrast to the Freedom of Information Act, however, these rights to information were limited to certain persons or institutions.

Building on the general rights afforded under the Federal Freedom of Information Act, the German Bundestag has since passed specific freedom of information legislation in certain areas. The most important of these are the Environmental Information Act, the Consumer Information Act and the Act on Access to Geographical Data. These sector-specific laws complement the FOIA and guarantee rights of access to information for everyone.

3. Essential FOIA Provisions

The Federal Freedom of Information Act enshrines the principle of free access to official information held by federal public bodies and to information on their administrative processes. But the law also defines the limits of access. It specifies a number of exceptions where information requests can be refused. The public authority in question must carefully examine each case. If it refuses to disclose the information, it has to state the reasons and the legal basis for its decision. It must also indicate the period for which access to information is refused.

The right to access information is independent of the domicile and nationality of the individual. Legal persons under private law and associations may also submit information requests. As a general rule, applications under the Freedom of Information Act do not have to be substantiated. If the request concerns the personal data, copyrights or trade secrets of third parties, however, the applicant must set out the grounds for the request so that the third party can decide whether to grant its consent and the public body can perform the required assessment. If there are indications that a third party may have a legitimate interest in denying access to the information, the authority must give that third party the opportunity to comment in writing.

Although free access to information has been established as the general rule, the public authority in question may restrict or refuse to grant access to certain information where there is a legitimate reason for the exemption. The public body must always consider the option of granting at least partial access to the requested information. Even in exceptional circumstances, access to information may be refused only to the extent that the information is eligible for protection and can be separated from a wider body of information without disproportionate administrative expense, through redaction or by another means of exclusion. In the event of complete or partial rejection of the request, the authority must also inform the applicant whether and when access to the information will be possible, in full or in part, at a later date.

The role of the Freedom of Information Commissioner is to ensure that public authorities comply with the FOIA. The main tasks of the Federal Commissioner are to:
- deal with complaints;
- conduct audits with and without specific cause;
- advise the Bundestag, the Federal Government and public bodies;
- produce recommendations to improve access to information;
- cooperate with other freedom of information commissioners at national, European and international level.

III. Confidentiality and Freedom of Information

Transparency and confidentiality are in a natural state of tension. All freedom of information laws contain provisions that stipulate which information should be freely accessible and which information should not be disclosed. The boundaries between transparency and confidentiality are drawn differently. The following explanations relate to the German Federal Freedom of Information Act, which provides for a large number of exemptions. Some of these exemptions overlap and cannot always be clearly delimited from others. In order not to jeopardise the basic objective of the law (i.e. free access to information), they need to be interpreted restrictively and with due regard for this underlying principle. Otherwise, the principle of free access to official files would be almost entirely compromised.

1. Protection of Personal Data

Data protection and freedom of information belong together. They are two sides of the same coin. In both areas, the law regulates the way information is handled and protects the fundamental rights guaranteed by constitutions.

The Universal Declaration of Human Rights, the International Covenant on Civil Rights and the European Convention on Human Rights guarantee the protection of privacy. The Charter of Fundamental Rights of the European Union establishes rights to the protection of personal data. In Germany, the Federal Constitutional Court has clarified in a number of judgments that the state must respect the fundamental right of every citizen to self-determination with regard to information. In principle, we must all be able to decide for ourselves who should have access to our personal data.

On the other hand, transparency and freedom of information are constitutive elements of democratic societies. Governments are elected by the people or by temporary parliaments. The effectiveness of democratic control always presupposes that it is possible to understand who took the decisions, what the motives were for those decisions and on what legal basis they were taken.

For this reason, transparency and data protection must be balanced. The German Freedom of Information Act stipulates that access to personal data may be granted only if the applicant's interest in that information outweighs the legitimate interest of the third party in denying access or if the individual concerned has consented. Personal data of a sensitive nature may be transmitted only if the data subject has expressly consented. In general, it is not possible to access information that is subject to special professional secrecy. By contrast, as a general principle, the name and function of officials, consultants and experts who have participated in a particular procedure must be disclosed.

In the debate on the Freedom of Information Act it was expected that there would be many conflicts between the right of access to information and the need to protect certain data. Based on subsequent experience, however, this has not been the case. The number of FOI requests rejected on data protection grounds has been minimal.

2. Trade and Business Secrets

The handling of data that constitute a trade or business secret is of considerable practical importance. In the course of their work, public authorities often receive information from companies. This applies in particular to supervisory authorities dealing with tax and trade matters. In other fields, companies are obliged to pass on such information to public authorities for licensing purposes. Those companies may have an interest in ensuring that this information is not made public, especially if concerns violations of the law or other practices that could cast them in a bad light. They may fear that the disclosure of such information would inflict economic damage in their dealings with competitors or customers.

On the other hand, there is often a great deal of public interest in finding out whether companies comply with the rules. The media and the wider public are keen to know how public authorities deal with corporate violations. In addition, many citizens want to know the conditions and prices government agencies negotiate with companies, for example when awarding contracts and purchasing or selling public property.

The Federal Freedom of Information Act provides strong protection for business and trade secrets. Such data may be disclosed only in exceptional cases, in particular if the company concerned has given its consent. The crux of the matter is often the question of establishing which information is to be classified as a business or trade secret. The Freedom of Information Act does not provide its own definition of these terms, nor does it offer a negative definition of which information is not to be classified as a trade or business secret. However, the courts have determined that information about violations of the law does not generally warrant protection. Based on such a ruling, for example, the authorities had to disclose data on a company that had filled significantly less liquid than stated into its beverage containers. In another case, the Federal Banking Supervisory Authority had to release data that it had obtained while implementing a package of support measures for the banking industry.

Meanwhile, some German Länder have amended their freedom of information laws in such a way that information on the sale or privatisation of public energy and water supply companies can no longer be kept secret given the overriding public interest in that information. Other EU states generally provide for such a "public interest test" even in cases where the protection of personal data is at stake.

Over ten years since the Federal FOIA came into force, it is clear from reports produced by the Freedom of Information Commissioners over this period that business and trade secrecy remains one of the most difficult areas when applying the right of access to information.

3. Public and National Security

There is also potential for conflict in the handling of information relating to internal or external security. The intelligence services do not fall within the scope of the Freedom of Information Act.

The exemptions provided for in the Freedom of Information Act refer to the "government's justified interest" in keeping certain information and documents secret. The entitlement to access information does not apply

> "where the information is subject to an obligation to observe secrecy or confidentiality by virtue of a statutory regulation or the general administrative regulation on the material and organisational protection of classified information, or where the information is subject to professional or special official secrecy".[2]

Access to information can be denied if disclosure could endanger public security or adversely affect any of the following:

– International relations
– Military and other security-sensitive interests
– Internal or external security concerns

The authorities are not required to disclose information that could endanger public safety and security. This applies, for example, to criminal investigations by law enforcement agencies. This exemption is designed to prevent the risk of criminals

---

2 Section 3 No. 4 IFG.

gaining detailed knowledge of how the enforcement agencies are proceeding and what exactly they know. Equally, unrestricted access to information relating to external relations and military affairs could harm the foreign policy interests of the Federal Republic of Germany. Here, too, the law makes certain exceptions.

How these exceptions are dealt with in practice is very important. In a number of cases, petitioners had requested access to information classified as secret, confidential or restricted. Many of these applications were rejected even though the information had been classified many years previously and it was not clear why it still needed to be kept secret at the time the application was filed. However, some of the requested documents were released after checks were performed to determine whether the original classification was still justified.

4. Protection of Ongoing Court Proceedings and Investigations

Other areas of government activity, in particular those public authorities whose role is to supervise trade, competition and the financial sector, also require protection. The same is true of regulatory authorities. The right of access to information held by these public bodies is limited or excluded in cases where releasing that information could prevent them from properly carrying out their control tasks.

The handling of requests for access to information about ongoing decision-making processes is particularly controversial. The Federal Freedom of Information Act allows public bodies to refuse FOI requests if the disclosure of certain information could adversely affect the conduct of ongoing legal or administrative proceedings. However, the courts have interpreted this exception very restrictively. Information must be released even if doing so could undermine the authority's chances of success in a judicial proceeding. An authority may refuse access to the information requested only in cases where the actual proceedings are at risk.

IV. Historical Background

In the 18th and 19th centuries, the idea was born that transparency is necessary in order to limit the use of power and, above all, to prevent the abuse of such power. The concepts of freedom of the press, freedom of opinion and freedom of information all date back to this era. The state should not hold a monopoly on information. The systemic exclusion of the people from state information is incompatible with modern ideas of democracy and participation. "Publicity is justly commended as a remedy for social and industrial diseases. Sunlight is said to be the best of disinfectants ...", said the famous American lawyer Louis D. Brandeis more than 100 years ago, referring to the practices of public bodies and their vulnerability to nepotism and corruption.[3]

1. West German Debate on Access to Information

Germany's Basic Law guarantees freedom of the press and freedom of expression, including the right of the media to obtain information from the government on request. Although the idea of a general right of access to government information for all citizens was alien to the German legal tradition, the orientation of the former Federal Republic towards the West influenced the legal debate in this part of Germany. It was not surprising, therefore, that the 1967 Freedom of Information Act in the US helped to shape the German debate on transparency. Pressure to introduce corresponding legislation in Germany came primarily from civil society, albeit with the support of some politicians from the opposition parties. Even so, the proponents of such a law were never able to obtain a majority in Parliament. For this reason, the former West German government remained by and large a closed entity which only released information if it was in its own interest to do so.

2. Peaceful Revolution in East Germany

The decisive impulse for the introduction of a freedom of information act finally came from the peaceful revolution in the former GDR. East German opposition groups had experienced for themselves the negative consequences of the state knowing everything about its citizens and, conversely, of citizens being excluded from any important information.

At the end of 1989, opponents of the regime started to attack buildings of the Stasi, the state security service of the former GDR. On 15 January 1990 the Stasi Central was occupied. There was outrage when citizens learned to what extent the government had spied on them and how much information it had accumulated. An important consequence of these findings was that in future it would be necessary to put a stop to this kind of information imbalance. All the main political

---

[3] *Brandeis*, Other People's Money – and How Bankers Use It, HarpWeek, 20, 1913.

forces in East Germany agreed on this and demanded that legal precautions be taken during the reunification of Germany in order to guarantee the transparency of government activities.

The Stasi Files Act passed by the German Bundestag after reunification in 1991 provided the required transparency in respect of the files held by the now dissolved GDR Stasi. This legislation was essentially the first German Freedom of Information Act. The aim of this law was and remains both to give victims of the Stasi access to those files which contained information about them and to offer academics, journalists and other representatives of the public an insight into how the Stasi worked.

3. Legislation after 1990

The draft constitution drawn up by the Central Round Table on behalf of the GDR parliament provided for a right of access to information. After reunification, however, the proposal for a fundamental right of access to information held by state authorities did not find the majority required to amend the German Basic Law. The only federal state to incorporate such a provision into its constitution was Brandenburg in 1992:

> "In accordance with the law, everyone has the right to inspect files and other official documents of the authorities and administrative bodies of the Land and of the municipalities, provided that there are no overriding public or private interests to the contrary."[4]

In the following years, freedom of information acts were passed in a number of federal states. Brandenburg was the first to adopt such legislation in March 1998, and this served to intensify the debate in the rest of the country.

The long road to the enactment of the Federal Freedom of Information Act finally came to an end in September 2005, although not all the wishes of FOI advocates were fulfilled. After a passionate debate, the Act was passed by the German Bundestag and came into force in 2006.

---

4 Art. 21 § 4 of the Constitution of the Land of Brandenburg.

V. From Access on Request to Proactive Transparency

Today, there is a growing worldwide debate about how to use the advances in electronic information processing to improve the transparency of government activity (open government). The active provision of information by public authorities (open data) is of central importance in this context. It offers numerous advantages over the traditional method of providing information only on request.

1. Digitization

Digitization is increasingly affecting public administration. This development, often referred to as e-Government, fundamentally changes the way information is handled. The public discussion about these changes focuses on questions of service quality and the protection of personal data. However, the opportunities to improve the transparency of government action vis-à-vis citizens are also of considerable importance.

Today it is often less complicated for administrations to inform the public directly than to prepare the information for individual applicants. There is a considerable effort involved in evaluating whether data may be released or whether a statutory exception is justified. When designing information systems, this workload can be reduced by specifying at very early stage which data may be published ("openness by design"). A further reduction in expenditure can be achieved if data suitable for publication are not merely published on request but made available from the outset in online registers ("openness by default"). This proactive approach represents a quantum leap for the transparency of government activities. The opening of state data pools also creates economic opportunities. Companies can use publicly accessible data to develop new business models and optimise existing solutions. This presupposes, however, that the data are made available not only as electronic one-to-one copies of manually created files (for instance in PDF format) but also in machine-readable form.

If we now wish to enhance this right of access to information, the central challenge is to ensure that the electronic procedures involved are barrier-free and uncomplicated. Accordingly, various laws now oblige government agencies to actively make existing information available and to facilitate access. At federal state level, some freedom of information acts have been amended in recent years to impose obligations of this kind.

2. The Hamburg Transparency Act

The Hamburg Transparency Act of 2012 provides the clearest example of this paradigm shift towards the active provision of information. However, the initiative for the Transparency Act did not come from the federal state parliament (known in German as the Bürgerschaft, i.e. citizenry) but from civil society. Various non-governmental organisations (NGOs), above all the local branches of Transparency International, More Democracy and the Chaos Computer Club, joined forces in a Transparency Creates Trust initiative to make the city's administration more transparent. Earlier still, in 2010, amendments to Berlin's Freedom of Information Act obliged the administration to publish certain information proactively. Here, too, it was a popular initiative – launched following the refusal of the local administration to release documents on the privatisation of the municipal water utilities – that brought about a change in the law. The transparency initiative in Hamburg also drew on the work of the Hamburg Future Council (a local association focused on sustainability), which had long advocated greater transparency in environmentally sensitive projects and in the field of public procurement.

Supporters of the initiative regarded Hamburg's existing 2006 Freedom of Information Act as inadequate. By way of example, they cited the Elbphilharmonie (the new Hamburg concert hall) project, which the Senate had promised would be a "cost-neutral" cultural institution, but which subsequently cost more and more taxpayers' money. They also argued that transparency in public administration makes manipulation and corruption more difficult. For the Chaos Computer Club, the free provision of digital data was particularly important. It took the view that data should be made available not only as PDF documents but also in machine-readable form (open data). More Democracy contended that greater transparency could facilitate and enhance citizen participation. They benefited from the far-reaching legal provisions on citizen participation (direct democracy) which had been established in Hamburg in the 1990s and which More Democracy itself had been instrumental in shaping. These NGOs saw the new Transparency Act as an important step forward – going beyond the right of citizens to access information and imposing a duty on the administration to provide it.

The initiative's proponents tried to establish a transparency act by means of popular legislation. As the first stage of this process, they launched a popular and hugely successful initiative in autumn 2011. In just a few weeks, they gathered well over the required 10,000 signatures from citizens entitled to vote. On this basis, they petitioned for a referendum as the second stage of the popular legislative procedure. After discussions between all those involved a joint press conference of all the parliamentary groups represented in the Hamburg Parliament and the popular initiative was held on 12 June 2012. It was announced that the law would be passed by all the parliamentary groups in two readings on the next day.[5] The initiative's supporters then cancelled their petition for a referendum, which would have required at least 62,000 signatures. As promised, the state parliament adopted the new law unanimously.

The Hamburg Transparency Act obliges the administration to actively ensure the transparency of its activities. To this end, it imposes wide-ranging obligations on the administration to actively disclose information while also maintaining the existing obligation to provide information on request. The administration is legally obliged to publish certain items of information that are expressly specified in the Transparency Act, for example geographical data and public plans (especially those concerning land use). All subsidies granted to companies must be made public. Finally, companies in public ownership or which are fulfilling public tasks on behalf of the municipality (service providers, utilities) must disclose key data including details of the remuneration of senior managers. By specifying precisely which information must be disclosed and published, the Hamburg legislature has also met the broad demands of the open data community. The resulting law goes further than any other comparable regulation in Germany.

One of the key mechanisms established by the Hamburg Transparency Act is a central, publicly accessible information register. The authorities are obliged to publish certain information as full texts. To this end, an electronic transparency portal was set up to make this municipal data available in a machine-readable format for download. The use of open formats and free licences allows citizens to use the data provided in conjunction with new apps and other information services. Minutes of public meetings, budgets and file directories must all be published, and users can now access administrative regulations that were previously treated as confidential. The authorities are obliged to publish contracts with companies where there is a public interest.

Data on health, housing, culture, sport, administration and social issues must also be made available. One special database helps parents find suitable childcare, while another helps people who need care, and their families, find outpatient care services and nursing homes.

At the same time, the Act restricts the scope of those exemptions which had previously been used by the authorities to justify refusing access to information, for example on the grounds of trade and business secrecy. Requests to disclose business-related information may be refused only if there is a "legitimate interest"

---

5 *Bürgerschaft der Freien und Hansestadt Hamburg,* Bürgerschafts-Drs. 20/4466, 12.6.2012.

in maintaining secrecy. Companies are obliged to specify their trade and business secrets and to justify their interest in secrecy. The law's explanatory memorandum clarifies that illegal practices cannot constitute trade secrets and therefore are not eligible for protection. While there may be an understandable interest in secrecy, this does not necessarily mean that publication can be avoided. Even in the case of a business secret, information must be made available if the public interest in disclosure outweighs the interest in secrecy (public interest test).

The Hamburg Transparency Act was reviewed by a team of experts five years after it acquired legal force. The corresponding report was issued in 2017 and was largely positive. The Hamburg authorities had provided 100,000 documents and files online. The online service had been accessed more than one million times every month – an impressive total given the city's population of just under two million. The report concluded that the transparency created by the Act had increased confidence in politics and the administration and improved political participation.

Despite these fundamentally positive developments, various civil society organisations, including the initiators of the Hamburg Transparency Act 2012, in summer 2019 demanded to improve the current law. In particular, they call for the extension of the scope of the law to include land files, land registers and information on properties of the city. Further, they call for more transparency on the Hamburg secret service (Verfassungsschutz) and the local public radio (Norddeutscher Rundfunk). Finally, they advocate a general free of charge access to information. The Hamburg Senate then passed a draft amendment to the Transparency Act,[6] which partially takes up these demands. In particular, the active information duties are to be extended. The draft includes institutions, corporations and foundations under public law. Previously, the indirect state administration was obliged to provide information, but not to publish it actively. On the other hand, existing information access rights are to be partially restricted by the amendment. The restrictions concern examination offices and schools. In addition, the Verfassungsschutz should be completely excluded from the scope of application of the Transparency Act. In addition, the regulations on the protection of company and trade secrets and the protection of copyright are to be tightened.

NGOs have criticised these restrictions. The Hamburg Commissioner for Data Protection and Freedom of Information sees "light and shadow" in the draft law.[7] The amended Hamburg Transparency Act entered into force on 8 January 2020.[8]

---

6 *Bürgerschaft der Freien und Hansestadt Hamburg*, Bürgerschafts-Drs. 22/17907, 30.7.2019.
7 *Hamburg Commissioner for Data Protection and Freedom of Information*, Press Release, 31.7.2019.
8 For details, see Schwill (p. 217 ff.) in this book.

VI. Outlook

While Germany has made considerable progress towards greater freedom of information, there is still room for improvement. There are still a few blank areas on the broader map of free access to information. Where there is no such legal entitlement, it is vital that we fill the gap in legislation as a matter of urgency. Also, the right to access government information should be incorporated into constitutions as a fundamental right.

The right of access to information on request provided by the first generation of freedom of information laws should be complemented by wide-ranging transparency obligations. In this context, the obligation on public authorities and other public institutions to actively provide information online is of central importance.

Transparency in the private sector also needs to be improved given the increasing influence of large international, data-driven companies and the growing amount of data available to them.

Last but not least, both the public and private sectors face the major challenge of improving transparency in electronic decision-making processes (i.e. the transparent use of algorithms and artificial intelligence). In this context, the underlying data and the key functions and decision-making parameters must be disclosed.

*Alexander Dix**

Informationsfreiheits- und Transparenzgesetzgebung in Deutschland – Der Fortschritt ist eine Schnecke

Inhaltsübersicht

I. Einleitung

II. Legislative Entwicklung im Bereich der Informationsfreiheit und Transparenz in Bund und Ländern
1. Baden-Württemberg
2. Hessen
3. Thüringen
4. Berlin
5. Bund
6. Länder ohne Informationsfreiheitsgesetze

III. Resümée

I. Einleitung

Das Jahrbuch für Informationsfreiheit und Informationsrecht hat sich seit seinem ersten Erscheinen 2008 wiederholt der legislativen Entwicklung im Bereich der Informationsfreiheit und Transparenz in Bund und Ländern gewidmet.[1] Daran schließt dieser resümierende Beitrag an, auch wenn er nur ein Zwischenfazit bieten kann. Während einerseits noch immer in drei Bundesländern (Bayern, Niedersachsen und Sachsen) kein allgemeines Informationszugangsrecht existiert, ist Thüringen mit der Verabschiedung eines Transparenzgesetzes dem Beispiel

---

* Dr. Alexander Dix ist stellv. Vorsitzender der Europäischen Akademie für Informationsfreiheit und Datenschutz (EAID) in Berlin und Mitglied des Datenschutzbeirats des Global-Pulse-Projekts der Vereinten Nationen. Zuvor war er Landesbeauftragter für den Datenschutz und für das Recht auf Akteneinsicht in Brandenburg (1998–2005) und Berliner Beauftragter für Datenschutz und Informationsfreiheit (2005–2016).

1 Vgl. die Überblicke bei *Berger*, Zum Stand der Informationsfreiheit in Deutschland, Jahrbuch für Informationsfreiheit und Informationsrecht (im Folgenden stets: „Jahrbuch") 2009, S. 117 ff.; *ders.*, Die Entwicklung der Informationsfreiheit seit 2009, Jahrbuch 2014, S. 65 ff.; *Dalibor*, Das Informationsfreiheitsrecht in Deutschland – eine vergleichende Untersuchung auf Grundlage des IFG MV, Jahrbuch 2009, S. 271 ff. und zuletzt *Brink/Wirtz*, Mehr Transparenz der Behörden auf Landesebene, Jahrbuch 2015, S. 37 ff.

von Hamburg und Rheinland-Pfalz gefolgt und über das individuelle Informationszugangsrecht hinausgegangen. Entsprechende Bestrebungen gibt es auch in Berlin und auf Bundesebene.

II. Legislative Entwicklung im Bereich der Informationsfreiheit und Transparenz in Bund und Ländern

1. Baden-Württemberg

Das Gesetz zur Regelung des Zugangs zu Informationen in Baden-Württemberg (Landesinformationsfreiheitsgesetz-LIFG) vom 17.12.2015[2] ist im Gesetzgebungsprozess insbesondere in zwei Punkten gegenüber dem Regierungsentwurf verändert worden. So wurden der ursprünglich geplante Verzicht auf das Widerspruchsverfahren gestrichen und vor allem die Funktion eines Landesbeauftragten für die Informationsfreiheit geschaffen, die – wie in allen Bundesländern mit Informationsfreiheitsgesetzen – vom Landesbeauftragten für den Datenschutz wahrgenommen wird. Während der Gesetzgeber im letztgenannten Punkt der u.a. von Brink/Wirtz[3] gegebenen Empfehlung gefolgt ist, hat er dies bezüglich eines verpflichtenden zentralen Informationsregisters nicht getan. Von der Verordnungsermächtigung zur Einrichtung eines solchen Registers[4] wurde bisher kein Gebrauch gemacht. Auch in anderen Punkten bleibt das baden-württembergische Informationsfreiheitsgesetz hinter dem Transparenzniveau in anderen Bundesländern zurück. So entscheidet über den Informationszugang wie nach Bundesrecht[5] allein die verfügungsbefugte Stelle,[6] während in allen anderen Ländern die aktenführende Behörde entscheidet.[7] Das Gesetz enthält darüber hinaus zahlreiche Bereichsausnahmen, etwa für den Verfassungsschutz, alle Hochschulen und Schulen sowie die Landesbank Baden-Württemberg und die Finanzbehörden, soweit sie in Steuersachen tätig sind. Diese Ausnahmen werden teilweise in redundanter Weise durch zusätzliche Ausschlussgründe flankiert.[8] Insgesamt hat

---

2 Zuletzt geändert am 12.6.2018 (GBl. S.173, 185).
3 *Brink/Wirtz*, Fn.1, S.45.
4 §11 LIFG B-W.
5 §7 Abs.1 S.1 BIFG.
6 §7 Abs.1 S.1 LIFG B-W. Krit. dazu *Brink/Wirtz*, Fn.1, S.41.
7 Siehe z.B. §13 Abs.2 S.1 IFG Bln.
8 Dazu näher *Brink/Wirtz*, Fn.1, S.41ff.

es der Landesgesetzgeber in Baden-Württemberg versäumt, neue Impulse aus dem Transparenzrecht anderer Länder (z.b. Hamburg[9] oder Rheinland-Pfalz[10]) aufzugreifen oder gar eigene zu setzen.

2. Hessen

Das Bundesland, in dem 1970 das weltweit erste Datenschutzgesetz in Kraft trat, gehörte im Bereich der Informationsfreiheit nicht zu den Vorreitern. Erst 2018 – 20 Jahre nach dem Inkrafttreten des ersten deutschen Akteneinsichts- und Informationszugangsgesetzes in Brandenburg – wurden im Zuge der Anpassung des Landesrechts an die Datenschutz-Grundverordnung Vorschriften zur Informationsfreiheit in den vierten Teil des Datenschutz- und Informationsfreiheitsgesetzes[11] aufgenommen. Die dort gewissermaßen als legislatorischer Annex zum Datenschutz nahezu versteckten knappen Vorschriften bleiben noch hinter den Regelungen des Bundesrechts zurück. Zum einen enthalten sie weitreichende Bereichsausnahmen z.b. für die Finanzbehörden und Hochschulen (wie nach baden-württembergischem Recht); die Polizei- und Verfassungsschutzbehörden sowie die Industrie- und Handelskammern sind ebenso in Gänze vom Anwendungsbereich ausgenommen wie die Handwerkskammern, Kartellbehörden und die Notarinnen und Notare.[12] Zum anderen wird besonderen öffentlichen und privaten Belangen pauschal Vorrang vor der Informationsfreiheit eingeräumt. So besteht kein Anspruch auf Informationszugang, z.B. *bei* Informationen, deren Bekanntwerden nachteilige Auswirkungen auf die Beziehungen zum Bund, anderen Ländern oder Staaten oder zu supranationalen Organisationen haben kann, bei Berufs- und besonderen Amtsgeheimnissen, bei zum persönlichen Lebensbereich gehörenden Geheimnissen oder Betriebs- und Geschäftsgeheimnissen, sofern der Betroffene nicht eingewilligt hat, und *soweit* ein rein wirtschaftliches Interesse an den Informationen besteht.[13] Die Gemeinden und Landkreise müs-

---

9   Dazu *Caspar*, Das Hamburgische Transparenzgesetz – eine Zwischenbilanz, Jahrbuch 2013, S. 49ff. sowie die Beiträge von Schaar (S. 115ff.) und Schwill (S. 217ff.) in diesem Band.
10 Zum Landestransparenzgesetz Rheinland-Pfalz eingehend *Brink/Wirtz*, Fn. 1, S. 52ff.
11 Hessisches Datenschutz- und Informationsfreiheitsgesetz (HDSIG) v. 3.5.2018, GVBl. S. 82.
12 § 81 HDSIG.
13 § 82 HDSIG.

sen nur dann Zugang zu Informationen gewähren, wenn sie dies durch Satzung beschlossen haben.[14]

Diese Einschränkungen des Informationszugangsrechts sind in mehrfacher Hinsicht bemerkenswert. Zunächst kennen weder das Bundes- noch das übrige Landesrecht eine Bereichsausnahme für die Polizei. Alle anderen Informationszugangsgesetze halten Ausnahmeregelungen für Fälle ausreichend, in denen der Informationszugang Belange der öffentlichen Sicherheit beeinträchtigen kann. Außerdem sind die Ausnahmeregelungen mit einer Ausnahme pauschal formuliert („bei") und weder inhaltlich noch zeitlich durch das Wort „soweit" eingeschränkt. Letzteres ist nur der Fall bei einem rein wirtschaftlichen Interesse an den Informationen. Diese zuletzt genannte Ausnahme wirft aber sowohl rechtliche wie auch praktische Fragen auf. Rechtlich bestehen Zweifel an der Unions- und Bundesrechtskonformität dieser Ausnahme, denn die PSI-Richtlinie der Europäischen Union[15] und das sie umsetzende Informationsweiterverwendungsgesetz[16] enthalten ein Recht auf Weiterverwendung prinzipiell von allen bei öffentlichen Stellen vorhandenen Informationen (ohne allerdings einen Anspruch auf Zugang zu ihnen zu begründen). Aus diesem Grund hat das Land Berlin ein ursprünglich im Landesrecht enthaltenes Verbot der Veröffentlichung, Speicherung und Sammlung von durch Akteneinsicht oder -auskunft erlangten Informationen zu gewerblichen Zwecken[17] inzwischen gestrichen. Praktisch stellt sich zudem die Frage, wie die aktenführende Stelle dieses „rein wirtschaftliche Interesse" ermitteln soll. Jede Form der Motivforschung widerspricht dem Grundsatz des voraussetzungslosen Informationszugangs. Zur Begründung ist die Person, die Zugang zu Informationen wünscht, nur verpflichtet, wenn diese Informationen Daten Dritter enthalten.[18]

Auch die entscheidende Schnittstelle zwischen Informationszugang und Datenschutz ist in Hessen abweichend von den Informationsfreiheitsgesetzen des Bundes und aller anderen Länder geregelt. Personenbezogene Daten dürfen nur dann im Rahmen des Informationszugangs offengelegt werden, wenn die datenschutzrechtlichen Voraussetzungen für eine Übermittlung dieser Daten an Private vor-

---

14 § 81 Abs. 1 Nr. 7 HDSIG. Vgl. etwa die Informationsfreiheitssatzung der Stadt Kassel, abrufbar im Internet unter https://www.kassel.de/satzungen/satzung-zur-regelung-des-zugangs-zu-amtlichen-informationen-aus-dem-eigenen-wirkungskreis-der-stadt-kassel-informationsfreiheitssatzung.php (letzter Zugriff 6.12.2019).
15 Richtlinie 2003/98/EG, zul. geändert durch Richtlinie 2013/37/EU.
16 Gesetz v. 13.12.2006, zul. geändert durch Gesetz vom 8.7.2015.
17 § 13 Abs. 7 IFG Bln v. 15.10.1999.
18 § 85 Abs. 3 HDSIG.

liegen.[19] Danach dürfen solche Daten nur zugänglich gemacht werden, wenn dies entweder zur Erfüllung der Aufgaben der verantwortlichen öffentlichen Stelle gehört, oder der Dritte ein berechtigtes Interesse an den Daten glaubhaft darlegt, ohne dass die betroffene Person ein schutzwürdiges Interesse an der Geheimhaltung dieser Daten hat, oder der Zugang zu den personenbezogenen Daten zur Geltendmachung, Ausübung und Verteidigung rechtlicher Ansprüche erforderlich ist.[20] An keiner Stelle wird eine Abwägung des Geheimhaltungsinteresses der Betroffenen mit dem Informationsinteresse der Öffentlichkeit vorgeschrieben. Im Gegenteil: Selbst wenn der Dritte ein berechtigtes Interesse geltend macht, muss es stets zurückstehen, sobald die betroffene Person ein schutzwürdiges Interesse an der Geheimhaltung hat, ganz gleich, wie dieses Interesse im Verhältnis zum Informationsinteresse zu gewichten ist. Anders als einige andere Informationsfreiheitsgesetze (z.B. im Bund[21] und Berlin[22]) müssen es auch Amtsträger, die am Verwaltungshandeln mitwirken, nicht prinzipiell hinnehmen, dass Informationen über ihre Mitwirkung (z.B. Bearbeiterzeichen, Unterschrift) publik werden.

Die Regelung des Verhältnisses zwischen Informationszugang und Datenschutz in Hessen macht aber noch etwas anderes deutlich: Im Gegensatz zu allen anderen deutschen Informationsfreiheits- und Transparenzgesetzen betrachtet der hessische Gesetzgeber die Informationsfreiheit als Unterfall des Datenschutzes und nicht als eine neue Regelungsmaterie. Die systematische Einordnung der Regeln zum Informationszugang in das Hessische Datenschutz- und Informationsfreiheitsgesetz ist insofern konsequent. Allerdings hat es der Landesgesetzgeber damit auch versäumt, eine mögliche Einschränkung des Datenschutzes in Fällen vorzusehen, in denen das öffentliche Informationsinteresse typischerweise höher zu bewerten sein kann. Das kann etwa die Beteiligung an Verwaltungsverfahren (etwa der Antrag auf Erteilung einer Baugenehmigung) oder die Abgabe eines Gutachtens oder einer Stellungnahme gegenüber der Behörde sein. Am weitesten hat den Datenschutz in dieser Weise das Berliner Informationsfreiheitsgesetz eingeschränkt, das eine Liste von Regelbeispielen enthält, in denen das Informationsinteresse gegenüber dem Datenschutz überwiegt.[23] Im Einzelfall kann eine Abwägung jedoch auch in derartigen Fällen zu einer Ablehnung des Informations-

---

19 § 83 HDSIG.
20 § 22 Abs. 2 HDSIG.
21 § 5 Abs. 3 BIFG.
22 § 6 Abs. 2 S. 1 Nr. 2 IFG Bln.
23 § 6 Abs. 2 IFG Bln i.d.F. v. 2.2.2018 (GVBl. S. 160, 162).

zugangs führen, wenn die schutzwürdigen Belange des Betroffenen überwiegen. Demgegenüber hat der Datenschutz in Hessen weiterhin grundsätzlich Vorrang vor der Informationsfreiheit.

3. Thüringen

Thüringen gehörte anfangs nicht zu den Vorreitern in Sachen Informationsfreiheit. Erst 2012 – also 14 Jahre nach dem ersten deutschen Informationszugangsgesetz in Brandenburg – wurde das erste Thüringer Informationsfreiheitsgesetz verabschiedet. 2014 wurde ein Zentrales Informationsregister eingeführt, das Metadaten über online verfügbare amtliche Informationen enthält. Nachdem im Koalitionsvertrag der Parteien Die Linke, SPD und Bündnis 90/Die Grünen von 2015 die Absicht zur Verabschiedung eines Transparenzgesetzes nach dem Vorbild von Hamburg und Rheinland-Pfalz erklärt hatten, legte der Thüringer Landesbeauftragte für den Datenschutz und die Informationsfreiheit im Februar 2016 einen entsprechenden Diskussionsvorschlag vor.[24]

Das am 11.9.2019 vom Landtag verabschiedete Thüringer Transparenzgesetz (ThürTG)[25] enthält zahlreiche innovative Elemente, geht in einigen Punkten über das Landestransparenzgesetz Rheinland-Pfalz hinaus und vermeidet datenschutzrechtliche Schwachstellen in diesem ersten Transparenzgesetz eines Flächenlandes.[26] Es bezieht wie das rheinland-pfälzische Landesrecht die Kommunen in den Anwendungsbereich des Gesetzes mit ein, erstreckt aber die Transparenz- und Informationspflichten auf Hochschulen und andere Forschungseinrichtungen, soweit die Namen von Drittmittelgebern, die Höhe der Drittmittelförderung und die Laufzeit der so finanzierten Forschungsprojekte betroffen sind.[27] Hervorzuheben ist, dass die Landesregierung nicht nur zur Einrichtung eines barrierefreien öffentlich zugänglichen Transparenzportals verpflichtet wird, mit dem das bestehende Zentrale Informationsregister um zusätzliche Informationen erweitert wird, sondern dass der Gesetzgeber die transparenzpflichtigen Stellen recht detail-

---

24 Abrufbar im Internet unter https://www.tlfdi.de/mam/tlfdi/info/vorschlag_des_tlfdi_fuer_ein_thueringer_transparenzgesetz.pdf (letzter Zugriff 3.12.2019).
25 Gesetz vom 10.10.2019, GVBl. S. 373. Es trat am 1.1.2020 in Kraft.
26 Zu diesen *Brink/Wirtz*, Fn. 1, S. 37, 62 f.
27 § 2 Abs. 4 ThürTG. Die Vorschrift nennt auch Schulen, die allerdings kaum jemals Drittmittel erhalten dürften und damit wie in Baden-Württemberg und Hessen in Gänze vom Anwendungsbereich ausgeschlossen bleiben.

liert[28] zur Förderung des Rechts auf Informationszugang durch praktische Vorkehrungen verpflichtet; dies kann dadurch geschehen, dass Ansprechpartner oder Beauftragte in den jeweiligen Behörden bestellt und Zugangsmöglichkeiten zum Transparenzportal in den jeweiligen Dienstgebäuden geschaffen werden.[29] Überdies hat das für die Informationsfreiheit zuständige Ministerium die Kommunen bei der Teilnahme am Transparenzportal zu unterstützen und ein Modellprojekt zur Klärung rechtlicher, organisatorischer und technischer Fragen aus spezifisch kommunaler Sicht anzubieten.[30] Damit versucht das Gesetz, den besonderen Umsetzungsproblemen auf kommunaler Ebene Rechnung zu tragen. Schließlich adressiert der Thüringer Gesetzgeber ein weiteres Problem des freien Informationszugangs in einer größeren Detailtiefe als die bisher bekannten Regelungen: Er verpflichtet die transparenzpflichtigen Stellen „soweit möglich" zur Gewährleistung von Aktualität, Richtigkeit und Vollständigkeit der im Transparenzportal bereitgestellten Informationen.[31] Beim Informationszugang auf Antrag hingegen ist die Behörde von der Pflicht zur Überprüfung der Richtigkeit befreit.[32] In beiden Fällen muss jedoch die informierende Stelle, die von der Unrichtigkeit Kenntnis hat, einen entsprechenden Hinweis geben.[33]

Von besonderer Bedeutung ist die allgemeine Abwägungsklausel, die das Thüringer Transparenzgesetz für alle Fälle vorsieht, in denen die Gewährung von Informationszugang entweder einen unverhältnismäßigen Verwaltungsaufwand verursachen oder mit dem Datenschutz oder dem Schutz von Betriebs- und Geschäftsgeheimnissen kollidieren würde. Ergibt die Abwägung unter Berücksichtigung des weit formulierten Gesetzeszwecks, dass das Recht auf Informationszugang oder das Informationsinteresse der Öffentlichkeit überwiegen, muss die Information spätestens nach sechs Wochen zugänglich gemacht werden.[34] Allerdings besteht hier ein gewisser Wertungswiderspruch insoweit, als der Schutz von Betriebs- und Geschäftsgeheimnissen einerseits nur zurücktreten soll, wenn der Antragsteller ein rechtliches Interesse geltend macht,[35] während die allgemeine Abwägungs-

---

28 Vgl. demgegenüber die lakonische Formulierung in § 18 LTranspG Rheinland-Pfalz.
29 § 16 Abs. 3 ThürTG.
30 § 16 Abs. 2 S. 1 ThürTG.
31 § 8 Abs. 2 S. 1 ThürTG.
32 § 11 Abs. 3 S. 1 ThürTG.
33 § 8 Abs. 2 S. 2, § 11 Abs. 3 S. 2 ThürTG.
34 § 14 ThürTG.
35 § 13 Abs. 1 S. 1 Nr. 5 ThürTG.

klausel andererseits ein überwiegendes Informationsinteresse der Öffentlichkeit ausreichen lässt.[36]

Das Thüringer Gesetz lässt ein anonymes Feedback zum neu geschaffenen Transparenzportal ausdrücklich zu.[37] Auch eine Identifikation der Person, die individuell Informationszugang beantragt, schreibt das Gesetz nicht vor. Dass sich aus dem Verfassungsrecht – jedenfalls nach Ansicht eines Landesverfassungsgerichts[38] – kein Anspruch auf anonymen Informationszugang ergibt, hindert den Gesetzgeber nicht daran, einen solchen einfachrechtlich jedenfalls dann zu ermöglichen, wenn – gerade bei ohnehin veröffentlichungspflichtigen Informationen – kein Bedarf an einer Erhebung personenbezogener Daten über den Interessenten besteht. Auch ist zweifelhaft, ob die in Hamburg geplante Ergänzung des dortigen Transparenzgesetzes um eine Pflicht, der datenschutzrechtlich betroffenen Person auf Verlangen die Identität der Informationszugang begehrenden Person offenzulegen, mit europäischem Datenschutzrecht vereinbar ist.[39]

Schließlich enthält das Thüringer Transparenzgesetz einen Gebührendeckel, der sich am Umweltinformationskostenrecht[40] orientiert. Die Kosten des individuellen Informationszugangs dürfen 500 € auch dann nicht übersteigen, wenn mehrere gebührenpflichtige Tatbestände erfüllt sind.[41]

Insgesamt lässt sich festhalten, dass der Freistaat Thüringen mit dem Inkrafttreten des Transparenzgesetzes Anfang 2020 über die weitreichendsten Transparenzbestimmungen für den öffentlichen Bereich in Deutschland verfügt.

---

36 § 14 S. 2 ThürTG. Zum Verhältnis zwischen Informationsfreiheit und dem Schutz von Betriebs- und Geschäftsgeheimnissen grundsätzlich *Kloepfer*, Informationsfreiheitsgesetz und Schutz von Betriebs- und Geschäftsgeheimnissen, Jahrbuch 2011, S. 179 ff., sowie *Schnabel*, Der Schutz von Betriebs- und Geschäftsgeheimnissen nach § 7 Hamburgisches Transparenzgesetz, Jahrbuch 2014, S. 261 ff.

37 § 7 Abs. 2 S. 1 ThürTG. Demgegenüber begrenzt das LTransPG Rheinland-Pfalz (§ 16 Abs. 3) den Anspruch auf Informationszugang nur im Bereich von Wissenschaft, Forschung und Lehre auf Drittmittelinformationen.

38 So der VerfGH Rheinland-Pfalz, Beschluss vom 27.10.2017 (VGH B 37/16), im Internet abrufbar unter https://verfgh.justiz.rlp.de/fileadmin/justiz/Gerichte/Verfassungsgerichtshof/Dokumente/Entscheidungen/VGH_B_37-16_Beschluss_vom_27-10-2017_-_anonym.pdf (letzter Zugriff 3.12.2019).

39 So der Hamburgische Beauftragte für Datenschutz und Informationsfreiheit, Presseerklärung vom 31.7.2019, abrufbar im Internet unter https://datenschutz-hamburg.de/pressemitteilungen/2019/07/2019-07-31-hmbtransparenzgesetz (letzter Zugriff 3.12.2019). Zur differenzierteren Fassung des beschlossenen Gesetzes s. Schwill (S. 217 ff., 228 f.) in diesem Band.

40 § 1 Abs. 2 UmweltinformationsgebührenVO.

41 So wird man § 15 Abs. 1 S. 3 ThürTG verstehen müssen; anders demgegenüber die Rechtslage nach der Informationsgebührenverordnung des Bundes, vgl. *Sauerwein*, Die Gebührenerhebung nach der Informationsgebührenverordnung – ein Hemmschuh für den Informationszugang?, Jahrbuch 2009, S. 137, 141 f.

4. Berlin

Das Land Berlin hatte als zweites Bundesland nach Brandenburg 1999 ein Informationsfreiheitsgesetz verabschiedet, das nach einem ersten Volksentscheid 2010/11 zur Privatisierung der Wasserbetriebe („Wassertisch") um Vorschriften zur proaktiven Veröffentlichung von Grundversorgungsverträgen erweitert und ergänzt wurde.[42]

Auch wenn Berlin mit seinem Datenportal[43] dem Beispiel Hamburgs gefolgt ist, hat es bisher keine vergleichbare Reichweite aufzuweisen. Das liegt sicher auch daran, dass Berlin im Gegensatz zu Hamburg noch nicht in vergleichbarem Umfang Verwaltungsinformationen zur Verfügung stellt und insbesondere noch nicht über ein Transparenzgesetz verfügt. Zwar hatten sich die den Senat tragenden Parteien 2017 in ihrer Koalitionsvereinbarung darauf verständigt, das Informationsfreiheitsgesetz „in Richtung eines Transparenzgesetzes" mit der Maßgabe weiterzuentwickeln, dass nicht schützenswerte Daten „in der Regel" auf dem Berliner Datenportal zur Verfügung gestellt werden.[44] Da diese Ankündigung aber bisher folgenlos blieb, ergriffen zivilgesellschaftliche Organisationen im Herbst 2019 erneut die Initiative für eine Volksgesetzgebung und stellten den Entwurf eines Berliner Transparenzgesetzes (BerlTG-E)[45] vor, für das mehr als die für die erste Stufe eines Volksbegehrens erforderliche Zahl an Unterschriften im Dezember 2019 dem Senat übergeben wurden. Zuvor hatte schon Anfang 2019 die FDP-Fraktion im Abgeordnetenhaus einen eigenen Gesetzentwurf vorgelegt.[46]

Die beiden Entwürfe weisen zahlreiche Gemeinsamkeiten auf, wobei der dem Volksbegehren zugrunde liegende Entwurf in Teilen präziser und weitergehend ist. So stellt er z.B. klar, dass Informationen zu rechtswidrigem Verhalten niemals als Geschäftsgeheimnisse zu qualifizieren sind. Auch wollen die Initiatoren des Volksbegehrens das Land Berlin immer dann, wenn dieses mindestens 25 % der Anteile oder Stimmrechte an Unternehmen hält, dazu verpflichten, darauf hinzuwirken, dass dieses Unternehmen Informationen nach dem Transparenzgesetz bereitstellt.

---

42 Dazu *Dix*, Aktive Transparenz bei Grundversorgungsverträgen – Das Berliner Modell, Jahrbuch 2010, S. 133 ff.
43 Berlin Open Data, abrufbar im Internet unter https://daten.berlin.de (letzter Zugriff 5.12.2019).
44 Berlin gemeinsam gestalten, Koalitionsvereinbarung 2016–2021, S. 154, abrufbar im Internet unter https://www.berlin.de/rbmskzl/regierender-buergermeister/senat/koalitionsvereinbarung/ (letzter Zugriff 5.12.2019).
45 Volksentscheid Transparenz Berlin, abrufbar im Internet unter https://volksentscheid-transparenz.de/documents/BerlTG-E.pdf (letzter Zugriff 5.12.2019).
46 Drs. 18/1595 v. 16.1.2019.

Der Umfang der Veröffentlichungspflicht ist in beiden Entwürfen teilweise unterschiedlich ausgestaltet. Der dem Volksbegehren zugrundeliegende Entwurf verpflichtet – anders als der FDP-Entwurf – u.a. zur Veröffentlichung des Quelltextes von Computerprogrammen sowie von Informationen über Besprechungen zwischen Senatsmitgliedern oder Staatssekretären mit Interessenvertretern. Beide Entwürfe fordern die Veröffentlichung von Informationen über staatliche Beihilfen, Subventionen und Zuwendungen sowie über die Vergabe von Fördermitteln, Sponsoring und Spenden, soweit deren Wert insgesamt pro Jahr 1.000 € übersteigt, sowie über alle Zuwendungen Privater an informationspflichtige Stellen.

Ebenfalls gleichlautend wollen beide Entwürfe einen anonymen und barrierefreien Zugang zum Transparenzregister ermöglichen und dieses, wie das Thüringer Gesetz, mit einer anonymen Rückmeldefunktion ausstatten. Die Höchstfrist, innerhalb derer Informationen in das Transparenzregister eingestellt werden müssen, unterscheidet sich geringfügig (10 Tage im Volksgesetzentwurf, 15 Tage im FDP-Entwurf). Bei Verträgen, die informationspflichtige Stellen abschließen, sieht der Volksgesetzentwurf einen einheitlichen Schwellenwert von 100.000 € vor, während der FDP-Entwurf zwischen den auf Landes- und Bezirksebene abgeschlossenen Verträgen differenziert. Beide Gesetzentwürfe enthalten eine Befugnis des bzw. der Berliner Beauftragten für Datenschutz und Informationsfreiheit, die über das bisher geltende Recht in Bund und anderen Ländern hinausgeht: Sie bzw. er kann Mängel nicht nur beanstanden, sondern deren Abstellung, insbesondere auch die Herausgabe von Informationen durch öffentliche Stellen, selbst anordnen. Beide Entwürfe wollen es zudem der bzw. dem Berliner Beauftragten gestatten, die Informationen nach einer entsprechenden Ankündigung selbst zu veröffentlichen.

In einem Punkt bleibt der zivilgesellschaftliche Gesetzentwurf allerdings hinter dem Entwurf der FDP-Fraktion zurück: So sollen nur die personenbezogenen Daten leitender Verwaltungsmitarbeiter offengelegt werden müssen, die an Behördenentscheidungen mitgewirkt haben. Nach dem FDP-Entwurf gilt dies für die Daten aller Bearbeiterinnen und Bearbeiter in den informationspflichtigen Stellen; sie sollen allerdings nur auf Antrag zugänglich gemacht werden, soweit dem keine schutzwürdigen Belange entgegenstehen. Die Beschränkung der Pflicht zur Offenlegung der Daten von Mitarbeitern der Verwaltung auf leitende Mitarbeiter im Volksgesetzentwurf bleibt jedenfalls für den Informationszugang auf Antrag sogar hinter dem geltenden Berliner Informationsfreiheitsgesetz zurück, das in der Regel die Zugänglichmachung bestimmter Daten über alle an Verwaltungsverfahren beteiligten Beschäftigten oder Behördenvertreter erlaubt.[47]

---

47 § 6 Abs. 2 S. 2 IFG Bln. Vgl. auch § 13 Abs. 4 ThürTG.

Es bleibt abzuwarten, wie der Senat auf das in der ersten Stufe bereits erfolgreiche Volksbegehren reagieren wird. Nach den Erfahrungen mit dem ersten Volksentscheid 2011 zum „Wassertisch" ist er gut beraten, das Anliegen aufzugreifen und entsprechend der Koalitionsvereinbarung dem Abgeordnetenhaus einen entsprechenden Gesetzentwurf vorzulegen.

Auch in anderen Bundesländern mit Informationsfreiheitsgesetzen gibt es Initiativen zur Einführung von Transparenzgesetzen. So hat ein Bündnis zivilgesellschaftlicher Gruppen in Nordrhein-Westfalen bereits 2014 einen Vorschlag für ein Transparenz- und Informationsfreiheitsgesetz gemacht.[48]

5. Bund

Auf Bundesebene sind bisher gesetzgeberische Initiativen zur Erweiterung des Informationsfreiheitsgesetzes zu einem Transparenzgesetz ausgeblieben. Allerdings hat die Bundestagsfraktion Bündnis 90/Die Grünen beantragt, die Bundesregierung zur Vorlage eines entsprechenden Gesetzentwurfs aufzufordern.[49] In diesem Antrag wird daran erinnert, dass die Bundesregierung sich auch in ihrem Koalitionsvertrag dazu bekannt hat, die Informationsfreiheit und den Zugang zu offenen Daten verbessern zu wollen. Das hat bisher nicht zu legislativen Konsequenzen geführt. Im 2. Nationalen Aktionsplan im Rahmen der Open Government Partnership sind lediglich Selbstverpflichtungen einzelner Bundesministerien zu mehr Transparenz enthalten.[50] Der Antrag von Bündnis 90/Die Grünen enthält auch die Forderung, die gegenwärtige Zersplitterung des Informationszugangsrechts (Umweltinformationsgesetz, Geodatenzugangsgesetz, Verbraucherinformationsgesetz und Informationsweiterverwendungsgesetz) durch ein einheitliches Bundes-Transparenzgesetz zu beseitigen.

Auch die Datenethikkommission der Bundesregierung hat in ihrem Gutachten[51] die Erhöhung der Transparenzanforderungen in einem wichtigen Bereich moderner Datenverarbeitung, dem Einsatz algorithmischer Systeme, empfohlen.

---

48 NRW blickt durch, abrufbar im Internet unter https://www.nrw-blickt-durch.de/unser-gesetzentwurf/transparenzgesetz/gesetzestext/ (letzter Zugriff 6.12.2019).
49 BT-Drs. 19/14596 v. 29.10.2019.
50 Abrufbar im Internet unter https://www.bundesregierung.de/resource/blob/997532/1667398/d3a4e7a0597be1d49dc37237a3849aca/2019-09-04-nationaler-aktionsplan-ogp-data.pdf (letzter Zugriff 6.12.2019).
51 Gutachten der Datenethikkommission, abrufbar im Internet unter https://www.bmi.bund.de/SharedDocs/downloads/DE/publikationen/themen/it-digitalpolitik/gutachten-datenethikkommission.pdf?__blob=publicationFile&v=5 (letzter Zugriff 6.12.2019).

6. Länder ohne Informationsfreiheitsgesetze

Noch immer gibt es drei Bundesländer (Bayern, Niedersachsen und Sachsen), in denen weder ein Informationsfreiheits- noch ein Transparenzgesetz gilt. Allerdings gibt es zumindest in zwei dieser Länder politische Absichtserklärungen, die das ändern könnten. So haben die Koalitionspartner in Niedersachsen vereinbart, die Erfahrungen in anderen Bundesländern zu evaluieren und auf der Grundlage der Ergebnisse über die Einführung eines Informationsfreiheits- und Transparenzgesetzes zu entscheiden.[52] Über die Ergebnisse dieser Evaluation ist bisher nichts bekannt geworden. Stattdessen hat die Fraktion Bündnis 90/Die Grünen im Niedersächsischen Landtag im Oktober 2019 einen entsprechenden Gesetzentwurf vorgelegt.[53]

Die neugebildete Landesregierung in Sachsen hat sogar vereinbart, bis Ende 2020 ein Transparenzgesetz mit in der Regel kostenfreiem individuellem Informationszugang zu verabschieden, das nach einer Evaluation möglicherweise auf die Kommunen erstreckt werden soll.[54]

Dagegen gibt es in Bayern keinerlei Anzeichen für eine entsprechende Initiative auf Landesebene. Allerdings verfügten 2018 bereits rund 80 Städte und Gemeinden in Bayern über Informationsfreiheitssatzungen.[55] Diese Informationsfreiheitsnormierung auf kommunaler Ebene („von unten") findet sich vereinzelt auch in anderen Bundesländern ohne entsprechende Landesgesetze (z.B. in Braunschweig und Dresden). Ein zivilgesellschaftliches Bündnis „Informationsfreiheit für Bayern" hat eine Mustersatzung entwickelt.[56]

Neben diesen Impulsen auf kommunaler Ebene ist absehbar, dass auch von der europäischen Ebene Impulse für den Erlass von Informationsfreiheitsgesetzen in den verbleibenden drei Bundesländern ausgehen könnten. Die Konvention Nr. 205 des Europarats über den Zugang zu amtlichen Dokumenten (Tromsö-Konvention)[57] vom 18.6.2009 ist bisher erst von neun Mitgliedstaaten des Europa-

---

52 Gemeinsam für ein modernes Niedersachsen, Koalitionsvereinbarung 2017–2022, S. 45, abrufbar im Internet unter https://cdu-niedersachsen.de/koalitionsvertrag/ (letzter Zugriff 6.12.2019).
53 Drs. 18/4843.
54 Gemeinsam für Sachsen, Koalitionsvertrag 2019–2024, S. 60, abrufbar im Internet unter https://www.spd-sachsen.de/wp-content/uploads/2019/12/Koalitionsvertrag_2019-2024.pdf (letzter Zugriff 6.12.2019).
55 Dazu näher *Engelbrecht*, Informationsfreiheitssatzungen als Instrument örtlicher Transparenz, Jahrbuch 2018, S. 87 ff.
56 Bündnis Informationsfreiheit für Bayern, abrufbar im Internet unter https://informationsfreiheit.org/mustersatzung/ (letzter Zugriff 6.12.2019).
57 CETS No. 205.

rates ratifiziert worden. Mit der zehnten Ratifikation würde dieser weltweit erste international verbindliche Vertrag zur Informationsfreiheit[58] in Kraft treten. Der jüngste Unterzeichnerstaat, der die Konvention noch nicht ratifiziert hat, ist Island,[59] das zu den traditionell transparenzfreundlichen skandinavischen Ländern gehört und die Ratifikation möglicherweise bald folgen lässt.

Allerdings würde ein Inkrafttreten der Konvention in Deutschland erst dann Auswirkungen haben, wenn auch die Bundesrepublik ihr beitreten würde, was bisher nicht geschehen ist. Die Bundesregierung hat dies erst jüngst wieder abgelehnt mit der unzutreffenden Begründung, die Informationsfreiheitsgesetze des Bundes und der Länder würden den Zweck der Konvention erfüllen.[60] Die Länder Bayern, Niedersachsen und Sachsen fallen bisher hinter das von der Konvention vorgeschriebene Transparenzniveau zurück. Offenbar ist der Widerstand dieser Länder auch der eigentliche Grund für die ablehnende Haltung der Bundesregierung, wie sich aus ihrer Begründung dafür ableiten lässt, dass sie auch das Zusatzprotokoll zur Europäischen Charta der lokalen Selbstverwaltung über das Recht zur Beteiligung an den Angelegenheiten der kommunalen Verwaltung vom 16.11.2009 bisher nicht unterzeichnet hat.[61] Aus diesem – mittlerweile in Kraft getretenen – Zusatzprotokoll leiten Bayern und Niedersachsen nämlich eine Pflicht zum Erlass von Informationsfreiheitsgesetzen ab. Auch in einem föderalen System wie dem der Bundesrepublik wäre es an der Zeit, auf diese Länder einzuwirken, um ein bundesweit einheitliches Mindestniveau an Transparenz sicherzustellen, wie es mittlerweile zum internationalen Standard gehört. Dafür aber fehlt es offenbar auf Bundesebene bisher an politischem Willen.

---

58 Dazu *Schram*, The First International Convention on Access to Official Documents in the World, Jahrbuch 2009, S. 21 ff.
59 Chart of signatures and ratifications of Treaty 205, abrufbar im Internet unter https://www.coe.int/en/web/conventions/full-list/-/conventions/treaty/205/signatures?p_auth=Fho5TNcG (letzter Zugriff 6.12.2019).
60 Bericht der Bundesregierung zum Stand der Unterzeichnung und Ratifizierung europäischer Abkommen und Konventionen durch die Bundesrepublik Deutschland für den Zeitraum März 2017 bis Februar 2019, BT-Drs. 19/10411, S. 17.
61 Ebda., S. 7. Immerhin prüft die Bundesregierung – anders als bei der Tromsö-Konvention – noch, ob sie dieses Zusatzprotokoll unterzeichnet.

III. Resümee

Seit 1998 in Brandenburg das bundesweit erste Informationszugangs- und Akteneinsichtsgesetz in Kraft getreten ist, hat sich der international verbreitete Grundsatz des freien Zugangs zu Informationen der öffentlichen Verwaltung auch in Deutschland zunehmend durchgesetzt. Die Transparenzlandkarte weist hierzulande nur noch wenige weiße Flecken auf. Noch immer gibt es in Bayern, Niedersachsen und Sachsen weder ein Informationsfreiheits- noch ein Transparenzgesetz. Aber auch wenn die Informationsfreiheit in Deutschland nur im Schneckentempo vorwärtszukommen scheint, so ist doch bemerkenswert, dass in einigen Bundesländern (Hamburg, Rheinland-Pfalz und Thüringen) die Informationsfreiheitsgesetze bereits durch Transparenzgesetze ersetzt worden sind, wodurch die Bereitstellung von Informationen des öffentlichen Sektors qualitativ entscheidend verbessert wird. Sie werden zum Gegenstand einer staatlichen „Bringschuld", auch wenn parallel der einzelne Bürger seinen individuellen Anspruch auf Zugang zu amtlichen Unterlagen nach dem Muster der „Holschuld" behält. Er darf nicht allein auf die in Transparenzportalen veröffentlichten Informationen verwiesen werden, sondern muss die Möglichkeit haben, zu überprüfen, ob neben den veröffentlichten Unterlagen noch weitere nicht veröffentlichungspflichtige Unterlagen vorhanden sind.

Interessanterweise ist die Entwicklung der Informationsfreiheits- zur Transparenzgesetzgebung nicht linear in dem Sinne, dass Länder, die als erste Informationszugangsgesetze verabschiedet haben, auch als erste den nächsten Schritt zu einem Transparenzgesetz gegangen sind. Hamburg und Rheinland-Pfalz haben schon nach relativ kurzer Geltungsdauer ihrer Informationsfreiheitsgesetze diese konsequent zu proaktiven Transparenzgesetzen erweitert. Thüringen ist diesem Beispiel gefolgt und hat neue Maßstäbe in diesem Bereich gesetzt. Wenn die Koalitionsparteien in Sachsen ihre politische Absichtserklärung in die Tat umsetzen, dann könnte dieses Bundesland die Erfahrungen in anderen Bundesländern in der Weise nutzen, dass von vornherein individuelle Informationsfreiheit und proaktive Transparenz miteinander verbunden werden. Im übrigen gilt für das erwähnte Schneckentempo der Gesetzgebung in diesem Bereich zweierlei: Zum einen ist der Zeitraum von rund 20 Jahren seit dem Inkrafttreten des Brandenburgischen Informationszugangs- und Akteneinsichtsgesetzes – gemessen an der langen Tradition der prinzipiellen Geheimhaltung in der deutschen Verwaltung – ein verhältnismäßig kurzer Zeitraum. Zum anderen bewegen sich Schnecken zwar langsam, aber stetig vorwärts.

*Alexander Dix**

Zur „Zeitlichkeit der Freiheit" – Das Recht auf Vergessen vor dem Bundesverfassungsgericht

Inhaltsübersicht

I. Einführung
II. Die Sachverhalte
III. Der Prüfungsmaßstab
IV. Der Individualrechtsschutz
V. Die Reichweite des Rechts auf Vergessen
VI. Fazit

I. Einführung

Seit der Europäische Gerichtshof 2014 erstmals das Recht auf Vergessen(werden) („Right to be forgotten") formulierte, ist dieser Begriff einerseits in die Europäische Datenschutz-Grundverordnung aufgenommen worden (Art. 17), andererseits aber auch Gegenstand zahlreicher – auch transatlantischer – Kontroversen geworden.[1] In der Sache geht es um die Frage, wie der Einzelne die Kontrolle über ihn betreffende Informationen in einer digitalen Umgebung behalten oder zurückgewinnen kann. Nun hat das Bundesverfassungsgericht einen wesentlichen Beitrag zur Präzisierung und Stärkung dieses Rechts in zwei wegweisenden Beschlüssen[2] geleistet, die grundsätzliche Bedeutung für den Grundrechtsschutz in Deutschland und Europa haben. Die einstimmig gefassten Beschlüsse des Ersten Senats ergingen zu

---

* Dr. Alexander Dix ist stellv. Vorsitzender der Europäischen Akademie für Informationsfreiheit und Datenschutz (EAID) in Berlin und Mitglied des Datenschutzbeirats des Global-Pulse-Projekts der Vereinten Nationen. Zuvor war er Landesbeauftragter für den Datenschutz und für das Recht auf Akteneinsicht in Brandenburg (1998–2005) und Berliner Beauftragter für Datenschutz und Informationsfreiheit (2005–2016).
1 Vgl. die Nachweise bei *Dix* in: Simitis/Hornung/Spiecker (Hrsg.), Datenschutzrecht, 2019, Art. 17 Rn. 23 f.
2 Beschlüsse vom 6.11.2019, „Recht auf Vergessen I" – (1 BvR 16/13) ECLI:DE:BVERFG:2019:rs20191 106.1bvr1613, sowie „Recht auf Vergessen II" – (1 BvR 276/17) ECLI:DE:BVERFG:2019:rs20191106. 1bvr27617.

zwei vergleichbaren Sachverhalten (II.) und treffen Aussagen zum Prüfungsmaßstab (III.), zum Individualrechtsschutz (IV.) und schließlich zur Reichweite des Rechts auf Vergessen im Verhältnis zur Meinungs- und Informationsfreiheit (V.). Die Bedeutung dieser Beschlüsse geht weit über das Informationsrecht hinaus.

II. Die Sachverhalte

Dem ersten Beschluss („Recht auf Vergessen I") lag die Verfassungsbeschwerde eines im Jahr 1982 wegen Mordes Verurteilten zugrunde, der 2002 aus der Haft entlassen worden war. Die Tat wurde an Bord der Yacht „Apollonia" bei einer Atlantiküberquerung verübt und erregte seinerzeit erhebliches öffentliches Interesse. Der SPIEGEL berichtete mehrfach über den Fall unter namentlicher Nennung des Verurteilten. Ab 1999 wurden die Berichte in das Online-Archiv des SPIEGEL eingestellt und waren dort in direkt personenbezogener Form kostenlos und ohne Zugangsbeschränkung abrufbar. Die Nutzung von Suchmaschinen mit Eingabe des Namens führte jeweils zu Treffern an prominenter Stelle. Der Beschwerdeführer verlangte 2009, nachdem er Kenntnis von den Online-Veröffentlichungen erhalten hatte, vom SPIEGEL die Unterlassung der Berichterstattung unter Nennung seines Namens und setzte sich mit einer entsprechenden Klage vor den Zivilgerichten in den beiden ersten Instanzen auch durch. Dagegen hob der Bundesgerichtshof diese Entscheidungen auf und wies die Klage mit der Begründung ab, dem Persönlichkeitsrecht des Straftäters sei von den Instanzgerichten bei der Abwägung mit dem Informationsinteresse der Öffentlichkeit und ihrem Recht auf freie Meinungsäußerung ein zu hohes Gewicht beigemessen worden. Auch wenn das allgemeine Persönlichkeitsrecht einen verurteilten Straftäter vor einer zeitlich unbegrenzten Befassung der Medien mit seiner Person schütze, bedeute dies nicht, dass dieser verlangen könne, in der Öffentlichkeit überhaupt nicht mit seiner Tat konfrontiert zu werden. Im konkreten Fall habe die Öffentlichkeit trotz des erheblichen Zeitablaufs seit der Tat ein schutzwürdiges Interesse daran, sich durch nicht-anonymisierte Originalberichte über den Prozess über die Vorkommnisse auf der „Apollonia" zu informieren, der seinerzeit ein bedeutendes zeitgeschichtliches Ereignis im Zusammenhang mit einem spektakulären Kapitalverbrechen gewesen sei. Die technischen Möglichkeiten des Internets würden es nicht rechtfertigen, den Zugriff auf Online-Archive auf bestimmte Personen (z.B. Printabonnenten) zu begrenzen. Auch würde der Betroffene durch die Berichte nicht stigmatisiert.

Im zweiten Fall („Recht auf Vergessen II") hatte das Bundesverfassungsgericht über die Verfassungsbeschwerde der Geschäftsführerin eines Unternehmens zu entscheiden, die dem Norddeutschen Rundfunk für das Fernsehmagazin „Panorama" 2010 ein Interview gegeben hatte. Darin hatte sie sich über einen gekündigten Mitarbeiter geäußert, der sich unfair behandelt fühlte. Der Fernsehbeitrag trug den Titel „Kündigung: Die fiesen Tricks der Arbeitgeber". Ein Transkript dieses Beitrags veröffentlichte der NDR auf seiner Webseite, sodass er nach Eingabe des Namens der Geschäftsführerin als eines der ersten Suchergebnisse bei Google erschien. Die Beschwerdeführerin verlangte daraufhin auf dem Zivilrechtsweg von Google, bei Eingabe ihres Namens künftig den Link zum „Panorama"-Beitrag nicht mehr anzuzeigen. Während sie damit in erster Instanz Erfolg hatte, wies das OLG Celle ihre Klage ab. Auch wenn der Suchmaschinenbetreiber sich nicht selbst auf die Presse- und Meinungsfreiheit berufen könne, müsse neben seiner Berufsfreiheit und der Informationsfreiheit der Internetnutzer auch die Medienfreiheit des für den rechtmäßig veröffentlichten Beitrags Verantwortlichen berücksichtigt werden, auf den die Suchmaschine verweise. Die Beschwerdeführerin sei nicht in ihrer Privatsphäre, sondern allein in ihrer Sozialsphäre betroffen und habe das Interview freiwillig gegeben. Die Öffentlichkeit habe auch sechs Jahre nach der ersten Ausstrahlung ein Interesse an dem Thema der Sendung, nämlich der Effektivität des Kündigungsschutzes.

Obwohl die beiden Verfassungsbeschwerden – wie sich aus den Aktenzeichen ergibt – unterschiedlich lang beim BVerfG anhängig waren, hat der Senat über sie gleichzeitig entschieden und damit die Gelegenheit genutzt, eine Reihe von Grundsatzfragen für unterschiedliche Fallgestaltungen differenziert zu beantworten. Die beiden Beschlüsse verweisen aufeinander und sind in einer Gesamtschau zu analysieren.

III. Der Prüfungsmaßstab

Zunächst setzt sich das Gericht mit der Frage auseinander, welcher rechtliche Prüfungsmaßstab jeweils anzulegen ist. Das betrifft sowohl die Frage des innerstaatlichen einfachen Rechts als auch die Frage, ob der Grundrechte-Katalog des Grundgesetzes oder die Europäische Grundrechte-Charta anwendbar ist.

Auch wenn es nicht Aufgabe des Verfassungsgerichts ist, einfachrechtliche Fragen zu klären, muss es doch indirekt zu solchen Fragen Stellung nehmen, wenn das einfache Recht (hier: das Zivilrecht und das Datenschutzrecht) eine grundrechtliche Basis hat. Im ersten Fall ging es um die Klage gegen ein Presseunternehmen, das zur Unterlassung der Namensnennung verpflichtet werden sollte. Hierfür ist nach Auffassung des BVerfG allein das zivilrechtliche Äußerungsrecht auf der Basis des allgemeinen Persönlichkeitsrechts[3] einschlägig.[4] Zugleich erörtert das Gericht eingehend die Reichweite des Rechts auf informationelle Selbstbestimmung als besonderer Ausprägung des allgemeinen Persönlichkeitsrechts und misst ihm mittelbare Drittwirkung auch insofern bei, als die weitere Verarbeitung von personenbezogenen Daten durch private Dritte (hier: das Presseunternehmen) unter den modernen technischen Bedingungen insbesondere durch Online-Veröffentlichungen betroffen ist.[5] Zwar sei auch der weitere Anwendungsbereich des Datenschutzrechts eröffnet, das europäische Sekundärrecht[6] räume den Mitgliedstaaten im Bereich der Medienfreiheit aber einen Gestaltungsspielraum ein.[7]

Eingehend begründet das BVerfG in diesem Zusammenhang seine erstmals getroffene Festlegung, unter welchen Umständen das Grundgesetz, insbesondere der Grundrechte-Katalog, im Anwendungsbereich des Unionsrechts als Prüfungsmaßstab heranzuziehen ist und wann demgegenüber die Europäische Grundrechte-Charta Entscheidungsgrundlage ist.[8] Überall dort, wo der Unionsgesetzgeber den Rechtsrahmen nicht vollständig harmonisiert hat, sind die Grundrechte des Grundgesetzes für das deutsche Verfassungsgericht Beurteilungsmaßstab. Das leuchtet auch ein, denn wo die Mitgliedstaaten innerhalb des unionsrechtlichen Rahmens weiterhin einen eigenen Regelungsspielraum haben, müssen sie ihren eigenen verfassungsrechtlichen Rahmen beachten.

Das Unionsrecht erkennt selbst „föderative Vielfalt für die grundrechtlichen Gewährleistungen" zu.[9] Die Europäische Grundrechte-Charta wird dadurch nicht eingeschränkt, vielmehr treten deren Garantien nach Auffassung des Gerichts zu den grundgesetzlichen Verbürgungen hinzu.[10] In sehr differenzierter Weise definiert der Erste Senat das Verhältnis zwischen nationalem und europäischem Grundrechtsschutz. Dabei schließt er nicht aus, dass auch bei unvollständiger Harmonisierung durch Unionsrecht die Grundrechte-Charta im Einzelfall anwendbar sein kann. Die grundsätzliche Vermutung, dass die europäischen Grundrechte durch das Grundgesetz mit gewährleistet werden, kann widerlegt werden, wenn konkrete und hinreichende Anhaltspunkte dafür vorliegen, dass die deutschen

---

3   Art. 2 Abs. 1 GG i.V.m. Art. 1 Abs. 1 GG, §§ 823, 1004 BGB analog.
4   1 BvR 16/13, Rn. 74, 92.
5   1 BvR 16/13, Rn. 85, 92, 101 ff.
6   Art. 9 Datenschutz-Richtlinie 95/46/EWG; Art. 85 Datenschutz-Grundverordnung.
7   1 BvR 16/13, Rn. 74.
8   1 BvR 16/13, Rn. 41 ff.
9   1 BvR 16/13, Rn. 43.
10 1 BvR 16/13, Rn. 44.

Grundrechte ausnahmsweise das Unionsrecht nicht hinreichend gewährleisten.[11] In solchen Fällen ist die Europäische Grundrechte-Charta als Maßstab mit einzubeziehen.[12]

Primäre Beurteilungsgrundlage ist die Charta dagegen in all den Rechtsbereichen, in denen der Unionsgesetzgeber den Mitgliedstaaten keinen Gestaltungsspielraum belassen hat und das Unionsrecht deshalb vollharmonisierend wirkt.[13] Das ist nach dem zweiten Beschluss des Bundesverfassungsgerichts der Fall im Bereich des Datenschutzrechts, das auf die Datenverarbeitung durch den Suchmaschinenanbieter anwendbar ist.[14]

Zwar hatte der Unionsgesetzgeber den Mitgliedstaaten auch schon vor Inkrafttreten der Datenschutz-Grundverordnung insofern einen Gestaltungsspielraum eröffnet, als die Datenverarbeitung zu journalistischen Zwecken betroffen ist (sog. Medienprivileg). Darauf aber kann sich – so das BVerfG in Übereinstimmung mit dem EuGH – der Anbieter einer Suchmaschine – anders als das Pressunternehmen im Parallelfall – nicht berufen,[15] weil er keine eigene Meinung vertritt, sondern fremde Meinungen auffindbar macht. Gleichwohl bleibt die Tatsache, dass es um die Verarbeitung von (fremden) Meinungen geht, für die spätere Abwägung mit dem Recht auf Vergessen von Bedeutung. Erstmals wendet das deutsche Verfassungsgericht damit explizit die Europäische Grundrechte-Charta an Stelle des Grundrechte-Katalogs an. Zur Begründung verweist das Gericht auf den Anwendungsvorrang des Unionsrechts und Art. 23 Abs. 1 GG.[16]

Dabei behandelt es auch die sich aufdrängende Frage, was geschieht, wenn das vollharmonisierende Unionsrecht zwar mit der Charta, nicht aber mit dem Grundgesetz vereinbar ist. Es betont, dass die Grundrechtsgarantien des Grundgesetzes „dahinterliegend ruhend in Kraft bleiben".[17] Das verweist auf die „Solange"-Rechtsprechung des Gerichts, das stets für sich eine Ultra-vires-Kontrolle und die Wahrung der Verfassungsidentität in Anspruch genommen hat, falls diese durch Maßnahmen des Unionsgesetzgebers tangiert werden sollten. Nach dem „derzeitigen Stand des Unionsrechts" – so der Erste Senat – wird jedoch das Schutzversprechen der deutschen Grundrechte durch das Unionsrecht in der Substanz

---

11   1 BvR 16/13, Rn. 66 ff.
12   1 BvR 16/13, Rn. 72.
13   1 BvR 276/17, Rn. 33 ff.
14   Die Zivilgerichte hatten in diesem Fall Zivil- und Datenschutzecht parallel angewandt.
15   1 BvR 276/17, Rn. 36, 41.
16   1 BvR 276/17, Rn. 47, 54 ff.
17   1 BvR 276/17, Rn. 47.

erhalten.[18] Das ist ein deutlicher Hinweis darauf, dass das Bundesverfassungsgericht in der Zukunft auch bei vollharmonisierendem Unionsrecht das Grundgesetz dann als Prüfmaßstab heranziehen könnte, wenn dessen Garantien durch europäische Gesetzgebung verletzt würden. Das kommt etwa dann in Betracht, wenn der gegenwärtig beratene Entwurf einer e-Evidence-Verordnung in der vorgeschlagenen Form verabschiedet würde.[19] Dann nämlich könnten Gerichte in der Bundesrepublik Zugriffe ausländischer Strafverfolgungsbehörden auf hier gespeicherte Daten auch dann nicht unterbinden, wenn es sich um ein in Deutschland straffreies Verhalten handelt, sodass der deutsche Staat seiner Schutzpflicht gegenüber eigenen Bürgern nicht genügen könnte.

Soweit das Bundesverfassungsgericht die Grundrechte-Charta selbst anwendet, betont es die enge Kooperation mit dem Europäischen Gerichtshof[20] und die „Integrationsverantwortung", die das Gericht wie alle deutschen Staatsorgane für die Mitwirkung der Bundesrepublik in der Europäischen Union trägt.[21] Zugleich hebt es die Bedeutung der Europäischen Menschenrechtskonvention (EMRK) als „gemeinsames Fundament" und Auslegungsmaßstab sowohl des deutschen Grundrechte-Katalogs als auch der Charta hervor.[22] Das Bundesverfassungsgericht hatte bisher die Prüfung am Maßstab der Unionsgrundrechte nicht selbst vorgenommen, sondern den Fachgerichten und dem Europäischen Gerichtshof überlassen. Dies betraf aber Fälle, in denen die Wirksamkeit von Entscheidungen oder Normen des Unionsrechts oder des nationalen Gesetzgebers, der zwingendes Unionsrecht umgesetzt hat, in Rede stand. In dem jetzt entschiedenen zweiten Fall ging es dagegen um die Anwendung von vollvereinheitlichtem Unionsrecht im Lichte der Grundrechte-Charta, sodass das Verfassungsgericht erstmals selbst den europäischen Grundrechtskatalog als Prüfmaßstab auch in privatrechtlichen Streitigkeiten herangezogen hat.[23] Diese Grundsätze gelten auch für die Fachgerichte, die in Zukunft deshalb voraussichtlich weniger häufig Rechtsfragen dem EuGH vorlegen werden.

---

18 1 BvR 276/17, Rn. 47 ff.
19 Vorschlag der Kommission für eine Verordnung über Europäische Herausgabeanordnungen und Sicherungsanordnungen für elektronische Beweismittel in Strafsachen vom 17.4.2018, COM (2018) 225 final. Auch die Vereinbarkeit dieses Vorschlags mit der Grundrechte-Charta und der EMRK ist zu bezweifeln.
20 1 BvR 276/17, Rn. 68.
21 1 BvR 276/17, Rn. 55.
22 1 BvR 16/13, Rn. 57, 62; 1 BvR 276/17, Rn. 70.
23 1 BvR 276/17, Rn. 51 f., 96 f.

IV. Der Individualrechtsschutz

Bei der Heranziehung der Europäischen Grundrechte-Charta belässt es das BVerfG aber nicht, sondern geht noch einen entscheidenden Schritt weiter, der den Rechtsschutz für Betroffene in Deutschland wesentlich stärkt. Es eröffnet erstmals die Möglichkeit, mit der Verfassungsbeschwerde nicht nur die Verletzung von Grundrechten nach dem Grundgesetz (Art. 94 Abs 1. Nr. 4a GG), sondern auch einen Verstoß gegen die Europäische Grundrechte-Charta zu rügen.[24] Damit wird in Deutschland eine wesentliche Rechtsschutzlücke geschlossen, die darin bestand, dass zwar bei Verstößen gegen die Europäische Menschenrechtskonvention eine Individualbeschwerde zum Europäischen Gerichtshof für Menschenrechte in Straßburg, aber keine entsprechende Beschwerde-Möglichkeit bei Verstößen gegen die Europäische Grundrechte-Charta zum Europäischen Gerichtshof in Luxemburg möglich ist. Indem das Bundesverfassungsgericht diesen Beschwerdeweg eröffnet, verbessert es den Rechtsschutz des Einzelnen gerade in den zunehmend durch Unionsrecht abschließend geregelten Lebensbereichen.

Zugleich macht das Bundesverfassungsgericht damit deutlich, dass es nicht gewillt ist, eine Absenkung des durch seine Rechtsprechung weit entwickelten Grundrechtsschutzes im einheitlichen europäischen Rechtsrahmen hinzunehmen, wie ihn ein Mitglied des Ersten Senats, der an beiden Beschlüssen als Berichterstatter beteiligt war, schon 2012 befürchtet hatte.[25]

V. Die Reichweite des Rechts auf Vergessen

Der informationsrechtliche Kern der Beschlüsse vom 6.11.2019 betrifft die Reichweite des Rechts auf Vergessen, insbesondere im Verhältnis zu den konkurrierenden Grundrechten der Berufs-, Informations- und Meinungsfreiheit. Das Bundesverfassungsgericht hat auch hier Kriterien für die Abwägung formuliert, die die Rechtsprechung des Europäischen Gerichtshofs ergänzen und präzisieren. Dabei geht es in Übereinstimmung mit dem Europäischen Gerichtshof davon aus, dass die Grundrechte-Charta wie die deutschen Grundrechte auch in privatrechtlichen Streitigkeiten Schutz gewähren.[26] Im Beschluss „Recht auf Vergessen I" gab das Verfassungsgericht dem verurteilten Straftäter recht, dessen allgemeines Persönlichkeitsrecht dem Recht des Presseunternehmens zur Sammlung und Verbrei-

---

24 1 BvR 276/17, Rn. 60 ff.
25 *Masing*, Herausforderungen des Datenschutzes, NJW 2012, S. 2305 ff.
26 1 BvR 276/17, Rn. 96 f.

tung von Informationen gegenüberstand. Im Verhältnis zwischen Privaten muss nach Ansicht des Gerichts in besonderer Weise zwischen den tangierten Grundrechten abgewogen werden, was nicht notwendigerweise zu geringeren Anforderungen als bei der staatsgerichteten Schutzwirkung der Grundrechte führt.[27] Auch wenn die Verfassung kein umfassendes Recht auf Selbstbestimmung über die Nutzung der eigenen Daten beinhaltet, gewährleistet es doch das Recht des Einzelnen, „über der eigenen Person geltende Zuschreibungen selbst substantiell mitzuentscheiden".[28]

Bei der Abwägung der tangierten Grundrechte spielt der Faktor „Zeit" eine entscheidende Rolle. Schon früher hatte das Verfassungsgericht zum Verhältnis zwischen dem Persönlichkeitsrecht, insbesondere dem Resozialisierungsinteresse von verurteilten Straftätern einerseits und der Medienfreiheit andererseits, entschieden, dass sich das legitime Interesse an einer öffentlichen Berichterstattung mit zunehmendem zeitlichem Abstand verändert.[29] Je mehr Zeit seit der Straftat und ihrer gerichtlichen Ahndung verstrichen ist, desto mehr tritt das aktuelle Informationsinteresse gegenüber dem Recht des Verurteilten, „allein gelassen zu werden", in den Hintergrund.[30] Diesen Gesichtspunkt entwickelt das Bundesverfassungsgericht im Zusammenhang mit der rasanten technischen Entwicklung von Internet-Publikationen und Online-Archiven weiter und misst dem Zeitfaktor eine neue rechtliche Bedeutung zu. Da im Internet auch personenbezogene Informationen, die einmal veröffentlicht wurden, dauerhaft auch von völlig unbekannten Dritten jederzeit mithilfe von Suchmaschinen abgerufen und zu Persönlichkeitsprofilen zusammengeführt werden können, verändert dies die freie Entfaltung der Persönlichkeit grundlegend.[31] Die Rechtsordnung muss auch unter diesen Bedingungen – so die zentrale Aussage des Bundesverfassungsgerichts –

„davor schützen, dass sich eine Person frühere Positionen, Äußerungen und Handlungen unbegrenzt vor der Öffentlichkeit vorhalten lassen muss. Erst die Ermöglichung eines Zurücktretens vergangener Sachverhalte eröffnet dem Einzelnen die Chance darauf, dass Vergangenes gesellschaftlich in Vergessenheit gerät und damit die Chance zum Neubeginn in Freiheit. Die Möglichkeit

---

27 1 BvR 16/13, Rn. 88.
28 1 BvR 16/13, Rn. 87.
29 BVerfGE 35, 202, 231 ff. (Lebach).
30 1 BvR 16/13, Rn. 98.
31 1 BvR 16/13, Rn. 103.

des Vergessens gehört zur Zeitlichkeit der Freiheit. Das gilt nicht zuletzt im Blick auf das Ziel der Wiedereingliederung von Straftätern."[32]

Unter Verweis auf entsprechende Aussagen des Europäischen Gerichtshofs für Menschenrechte und des Europäischen Gerichtshofs sieht das Bundesverfassungsgericht in der Berücksichtigung des Zeitfaktors bei der Beurteilung der Anforderungen an die Informationsverbreitung den „Teil einer Entwicklung im Austausch der europäischen Grundrechtsentwicklung",[33] was wiederum das enge Kooperationsverhältnis mit den europäischen Gerichten hervorhebt.

Auf einer Linie mit dieser europäischen Rechtsprechung liegt das deutsche Verfassungsgericht auch mit seiner Aussage, wonach sich aus dem allgemeinen Persönlichkeitsrecht kein absolutes „Recht auf Vergessenwerden" des Inhalts ableiten lässt, dass der Einzelne einseitig die Löschung aller früheren personenbezogenen Daten verlangen kann, die über ihn im Rahmen von Kommunikationsprozessen ausgetauscht wurden. Auch betont das Gericht, dass die deutsche Verfassung nicht die dauerhafte Auseinandersetzung mit Taten und Tätern verbietet, denen „als öffentliche Personen Prägekraft für das Gemeinwesen insgesamt zukommt."[34] Das betrifft insbesondere die Nutzung personenbezogener Daten für die zeitgeschichtliche Forschungs- und Erinnerungsarbeit.

Andererseits unterstreicht das Bundesverfassungsgericht, dass der wirksame Schutz des allgemeinen Persönlichkeitsrechts nicht nur den Einzelnen, sondern auch das Gemeinwohl schützt. Es erstreckt den erstmals im Volkszählungsurteil für die informationelle Selbstbestimmung entwickelten Gedanken von der einschüchternden Wirkung („chilling effect") umfassender Registrierung auf den Einzelnen und den dadurch veranlassten Verzicht auf die Ausübung von Grundrechten auf das allgemeine Persönlichkeitsrecht. Prägnanter als das Gericht lässt sich dieser Zusammenhang nicht formulieren:

„Wenn gesellschaftliches Engagement, ungewöhnliche persönliche Eigenheiten, aneckende Positionen oder auch Irrtümer und Fehltritte den Betroffenen unbegrenzt vorgehalten und zum Gegenstand öffentlicher Erregung gemacht werden können, beeinträchtigt dies nicht nur die individuellen Entfaltungsmöglichkeiten, sondern auch das Gemeinwohl. Denn die Selbstbestimmung in der Zeit ist eine elementare Funktionsbedingung eines auf Handlungs- und Mitwirkungsfähigkeit seiner Bürger begründeten freiheitlichen demokrati-

---

32 1 BvR 16/13, Rn. 105.
33 1 BvR 16/13, Rn. 106.
34 1 BvR 13/16, Rn. 107.

schen Gemeinwesens. Eine Bereitschaft zur Mitwirkung in Staat und Gesellschaft kann nur erwartet werden, wenn insoweit ein hinreichender Schutz gewährleistet ist."[35]

Hier wird deutlich, dass das Bundesverfassungsgericht im Zeitalter von zunehmendem Hass und Hetze im Netz Grundsätze formuliert hat, die weit über das Problem der Berichterstattung über verurteilte Straftäter hinausgehen.

Eine konstituierende Funktion für das Gemeinwesen hat nach der Rechtsprechung des Verfassungsgerichts aber auch die Meinungs- und Pressefreiheit, die in dem zugrundeliegenden Fall mit dem allgemeinen Persönlichkeitsrecht abzuwägen war. Presseunternehmen können danach selbst entscheiden, worüber sie wann, wie lange und in welcher Form (personenbezogen oder anonym, online oder offline) berichten. Dazu zählt auch die Bereithaltung von Online-Archiven, die ihrerseits auch von öffentlichem Interesse für Recherche und Forschung in der Demokratie sind.[36] Auch wenn es angesichts der Bedeutung des Zeitablaufs für die Persönlichkeitsentfaltung Betroffener nicht ausreicht, wenn ein Presseunternehmen sich darauf beruft, ursprünglich in rechtskonformer Weise berichtet zu haben, und daraus das Recht ableitet, diese Berichte unbegrenzt zum Abruf bereitzuhalten,[37] kann angesichts der Bedeutung der Pressefreiheit von einem Medienunternehmen nicht verlangt werden, dass es permanent überprüft, ob die weitere Verfügbarkeit von ursprünglich rechtmäßigen Berichten noch immer zulässig ist. Vielmehr entsteht eine solche Pflicht nach Ansicht des Bundesverfassungsgerichts erst, wenn Betroffene die weitere Abrufbarkeit solcher Berichte „qualifiziert" beanstanden und ihre Schutzbedürftigkeit substantiiert darlegen."[38]

Bei der konkreten Abwägung zwischen allgemeinem Persönlichkeitsrecht und Meinungs- bzw. Pressefreiheit berücksichtigt das Verfassungsgericht eine Vielzahl von Faktoren. Die anhaltend verfügbaren Berichte über den Betroffenen müssen ihn zunächst tatsächlich in seiner Lebensführung belasten. Das hängt auch von der Form der Internet-Veröffentlichung ab. So ist die Belastung eines Betroffenen größer, wenn über ihn z.B. in einem skandalisierenden Blog berichtet wird, als wenn dies in einem Bewertungsportal geschieht, in dem ältere Informationen durch neuere Eintragungen relativiert werden, sodass unter Umständen auch länger zurückliegende Informationen vorgehalten werden dürfen.[39] Eine tatsächliche

---

35 1 BvR 13/16, Rn. 108.
36 1 BvR 13/16, Rn. 112f.
37 1 BvR 13/16, Rn. 109.
38 1 BvR 13/16, Rn. 119.
39 1 BvR 13/16, Rn. 124.

Belastung sah das Gericht im konkreten Fall („Recht auf Vergessen I") als gegeben an, weil der Beschwerdeführer befürchten musste, dass sein soziales Umfeld durch Eingabe seines Namens in Suchmaschinen vorrangig auf seine 17 Jahre zurückliegende strafrechtliche Verurteilung hingewiesen wird. Dies hätte ihn dazu bewegen können, sich zurückzuziehen und die Öffentlichkeit zu meiden.[40] Zugleich misst der Senat dem eigenen Umgang des Betroffenen mit der anhaltenden Verfügbarkeit der Berichte über seine Straftat wesentliche Bedeutung für die Abwägung mit den Kommunikationsfreiheiten bei. Plastisch drückt der Beschluss dies mit den Worten aus: „Insoweit gehört zu der Chance auf ein Vergessen auch ein Verhalten, das von einem „Vergessenwerdenwollen" getragen ist."[41] Hier liegt ein entscheidender Unterschied zwischen dem Fall des Mannes, der wegen des Mordes auf der „Apollonia" verurteilt wurde und der vom SPIEGEL die Unterlassung der weiteren Nennung seines Namens im Online-Archiv verlangte, und den Mördern des Schauspielers Walter Sedlmayr, die zuletzt vergeblich vor dem Europäischen Gerichtshof für Menschenrechte verlangt hatten, identifizierende Berichte über sie nach der Haftentlassung zu unterbinden. Letztere hatten nämlich nicht nur Rechtsmittel ergriffen, sondern in einer öffentlichen Kampagne versucht, ihren Anträgen Nachdruck zu verleihen, und damit selbst die Erinnerung an ihre Tat wachgerufen.[42]

In einem besonderen Abschnitt des Beschlusses setzt sich das Verfassungsgericht mit technischen Möglichkeiten der Anonymisierung von Online-Berichten über Personen auseinander. Das wurde erforderlich, weil der Bundesgerichtshof in seinem angegriffenen Urteil nur die Alternative zwischen vollständiger Löschung der Berichte über den Strafprozess und Abweisung des Anonymisierungsverlangens gesehen hatte. Gerade darin liegt für das Bundesverfassungsgericht eine Grundrechtsverletzung, weil vermittelnde Lösungen technisch möglich gewesen wären, die sowohl dem allgemeinen Persönlichkeitsrecht als auch der Pressefreiheit Rechnung getragen hätten, und damit in verschiedenen Abstufungen des Schutzes die sich ändernden Bedeutungen von Informationen in der Zeit „abfedern" können.[43] Das Gericht erörtert im Detail technische Möglichkeiten, den Betroffenen vor einer namensbezogenen Auffindbarkeit entsprechender archivierter Berichte zu schützen, die bereits existieren. Dabei scheint es eine Lösung zu favorisieren, die diese Berichte nicht insgesamt vor dem Auffinden durch Suchmaschinen schützt („einsperrt"), sondern allein bei der Eingabe des Namens in eine Suchmaschine auf

---

40 1 BvR 13/16, Rn.147f.
41 1 BvR 13/16, Rn.123.
42 1 BvR 13/16, Rn.151f. m. w. Nachw.
43 1 BvR 13/16, Rn.128ff.

eine anonymisierte Kopie verlinkt. Nur wenn der recherchierende Nutzer einen anderen, das Ereignis betreffenden Suchbegriff eingibt, wird er auf die vollständige Version des Berichts (einschließlich des Namens des Betroffenen) hingewiesen.[44] Dadurch könnte das grundrechtlich geschützte Interesse der Presse an der Vorhaltung von vollständigen Originalberichten mit dem Persönlichkeitsrecht des Betroffenen in Einklang gebracht werden. Dessen Schutzbedürfnis verlangt keine vollständige Löschung aus Online-Archiven, sondern nur einen Schutz vor gezielter Namensrecherche. Nutzer, die an dem historischen Vorgang interessiert sind und nach ihm durch Eingabe eines Sachbegriffs suchen, würden letztlich auch auf den Namen stoßen.

Allerdings verzichtet das Bundesverfassungsgericht darauf, aus der Verfassung bestimmte technische Lösungen zur Herstellung von praktischer Konkordanz zwischen dem Persönlichkeitsrecht des Straftäters und der Medienfreiheit herzustellen. Es überlässt dies den Fachgerichten.[45] Das ist bedauerlich, auch wenn der Beschluss eine Reihe von Kriterien enthält, die der Bundesgerichtshof, an den das Verfahren zurückverwiesen wurde, zu berücksichtigen haben wird. Dazu zählen sowohl die hinreichende praktische Wirksamkeit entsprechender technischer Schutzmaßnahmen als auch die Zumutbarkeit für das Medienunternehmen. Hier bleibt das Gericht erstaunlich vage. Einerseits betont es, dass ein vollständiger Schutz vor Auffindbarkeit im Internet wegen der Verlinkung oder Spiegelung auf anderen Webseiten nicht erreichbar, aber auch nicht geboten ist.[46] Andererseits können Schutzmaßnahmen für das Medienunternehmen unzumutbar sein, wenn sie im Einzelfall „angesichts ubiquitärer Spiegelung eines Textes auf anderen Foren" von vornherein ergebnislos wären.[47] Immerhin kann der Betreiber eines Online-Archivs weder die entstehenden Kosten solcher Schutzmaßnahmen zur Begründung einer Unzumutbarkeit anführen noch kann er die Verantwortung auf die Suchmaschinen abwälzen, denn mit der Bereitstellung online hat das Medienunternehmen die Auffindbarkeit gewollt und trägt dafür auch die Verantwortung. Das Verfassungsgericht hält es auch für möglich, dem Medienunternehmen die Wahl zwischen verschiedenen, gleich wirksamen Schutzmaßnahmen zu belassen.[48] Auch wenn die Fachgerichte den Inhalteanbietern als Konsequenz der verfassungsrechtlich gebotenen Abwägung im Rahmen der Zumutbarkeit

---

44   1 BvR 13/16, Rn. 135.
45   1 BvR 13/16, Rn. 136 ff.
46   1 BvR 13/16, Rn. 137.
47   1 BvR 13/16, Rn. 139.
48   1 BvR 13/16, Rn. 140.

sogar die Entwicklung neuer Instrumente zum Schutz der betroffenen Grundrechte aufgeben können, bleibt ihr Wertungsspielraum nach den Vorgaben des Verfassungsgerichts doch „erheblich".[49] Damit verlagert das Bundesverfassungsgericht die Konkretisierung des Grundrechtsschutzes auf die Zivilgerichte, die dessen Konturen fortlaufend fortzuschreiben haben. Denkbar wäre demgegenüber auch die stärkere Konkretisierung einer verfassungsverträglichen Gestaltung von Informationsangeboten vor dem Hintergrund des jeweiligen Standes der Technik gewesen.

Im zweiten Beschluss vom 6.11.2019 („Recht auf Vergessen II") ging es um die Auseinandersetzung zwischen einer von Medienberichterstattung betroffenen Person und dem Suchmaschinenanbieter Google, der zur „Auslistung" bestimmter personenbezogener Ergebnisse in seinen Trefferlisten verpflichtet werden sollte. Zu dieser Konstellation hat der Europäische Gerichtshof sich inzwischen in vier Urteilen[50] geäußert und seine in der „Google Spain"-Entscheidung erstmals formulierte Haltung zum „Recht auf Vergessen" ausdifferenziert. Dieser Rechtsprechung folgt das Bundesverfassungsgericht bei der direkten Anwendung der Grundrechte-Charta und ergänzt sie vor dem Hintergrund des konkreten Sachverhalts. So hatte der EuGH in seiner „Google Spain"-Entscheidung davon gesprochen, dass das Schutzinteresse der betroffenen Person bei der Auseinandersetzung mit einem Suchmaschinen-Anbieter „im Allgemeinen" Vorrang vor den Interessen der Internetnutzer habe.[51] Der Gerichtshof hatte aber noch nicht darüber zu entscheiden, wie die Meinungsfreiheit der betroffenen Inhalteanbieter bei einer Abwägung zwischen ihr und dem Grundrecht auf Datenschutz der von Treffern in einer Suchmaschine betroffenen Person zu berücksichtigen ist, weil im Fall „Google Spain" dem Rechtsstreit eine amtliche Insolvenz-Bekanntmachung zugrunde lag. Das Bundesverfassungsgericht räumt in seinem Beschluss „Recht auf Vergessen II" der Rundfunkfreiheit des Norddeutschen Rundfunks zusätzliche Bedeutung bei, die durch eine Auslistung eines bestimmten Beitrags („Die fiesen Tricks der Arbeitgeber") mittelbar betroffen gewesen wäre. Das Verfassungsgericht betont zu Recht, dass weder der EuGH noch der Menschenrechtsgerichtshof in ihrer Rechtsprechung dem Datenschutz und dem Persönlichkeitsrecht einen prinzipiellen Vorrang vor allen anderen Grundrechten einräumen.[52]

---

49 1 BvR 13/16, Rn. 142.
50 EuGH, Urteil vom 13.5.2014, C-131/12, ECLI:EU:C:2014:317, Google Spain; Urteil vom 9.3.2017, C-398/15, ECLI:EU:C:2017:197, Manni, sowie die beiden Urteile vom 24.9.2019, C-136/17, ECLI:EU:C:2019:773, GC u.a. und C-507/17, ECLI:EU:C:2019:772, Google (Portée territoriale).
51 EuGH, C-131/12, Rn. 81.
52 1 BvR 276/17, Rn. 141.

Auch in seiner zweiten Entscheidung misst das Verfassungsgericht dem Zeitfaktor eine maßgebliche Bedeutung bei, allerdings mit gegenteiligem Ergebnis für die betroffene Beschwerdeführerin. Zwar kritisiert das Bundesverfassungsgericht zu Recht, dass die das Auslistungsbegehren der Geschäftsführerin ablehnende Entscheidung des OLG Celle mit deren bloßer Betroffenheit in ihrer „Sozialsphäre" begründet wurde.[53] Gerade die Verwendung von Suchmaschinen für personenbezogene Abfragen führt dazu, dass zwischen Privat- und Sozialsphäre nicht mehr unterschieden werden kann.[54] Im Ergebnis ist die Entscheidung des OLG Celle nach den Kriterien des Bundesverfassungsgerichts nicht zu beanstanden, weil die Geschäftsführerin zum einen dem Rundfunksender das zugrundeliegende Interview selbst gegeben hatte und zum anderen im Zeitpunkt der Entscheidung noch nicht genug Zeit seit dem Interview verstrichen war, an dessen Inhalt derzeit noch ein öffentliches Interesse bestand. Das Verfassungsgericht stimmt dem angegriffenen zivilgerichtlichen Urteil ausdrücklich auch in der Aussage zu, dass „zum gegenwärtigen Zeitpunkt" noch kein Anspruch auf Auslistung dieses konkreten Beitrags in der Ergebnisliste der Suchmaschine gegeben sei.[55] Durch weiteren Zeitablauf könne die Identifizierbarkeit/Auffindung dieses Beitrags aber durchaus unzumutbar werden. In beiden Beschlüssen lehnt das Bundesverfassungsgericht es allerdings ab, schematischen Fristen zu nennen, nach deren Ablauf das Schutzinteresse einer betroffenen Person gegenüber dem Informationsinteresse der Öffentlichkeit Vorrang erlangt. Ebenso wenig dürfen die Tilgungsfristen des Bundeszentralregistergesetzes bei verurteilten Straftätern oder andere einfachgesetzliche Löschungsfristen eine vorschnelle Analogiesperre bilden.[56]

VI. Fazit

Insgesamt haben die beiden Beschlüsse des Bundesverfassungsgerichts vom 6.11.2019 weit über das Informationsrecht hinausgehende Bedeutung. Das gilt sowohl für die abstrakt-allgemeinen bezüglich des grundrechtlichen Prüfungsmaßstabs als auch bezüglich der Eröffnung des individuellen Rechtsschutzes mittels Verfassungsbeschwerde unter Berufung auf die Europäische Grundrechte-Charta. Auch in ihrem materiellen Kern halten die Beschlüsse wichtige Kriterien

---

53 1 BvR 276/17, Rn. 128.
54 Erstaunlicherweise verwendet das BVerfG allerdings den Begriff „Sozialsphäre" selbst im Parallel-Beschluss „Recht auf Vergessen I" (1 BvR 13/16, Rn. 121) ohne diese berechtigte Kritik.
55 1 BvR 276/17, Rn. 133.
56 1 BvR 13/16, Rn. 126.

für die Abwägung zwischen den Grundrechten auf Schutz der Privatheit und der personenbezogenen Daten einerseits und der Kommunikationsfreiheiten (Meinungs- und Informationsfreiheit) andererseits bereit.[57] Auch wenn nicht alle Fragen beantwortet und teilweise auf die Fachgerichte verlagert wurden, hat das Bundesverfassungsgericht mit diesen Beschlüssen sowohl die informationelle Selbstbestimmung als auch die Informationsfreiheit gestärkt und zugleich deutlich gemacht, dass es den Grundrechtsschutz gemeinsam mit den europäischen Gerichten gewährleisten will.

---

57 Vgl. dazu auch die vom Europäischen Datenschutzausschuss am 2.12.2019 beschlossenen Guidelines 5/2019 on the criteria of the Right to be Forgotten in the search engine cases under the GDPR (Part I) – for public consultation, S. 10 ff.

*Matthias Bäcker**

Reformbedarf und Reformperspektiven des Verbraucherinformationsrechts

Inhaltsübersicht

I. Der Dauerstreit um die behördliche Verbraucherinformation
II. Stand der Diskussion zum Verbraucherinformationsrecht
   1. Rechtsprechung und Literatur zu § 40 Abs. 1a LFGB
   2. Rechtsprechung zum VIG
III. Die jüngere Diskussion als Krisensymptom
IV. Ansätze für eine Reform des Verbraucherinformationsrechts
   1. „Kleine" Lösung: Konzentration der Information über Normverstöße in § 40 Abs. 1a LFGB
   2. „Große" Lösung: Einrichtung eines umfassenden Transparenzsystems
V. Fazit

I. Der Dauerstreit um die behördliche Verbraucherinformation

Das Verbraucherinformationsrecht ist ein besonders streitträchtiges Rechtsgebiet. Auch wenn sich der Dauerstreit um behördliche Verbraucherinformationen hinsichtlich der Streitanlässe und der streitentscheidenden Normen mehrfach verschoben hat, ist sein Gegenstand im Kern konstant geblieben. Es geht um die Herausgabe von Informationen über Lebensmittel und Lebensmittelunternehmen, welche die Lebensmittelbehörden bei ihrer Kontrolltätigkeit erlangt haben. Umstritten sind insbesondere Fälle, in denen eine solche Herausgabe nicht angezeigt ist, um konkret drohende Schäden für Rechtsgüter abzuwehren, sondern die Informationsgewähr dazu dienen soll, Informationsasymmetrien auf den Lebensmittelmärkten abzubauen und so die privaten Konsumentscheidungen zu unterstützen.[1]

---

* Prof. Dr. Matthias Bäcker ist Inhaber der Stiftungsprofessur für Öffentliches Recht und Informationsrecht, insbesondere Datenschutzrecht an der Johannes Gutenberg-Universität Mainz.
1 Vgl. zu der Unterscheidung zwischen behördlichen Veröffentlichungen zur Krisenintervention und zur Förderung der Markttransparenz *Bäcker*, Konsumrelevante Veröffentlichungen durch Behörden, Typen und Regelungsprobleme am Beispiel der Lebensmittelüberwachung, JZ 2016, S. 595 (596).

Rechtsgrundlagen für eine behördliche Informationsgewähr mit dem Ziel der Markttransparenz finden sich in zwei Regelungswerken, die zusammen die Säulen des Verbraucherinformationsrechts bilden. Erstens verpflichtet § 40 Abs. 1a Lebensmittel-, Bedarfsgegenstände- und Futtermittelgesetzbuch (LFGB) die Lebensmittelbehörden, die Öffentlichkeit über bestimmte Verstöße gegen lebensmittelrechtliche Vorschriften zu informieren. Dabei handelt es sich um Grenzwertüberschreitungen, unzulässige Inhaltsstoffe sowie andere erhebliche oder wiederholte Verstöße, derentwegen die Verhängung eines Bußgeldes von mindestens 350 € zu erwarten ist. Zweitens enthält das Verbraucherinformationsgesetz (VIG) Regelungen über die Herausgabe behördlicher Verbraucherinformationen. Streitträchtig ist insbesondere § 2 Abs. 1 Satz 1 Nr. 1 VIG. Diese Vorschrift regelt einen voraussetzungslosen Anspruch auf Zugang zu Informationen über Verstöße gegen lebensmittelrechtliche Bestimmungen und damit zusammenhängende behördliche Maßnahmen. Darüber hinaus erlaubt § 6 Abs. 1 Satz 3 VIG den informationspflichtigen Behörden, von sich aus Informationen zu veröffentlichen, zu denen sie auf Antrag Zugang gewähren müssten.

Weitere Regelungen zur Transparenz behördlicher Lebensmittelkontrollen finden sich neuerdings in der seit dem 14.12.2019 geltenden neuen Kontroll-VO.[2] Die Verordnung lässt es in Art. 8 Abs. 5 und Art. 11 Abs. 3 ausdrücklich zu, Kontrollergebnisse mit Bezug zu einzelnen Lebensmittelunternehmen sowie die darauf basierenden Einstufungen der betroffenen Unternehmen zu veröffentlichen. Diese Vorschriften stellen allerdings (wohl) keine eigenständigen Veröffentlichungsermächtigungen dar, sondern errichten lediglich materielle und prozedurale Mindestanforderungen an die behördliche Weitergabe der erfassten Informationen.

---

2 Verordnung (EU) 2017/625 des Europäischen Parlaments und des Rates vom 15.3.2017 über amtliche Kontrollen und andere amtliche Tätigkeiten zur Gewährleistung der Anwendung des Lebens- und Futtermittelrechts und der Vorschriften über Tiergesundheit und Tierschutz, Pflanzengesundheit und Pflanzenschutzmittel, zur Änderung der Verordnungen (EG) Nr. 999/2001, (EG) Nr. 396/2005, (EG) Nr. 1069/2009, (EG) Nr. 1107/2009, (EU) Nr. 1151/2012, (EU) Nr. 652/2014, (EU) 2016/429 und (EU) 2016/2031 des Europäischen Parlaments und des Rates, der Verordnungen (EG) Nr. 1/2005 und (EG) Nr. 1099/2009 des Rates sowie der Richtlinien 98/58/EG, 1999/74/EG, 2007/43/EG, 2008/119/EG und 2008/120/EG des Rates und zur Aufhebung der Verordnungen (EG) Nr. 854/2004 und (EG) Nr. 882/2004 des Europäischen Parlaments und des Rates, der Richtlinien 89/608/EWG, 89/662/EWG, 90/425/EWG, 91/496/EEG, 96/23/EG, 96/93/EG und 97/78/EG des Rates und des Beschlusses 92/438/EWG des Rates (Verordnung über amtliche Kontrollen), ABl. 2017 L 95 S. 1.

Die maßgeblichen Ermächtigungen sind, soweit es um eine Informationsgewähr mit dem Ziel der Markttransparenz geht, nach wie vor allein im nationalen Recht zu suchen.[3]

Die Regelungen über die Herausgabe behördlicher Verbraucherinformationen sind bei Lebensmittelunternehmen und Branchenverbänden unbeliebt. Gleichzeitig wurde insbesondere das VIG von Behörden und Verbraucherschutzorganisationen in kreativer Weise genutzt, um gegen – tatsächliche oder vermeintliche – Transparenzdefizite auf den Lebensmittelmärkten vorzugehen. Das Zusammenwirken dieser Faktoren hat zu zahlreichen Publikationen – vielfach auf der Basis vergüteter Rechtsgutachten – und Gerichtsverfahren geführt. Daher ist die Diskussion zu beiden Säulen des Verbraucherinformationsrechts mittlerweile weit fortgeschritten.

Der Beitrag zeichnet den Stand der Diskussion zur Herausgabe behördlicher Verbraucherinformationen nach. Das Hauptaugenmerk gilt der Rechtsprechungsentwicklung (unten II.). Die teils sehr kleinteiligen Interpretationsprobleme werden als Symptome einer tieferliegenden Regelungskrise gedeutet. Die Säulen des Verbraucherinformationsrechts sind in sich nicht schlüssig reguliert und darüber hinaus unzureichend aufeinander abgestimmt (unten III.). Für die deshalb erforderliche Reform werden unterschiedliche Ansätze aufgezeigt (unten IV.). Vorzugswürdig erscheint eine grundlegende Neuausrichtung. Das derzeit punktuell auf einzelne Rechtsverstöße fokussierte Verbraucherinformationsrecht sollte zu einem umfassenden Transparenzregime fortentwickelt werden (unten V.).

II. Stand der Diskussion zum Verbraucherinformationsrecht

Der Schwerpunkt der Diskussion zum Verbraucherinformationsrecht lag zunächst beim VIG und verschob sich dann zu dem neu eingeführten § 40 Abs. 1a LFGB. Gegenwärtig werden intensive Auseinandersetzungen zu beiden Säulen des Verbraucherinformationsrechts geführt.

---

3 *Holzner*, Rot für die Gastro-Ampel, Rechtsstaatliche Determinanten der Publikation behördlicher, vergleichender Bewertungen als Instrument des öffentlichen Wirtschaftsrechts – unter besonderer Berücksichtigung der geplanten Novellierung von Art. 10 Abs. 3 KontrollVO –, GewArch 2016, S. 95 (99).

1. Rechtsprechung und Literatur zu § 40 Abs. 1a LFGB

Die Veröffentlichungsermächtigung in § 40 Abs. 1a LFGB wurde seit ihrer Einführung im Jahr 2012[4] im Schrifttum teils scharf kritisiert. Aufgrund verwaltungsgerichtlicher Eilentscheidungen wurde sie jahrelang nahezu bundesweit nicht angewandt.[5] Im Jahr 2018 hat das Bundesverfassungsgericht sie jedoch im Kern bestätigt.[6] Zwar hat das Gericht – in unausgesprochener Abkehr[7] von seiner umstrittenen Glykol-Rechtsprechung[8] – die in § 40 Abs. 1a LFGB vorgesehenen Veröffentlichungen als Eingriff in die Berufsfreiheit angesehen. Es hat diesen Eingriff jedoch zum Schutz der Verbraucherinnen und Verbraucher für gerechtfertigt gehalten, insbesondere weil die Veröffentlichungsermächtigung auf hinreichend erhebliche Verstöße beschränkt sei. Allerdings hat das Bundesverfassungsgericht verschiedentlich eine restriktive Auslegung der Norm angemahnt. Schließlich hat das Gericht § 40 Abs. 1a LFGB (nur) insoweit für verfassungswidrig erklärt, als das Gesetz die Veröffentlichung nicht zeitlich begrenzte. Die fehlende Befristungsregelung hat der Gesetzgeber mittlerweile in § 40 Abs. 4a LFGB vorgesehen. Im Zuge dieser Gesetzesänderung wurde die Veröffentlichungsbefugnis auch in anderen Punkten modifiziert, ohne sie jedoch im Kern umzugestalten.

Seit dem Beschluss des Bundesverfassungsgerichts ist § 40 Abs. 1a LFGB bundesweit (wieder) anzuwenden. Der Streit um diese Regelung ist damit nicht befriedet. Er hat sich jedoch von der Verfassungsmäßigkeit der Norm zu ihrer Handhabung im Einzelfall verlagert. Die jüngere Rechtsprechung und Literatur zeigen zahlreiche Anwendungsprobleme auf, die durch die vom Bundesverfassungsgericht geforderten verfassungskonformen Auslegungen nicht bewältigt sind.

Hinsichtlich der Voraussetzungen einer Veröffentlichung bereitet insbesondere die bei Verstößen, die nicht in einer Grenzwertüberschreitung oder der Verwendung eines unzulässigen Inhaltsstoffs bestehen, angeordnete Bußgeldprognose

---

4 Durch Art. 2 des Gesetzes zur Änderung des Rechts der Verbraucherinformation vom 15.3.2012, BGBl. I S. 476.
5 Näher *Bäcker,* Fn. 1, S. 601.
6 BVerfG, Beschluss vom 21.3.2018 – 1 BvF 1/13, BVerfGE 148, 40.
7 Insoweit wie hier *Möstl,* Information der Öffentlichkeit über Rechtsverstöße – Pranger zulässig?, ZLR 2019, S. 343 (345); *Wollenschläger,* Die Verbraucherinformation vor dem BVerfG, JZ 2018, S. 980 (983), die diese Abkehr uneingeschränkt begrüßen.
8 BVerfGE 105, 252; vgl. zur Kritik im zeitgenössischen Schrifttum die Nachweise bei *Bäcker,* Wettbewerbsfreiheit als normgeprägtes Grundrecht, 2007, S. 142, Fn. 518; als beispielhafte spätere kritische Veröffentlichungen *Schoch,* Die Schwierigkeiten des BVerfG mit der Bewältigung staatlichen Informationshandelns, NVwZ 2011, S. 193 ff.; *Augsberg,* Informationsverwaltungsrecht, 2014, S. 202 ff.; *Klement,* Wettbewerbsfreiheit, 2015, S. 303 ff.

erhebliche Schwierigkeiten. Wird diese Prognose ernst genommen, so sind zahlreiche Faktoren zu berücksichtigen, die komplexe Rechtsfragen aufwerfen können und im Voraus oft kaum zuverlässig abzuschätzen sind. Beispielsweise gilt dies für die Fragen, ob sich ein festgestellter Verstoß dem Unternehmen zurechnen lassen wird, auf das sich die Veröffentlichung bezieht,[9] oder wie sich im konkreten Fall das im Ordnungswidrigkeitenrecht geltende Opportunitätsprinzip auswirken wird.[10] Die Prognose der zu erwartenden Bußgeldhöhe wird dadurch zusätzlich erschwert, dass es im Lebensmittelrecht keinen Bußgeldkatalog gibt, der zumindest eine Orientierung bieten könnte.[11] Andererseits soll es unzulässig sein, vor der Veröffentlichung die Rechtskraft des Bußgeldbescheids abzuwarten, da dies wegen der präventiven Ausrichtung der Information sachfremd sei und das Unverzüglichkeitsgebot verletze.[12]

Schwierigkeiten bereitet darüber hinaus der Gegenstand der Veröffentlichung. Das Gesetz ordnet an, das Lebensmittel zu nennen, auf das sich der festgestellte Verstoß bezieht. Hieraus wird gefolgert, die Verbraucherinformation müsse stets ein oder mehrere konkrete Lebensmittel zum Gegenstand haben.[13] Während sich dies bei Grenzwertüberschreitungen und unzulässigen Inhaltsstoffen von selbst versteht, schränkt diese Vorgabe die Information über sonstige Verstöße erheblich ein. So soll eine Information über Hygienemängel in einem Betrieb zwar zulässig sein, wenn sich diese Mängel auf bestimmte oder alle dort vertriebenen Lebens-

---

9 *Becker*, Behördliche Informationspflichten und Verfassungsrecht, NVwZ 2018, S. 1032 (1033); *Wallau*, Einige Fragen zu § 40 Abs. 1a Nr. 2 LFGB, LMuR 2018, S. 186 (188). Eine Zurechenbarkeit nach den Kriterien des Ordnungswidrigkeitenrechts halten für entbehrlich VGH Baden-Württemberg, Beschluss vom 28.11.2019 – 9 S 2662/19, BeckRS 2019, 31690, Rn. 23 ff.; VGH Bayern, Beschluss vom 28.11.2019 – 20 CE 19.1995, BeckRS 2019, 31413, Rn. 52. Diese Auffassung ist pragmatisch nachvollziehbar, fach- und verfassungsrechtlich aber problematisch, da die mit der Bußgelderwartung zusammenhängende Verschuldensprognose zur Angemessenheit der Veröffentlichung beitragen soll, vgl. BVerfG, Beschluss vom 21.3.2018 – 1 BvF 1/13, BVerfGE 148, 40 (60). Das Verschulden kann jedoch nur mit Blick auf die Personen beurteilt werden, denen sich der Verstoß zurechnen lässt.

10 Vgl. die detaillierte und facettenreiche Schilderung der Probleme, welche die gesetzlich angeordnete Sanktionsprognose aufwirft, bei *Dannecker/Dannecker*, Zur Sanktionserwartung einer Geldbuße von mindestens 350 € als Voraussetzung der behördlichen Öffentlichkeitsinformation nach § 40 Abs. 1a Nr. 2 LFGB, ZLR 2019, S. 175 (187 ff.).

11 Vgl. VGH Baden-Württemberg, Beschluss vom 21.5.2019 – 9 S 584/19, LMuR 2019, S. 170 (174).

12 VG Oldenburg, Beschluss vom 28.8.2019 – 7 B 2221/19, BeckRS 2019, 19270, Rn. 24 ff.

13 VGH Hessen, Beschluss vom 8.2.2019 – 8 B 2575/18, BeckRS 2019, 4401, Rn. 21; OVG Nordrhein-Westfalen, Beschluss vom 14.3.2019 – 13 B 67/19, LMuR 2019, S. 178 (179); VGH Baden-Württemberg, Beschluss vom 21.5.2019 – 9 S 584/19, LMuR 2019, S. 170 (172).

mittel auswirken.[14] Lassen sich hingegen konkret betroffene Lebensmittel nicht benennen, so soll die Information von der Rechtsgrundlage nicht gedeckt und darum unzulässig sein.[15]

Einengend wirkt auch die gesetzliche Vorgabe, das Unternehmen zu benennen, unter dessen Namen oder Firma das Lebensmittel hergestellt oder behandelt worden oder in den Verkehr gelangt ist. Da diese Aufzählung den bloßen Weiterverkäufer eines Lebensmittels, das sich bereits im Verkehr befindet, nicht umfasst, wird eine Information über Rechtsverstöße des Verkäufers für unzulässig gehalten.[16]

Streng werden daneben die gesetzlichen Vorgaben zum Zeitpunkt der Veröffentlichung gehandhabt. Seit § 40 Abs. 1a LFGB an den Beschluss des Bundesverfassungsgerichts angepasst wurde, verlangt das Gesetz eine unverzügliche Information. Eine Verletzung des Unverzüglichkeitsgebots kann dazu führen, dass die Veröffentlichung unzulässig wird. Zur Begründung wird ausgeführt, eine inaktuelle Information trage zur Orientierung der Verbraucher nicht bei und könne darum nicht gerechtfertigt werden.[17] Darüber hinaus wird die in § 40 Abs. 4a LFGB eingefügte Sechs-Monats-Frist für die Löschung der Veröffentlichung als bloße Höchstfrist betrachtet. Eine frühere Löschung könne angezeigt sein, wenn die Information bereits vor Ablauf von sechs Monaten nicht mehr zur Orientierung der Verbraucher beitragen könne, etwa bei Saisonware.[18]

Schließlich wurden in mehreren Entscheidungen Anforderungen an die im Gesetz nicht adressierte, vom Bundesverfassungsgericht allerdings angesprochene[19] Darstellung der Information formuliert.[20] Diese Anforderungen gehen über die selbstverständliche Forderung, irreführende Informationen zu

---

14 OVG Niedersachsen, Beschluss vom 1.2.2019 – 13 ME 27/19, BeckRS 2019, 1315, Rn. 10; VG Freiburg, Beschluss vom 30.4.2019 – 4 K 168/19, BeckRS 2019, 8130, Rn. 17 ff.; vgl. ferner zu einem hinreichenden Produktbezug durch die Verwendung einer Sammelbezeichnung VGH Baden-Württemberg, Beschluss vom 21.5.2019 – 9 S 584/19, LMuR 2019, S. 170 (172); VGH Bayern, Beschluss vom 28.11.2019 – 20 CE 19.1995, BeckRS 2019, 31413, Rn. 47 f.

15 Vgl. zu Hygienemängeln in einem Ladengeschäft VGH Hessen, Beschluss vom 8.2.2019 – 8 B 2575/18, BeckRS 2019, 4401, Rn. 21.

16 VGH Hessen, Beschluss vom 8.2.2019 – 8 B 2575/18, BeckRS 2019, 4401, Rn. 22.

17 VG Oldenburg, Beschluss vom 28.8.2019 – 7 B 2221/19, BeckRS 2019, 19270, Rn. 16 ff.; *Grube/Pitzer*, Erste Bemerkungen zur Neufassung von § 40 Abs. 1a, 4 und 4a LFGB nach dem Ersten LFGB-Änderungsgesetz vom 24.4.2019, ZLR 2019, S. 465 (468).

18 OVG Nordrhein-Westfalen, Beschluss vom 15.1.2019 – 13 B 1587/18, BeckRS 2019, 171, Rn. 23 f.; *Grube/Pitzer*, Fn. 17, S. 471.

19 BVerfG, Beschluss vom 21.3.2018 – 1 BvF 1/13, BVerfGE 148, 40 (56 f.).

20 Einen Schwerpunkt der zukünftigen Diskussion bei dieser Frage prognostiziert *Möstl*, Fn. 7, S. 352.

unterlassen,[21] deutlich hinaus. So reiche es nicht aus, wenn lediglich die Norm genannt werde, gegen die verstoßen wurde. Der Normverstoß müsse vielmehr für Laien verständlich beschrieben werden.[22] Wie detailliert und fallspezifisch diese Beschreibung sein muss, ist allerdings noch weitgehend ungeklärt.[23] Darüber hinaus wurde gefordert, die Rolle des von der Information betroffenen Unternehmens (etwa als Hersteller, Importeur oder Inverkehrbringer eines Lebensmittels) zu spezifizieren, da diese Angabe für die Konsumentscheidungen der Verbraucherinnen und Verbraucher bedeutsam sei.[24]

2. Rechtsprechung zum VIG

Dauerthema der Rechtsprechung zum VIG ist die Offenbarung der Ergebnisse von Betriebskontrollen bei Lebensmittelunternehmen. Diese Betriebskontrollen dienen nicht nur dazu, konkrete Verstöße gegen das Lebensmittelrecht aufzudecken. Sie sollen auch das lebensmittelrechtliche Risiko der kontrollierten Betriebe ermitteln. An das Betriebsrisiko knüpft die weitere Kontrollfrequenz an. Grundlage der Betriebskontrollen ist eine Verwaltungsvorschrift.[25] Danach sind anhand mehrerer Kontrollkategorien unterschiedliche Merkmale zu bewerten. Hierzu zählen etwa die Betriebsorganisation, bauliche und technische Verhältnisse sowie konkrete Mängel, die bei der Betriebskontrolle festgestellt werden. Die Kontrollbehörde bewertet die einzelnen Merkmale mit Punktwerten, die zu einem Gesamtergebnis addiert werden.

Zunächst veröffentlichten mehrere Berliner Bezirksämter sowie die Senatsverwaltung für Justiz und Verbraucherschutz die Ergebnisse der Betriebskontrollen auf der Grundlage von § 6 Abs. 1 Satz 3 VIG im Internet. Mitgeteilt wurden die bei den Kontrollen ermittelten Gesamtpunktzahlen, teils auch die Einzelpunktzahlen. Den mitgeteilten Punktzahlen wurden Bewertungen in Form von Schulnoten oder

---

21 Irreführend ist etwa die Bezeichnung eines Lebensmittels als „gesundheitsschädlich", wenn Gesundheitsschäden aufgrund eines gewöhnlichen Konsums auszuschließen sind, VG Regensburg, Beschluss vom 19.8.2019 – RO 5 E 19.1450, BeckRS 2019, 19854, Rn. 22 ff.
22 OVG Nordrhein-Westfalen, Beschluss vom 14.3.2019 – 13 B 67/19, LMuR 2019, S. 178 (179).
23 Sehr großzügig war eine Entscheidung, die eine Umschreibung als „Verbrauchertäuschung" für präzise genug hielt: VG Würzburg, Beschluss vom 24.7.2019 – W 8 E 19.766, LMuR 2019, S. 237 (241).
24 OVG Nordrhein-Westfalen, Beschluss vom 15.1.2019 – 13 B 1587/18, BeckRS 2019, 171, Rn. 22.
25 Allgemeine Verwaltungsvorschrift über Grundsätze zur Durchführung der amtlichen Überwachung der Einhaltung der Vorschriften des Lebensmittelrechts, des Rechts der tierischen Nebenprodukte, des Weinrechts, des Futtermittelrechts und des Tabakrechts (AVV Rahmen-Überwachung – AVV RÜb) vom 3.6.2008, zuletzt geändert durch Verwaltungsvorschrift vom 15.2.2017 (BAnz AT 17.2.2017 B3).

Smileys zugeordnet.[26] Diese Veröffentlichungspraxis scheiterte im Eilrechtsschutz vor der Berliner Verwaltungsgerichtsbarkeit. Das letztinstanzlich entscheidende Oberverwaltungsgericht Berlin-Brandenburg führte zur Begründung aus, gemäß § 6 Abs. 1 Satz 3 VIG dürften die Lebensmittelbehörden nur die Daten veröffentlichen, die in § 2 Abs. 1 Satz 1 VIG genannt seien. Der Begriff des Datums umfasse nur tatsächliche Erkenntnisse und keine reinen Bewertungen, wie sie in den Veröffentlichungen mitgeteilt würden.[27]

Seitdem haben die Lebensmittelbehörden, soweit ersichtlich, bundesweit keine Kontrollergebnisse mehr auf der Grundlage von § 6 Abs. 1 Satz 3 VIG proaktiv veröffentlicht. Hingegen hatte sich die Rechtsprechung zunehmend mit Zugangsanträgen zu befassen, die private Organisationen mit dem Ziel stellten, die herausgegebenen Kontrollergebnisse im Internet zu veröffentlichen.

Parallel zu der Berliner Veröffentlichungspraxis führte das nordrhein-westfälische Ministerium für Klimaschutz, Umwelt, Landwirtschaft, Natur- und Verbraucherschutz seit 2013 gemeinsam mit der dortigen Verbraucherzentrale das „Pilotprojekt Kontrollbarometer" durch. Die Verbraucherzentrale beantragte Zugang zu den bei Betriebskontrollen in Bielefeld und Duisburg in bestimmten Kategorien vergebenen Punktwerten. Den Punktwerten wurden sodann nach einem vorgegebenen Schema Bewertungen zugeordnet, die visualisiert und im Internet als „Gastro-Kontrollbarometer" veröffentlicht wurden.

Auch dieses Vorgehen hatte vor den Verwaltungsgerichten keinen Bestand. Das Oberverwaltungsgericht Nordrhein-Westfalen entschied, die Punktwerte als Ergebnisse der behördlichen Risikobeurteilung bezögen sich nicht auf festgestellte Abweichungen von Rechtsvorschriften i.S.v. § 2 Abs. 1 Satz 1 Nr. 1 VIG, da ihnen keine konkreten Mängel oder Beanstandungen zu entnehmen seien. Die Vergabe der Punktwerte sei auch keine behördliche Maßnahme oder Entscheidung, die im Zusammenhang mit solchen Abweichungen getroffen werde. Die Punktwerte dienten allein dazu, die Kontrollfrequenz für den betreffenden Betrieb zu ermitteln, nicht aber zur Feststellung, Beseitigung oder Verhinderung von konkreten Normverstößen. Die Herausgabe der Punktwerte fördere schließlich nicht das

---

26 Näher *Holzner*, Die „Pankower Ekelliste", Zukunftsweisendes Modell des Verbraucherschutzes oder rechtswidriger Pranger?, NVwZ 2010, S. 489.
27 OVG Berlin-Brandenburg, Beschluss vom 3.6.2014 – OVG 5 N 2.13, NVwZ-RR 2014, S. 846 (848). Diese Interpretation des Begriffs „Datum" erscheint allerdings kaum haltbar, näher *Bäcker*, Fn. 1, S. 602.

Ziel des Gesetzes, die Transparenz der Lebensmittelmärkte zu erhöhen. Denn die Punktwerte ließen keine Rückschlüsse auf die eventuell im Rahmen einer Betriebskontrolle festgestellten Mängel zu.[28]

Im Anschluss an das Pilotprojekt schuf das Land Nordrhein-Westfalen mit dem Kontrollergebnis-Transparenz-Gesetz[29] eine besondere Rechtsgrundlage für die Veröffentlichung der Kontrollergebnisse. Das Gesetz sah vor, bei amtlichen Kontrollen Punktwerte für die Beurteilungsmerkmale Zuverlässigkeit des Lebensmittelunternehmers, Verlässlichkeit der Eigenkontrollen und Hygienemanagement zu vergeben. Aus der Gesamtpunktzahl sollte sich eine grafisch darstellbare Bewertung ergeben. Die Bewertungen sollten zum einen im Internet veröffentlicht werden. Zum anderen sollten die Lebensmittelunternehmer verpflichtet sein, das Kontrollbarometer für Verbraucherinnen und Verbraucher zugänglich zu machen. Das Gesetz wurde jedoch nach dem Regierungswechsel in Nordrhein-Westfalen bereits vor Inkrafttreten der Veröffentlichungspflicht wieder aufgehoben.[30]

Den jüngsten Vorstoß, die Kontrollergebnisse öffentlich zugänglich zu machen, stellt das von Foodwatch e.V. und der Transparenzinitiative FragDenStaat seit Anfang 2019 betriebene Internetportal „Topf Secret" dar. Das Portal ermöglicht seinen Nutzerinnen und Nutzern, mittels eines Webformulars Anträge auf Zugang zu den Berichten der letzten zwei Kontrollen eines Betriebs zu stellen, soweit es dabei zu Beanstandungen kam. Die Nutzerinnen und Nutzer sind aufgefordert, die erhaltenen Kontrollberichte auf dem Portal hochzuladen und so öffentlich zugänglich zu machen.[31]

In einer Vielzahl von verwaltungsgerichtlichen (überwiegend Eil-)Verfahren sind Lebensmittelunternehmen gegen die Herausgabe von Kontrollberichten aufgrund eines durch „Topf Secret" vermittelten Antrags vorgegangen.[32] Die bislang vorliegenden Entscheidungen fielen unterschiedlich aus.

---

28 OVG Nordrhein-Westfalen, Urteil vom 12.12.2016 – 13 A 941/15, NVwZ-RR 2017, S. 447.

29 Gesetz zur Bewertung, Darstellung und Schaffung von Transparenz von Ergebnissen amtlicher Kontrollen in der Lebensmittelüberwachung (Kontrollergebnis-Transparenz-Gesetz – KTG) vom 7.3.2017, NW GVBl. 2017 S. 334.

30 Durch Art. 4 des Gesetzes zum Abbau unnötiger und belastender Vorschriften im Land Nordrhein-Westfalen – Entfesselungspaket I vom 22.3.2018, NW GVBl. 2018 S. 172.

31 Vgl. Topf Secret, Wie sauber ist Ihr Lieblingsrestaurant?, abrufbar im Internet unter https://fragdenstaat. de/kampagnen/lebensmittelkontrolle/app (letzter Zugriff 23.12.2019).

32 Laufend aktualisierte Übersichten finden sich abrufbar im Internet unter https://fragdenstaat.de/ kampagnen/lebensmittelkontrolle/klagen und https://www.bvlk.de/news/rechtsentscheidungen-zur-veroeffentlichungen-von-kontrollberichten-auf-der-online-plattform-topf-secret.html (jeweils letzter Zugriff 23.12.2019).

Die meisten Verwaltungsgerichte nehmen an, ein Rechtsverstoß im Sinne des § 2 Abs. 1 Satz 1 Nr. 1 VIG sei nur dann „festgestellt",[33] wenn die zuständige Behörde eine rechtliche Subsumtion vorgenommen habe. Diese müsse über eine bloße naturwissenschaftlich-analytische Sachverhaltsschilderung hinausgehen.[34] Dieses Erfordernis wird allerdings nicht einheitlich gehandhabt. Teils wird es für ausreichend gehalten, wenn bestimmte Feststellungen als Mängel gekennzeichnet werden.[35] Hingegen wird überwiegend gefordert, dass auch die verletzte Norm dokumentiert sein muss.[36] Dieser restriktiveren Position hat sich jüngst in einem Verfahren, das nicht direkt zum „Topf Secret"-Komplex zählt, auch das Bundesverwaltungsgericht angeschlossen.[37]

Vor allem aber wird kontrovers beurteilt, ob sich die geplante Internetveröffentlichung auf die Zulässigkeit der Herausgabe der Kontrollberichte auswirkt. Einige Gerichte nehmen an, die Herausgabe zum Zweck der Veröffentlichung komme einer amtlichen Veröffentlichung zumindest nahe. Sie sei daher an den Anforderungen zu messen, die das Bundesverfassungsgericht in seinem Beschluss zu § 40 Abs. 1a LFGB errichtet hat. Das VIG genüge diesen Anforderungen nicht, da es die Weitergabe von Informationen auch über bagatellarische Verstöße ermögliche und keine zeitliche Begrenzung der Veröffentlichung gewährleiste. Die Lebensmittelbehörden dürften daher den Zugang zu den Kontrollberichten nur in einer Form gewähren, die eine (unmittelbare) Veröffentlichung der herausgegebenen Informationen ausschließe, etwa durch mündliche Mitteilung oder eine Einsichtnahme bei der Behörde.[38] Die meisten Gerichte sind hingegen der Auffassung, die drohende Veröffentlichung sei der Zugang gewährenden Behörde nicht zuzurechnen. Der gesetzlich geregelte Informationszugang beschränke sich auf die Herausgabe der begehrten Informationen an den Antragsteller oder die Antragstellerin.

---

33 Die Feststellung setzt jedenfalls nicht voraus, dass über den Verstoß bereits verbindlich durch Verwaltungsakt entschieden wurde, dies klarstellend nunmehr BVerwG, Urteil vom 29.8.2019 – 7 C 29.17, Rn. 30 ff.

34 Anders VG Sigmaringen, Beschluss vom 8.7.2019 – 5 K 3162/19, BeckRS 2019, 14263, Rn. 12.

35 VG Weimar, Beschluss vom 23.5.2019 – 8 E 423/19, juris, Rn. 13; tendenziell auch VG Düsseldorf, Beschluss vom 7.6.2019 – 29 L 1226/19, BeckRS 2019, 11823, Rn. 34 f.

36 VG Würzburg, Beschluss vom 3.4.2019 – W 8 S 19.239, BeckRS 2019, 6549, Rn. 25 ff.; VG Ansbach, Urteil vom 12.6.2019 – AN 14 K 19.773, BeckRS 2019, 15084, Rn. 24; VG München, Beschluss vom 8.7.2019 – M 32 SN 19.1389, LMuR 2019, S. 230 (233).

37 BVerwG, Urteil vom 29.8.2019 – 7 C 29.17, Rn. 32.

38 VG Würzburg, Beschluss vom 3.4.2019 – W 8 S 19.239, BeckRS 2019, 6549, Rn. 33 f.; VG Ansbach, Urteil vom 12.6.2019 – AN 14 K 19.773, BeckRS 2019, 15084, Rn. 25 ff.; *Kluge*, Topf Secret – Zum (rechtlichen) Stand der Dinge, ZLR 2019, S. 518 (524 ff.); tendenziell ebenso, letztlich die Frage aber offenlassend VG Hamburg, Beschluss vom 27.5.2019 – 20 E 934/19, BeckRS 2019, 10704, Rn. 19 ff.; vage OVG Hamburg, Beschluss vom 14.10.2019 – 5 Bs 149/19, BeckRS 2019, 26284, Rn. 11 ff.

Wenn diese die erhaltenen Informationen veröffentlichen, sei die Rechtmäßigkeit der Veröffentlichung gesondert zu beurteilen und gegebenenfalls von den Zivilgerichten zu untersuchen. Eine Schutzlücke entstehe dadurch nicht.[39]

Das Bundesverwaltungsgericht hat jüngst ausgeführt, ein Informationszugang nach § 2 Abs. 1 Satz 1 Nr. 1 VIG greife zwar in die Berufsfreiheit ein, insbesondere wenn der Antragsteller oder die Antragstellerin erklärtermaßen mit den erlangten Informationen kampagnenartig an die Öffentlichkeit gehen wolle. Der Eingriff sei jedoch gerechtfertigt. Die Wettbewerbswirkung des antragsgebundenen Informationszugangs bleibe hinter der aktiven Informationsgewähr nach § 40 Abs. 1a LFGB quantitativ und qualitativ weit zurück, sodass die verfassungsrechtlichen Maßstäbe nicht deckungsgleich seien. Die Zugangsregelung in § 2 Abs. 1 Satz 1 Nr. 1 VIG wahre den Verhältnismäßigkeitsgrundsatz. Zur Begründung verweist das Gericht insbesondere auf die gesetzlichen Vorgaben zur Informationsrichtigkeit und zur Anhörung des Betroffenen sowie auf die Beschränkung des Zugangsanspruchs auf Informationen über regelwidriges Verhalten.[40] Wenngleich diese Entscheidung nicht unmittelbar das Portal „Topf Secret" zum Gegenstand hatte, liegt auf ihrer Grundlage nahe, dass das Bundesverwaltungsgericht auch gegen den Informationszugang im Rahmen dieses Portals keine Einwände erheben würde.

III. Die jüngere Diskussion als Krisensymptom

Die jüngere Diskussion zum Verbraucherinformationsrecht zeigt eine Regelungskrise an, die sich auf der Ebene der Auslegung und Anwendung des vorhandenen Normenbestands nicht überzeugend bewältigen lässt. Das Verbraucherinformationsrecht bedarf daher der Reform.

Zwar erscheint die jüngere Rechtsprechung in Einzelpunkten durchaus kritikwürdig. Sie neigt mitunter zu übermäßig kleinteiligen Norminterpretationen, die den Zielen des Verbraucherinformationsrechts zuwiderlaufen.

---

39 VG Weimar, Beschluss vom 23.5.2019 – 8 E 423/19, juris, Rn. 21 ff.; VG Düsseldorf, Beschluss vom 7.6.2019 – 29 L 1226/19, BeckRS 2019, 11823, Rn. 46 ff.; VG München, Beschluss vom 8.7.2019 – M 32 SN 19.1389, LMuR 2019, S. 230 (234 f.); VG Sigmaringen, Beschluss vom 8.7.2019 – 5 K 3162/19, BeckRS 2019, 14263, Rn. 17 ff.; VG Freiburg, Beschluss vom 20.8.2019 – 4 K 2530/19, BeckRS 2019, 19973, Rn. 19 ff.; VG Karlsruhe, Beschluss vom 16.9.2019 – 3 K 5407/19, BeckRS 2019, 27103, Rn. 31 ff.; VG Augsburg, Urteil vom 19.11.2019 – Au 1 K 19.1255, BeckRS 2019, 31097, Rn. 31 ff.
40 BVerwG, Urteil vom 29.8.2019 – 7 C 29.17, Rn. 46 ff.

So ist es keineswegs zwingend, dass eine Veröffentlichung nach § 40 Abs. 1a LFGB stets einen konkreten Produktbezug voraussetzen soll. Der Wortlaut der Norm lässt sich auch so verstehen, dass das betroffene Lebens- oder Futtermittel (nur) dann zu benennen ist, wenn sich ein Gesetzesverstoß auf ein konkretes Produkt bezieht. Gesetzesverstöße ohne konkreten Produktbezug sind dann schlicht ohne solche Benennung zu veröffentlichen. Diese weite Interpretation entspricht dem Normziel, eine informierte Konsumentscheidung zu ermöglichen, da hierfür auch produktunspezifische Gesetzesverstöße (etwa allgemeine Hygienemängel) relevant sein können. Bemerkenswerterweise wird ein konkreter Produktbezug denn auch für das Informationszugangsrecht aus § 2 Abs. 1 Satz 1 Nr. 1 VIG gerade nicht vorausgesetzt, obwohl sich dieses Erfordernis aus § 1 VIG durchaus ableiten ließe.[41]

Kritikwürdig ist daneben die Rechtsprechung zu § 2 Abs. 1 Satz 1 Nr. 1 VIG, soweit sie den Informationszugang daran bindet, dass die informationspflichtige Behörde die verletzte lebensmittelrechtliche Norm präzise bezeichnet und unter sie subsumiert hat. Der Wortlaut des Gesetzes steht einem Zugang (allein) zu den tatsächlichen Feststellungen, auf denen der Normverstoß beruht, nicht entgegen. Für die Konsumentscheidung der Zugang begehrenden Person dürften diese Feststellungen eher bedeutsamer sein als ihre genaue juristische Einordnung.

Überwiegend resultiert die Kleinteiligkeit der Diskussion jedoch aus normativen Defiziten des Verbraucherinformationsrechts, die sich durch die Rechtsprechung nicht beheben lassen.

So erfordert die in § 40 Abs. 1a LFGB angeordnete Bußgeldprognose derart vage und komplexe Abschätzungen, dass sie sich kaum seriös durchführen lässt. Zudem vermengt dieses Tatbestandsmerkmal das Markttransparenzziel der Norm mit Erwägungen zur repressiven Ahndung von Verstößen.[42] Dies provoziert ohne Not die Frage, ob § 40 Abs. 1a LFGB strafverfassungsrechtlichen Prinzipien wie der Unschuldsvermutung, dem Verbot der Doppelbestrafung oder dem Nemo-tenetur-Grundsatz genügen muss.[43]

Daneben enthält § 40 Abs. 1a LFGB nach wie vor praktisch keine Vorgaben für die Darstellung der veröffentlichten Informationen. Das Bundesverfassungsgericht hat diese Regelungslücke gebilligt, da das Gesetz der Verwaltung genügend

---

41 Diese schon bisher überwiegend vertretene Auffassung bestätigend BVerwG, Urteil vom 29.8.2019 – 7 C 29.17, Rn. 23 ff.
42 *Möstl*, Fn. 7, S. 348 f.
43 Vgl. etwa *Hamm*, Im Zweifel für den virtuellen Pranger? Das BVerfG, der Verbraucherschutz und die Unschuldsvermutung, NJW 2018, S. 2099 ff.; *Möstl*, Fn. 7, S. 349.

Raum für eine geeignete Gestaltung lasse.⁴⁴ Dies ist jedoch zu bezweifeln. Welche Gestaltung für das Veröffentlichungsziel der Markttransparenz geeignet ist, bemisst sich maßgeblich danach, ob die konsumrelevanten Informationen die Verbraucherinnen und Verbraucher tatsächlich erreichen. Hierzu gehört, dass diese Informationen für Laien verständlich formuliert werden, wie es die jüngere Rechtsprechung zu Recht fordert. Eine gelungene Darstellung erfordert jedoch darüber hinaus, dass sich die Informationen auch in knapper Zeit auffinden und verarbeiten lassen. Hierfür bedarf es einer sinnvollen – durchaus auch plakativen – Gestaltung der Veröffentlichungsplattform, einer Kontextualisierung der veröffentlichten Informationen, zugleich allerdings auch geeigneter Vereinfachungen und Zuspitzungen. Eine pointierte und damit rezipierbare Darstellungsweise ist allerdings rechtlich riskant, weil das Gesetz sie nicht ausdrücklich vorsieht. Die jüngere Entwicklung zeigt, dass die Rechtsprechung sowohl die ausdrücklichen gesetzlichen Grenzen der Veröffentlichungsermächtigung als auch die Grenzen ihres Anwendungsbereichs strikt handhabt. Nach dem Beschluss des Bundesverfassungsgerichts, das aus dem Verhältnismäßigkeitsgrundsatz mehrfach Anforderungen an eine restriktive Norminterpretation abgeleitet hat, ist dieser Ansatz gut nachvollziehbar. § 40 Abs. 1a LFGB setzt damit allerdings im Ergebnis einen starken Anreiz, die veröffentlichten Verstöße möglichst wortreich zu beschreiben und sie ansonsten lediglich listenförmig aneinanderzureihen, wie es auch bundesweit gängig ist.⁴⁵

Die Probleme bei der Anwendung von § 2 Abs. 1 Satz 1 Nr. 1 VIG ergeben sich in erster Linie daraus, dass diese Vorschrift den Informationszugang auf Informationen über Rechtsverstöße beschränkt. Wegen dieser Beschränkung müssen (und dürfen) Informationen ohne unmittelbaren Bezug zu solchen Verstößen nicht herausgegeben werden, selbst wenn ihre Relevanz für die Konsumscheidungen der Verbraucherinnen und Verbraucher offenkundig ist.

Dies gilt insbesondere für die Punktwerte, die bei Betriebskontrollen vergeben werden. Auch wenn das Ziel der Punktevergabe nicht unmittelbar eine Bewertung der Betriebsqualität ist, kommt die behördliche Risikobewertung dem aus Konsumentensicht doch nahe. Zwar trifft es zu, dass sich aus den Punktwerten allein

---

44 BVerfG, Beschluss vom 21.3.2018 – 1 BvF 1/13, BVerfGE 148, 40 (57).
45 Die Listen sind zumeist im Internet abrufbar, wobei manche Länder zentrale Portale betreiben, während sich in anderen Ländern die Listen auf kommunalen Seiten befinden, die teils über eine zentrale Seite erschlossen werden, vgl. beispielhaft für ein zentrales Portal https://verbraucherinfo.ua-bw.de, für eine bloße zentrale Linksammlung https://lua.rlp.de/de/service/verbraucherinformation/lebensmitteltransparenz (jeweils letzter Zugriff 23.12.2019). In Thüringen gibt es, soweit ersichtlich, derzeit überhaupt keine zentrale Plattform, sondern nur dezentrale Veröffentlichungen auf den Internetseiten der Landkreise und kreisfreien Städte.

nicht auf festgestellte Mängel schließen lässt. Dieses Informationsdefizit lässt sich aber beheben, indem die Punktwerte zusammen mit den Kontrollberichten herausgegeben werden, aus denen sich die tatsächlichen Feststellungen der Kontrollbehörde ergeben. Die Punktwerte ergänzen diese Berichte wiederum, indem sie eine Gewichtung der darin getroffenen Feststellungen ermöglichen.

Daneben überzeugt es nicht, dass § 2 Abs. 1 Satz 1 Nr. 1 VIG keinen Zugang zu Informationen über ein regelkonformes Verhalten von Lebensmittelunternehmern ermöglicht.[46] Für die Konsumentscheidung der Verbraucherinnen und Verbraucher sind gerade auch solche Informationen von Bedeutung. Sie können zum einen zeigen, dass ein Unternehmen vertrauenswürdig ist. In einem solchen Fall liegt die Information sogar im Interesse des Unternehmens. Zum anderen ist denkbar, dass ein noch erlaubtes Verhalten gleichwohl bedenklich erscheint und darum gegen einen Konsum spricht. Es ist ein legitimes Anliegen der Verbraucherinnen und Verbraucher, sich über solches Verhalten zu informieren. Schützenswerten Geheimhaltungsinteressen der Unternehmen trägt der Ausschlussgrund des Schutzes von Betriebs- und Geschäftsgeheimnissen (§ 3 Satz 1 Nr. 2 lit. c VIG) hinreichend Rechnung.

Noch schwerer als die Defizite der einzelnen Rechtsgrundlagen wiegt, dass die beiden Säulen des Verbraucherinformationsrechts nicht aufeinander abgestimmt sind.

Ein Abstimmungsbedarf besteht, weil die Informationsgewähr nach § 40 Abs. 1a LFGB und der Informationszugang nach § 2 Abs. 1 Satz 1 Nr. 1 VIG dasselbe Ziel verfolgen. Insbesondere nennt § 1 VIG als Gesetzeszweck die Markttransparenz, nicht etwa die Transparenz der hoheitlichen Marktaufsicht.[47] Diese ausdrückliche Zweckbestimmung ist ernst zu nehmen und der verfassungsrechtlichen wie rechtspolitischen Würdigung des Gesetzes zugrunde zu legen.[48] Jedoch kann der antragsgebundene Informationszugang nach § 2 Abs. 1 Satz 1 Nr. 1 VIG die rechtlichen Grenzen der Veröffentlichungsbefugnis des § 40 Abs. 1a LFGB unterlaufen. Beide Normen beziehen sich auf Informationen über Verstöße gegen lebensmittelrechtliche Vorschriften. Diese Informationen werden nach dem VIG grundsätzlich voraussetzungslos und umfassend herausgegeben, während sie nach dem LFGB nur bei bestimmten Verstößen und zeitlich begrenzt veröffentlicht werden dür-

---

46 So ausdrücklich nunmehr BVerwG, Urteil vom 29.8.2019 – 7 C 29.17, Rn. 52.
47 Näher zu dem Unterschied zwischen Markt- und Verwaltungstransparenz *Bäcker*, Fn. 1, S. 598.
48 Allerdings wird das VIG wegen seiner regelungssystematischen Ausgestaltung als besonderes Informationszugangsgesetz dem Ziel der Markttransparenz in unterschiedlicher Hinsicht nicht gerecht, näher *Bäcker*, Fn. 1, S. 600, 602 f.

fen. Darin liegt ein Normenkonflikt, der sich nicht überzeugend auflösen lässt.[49] Insbesondere überzeugen die Argumente nicht, mit denen ein Teil der Rechtsprechung den Konflikt von vornherein negiert.

Gegen diesen Konflikt lässt sich insbesondere nicht anführen, die Wettbewerbswirkung des antragsgebundenen Informationszugangs bleibe hinter der aktiven hoheitlichen Informationsgewähr fundamental zurück.

Quantitativ dürfte das Gegenteil zutreffen. Der antragsgebundene Informationszugang wird – wie der Fall „Topf Secret" beispielhaft zeigt – von finanziell gut ausgestatteten und kommunikationsmächtigen Organisationen für großflächige Informationskampagnen genutzt. Werden diese Kampagnen professionell betrieben, so dürfte ihre Breitenwirkung über die teils schwer zugänglichen und generell kaum aufbereiteten Listenveröffentlichungen nach § 40 Abs. 1a LFGB weit hinausgehen.[50] Die verfügbaren Informationen sprechen jedenfalls nicht dafür, dass die Listenveröffentlichungen eine besonders große Breitenwirkung haben.[51]

Ein qualitativer Unterschied zwischen dem antragsgebundenen Informationszugang und der aktiven hoheitlichen Informationsgewähr wird damit begründet, dass hoheitliche Informationen besonderes Vertrauen genössen und darum private Konsumentscheidungen stärker beeinflussten als private Veröffentlichungen.[52] Ob diese Erwägung allgemein zutrifft, erscheint nicht unproblematisch, mag aber auch auf sich beruhen. Der antragsgebundene Informationszugang macht jedenfalls gerade hoheitliche Informationen verfügbar, die dann so veröffentlicht werden können, dass ihr hoheitlicher Ursprung erkennbar bleibt. So verfährt auch etwa die Plattform „Topf Secret", die eingescannte Auskunftsschreiben von Behörden veröffentlicht, welche lediglich um personenbezogene Daten bereinigt wer-

---

49 Insoweit ähnlich wie hier, allerdings mit teils sehr weitreichenden Folgerungen *Möstl*, Fn. 7, S. 356 f.; *Grube/Pitzer*, Fn. 17, S. 475 ff.; *Kluge*, Fn. 38, S. 524 ff.

50 So wurden über das Portal „Topf Secret" im Jahr 2019 rund 40.000 Zugangsanträge gestellt. Eine Zugriffsstatistik speziell für dieses Portal wird nicht geführt. Das übergeordnete Portal „FragDenStaat" verzeichnet monatlich etwa 140.000 Zugriffe.

51 Der Verfasser hat in allen Bundesländern die Zugriffszahlen auf die Internetveröffentlichungen nach § 40 Abs. 1a LFGB seit dem Wiederbeginn der Veröffentlichungen erfragt. Hierauf haben zwölf Bundesländer geantwortet, von denen elf bereits Informationen im Internet veröffentlicht hatten. Die meisten hiervon berichteten von einer im Durchschnitt dreistelligen Zugriffszahl im Monat. Lediglich Baden-Württemberg, Hessen und Nordrhein-Westfalen berichteten von deutlich höheren Zugriffszahlen im vierstelligen Bereich monatlich. Einige Länder berichteten, dass es zu besonderen Spitzen im Zusammenhang mit aktuellen Medienberichten gekommen sei. Allerdings ist die Aussagekraft der serverseitig generierten Zugriffsstatistiken begrenzt, sodass die erfragten Zahlen allenfalls vage Anknüpfungspunkte für Vermutungen über die tatsächliche Breitenwirkung der Veröffentlichungen bieten.

52 BVerwG, Beschluss vom 15.6.2015 – 7 B 22.14, NVwZ 2015, S. 1297 (1298); dies teils relativierend BVerwG, Urteil vom 29.8.2019 – BVerwG 7 C 29.17, Rn. 47.

den. Warum eine ersichtlich amtliche Information automatisch weniger Eindruck machen soll, wenn sie auf einer privat betriebenen Plattform veröffentlicht wird, erschließt sich nicht. Schließlich lässt sich der Normenkonflikt nicht überzeugend dadurch auflösen, dass der antragsgebundene Informationszugang und die spätere Veröffentlichung der herausgegebenen Informationen strikt getrennt werden, um das betroffene Unternehmen auf den Zivilrechtsweg zu verweisen. Zwar handelt es sich um zwei abgrenzbare Handlungen, die von unterschiedlichen Stellen ausgehen und rechtlich grundsätzlich je für sich beurteilt werden müssen. Jedoch lässt sich die Nutzung des Zugangsanspruchs für Informationskampagnen nicht als mehr oder weniger zufällige Entwicklung abtun, die dem hoheitlich gewährten Informationszugang nicht oder nur begrenzt zuzurechnen wäre.[53] Ein derartiges Argument erscheint plausibel bei einem Informationszugang nach dem Modell der Verwaltungstransparenz, bei dem Verwaltungsinformationen ohne spezifischen Steuerungszweck herausgegeben werden.[54] Das ausdrücklich gesetzlich normierte Markttransparenzziel des VIG lässt sich hingegen überhaupt erst in nennenswertem Umfang erreichen, wenn die herausgegebenen Informationen aufbereitet und veröffentlicht werden. Die Veröffentlichungen sind darum als intendierte und zurechenbare Folge des Informationszugangs anzusehen. Im Übrigen führt die teils verfochtene rechtliche Trennung von Informationszugang und Veröffentlichung auch darum kaum weiter, weil die Wiedergabe der herausgegebenen Informationen zumindest in aller Regel zulässig ist, wenn die Informationen rechtmäßig herausgegeben wurden.[55] Die Veröffentlichung hat dann amtliche Informationen zum Gegenstand, die rechtmäßig erlangt wurden und auf deren inhaltliche Richtigkeit die veröffentlichende Stelle grundsätzlich vertrauen darf. Die Informationen sind der Sozialsphäre der betroffenen Unternehmen zuzuordnen, also nicht ihrem Inhalt nach vertraulich. Da es sich um Informationen über Rechtsverstöße handelt, ist vielmehr das Geheimhaltungsinteresse des betroffenen Unternehmens grundsätzlich nicht schutzwürdig. Andererseits besteht an der

---

53 Zur Bedeutung und zu den Grenzen der Zurechnung von Folgen behördlicher Maßnahmen *Hoffmann-Riem*, Rechtsformen, Handlungsformen, Bewirkungsformen, in: ders./Schmidt-Aßmann/ Voßkuhle (Hrsg.), Grundlagen des Verwaltungsrechts, Bd. 2, 2012, § 33 Rn. 53.
54 Vgl. *Bäcker*, Fn. 1, S. 598.
55 Äußerungsrechtliche Grenzen ergeben sich für einseitige, unsachliche oder sonst verzerrende Darstellungsformen. Für die Plattform „Topf Secret" sind diese Grenzen nicht relevant, da dort die herausgegebenen Kontrollergebnisse lediglich mit einer Landkarte erschlossen, sonst aber nicht modifiziert oder in einen verfälschenden Kontext eingeordnet werden.

Veröffentlichung ein erhebliches öffentliches Informationsinteresse, das sich in der Abwägung der betroffenen Interessen normalerweise durchsetzen wird.[56] Der Konflikt zwischen dem VIG und dem LFGB zeigt sich noch deutlicher, wenn die – in jüngerer Zeit nicht mehr praktisch relevant gewordene – Veröffentlichungsbefugnis aus § 6 Abs. 1 Satz 3 VIG einbezogen wird. Nach dieser Vorschrift dürften die Lebensmittelbehörden alle Informationen, zu denen Kampagnen wie „Topf Secret" auf Antrag Zugang erhalten, auch von sich aus veröffentlichen. Insbesondere wenn die Norm – gesetzessystematisch konsequent, wenngleich dem Ziel der Markttransparenz widerstreitend – so ausgelegt wird, dass die Behörden nur unaufbereitete Informationen herausgeben dürfen,[57] würden die Veröffentlichungen weitgehend dem von § 40 Abs. 1a LFGB nahegelegten Format entsprechen. Zwar könnte § 40 Abs. 1a LFGB als spezielle Regelung angesehen werden, die gemäß § 2 Abs. 4 VIG die aktive Informationsgewähr auf der Grundlage von § 6 Abs. 1 Satz 3 VIG in ihrem Anwendungsbereich ausschließt.[58] Diese Sichtweise führte allerdings zu der Folgefrage, wie weit die Spezialität genau reicht. So könnte § 6 Abs. 1 Satz 3 VIG für allgemeine Hygienemängel anwendbar bleiben, wenn man mit der Rechtsprechung § 40 Abs. 1a LFGB auf produktbezogene Rechtsverstöße beschränkt sieht. Die einschränkende Auslegung des LFGB, die ersichtlich dazu dienen soll, den Verhältnismäßigkeitsgrundsatz zu wahren, hätte dann die paradoxe Folge, dass sie reflexartig den Anwendungsbereich der deutlich weiter gefassten Veröffentlichungsermächtigung aus dem VIG erweiterte.

IV. Ansätze für eine Reform des Verbraucherinformationsrechts

Die Defizite und die Inkonsistenz des geltenden Verbraucherinformationsrechts kann nur der Gesetzgeber beheben. Dabei sind unterschiedliche Reformansätze vorstellbar, die sich unterschiedlich weit von dem derzeitigen Regelungsmodell entfernen. Im Folgenden werden eine „kleine" Lösung für eine bloß inkrementelle

---

56 Vgl. zu den – persönlichkeitsrechtlich deutlich heikleren, da auf Bewertungen durch Private ohne besondere fachliche Expertise beruhenden – Bewertungsportalen im Internet BGH, Urteil vom 23.6.2009 – VI ZR 196/08, BGHZ 181, 328 ff.; Urteil vom 23.9.2014 – VI ZR 358/13, BGHZ 202, 242 ff.; Urteil vom 20.2.2018 – VI ZR 30/17, BGHZ 217, 340 ff.
57 Vgl. *Bäcker,* Fn. 1, S. 603.
58 Hinsichtlich des antragsgebundenen Informationszugangs kommt eine Spezialität von § 40 Abs. 1a LFGB schon wegen der unterschiedlichen Art der Informationsgewähr nicht in Betracht, vgl. OVG Nordrhein-Westfalen, Urteil vom 12.12.2016 – 13 A 847/15, BeckRS 2016, 113433, Rn. 60.

Überarbeitung und eine „große" Lösung für eine grundlegende Umgestaltung des geltenden Rechts vorgestellt.

1. „Kleine" Lösung: Konzentration der Information über Normverstöße in § 40 Abs. 1a LFGB

Eine „kleine" Lösung für die Regelungsdefizite des geltenden Verbraucherinformationsrechts könnte darin bestehen, eine einheitliche Rechtsgrundlage für die Informationsgewähr über Verstöße gegen das Lebensmittelrecht zu schaffen. Es läge nahe, hierzu bei § 40 Abs. 1a LFGB anzuknüpfen.[59] Zum einen sollte ausdrücklich klargestellt werden, dass die Veröffentlichungsermächtigung auch nicht-produktbezogene Rechtsverstöße erfasst und sich auf alle Akteure der Produktions- und Lieferkette erstreckt. Zum anderen sollte die unpraktikable Bußgeldschwelle in § 40 Abs. 1a Satz 1 Nr. 3 LFGB entfallen. Verfassungsrechtlich wäre dies möglich.[60] Soweit § 40 Abs. 1a Satz 1 Nr. 3 LFGB eine Veröffentlichung bei einem nicht nur unerheblichen Verstoß zulässt, ist die Veröffentlichung ohne zusätzliche einengende Voraussetzungen angemessen. Soweit die Veröffentlichungsbefugnis an wiederholte Verstöße anknüpft, kann der Verhältnismäßigkeitsgrundsatz gewahrt werden, indem etwa zusätzliche Anforderungen an das Gewicht der Verstöße oder an ihr Verhältnis zueinander gestellt werden.

Wünschenswert wäre darüber hinaus, zumindest allgemeine Vorgaben für die Darstellung der Informationen in das Gesetz aufzunehmen. Hierzu zählt insbesondere, dass sich die Informationen leicht auffinden und rezipieren lassen. Eine solche Regelung sollte zum einen den veröffentlichenden Behörden verbindliche, wenn auch konkretisierungsbedürftige Darstellungsziele vorgeben. Zum anderen sollte sie klarstellen, dass eine gehaltvollere Veröffentlichungsform als die derzeit übliche Auflistung nicht schon deshalb unzulässig ist, weil das Gesetz sie nicht ausdrücklich im Einzelnen beschreibt. Die Details, etwa die Einrichtung einer Suchfunktion bei Veröffentlichungen im Internet oder die wertende Visualisierung bestimmter Befunde, könnten einer Konkretisierung durch untergesetzliches Recht überlassen werden.

---

59 Vgl. zu einem anderen Vorschlag für eine grundlegende Änderung der Norm, der allerdings anders als hier vor allem für eine deutliche Reduzierung ihres Anwendungsbereichs eintritt, *Möstl et al.*, Ein Gesetzgebungsvorschlag für eine Neuregelung des § 40 LFGB, ZLR 2017, S. 535 ff.

60 Vgl. zu der (begrenzten) verfassungsrechtlichen Relevanz der Bußgelderwartung BVerfG, Beschluss vom 21.3.2018 – 1 BvF 1/13, BVerfGE 148, 40 (59 f.).

Parallel zu der Überarbeitung von § 40 Abs. 1a LFGB wäre die Säulenstruktur des Verbraucherinformationsrechts zu entflechten, um den Normenkonflikt zu beheben, der das gegenwärtige Recht kennzeichnet. Hierzu könnte § 2 Abs. 1 Nr. 1 VIG gestrichen werden, der diesen Konflikt begründet.

Die „kleine" Lösung würde eine in sich konsistente Rechtsgrundlage für amtliche Veröffentlichungen über Verstöße gegen das Lebensmittelrecht bereitstellen. Insbesondere aufgrund der angezeigten Darstellungsvorgaben wäre zu hoffen, dass die Veröffentlichungen tatsächlich einen Beitrag zur Markttransparenz erbringen können. Das auf diesem Weg erreichbare Transparenzniveau bliebe gleichwohl begrenzt. Insbesondere bliebe es bei der Verstoßzentrierung, die das gegenwärtige Recht kennzeichnet. Sie führt dazu, dass Informationen von hoher Relevanz für Konsumentscheidungen nicht herausgegeben werden können. Die Auseinandersetzungen um die Herausgabe der Ergebnisse von Lebensmittelkontrollen illustrieren diesen Befund.

2. „Große" Lösung: Einrichtung eines umfassenden Transparenzsystems

Eine „große" Reform könnte folglich darin bestehen, die Verstoßzentrierung des Verbraucherinformationsrechts aufzugeben. Stattdessen könnte ein größer dimensionierter Rechtsrahmen geschaffen werden, um Markttransparenz in einem umfassenderen Sinne zu gewährleisten.[61] Vorbilder hierfür finden sich im Ausland. Häufiger wird etwa auf Dänemark verwiesen, wo die Ergebnisse von Lebensmittelkontrollen mit Smileys visualisiert werden und die Lebensmittelbetriebe verpflichtet sind, den jeweils letzten Kontrollbericht gut sichtbar auszuhängen.[62] Ein ähnliches System sah das nach dem Regierungswechsel umgehend wieder aufgehobene nordrhein-westfälische Kontrollergebnis-Transparenz-Gesetz vor.

Entgegen manchen Stellungnahmen im Schrifttum[63] bestehen gegen solche Transparenzsysteme keine grundlegenden verfassungsrechtlichen Bedenken. Insbesondere haben Lebensmittelunternehmen, deren Betriebe Mängel aufweisen, keinen grundrechtlichen Anspruch darauf, dass diese Mängel den Verbraucher-

---

61 Hierfür auch *Möstl*, Fn. 7, S. 357 f.
62 Vgl. etwa *Scherzberg/Garbe*, Das Recht der Lebensmittelsicherheit, Rechtsgrundlagen – Instrumente – Reformbedarf, ZLR 2018, S. 198 (221 f.).
63 Vgl. zu dem nordrhein-westfälischen Kontrollergebnis-Transparenz-Gesetz *Becker/Sievers*, Das Kontrollergebnis-Transparenz-Gesetz Nordrhein-Westfalen, NVwZ 2016, S. 1456 (1457 f.); *Meisterernst/Eberlein*, Kontrollbarometer NRW – Voll gegen die Wand?, ZLR 2016, S. 451 (458 ff.).

innen und Verbrauchern verborgen bleiben. Anders als die isolierte Veröffentlichung von Verstößen gegen das Lebensmittelrecht, wie sie § 40 Abs. 1a LFGB vorsieht, lässt sich ein umfassendes Transparenzsystem auch nicht auf die gezielte negative Hervorhebung und einseitige Belastung bestimmter Unternehmen reduzieren.[64] Ein solches System unterstützt vielmehr auch positive Konsumentscheidungen, indem es beanstandungsfreie Betriebe kennzeichnet und so das Vertrauen in sie stützt.[65] Im Rahmen eines Transparenzsystems ist darum nicht zu fordern, dass veröffentlichte Verstöße gegen das Lebensmittelrecht ein erhöhtes Gewicht aufweisen. Auf ein umfassendes System, welches das gesamte Spektrum mehr oder weniger ordnungsgemäßen Verhaltens abbilden soll, lässt sich diese Vorgabe nicht übertragen.

Aus verfassungsrechtlicher Warte ist für die Beurteilung eines umfassenden Lebensmittel-Transparenzsystems vielmehr maßgeblich, ob die Rechtsgrundlagen des Systems eine hinreichende Informationsqualität gewährleisten.[66] Hierzu zählen zum einen Anforderungen an die Grundlagen und das Verfahren der Bewertung, wie sie auch Art. 8 Abs. 5 und Art. 11 Abs. 3 Kontroll-VO errichtet. So müssen die Informationen auf einer aktuellen Tatsachenbasis und auf tragfähigen Bewertungskriterien beruhen. Zudem muss das Bewertungsverfahren transparent ablaufen und die Interessen des betroffenen Unternehmers wahren. Zum anderen muss bei einer hoheitlichen Veröffentlichung auch die Darstellung der Informationen hinreichend gehaltvoll sein, um den Adressaten eine verlässliche Orientierung zu ermöglichen und Missverständnisse zu vermeiden. Hierzu bedarf es wiederum zumindest gesetzlicher Zielvorgaben, die im untergesetzlichen Recht konkretisiert werden könnten.[67]

Im Rahmen eines umfassenden Transparenzsystems sollten neben den Bewertungen auch die tatsächlichen Bewertungsgrundlagen vollständig veröffentlicht werden, etwa auf einer Transparenzplattform im Internet. Eine solche Veröffentlichung würde den Verbraucherinnen und Verbrauchern ermöglichen, die Bewertungen nachzuvollziehen. Zudem könnten mit ihrer Hilfe Bewertungsfeh-

---

64 Vgl. zur verfassungsrechtlichen Relevanz dieses Gesichtspunktes BVerfG, Beschluss vom 21.3.2018 – 1 BvF 1/13, BVerfGE 148, 40 (51 f., 53 f.). Im Schrifttum findet sich häufig mit kritischer Stoßrichtung die – allerdings überzogene und an dem Markttransparenzziel der Veröffentlichung vorbeigehende – Assoziation mit dem mittelalterlichen Pranger, vgl. etwa schon im Titel die Beiträge von *Hamm*, Fn. 43; *Möstl*, Fn. 7.

65 Eine „Prangerwirkung" bei einer negativen Bewertung meint hingegen zu erkennen *Holzner*, Fn. 3, S. 97.

66 Vgl. *Bäcker*, Fn. 1, S. 602, in Anknüpfung an die Glykol-Rechtsprechung des Bundesverfassungsgerichts.

67 Vgl. beispielhaft für ein – sehr strenges – detailliertes Anforderungsprofil *Holzner*, Fn. 3, S. 99 f.

ler aufgedeckt werden. Schließlich würde die Veröffentlichung gesellschaftlichen Akteuren ermöglichen, ihr – möglicherweise im Vergleich zu den Lebensmittelbehörden überlegenes – Bewertungs- und Darstellungswissen einzubringen. Auch gegen eine derartige Veröffentlichung bestünden im Rahmen eines umfassenden Transparenzsystems keine verfassungsrechtlichen Bedenken. Das stets gegebene Risiko übermäßig selektiver, reißerischer oder sonst verzerrender Darstellungen durch Private könnte durch das Äußerungsrecht hinreichend eingedämmt werden.

V. Fazit

Das gegenwärtige Verbraucherinformationsrecht weist dysfunktionale Regelungselemente auf. Zudem stehen die beiden Säulen des Verbraucherinformationsrechts zueinander in einem unbewältigten Konflikt. Zwar ließen sich diese legistischen Schwächen durch eine „kleine" Reform beheben. Gleichwohl sollte weitergehend erwogen werden, die Verstoßzentrierung des geltenden Rechts aufzugeben und durch ein umfassendes Transparenzsystem zu ersetzen. Der Beitrag der hoheitlichen Lebensmittelaufsicht zur Transparenz der Lebensmittelmärkte würde so von einer punktuellen Intervention auf eine fortlaufende Unterstützung umgestellt. Die – vielfach mit verfassungsrechtlichen Argumenten unterfütterte – wütende Lobbyarbeit gegen eine solche Umstellung des Verbraucherinformationsrechts ist unbegründet. Ein umfassendes Transparenzsystem erzeugt für einzelne Lebensmittelunternehmen keine unangemessenen Nachteile, sondern ordnet diese Unternehmen entsprechend ihrem eigenen Verhalten ein. Soweit die veröffentlichten Bewertungen auf zutreffenden Tatsachen, tragfähigen Bewertungskriterien und einem fairen Verfahren beruhen und angemessen aufbereitet werden, sind die Folgen dieser Einordnung zumutbar. Insbesondere gibt es keine grundrechtliche Existenzgarantie für Unternehmen, die erhebliche Minderleistungen erbringen und sich darum auf einem transparenten Lebensmittelmarkt nicht behaupten können.[68] Im Gegenteil könnte ein qualitätvoll ausgestaltetes Transparenzsystem das Vertrauen der Konsumenten in die ordnungsgemäße Funktion

---

68 Darauf läuft jedoch eine Sichtweise hinaus, die der – ohne empirischen Beleg als typische Folge unterstellten – existenzvernichtenden Wirkung der Veröffentlichung ordnungsgemäß zustande gekommener Negativbewertungen in einer Abwägung höheres Gewicht zuerkennen will als der „bloßen" Markttransparenz, so *Becker/Sievers*, Fn. 63, S. 1458; *Meisterernst/Eberlein*, Fn. 63, S. 461 f.

der strukturell wenig transparenten Lebensmittelmärkte stabilisieren. Es könnte so dazu beitragen, allfällige Lebensmittelkrisen zu verhüten oder wenigstens ihre Folgen einzudämmen. Ein solches System liegt darum auch im Interesse der Mehrheit der Lebensmittelunternehmen, die den lebensmittelrechtlichen Anforderungen vollständig oder zumindest weitgehend genügt.

Dennis-Kenji Kipker, Jihong Chen and Lu Han*

Introduction to the New Chinese Data Protection Legal Framework[1]

Table of Contents

I. Legal Systematic
II. Basic Legal Framework of Data Protection in China
III. Important Legal Definitions of Data Protection
IV. Principles of Personal Information Processing
V. Legitimation for the Processing of Personal Information
 1. Consent
 2. Exceptions for Collection and Usage of Personal Information
 3. Exceptions for Transfer of Personal Information
VI. Protection of Personal Sensitive Information
VII. Rights of Personal Information Subjects
VIII. Requirements and Tasks of the Data Security Officer
IX. Emergency Responses to Data Security Incidents
X. Data Localization
XI. Administrative Responsibility
XII. Conclusion and Outlook

I. Legal Systematic

Coming into effect on 1 June 2017, the Cyber Security Law of the People's Republic of China (the "CSL") established the legal foundation of cyber security and data protection. The purpose of the law is to protect network security, maintain cyberspace and national security, safeguard public interests, and protect the legitimate rights and interests of citizens, legal persons and other organizations. Under

---

* Dr. Dennis-Kenji Kipker is Scientific Managing Director of the Institute for Information, Health and Medical Law (IGMR) at the University of Bremen, Member of the Board of the European Academy for Freedom of Information and Data Protection (EAID) in Berlin, Legal Advisor of the German Association for Electrical, Electronic & Information Technologies (VDE) in Frankfurt am Main and Executive Director of Certavo GmbH in Bremen, Germany. Jihong Chen is a partner of Zhong Lun Law Firm, Beijing, China. Lu Han is a senior associate of Zhong Lun Law Firm, Beijing, China.

1 This entry has also been published in DuD 1/2020, pp. 52–57.

the CSL, data security is part of the obligations of data protection, as both have to be combined to safeguard the legitimate interests of data subjects. The CSL was passed and promulgated by the Standing Committee of the 12th National People's Congress of the People's Republic of China, which determined that it is a nationally applicable law at the level of Chinese legislation. The legislative system of China is relatively complex, and the different kinds of possible regulations with legal relevance can be systematized as follows:

- Laws by the National People's Congress and its Standing Committee
- Administrative regulations by the State Council
- Local regulations, autonomous region regulations and separate regulations by the people's congresses or their standing committees of the provinces, autonomous regions and centrally administered municipalities
- Rules by the ministries and commissions of the State Council, the People's Bank of China, the State Audit Administration as well as the other organs endowed with administrative functions directly under the State Council
- Rules by the people's governments of the provinces, autonomous regions, centrally administered municipalities and the cities or autonomous prefectures divided into districts

II. Basic Legal Framework of Data Protection in China

The legislative system, the legal framework and the regulation of data protection in China is complicated. The main difference between Chinese and European law is the fact that in China, laws have a more holistic approach and are, for this, relatively inconcrete. As a result, Chinese laws have to be concretized by sector specific rules, implementing provisions and national standards. The basic legal framework of Chinese data protection is formulated by such laws and rules, along with some national standards, as follows in Table 1 below:

Legislation Level	Authority	Specific Regulation
Law	National People's Congress of the People's Republic of China	General rules of the Civil Law
Law	National People's Congress of the People's Republic of China	Criminal Law of the People's Republic of China (Amendment No. 7 and No. 9)

Legislation Level	Authority	Specific Regulation
Law	Standing Committee of the National People's Congress	Tort Liability Law of People's Republic of China
Law	Standing Committee of the National People's Congress	Decision of the Standing Committee of the National People's Congress on Strengthening Network Information Protection (2012)
Law	Standing Committee of the National People's Congress	Law of the People's Republic of China on the Protection of Consumer Rights and Interests (2013 Amendment)
Law	Standing Committee of the National People's Congress	Cyber Security Law of the People's Republic of China ("CSL")
Rule	Cyberspace Administration of China	Measures for Security Assessment of Cross-Border Transfer of Personal Information and Important Data (Draft, the "2017 Draft Assessment Measures")
Rule	Cyberspace Administration of China	Administrative Measures on Data Security (Draft, the "Data Security Measures")
Rule	Cyberspace Administration of China	Measures on Security Assessment for Cross-border Transfer of Personal Information (Draft, the "2019 Draft Assessment Measures")
Rule	Cyberspace Administration of China	Provisions on Cyber Protection of the Personal Information of Children (Draft)
Rule	Cyberspace Administration of China	National Cyber Security Incident Response Plan
Implementing Provisions	Supreme People's Court and the Supreme People's Procuratorate	Interpretations of the Supreme People's Court and the Supreme People's Procuratorate on Several Issues concerning the Application of Law in the Handling of Criminal Cases Involving Infringement of Citizens' Personal Information
National Standard	National Information Security Standardization Technical Committee	GB/T35273-2017 Information Security Techniques – Personal Information Security Specification
National Standard	National Information Security Standardization Technical Committee	GB/T-Information Security Technology – Guidelines for Data Cross-Border Transfer Security Assessment (Draft)
National Standard	National Information Security Standardization Technical Committee	GB/T-Information Security Technology – Security Impact Assessment Guide of Personal Information (Draft)

Table 1: Overview of sector specific rules, implementing provisions and national standards in Chinese data protection

III. Important Legal Definitions of Data Protection

Unlike the General Data Protection Regulation (GDPR), the data regulatory in China aims not only at the personal data area but a comprehensive range of data, including State Secrets, Personal Information (including Personal Sensitive Information), Important Data, and other special types of data with industry characteristics[2] such as human genetic resources, map data, etc. Compared to the European Union data protection framework with its distinction between personal data and sensitive personal data, the Chinese categories and definitions under CSL are more complex.

- *Personal Information*: Various types of information recorded in an electronic format or otherwise that can be used separately or in combination with other information to identify a natural person, including but not limited to the name, date of birth, identity certificate number, personal biological identification information, address, telephone numbers, etc. of the natural person.
  Coming into effect in May 2018, GB/T35273-2017 Information Security Techniques – Personal Information Security Specification (the "Personal Information Specification"), published by the National Information Security Standardization Technical Committee of China (the "ISSC"), adds additional types of information into the scope of "Personal Information": various types of information recorded in an electronic format or otherwise that can be used separately or in combination with other information to identify a specific natural person or reflect the activities of a specific natural person, such as the name, date of birth, identity certificate number, personal biological identification information, address, telephone numbers, communication records and content, account password, property information, credit information, whereabouts, accommodation information, health and physiological information, transaction information of a natural person.
- *Special categories of Personal Information* may fall into the scope of Personal Sensitive Information, which is set out in Chpt. VI. below.
- *Important Data*: The kind of data if divulged, may directly affect national security, economic security, social stability and public health and security, such as unpublished government information and large-scale population, genetic health,

---

2 Data with industry characteristics should be regulated by specific rules. Moreover, these data may intersect with the scope of Personal Information or Important Data. For example, part of human genetic resources will be deemed as Personal Sensitive Information, and part of map data may be deemed as Important Data.

geographical or mineral resources data, while explicitly ruling out the possibility of production and operation and internal management information of an enterprise as well as personal information being considered as Important Data.
- *Personal Information Processing*: Includes the collection, storage, use, sharing, deletion, transfer of control, publicly disclosure, user profiling, personalized display etc.
- *Anonymization*: Anonymization means the process whereby personal information is technologically processed to make personal information subjects unidentifiable, and the personal information cannot be restored to its previous state once processed. Moreover, information generated from anonymized personal information is not considered personal information.
- *Personal Information Controller*: Whereas GDPR defines the "controller" as an entity which determines the purposes and means of personal data processing, and the "processor" as an entity which acts on behalf of the controller, the CSL only contains the definition of the "Personal Information Controller" as an organization or an individual who has the right to determine the purposes and means of the processing of personal information.
- *Network Operators*: This is one of the most important legal definitions of the CSL, and, compared to GDPR, a different approach. "Network Operators" can be defined as owners, administrators of the network and network service providers. The term is broadly interpreted, and as a result, any entity in China that uses computer systems connected to communications networks can be considered a Network Operator, which is in charge of being compliant with the respective data protection regulations. Under CSL, Network Operators shall fulfil a series of obligations which scope is much broader than data protection and data security.
- *Critical Information Infrastructure (CII)*: Infrastructure that, in the event of damage, loss of function, or data leak, might seriously endanger national security, national welfare or the livelihoods of the people, or the public interest. The CII is among the top of the State's list for protection. The CSL stipulates that operators of CII (CIIO) shall fulfil relevant special obligations in addition to complying with the cyber security protection obligations required of general Network Operators, which are not only for data protection and data security.
- *Collection*: The behaviour of gaining the right to control personal information, including automatically collecting personal information voluntarily provided by personal information subjects, through interactions with personal information subjects or in logs concerning personal information subjects' behaviour, and indirectly obtaining personal information by sharing, transferring or gathering public information or by other means.

- *Sharing:* Process where a personal information controller provides another controller with personal information, and both controllers have respective and independent rights to control personal information.
- *Public disclosure:* The act of publishing information among the general public or to unspecified groups.
- *User profiling*: The process of conducting analysis or forecasting of a natural person's personal characteristics, such as his or her occupation, financial conditions, health, education, personal preferences, credit, behaviour, etc., by collecting, gathering together and analyzing personal information, in order to create a unique model of his or her personal characteristics. The act of directly using a natural person's personal information to create a unique model of his or her characteristics is considered direct user profiling, while the act of using personal information not sourced from a natural person himself or herself, such as the data concerning the group to which such natural person belongs, to create a model of his or her characteristics, is seen as indirect user profiling.

IV. Principles of Personal Information Processing

The GDPR mentions several data processing principles, which are the legal basis of every use of personal data. Some of these principles can be found in Art. 5, such as the principle of legality, good faith and transparency, or the principle that personal data must be collected for defined, clear and legitimate purposes, and may not be further processed in a manner incompatible with these purposes (earmarking). Another important principle, according to GDPR, is data minimization, which might also be considered as a result of the earmarking principle, that the amount of data collection should be limited to what is necessary for the purpose of processing. Several other processing principles of GDPR include aspects related to data security, such as accuracy, memory limitation, integrity and confidentiality.

Compared to European Union Law, the CSL contains basic principles for Personal Information processing, which are quite similar to GDPR. In the CSL, it is regulated that when collecting or processing Personal Information, an entity should comply with the principles of legality, justification and necessity, publicize the rules for collection and use, clearly indicate the purposes, methods and scope of the information collection and use (the "Notice Requirement"), and obtain the consent of those from whom the information is collected (the "Consent Requirement"). Network operators are also obliged not to collect any personal information which is not related to the services provided.

Combining the above-mentioned legal principles, the Personal Information Specification puts forward seven basic principles as follows when carrying out activities to process personal information:

- *Consistency between rights and liabilities*: Network operators shall bear liabilities for any damage caused to the legal rights and interests of personal information subjects by its activities of processing personal information.
- *Clear purposes*: Purposes of processing personal information should be lawful, justified, necessary and clear.
- *Solicitation for consent*: Network operators shall explicitly specify the purposes, manners, scope and rules in respect of the processing of personal information and seek the authority and consent.
- *Minimum sufficiency*: Network operators shall merely process the minimum categories and amount of personal information necessary for achieving the purposes authorized and consented to by personal information subjects, unless otherwise agreed with personal information subjects. They shall delete the personal information in a timely manner once these purposes are achieved.
- *Openness and transparency*: Network operators shall make public the scope, purposes, rules, etc. in respect of the processing of personal information in an explicit, easily understandable and reasonable manner, and accept public oversight.
- *Guarantee of security*: Network operators shall be capable of ensuring the security of a certain degree corresponding to the security risks and take sufficient management measures and technological approaches to safeguard the confidentiality, completeness and availability of personal information.
- *Involvement of personal information subjects*: Network operators shall provide personal information subjects with opportunities to access, modify and delete their own personal information and to withdraw their consent and cancel their own account.

Obviously, the Personal Information Specification provides more detailed guidance and good practice for enterprises to improve the internal Personal Information Protection System. Since the Personal Information Specification has officially been released, it has been widely used for compliance practice in various Chinese industries. Even if the Specification is not a law, but only a national Chinese standard – especially compared to EU law, where the GDPR is already relatively concrete – it is of high importance as a reference for data protection and cyber security management and enforcement by authorities.

V. Legitimation for the Processing of Personal Information

The usage of Personal Information in China should meet the principles of obtaining the consent of the personal information subject, as stipulated in the CSL, supplemented by the exceptions listed in the national standard "Personal Information Specification".

1. Consent

Unlike GDPR, the legal basis of Personal Information collection under the CSL is entirely consent-based. Any legal grounds for the processing of personal data can only be considered as exceptions. The CSL requires the network operators to expressly notify personal information subjects about the purposes, means and scope of the collection and usage of Personal Information, and consents of personal information subjects must be obtained prior to such collection and usage. Any processing of Personal Information thereafter must be carried out within the scope of the consent. A renewed consent is required when the processing exceeds the original scope of consent.

2. Exceptions for Collection and Usage of Personal Information

However, in practice, network operators may refer to several exceptions listed in the Personal Information Specification which do not require consent prior to collection and usage of Personal Information. Based on a new draft revision of the Personal Information Specification, published on 25 June 2019, a personal information controller may collect and use personal information, without the need to obtain the consent from personal information subjects, under any of the following circumstances – which have certain similarities compared to the legal grounds mentioned in Art. 6 GDPR, but are more detailed:

- The collection and use are in direct relation to State security or national defence security.
- The collection and use are in direct relation to the public security, public sanitation, or major public benefits.
- The collection and use are in direct relation to investigations into crimes, prosecutions, court trials, execution of rulings, etc.

- The collection and use are for the sake of safeguarding significant legal rights and interests, such as the life and property of personal information subjects or other individuals, but it is difficult to obtain their consent.
- The personal information collected has been published to the general public voluntarily by the personal information subject.
- The personal information controller is a news agency and the collection and use are necessary for releasing news reports in a legal manner.
- The personal information is collected from information that has been legally and publicly disclosed, such as legal news reports and information published by the government.
- The collection and use are necessary for signing and performing contracts as required by personal information subjects; the privacy policy should not deem as the mentioned contracts.
- The collection and use are necessary for ensuring the safe and stable operation of the network operator's products or services, such as identifying and disposing of faults in products or services.
- The collection and use are necessary for the personal information controller, as an institute for academic research, to have statistical programs or academic research for the sake of the general public, and it has processed the personal information, which is contained in the results of academic research or descriptions, for de-identification purposes, while announcing these results to the general public.
- The processing of data is related to the Personal Information controllers' obligations stipulated by laws and regulations.

3. Exceptions for Transfer of Personal Information

As mentioned above, the consent is the legal basis for the use of personal data under Chinese data protection law. This is especially the case for the disclosure of personal information to others, e.g. by transferring data, which is normally not possible without the prior consent of the personal information subject. Anyway, the Administrative Measures on Data Security (Draft, the "Data Security Measures") released on 28 May 2019 by the Cyberspace Administration of China (CAC), allows the transfer of personal information without a prior consent in the following cases:

- The personal information is collected through legal public channels and the provision of it is not against the willingness of the data subjects.

- The personal information has voluntarily been disclosed by the data subjects.
- The personal information has been subject to anonymization.
- The provision of such information is necessary for the performance of responsibilities and functions of law enforcement departments in accordance with the law.
- The provision of such information is necessary for safeguarding state security, social and public interest or the lives of data subjects.

VI. Protection of Personal Sensitive Information

Special categories of personal data have to be protected by additional legal measures. The respective regulations in European law can be found in Art. 9 GDPR, which states that the processing of such data is prohibited, unless there are special circumstances fulfilled, e.g. the data subject has given explicit consent or the processing is necessary to protect the vital interests of the data subject. In Chinese law, the "Personal Information Specification" defines Personal Sensitive Information as

> "the personal information that may cause harm to personal or property security, or is very likely to result in damage to an individual's personal reputation or physical or mental health or give rise to discriminatory treatment, once it is leaked, unlawfully provided or abused",[3]

which includes identification numbers, personal biometric information, bank accounts, records and content of communications, property information, credit reference information, whereabouts and tracks, hotel accommodation information, information concerning health and physiology, information of transactions, personal information of children under the age of 14. It is obvious that the understanding of sensitive information in China is different and broader than in the EU, where special categories of personal data only encompass data revealing racial or ethnic origin, political opinions, religious or philosophical beliefs, trade union membership, genetic data, biometric data, health data and data concerning a natural person's sex life or sexual orientation.

---

3 *Yang*, China, in: Raul (Ed.) Privacy, Data Protection and Cybersecurity Law Review, 2019, p. 118, available at https://thelawreviews.co.uk/edition/the-privacy-data-protection-and-cybersecurity-law-review-edition-6/1210009/china (last accessed 24.1.2020).

In China, personal sensitive information may only be processed on the basis of an explicit consent of the personal information subject. When obtaining it, personal information controllers have to ensure that the personal information subjects declare a specific and unambiguous expression of their free will and that they are fully informed when consenting. If the Data Security Measures come into effect, network operators shall file the rules for collection and use of such data, purposes, scales, methods, scopes, types and retention periods of sensitive data at the local cyberspace administration while collecting personal sensitive information for the purposes of business operations.

As a kind of personal sensitive information, children's data is specially protected as well. On 1 June 2019, CAC published the "Provisions on Cyber Protection of the Personal Information of Children (Draft)", which stipulate that network operators shall seek for explicit consent from the children's guardians prior to collect or use children's personal information in the case when the minors are aged under 14. If it wants to process the personal information of minors aged 14 or older, the controller has to seek for explicit consent from the minors or their guardians.

VII. Rights of Personal Information Subjects

The CSL entitles several rights of personal information subjects, supplemented by the national standard "Personal Information Specification", which are similar to the rights of the data subject that are prescribed by the GDPR in Chpt. 3, Art. 12 following:

– *Right to deletion*: The right of personal information subjects to require the network operator to delete the questionable data if the personal information subject finds out that the collection and use of personal data violates the laws, administrative regulations or the agreement between the personal information subject and the network operator. The network operator shall then take measures to delete the personal information.
– *Right to rectification*: The right of personal information subjects to require any network operator to make corrections if the personal information collected and stored is inaccurate or incomplete. The network operator shall then take measures to correct the error.
– *Right to access*: Personal information controllers shall provide personal information subjects with methods regarding how to access the content, categories, sources, purposes of use of personal information, and identities or categories of third parties that have obtained the personal information.

- *Right to withdrawal of consent*: Personal information controllers are required to make it possible for personal information subjects to withdraw their consent to the authorized collection and use of their personal information and to refuse to receive commercials sent on the basis of their personal information. Once the consent has been withdrawn, controllers shall no longer process the personal information concerned thereafter.
- *Right to cancellation of accounts*: If personal information controllers offer services through registered accounts, they shall make it possible for personal information subjects to cancel their own account. The method to cancel an account should be easily and conveniently feasible; and after cancellation of the account, the controller shall delete or anonymize the personal information.
- *Right to request for copies*: Personal information controllers shall, upon the request of a personal information subject, make it possible for the subject to obtain a copy of the basic information, identification information and the information about the subject's health, psychological status, education and employment, or directly transit a copy of the above categories of the subject's personal information to a third party, provided that the technology is practicable.

VIII. Requirements and Tasks of the Data Security Officer

As the CSL treats the data security as part of data protection as we know, the data security officer is also in charge of personal information protection and important data protection issues. The law requires that all network operators shall formulate internal security management systems and operation instructions to determine the person in charge of cyber security (including data security, data protection and other cyber security requirements) and define corresponding accountabilities. Moreover, CIIOs shall set up a dedicated security management office and designate an officer in charge of security management of CII. The Data Security Measures further provide that network operators which collect important data or personal sensitive information for the purpose of business operations shall specify the officer responsible for data security. Accordingly, the officer shall participate in important decisions of relevant data activities, and report directly and independently to the principals of the network operators, whose responsibilities and obligations regulated by the Data Security Measures are as follows:

- Organizing the formulation of data protection plans and urging the implementation of such plans

- Organizing data security risk assessments and urging rectification and elimination of potential risks of security
- Reporting data security protection and incident handling to relevant departments and cyberspace administrations as required
- Accepting and handling the complaints and reports of users

Moreover, the Personal Information Specification supplements the details of the responsibilities and obligations of personal information protection and security for the officer.

IX. Emergency Responses to Data Security Incidents

The CSL requires that network operators take technical and other necessary measures to ensure the security of personal information they collect, and to protect such information from disclosure, damage or loss. In case of disclosure, damage or loss of, or possible disclosure, damage or loss of personal information, network operators shall take immediate remedies, notify the users in accordance with the relevant provisions, and report to competent authority, Art. 42 CSL. The Data Security Measures further require in Art. 35, that in case of occurrence of cyber security incidents, where personal information has been divulged, damaged or lost, or the risk of data security incidents has increased significantly, network operators shall forthwith take remedial measures, and inform personal information subjects in a timely manner by such means as phone calls, text messages, emails or letters, and report the cases to the competent authority of the industry and cyberspace administrations in accordance with the relevant requirements. The Personal Information Specification also contains the details regarding how to work out an emergency response plan for personal information security incidents and how to conduct the emergency responses to the personal information subjects.

X. Data Localization

The CSL requires that personal information and important data collected and generated during operations of CIIOs shall be stored within the territory of China. Where it is necessary to provide CIIOs' personal information and important data abroad due to business needs, a security assessment shall be carried out.

As an implementing act of the CSL, the 2017 Draft Assessment Measures replace the concept of CIIOs with the wider term of the network operators, which significantly expands the scope of entities to which data export restrictions may apply. It requires that every network operator, when providing personal information and important data collected and generated within the territory of the PRC to overseas, should conduct a specific data cross-border transfer assessment. Based on this broad definition, arguably, any entity in China, such as owners, managers or providers of networks or network services, could be considered a network operator, and therefore would be subject to the security assessment requirements.

Unlike GDPR, which only regulates personal data, when conducting a cross-border data transfer under Chinese law, not only personal data, but also important data shall comply with the data localization requirements. The steps of assessment which are prescribed by the Chinese data protection law are quite similar to the European specifications: Firstly, the requirements for the lawfulness of the data processing itself have to be fulfilled, and secondly, the relevant assessment shall be conducted prior to the cross-border data transfer. The first criterion requires the company to meet the notice as well as the consent requirement stipulated in the CSL. The 2017 Draft Assessment Measures (Art. 4) follow the same principles that personal information subjects shall be notified of the purpose, scope, content, receiver and the receiving country, and consent of such subjects shall be obtained prior the personal information cross-border transfer. However, the newly announced principles under the 2019 Draft Assessment Measures appear to be more flexible regarding the requirement of personal information cross-border transfer, merely requiring the notification to the personal information subjects of the basic information of the network operator and the receiver, as well as the purpose, type and storage period of the personal information to be transferred abroad. The 2019 Draft Assessment Measures also seem to set up a Chinese version of the Standard Contractual Clauses ("SCC") of GDPR, which include similar contractual regulations for cross-border data transfer. Moreover, the draft stipulates that all network operators shall apply to the local cyberspace administrations for security assessment prior to the cross-border transfer of personal information and report to the competent regulatory department for approval of the cross-border transfer of important data. At this stage, the 2019 Draft Assessment Measures are still not finalized. However, changes and shifts of the regulator's attitude are quite obvious in cross-border transfer of personal information compared with the 2017 Draft Assessment Measures.

XI. Administrative Responsibility

Due to the complexity of the Chinese legislative system, the administrative authorities in charge of cyber security and data protection are numerous and diverse. The key supervisory structures of data protection in China are set forth below.

- *Cyberspace Administration of China (CAC)*: Coordinates cyber security work and related supervisory and management tasks; supervises and manages network information security; coordinates the security protection of critical information infrastructure; supervises personal information and important data protection; coordinates the security assessment of cross-border data transfers; coordinates the collection, analysis and notification of cyber security information; coordinates the establishment of cyber security risk assessments and emergency work mechanisms; formulates contingency plans for cyber security incidences; organises national security reviews of network products and services.
- *Ministry of Public Security (MPS)*: Supervises the multi-level protection scheme (MLPS); supervises public and national security-related cyber security issues and criminal cases.
- *National Administration for the Protection of State Secrets (MSS)*: Responsible for the supervision, inspection and guidance of multi-level protection related to confidentiality.

In addition to the above-mentioned unified national supervision schemes, enterprises in various industries should also be supervised separately by each competent authority in charge of the industry.

XII. Conclusion and Outlook

The Chinese Data Protection Legal Framework is complex and multi-layered. A brief overview of the new regulations shows that there are many similarities of data protection under the Chinese legal framework with GDPR, but also some important differences. First, the CSL establishes the informed consent of personal data subjects as the legal basis of personal data collection. The "Personal Information Specification" as the corresponding national standard brings out several exceptions to compensate for the shortcomings of the single legal basis under the CSL. The Chinese Data Protection Legal Framework includes not only the regulations of personal data protection, but also important data and other types of data. It can be seen that the Chinese Data Protection Legal Framework shall not be considered equivalent to GDPR, which regulates personal data only.

Another important difference is the regulatory distinction between data protection and data security. Under GDPR, data security is more or less just one single aspect of effective technical and organizational data protection. However, under Chinese law there are various independent cyber security requirements except for data security, such as the Multi-level Protection Scheme, the security review for network products and services, special requirements for critical information infrastructures, etc. In recent years, the legislation of data protection in China is active and fast-paced. Meanwhile, it can be seen that good practice in industries and enforcement actions are ahead of legislation trying to figure out the appropriate and efficient approaches for data protection in China. It is expected that China will accelerate data-related legislative activities in the coming years, and the data protection legal framework and regulatory mechanism will be enhanced and improved accordingly.

*Sebastian J. Golla**

Risiken der polizeilichen Informationsordnung

Inhaltsübersicht

I. Der Fall Amad A.
II. Das Datenhaus der Polizei
III. Missrepräsentation und Kriminalisierung
1. Phänomen und mögliche Ursachen
2. Rechtliche Konsequenzen
IV. Missbräuchliche Nutzung
1. Phänomen und mögliche Ursachen
2. Rechtliche Konsequenzen
V. Fazit und Ausblick

I. Der Fall Amad A.

Am 17.9.2018 brannte es in Zelle 143 der JVA Kleve. Darin befand sich der junge Syrer Amad A., der wenige Tage später den erlittenen Verbrennungen und Vergiftungen erlag. Amad A. war am 6.7.2018 von der Polizei in Geldern festgenommen und darauf inhaftiert worden. Diese Inhaftierung erfolgte aufgrund eines Haftbefehls, mit dem der Malier Amedy G. gesucht wurde.[1]

Wie konnte es dazu kommen? Mehrere Erklärungsansätze werden diskutiert:

1. Nach erster offizieller Darstellung beruhte die Inhaftierung auf einer Verwechslung. Die Polizei habe bei einer Datenabfrage zu Amad A. den Datensatz von Amedy G. gefunden und ihn für diesen gehalten. Nordrhein-Westfalens Innenminister Herbert Reul verwies bei einer Fragestunde im Landtag NRW am 10.4.2019 darauf, dass dies auf einem sogenannten Kreuztreffer im polizeilichen Informationssystem VIVA beruht haben könnte.[2] Ein Kreuztreffer

---

* Dr. Sebastian J. Golla ist Wissenschaftlicher Mitarbeiter an der Johannes Gutenberg-Universität Mainz.
1 Vgl. zu dem Sachverhalt die Recherchen des ARD-Magazins *Monitor*, Amad A. – Unschuldig hinter Gittern verbrannt, 11.7.2019, abrufbar im Internet unter https://www1.wdr.de/daserste/monitor/videos/video-amad-a---unschuldig-hinter-gittern-verbrannt-100.html (letzter Zugriff 15.8.2019).
2 Landtag NRW, Plenarprotokoll 17/55, S. 83 f.

wird angezeigt, wenn Personen gemeinsame persönliche Merkmale aufweisen. Sowohl Amad A. als auch Amedy G. war der Alias „Amed Amed" zugeordnet. Auf dieser Grundlage könnte das System bei der Suche nach Amad A. den Datensatz von Amedy G. angezeigt haben. Diese Darstellung wirkte aber aus zwei Gründen wenig plausibel. Erstens hätte die Polizei bei einem Kreuztreffer manuell überprüfen müssen, ob der gefundene Datensatz zu Amad A. passte. Die im Informationssystem hinterlegten Fotos und Beschreibungen von Amad A. und Amedy G. wiesen aber keine auffälligen Ähnlichkeiten auf. Auch Protokolle der Abfragen der Informationssysteme stützten die Darstellung nicht. Demzufolge wurde Amedy G. der Alias „Amed Amed" erst am 9.7.2018, also drei Tage nach der Verhaftung von Amad A., zugeordnet.[3]

2. Auf dieser Grundlage entstand der Verdacht, dass die Polizei die betreffenden Datensätze bewusst verändert haben könnte und Amad A. und Amedy G. absichtlich „verwechselte".[4]

3. Anfang Mai wurde bekannt, dass eine Sachbearbeiterin der Kreispolizei Siegen die Datensätze von Amad A. und Amedy G. bereits am 4.7.2018 in dem Informationssystem VIVA zusammengeführt haben soll.[5] Demnach wäre aus den beiden „Datenbankidentitäten" eine dritte entstanden, der auch der Haftbefehl von Amedy G. zugeordnet wurde.

Der Fall befindet sich noch in der Aufklärung. Er ist Gegenstand einer Untersuchung des Parlamentarischen Untersuchungsausschusses Kleve im Landtag NRW.[6] Es ist nicht Aufgabe dieses Beitrags, zu spekulieren, was tatsächlich geschah. Es steht jedoch fest: Nach allen diskutierten Erklärungsansätzen realisierten sich in diesem Fall gravierende Risiken im Umgang mit polizeilichen Datenbanken.

Diese Datenbanken sind eines der wichtigsten Instrumente zur Strafverfolgung und ihrer Vorsorge. In einer kaum überschaubaren Zahl von Systemen und Dateien speichert die Polizei Informationen zu Beschuldigten, Zeugen, Opfern und anderen Personen.[7] Diese Informationen können von einem unschätzbaren

---

3 Siehe *Monitor*, Fn. 1.
4 *Brückner*, Wenn der Minister berichtet…, 11.4.2019, abrufbar im Internet unter https://police-it.org/wenn-der-minister-berichtet (letzter Zugriff 15.8.2019).
5 WDR, Fall Amad A.: Lag der Polizeifehler in Siegen?, 6.5.2019, abrufbar im Internet unter https://www1.wdr.de/nachrichten/landespolitik/kleve-amada-polizei-100.html (letzter Zugriff 15.8.2019).
6 Zum aktuellen Stand: Landtag NRW, PUA III Kleve, abrufbar im Internet unter https://www.landtag.nrw.de/home/parlament-wahlen/ausschusse-und-gremien/untersuchungsausschusse/untersuchungsausschuss-3.html?kjahr=2018&kmonat=10 (letzter Zugriff 15.8.2019).
7 Vgl. zum Überblick *Petri*, in: Lisken/Denninger, Handbuch des Polizeirechts, 2018, Rn. 390 ff.

Wert für die Aufklärung und Vorbeugung von Straftaten sein. Zugleich bergen sie erhebliche Risiken für die Informationssubjekte.

Dieser Beitrag befasst sich näher mit diesen Risiken und damit, wie diesen rechtlich beizukommen ist. Dafür wirft er zunächst einen Blick auf aktuelle Entwicklungen der polizeilichen Informationsordnung (II.). Im Anschluss beleuchtet er vor diesem Hintergrund zwei problematische Aspekte näher, die auch im Fall Amad A. eine Rolle spielen: die Missrepräsentation und Kriminalisierung von Informationssubjekten (III.) sowie die missbräuchliche, kriminelle Nutzung der Informationsordnung durch Polizeibeamte (IV.).

II. Das Datenhaus der Polizei

Die Informationsordnung der Polizei ist für die Strafverfolgung wichtiger als die Informationsressourcen der Justiz, denen sie in struktureller und technischer Hinsicht überlegen ist.[8] So ist bei der Strafverfolgung die Staatsanwaltschaft zwar „Herrin des Verfahrens", die Polizei aber „Herrin der Daten". Dass die Staatsanwaltschaft trotz ihrer Sachleitungsbefugnis keinen vollen Zugriff auf Systeme wie INPOL hat, wird zurecht seit Langem kritisiert.[9]

Für die dominante Rolle der Polizei bei der Datenverarbeitung gibt es mehrere Gründe. Die Polizei ist durch ihre Tätigkeit näher an den relevanten Daten. Zudem setzte die Polizei die elektronische Datenverarbeitung schon verhältnismäßig früh ein und erarbeitete sich dadurch einen technischen Vorsprung.[10] In den 1970er-Jahren erlebte die polizeiliche Informationsordnung unter dem technikbegeisterten BKA-Präsidenten Horst Herold einen rasanten Aufschwung. 1972 ging INPOL an den Start, wurde in der Folgezeit kontinuierlich ausgebaut und ist bis heute das wichtigste Informationssystem der Polizei. Seine grundlegende Funktionsweise hat sich dabei nicht geändert.[11] Das System basiert auf einer autonomen Funktion der Informationssysteme der Polizeien des Bundes und der Länder. Es ist in Dateien gegliedert, für deren Errichtung eine Anordnung unter Festlegung der Zwecke der Datenspeicherung erforderlich ist.

---

8   So bereits *Schaefer*, Die Panne – Zum Nebeneinander polizeilicher und justizieller Informationssysteme, NJW 1998, S. 3178; *Zöller*, Informationssysteme und Vorfeldmaßnahmen von Polizei, Staatsanwaltschaft und Nachrichtendiensten, 2002, S. 177.

9   Vgl. nur *Lilie*, Das Verhältnis von Polizei und Staatsanwaltschaft im Ermittlungsverfahren, ZStW 106 (1994), S. 625 (641 ff.); *Zöller*, Fn. 8, S. 173.

10 *Siehe Lilie*, Fn. 9, S. 625 (626).

11 Vgl. zur Funktionsweise von INPOL-neu *Petri*, Fn. 7, Rn. 449.

Aktuell steht die polizeiliche Informationsordnung vor einem wichtigen Umbruch.[12] Ende November 2016 einigten sich die Innenminister des Bundes und der Länder darauf, das Informationsmanagement der Polizei grundlegend zu modernisieren und zu vereinheitlichen.[13] Sie brachten das Programm *Polizei 2020* auf den Weg, das u.a. die polizeiliche Informationsordnung neu strukturieren soll. INPOL soll einem neuen „gemeinsamen Datenhaus der Polizei" weichen.[14] Eine themenbezogene Ordnung soll die bisherige Ordnung in Verbunddateien ersetzen. Die Funktionsweise des Systems soll auf dem vom Bundesverfassungsgericht in seinem Urteil zum BKAG[15] beschriebenen Grundsatz der hypothetischen Datenneuerhebung beruhen. Statt durch eine Trennung in Dateien soll der Datenschutz durch ein abgestuftes System von Zugriffsrechten gewährleistet werden.[16]

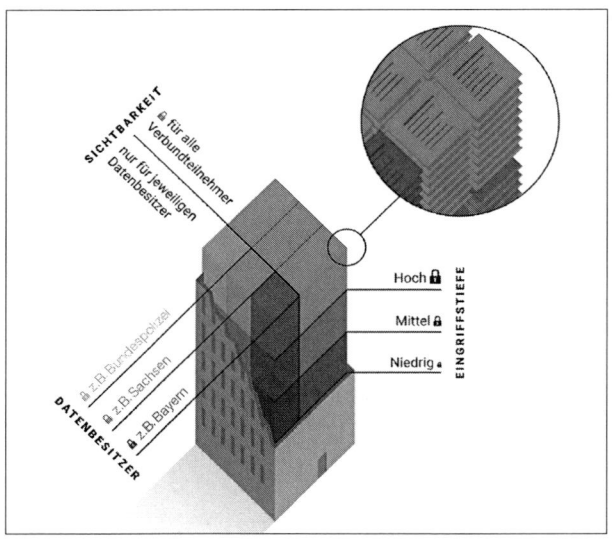

Abb. 1: Funktionsweise des neuen „Datenhauses" der Polizei[17]

---

12 Mit grundlegender Kritik hierzu *Bäcker*, Der Umsturz kommt zu früh: Anmerkungen zur polizeilichen Informationsordnung nach dem neuen BKA-Gesetz, 8.6.2017, abrufbar im Internet unter https://verfassungsblog.de/der-umsturz-kommt-zu-frueh-anmerkungen-zur-polizeilichen-informationsordnung-nach-dem-neuen-bka-gesetz/ (letzter Zugriff 15.8.2019).
13 *Bundesministerium des Innern*, Polizei 2020 – White Paper, 2016, S. 2.
14 *Bundesministerium des Innern*, Fn. 13, S. 11.
15 BVerfG, Urteil vom 20.4.2016 – 1 BvR 966/09, 1 BvR 1140/09, BVerfGE 141, 220.
16 *Bundesministerium des Innern*, Fn. 13, S. 11; vgl. auch BT-Drs. 18/11163, S. 76.
17 Grafik aus *Bundesministerium des Innern*, Fn. 13, S. 12.

Ein zentrales Ziel der Umstellung ist die Verbesserung der Verfügbarkeit polizeilicher Informationen.[18] Die Verfügbarkeit von Informationen setzt voraus, dass die auf der operativen Ebene tätigen Personen technisch problemlos und ohne unnötige Zwischenschritte auf diese zugreifen können. Optimale Verfügbarkeit bedeutet nicht nur einen technisch störungsfreien, sondern auch einen möglichst schnellen, einfachen und anwenderfreundlichen Zugriff. Praktisch gibt es hier viele Defizite. Die existierende Informationsordnung ist als Resultat eines organischen Entwicklungsprozesses zersplittert. Die meisten der bestehenden Informationssysteme in Bund und Ländern sind nicht miteinander operabel.[19] Die polizeiliche Informationsordnung wird zur Veranschaulichung gerne als „verschachteltes Gebäude" beschrieben, das durch – nicht mit dem Gesamtsystem abgestimmte – Anbauten immer weiter angewachsen ist.[20] Das neue „gemeinsame Datenhaus der deutschen Polizei" soll diese Probleme durch eine Zentralisierung beheben. Es sollen einheitliche technisch standardisierte Verfahren zum Einsatz kommen, um die Interoperabilität herzustellen. Aktuell stehen die Polizeien hier vor der Herausforderung, einen gemeinsamen Nenner zu finden.

Ein weiteres Ziel ist die Verknüpfbarkeit bzw. Auswertbarkeit von Informationen. Sie soll es ermöglichen, Beziehungen zwischen Personen, Sachen, Orten und Ereignissen zu erkennen.[21] So sollen etwa Kreuztreffervergleiche, wie sie in NRW vorgenommen werden, u.a. dazu dienen, unter Aliasnamen agierende Personen leichter auffinden zu können. Durch die Verknüpfung von Daten sollen auch Anhaltspunkte für neue Maßnahmen gewonnen werden. Die Verknüpfbarkeit erfordert – ebenso wie ihre Verfügbarkeit – die Verwendung standardisierter Formate. Angesichts wachsender Datenmengen ist die Auswertung von Informationen zunehmend zu einer Herausforderung geworden. Bereits in der Anfangszeit des Einsatzes der polizeilichen Informationssysteme versprachen sich die Anwender dadurch, einer „Informationsflut" Herr zu werden. Allerdings haben sich die vorhandenen Datenbestände durch den Einsatz dieser Systeme vervielfacht. Bei der Suche nach der „Nadel im Heuhaufen" in diesen Beständen sollen automatisierte Verfahren helfen. Auch der Einsatz von Künstlicher Intelligenz ist ein denkbares Szenario.

---

18 *Bundesministerium des Inneren*, Fn. 13, S. 8.
19 Vgl. BT-Drs. 18/11163, S. 84; *Bundesministerium des Inneren*, Fn. 13, S. 2.
20 BKA-Präsident *Holger Münch* im Radiointerview beim Deutschlandfunk, 4.12.2018, abrufbar im Internet unter https://www.bka.de/DE/Presse/Interviews/2017/171204_InterviewMuenchDLF.html (letzter Zugriff 15.8.2019).
21 Vgl. *Creemers*, Über Datenbanken und Datenanalysetools, in: Grutzpalk (Hrsg.), Polizeiliches Wissen, 2016, S. 101 (112).

Grundvoraussetzung für eine sinnvolle Auswertung ist, dass die gespeicherten Informationen richtig und aktuell sind. Mit anderen Worten ist die Datenqualität zu sichern. Das Ziel der Datenqualität steht allerdings auch in einem praktischen Konflikt mit den Zielen der Verfügbarkeit und Verknüpfbarkeit. Sollen Ressourcen der polizeilichen Informationsordnung zur unmittelbaren Grundlage operativen Handelns gemacht werden, kann dies die Möglichkeiten der kritischen Reflektion ihrer „Fütterung" und Nutzung entgegenstehen. In der Praxis haben die Landesdatenschutzbeauftragten teilweise Probleme mit der Qualität von Daten in polizeilichen Informationssystemen festgestellt.[22]

Im Kontext des Programmes *Polizei 2020* fällt auf, dass der Fokus auf den Zielen der Verfügbarkeit und Verknüpfbarkeit von Informationen liegt. Das Ziel der Datenqualität wird weniger stark betont. Potenzielle Konflikte mit den übrigen Zielen werden in den bisher öffentlich verfügbaren Materialien zu dem Projekt nicht angesprochen. So heißt es dazu:

> „Durch Harmonisierung und Standardisierung der Informationsverarbeitung wird eine signifikante Verbesserung der Datenqualität erreicht."[23]

Dieser Schluss ist aber nicht zwingend. Die standardisierte Speicherung von Informationen und weitere Maßnahmen zu ihrer besseren Verfügbarkeit und Verknüpfbarkeit bergen auch Risiken. Im Folgenden ist auf zwei dieser Risiken näher einzugehen: die Missrepräsentation und Kriminalisierung von Datensubjekten (III.) sowie die missbräuchliche und kriminelle Nutzung der Informationssysteme (IV.).

III. Missrepräsentation und Kriminalisierung

Die Speicherung und Verknüpfung von Informationen in der polizeilichen Informationsordnung birgt zunächst das Risiko, Informationssubjekte zu missrepräsentieren und zu kriminalisieren.

---

22 Vgl. zuletzt nur *Landesbeauftragter für Datenschutz und Informationsfreiheit Baden-Württemberg*, Tätigkeitsbericht Datenschutz 2018, S. 75 ff.; *Berliner Beauftragte für Datenschutz und Informationsfreiheit*, Jahresbericht 2016, S. 61 ff.; *Der Bayerische Landesbeauftragte für den Datenschutz*, 27. Tätigkeitsbericht 2015/2016, S. 59 ff.

23 *Bundesministerium des Innern*, Fn. 13, S. 8.

1. Phänomen und mögliche Ursachen

Polizeiliche Informationssysteme bieten vielfältige Möglichkeiten, Datensubjekten Attribute zuzuschreiben. Dies kann durch manuelle Datenbankeinträge oder auch durch die (teil-)automatisierte Verknüpfung von Informationen erfolgen. Durch die Zuschreibung von Tatsachen oder Wertungen können Personen in Verdacht geraten, Straftaten begangen zu haben oder zu bestimmten Straftaten zu neigen. Gewisse Attribute können direkt kriminelle Verhaltensweisen implizieren (z.B. „Einbrecher", „Drogenhändler") oder solche nahelegen (z.B. „wechselt häufig den Aufenthaltsort"). Attributionen dieser Art können zur Kriminalisierung der betroffenen Subjekte beitragen. Wenn Personen gewisse gesellschaftliche Rollen zugeschrieben werden, kann daraus resultieren, dass sie diese akzeptieren und übernehmen.[24] Im Zusammenhang mit der polizeilichen Informationsordnung ist dies etwa vorstellbar, wenn die Speicherung bestimmter Informationen dazu führt, dass eine Person kontinuierlich kontrolliert und als verdächtig behandelt wird. Ein Beispiel hierfür sind Datenbanken, in denen Jugendliche als „Intensivtäter" geführt und auf dieser Grundlage von der Polizei angesprochen werden.[25] Dies kann vor allem fatal sein, wenn eine Attribution fehlerhaft oder zumindest auf einer schwachen Tatsachengrundlage erfolgt. Um die Prozesse der Kriminalisierung durch die polizeiliche Informationsordnung genauer nachzuvollziehen, bedarf es allerdings weitergehender empirischer Untersuchungen.

Eine nähere Untersuchung ist auch deshalb angezeigt, weil mit modernen Informationssystemen die Risiken einer Stigmatisierung und Kriminalisierung von Datensubjekten steigen dürften. In diese Richtung deutet der Fokus des Programmes *Polizei 2020* auf die Ziele, Daten leichter verfügbar und besser verknüpfbar zu machen. Je schneller und leichter Daten abrufbar sind und je eher sie routinemäßig abgerufen werden, desto schwerer wiegt das bloße Vorhandensein belastender Daten in der polizeilichen Informationsordnung. Die Standardisierung der Speicherung, die rasche Verfügbarkeit und (teil-)automatisierte Verknüpfung von Daten begünstigen, dass Informationen aus ihrem ursprünglichen Zusammenhang gelöst werden. Es wächst die Herausforderung, Relevanz und Kontext von Informationen zu bewerten. Der Einsatz moderner Technologien führt in diesem Zusammenhang zu einer Distanzierung der Polizei von den Bürgern. Dies stellt

---

24 Vgl. zur kriminologischen Etikettierungstheorie („labeling approach") *Eisenberg/Kölbel*, Kriminologie, 2017, § 8 Rn. 1 ff.
25 *Müller*, Labeling von „Intensivtätern"?, in: Strafverteidigertag (Hrsg.), Wehe dem, der beschuldigt wird ..., 2011, S. 169 (184 ff.).

sich nach Untersuchungen in der Praxis bereits jetzt als Problem dar. Exemplarisch zeigt dies die Aussage eines Experten für polizeiliche Software aus einer Studie von Niklas Creemers und Daniel Guagnin:

> „Mit der Einführung der Vorgangsbearbeitungssysteme hat sich das schleichend eingeführt, dass eben keine klassischen Akten mehr geführt werden erstmal, sondern dass das alles elektronisch geführt wird ... [und] da irgendjemand relativ unnachprüfbar [Daten eingibt, und] sie überhaupt keinen Beleg mehr dafür haben, wie das zu Stande gekommen ist. Und darauf werden dann ganze Ermittlungsverfahren aufgesetzt".[26]

Die dekontextualisierte Speicherung und Verknüpfung von Informationen kann sich auf verschiedene Art auf die Betroffenen auswirken. Eine Verwechslung ist dabei eine mögliche Folge. Nach der offiziellen Darstellung im Fall Amad A. reichte hier bspw. die Zuordnung eines Alias aus, um einer Person fälschlich eine andere Identität und damit einen Haftbefehl zuzuordnen. Schenkt man dieser Darstellung Glauben, so müssten der Polizei bei der Kontextualisierung der bereitgestellten Informationen entweder krasse Fehler unterlaufen oder eine solche Kontextualisierung ganz unterblieben sein.

Die angebliche Verwechslung von Amad A. und Amedy G. soll auf einem technisch eher simpel strukturierten Kreuztreffervergleich beruht haben. In Zukunft könnten Informationssysteme deutlich raffiniertere Methoden zur Verknüpfung von Informationen einsetzen, etwa auf der Basis maschinellen Lernens. Dadurch könnten sich die Risiken derartiger Verwechslungen und fehlerhafter Attributionen erhöhen. Es besteht auch die Gefahr, dass sich die Polizei in der Praxis oftmals unkritisch auf die Ergebnisse von Abfragen „intelligenter" Systeme verlassen könnte. Die Verknüpfung und Attribution personenbezogener Informationen könnte in modernen Systemen schließlich zu mehr als einfachen Verwechslungen führen. Möglich erscheint sogar, dass in der polizeilichen Informationsordnung Abbilder von Persönlichkeiten entstehen, die sich von ihren reellen Vorbildern loslösen. Durch die „algorithmenbasierte Zuschreibung von Eigenschaften"[27] im Datenbestand der Polizei könnte sozusagen als Abbild eines Dr. Jekyll

---

26 *Creemers/Guagnin*, Datenbanken in der Polizeipraxis, KrimJ 2014, S. 134 (145).
27 *Broemel/Trute*, Alles nur Datenschutz?, Berliner Debatte Initial 27 (2016), S. 50 (57) (zu diesem Risiko im allgemeinen, nicht polizeispezifischen Kontext).

ein Mr. Hyde entstehen – ein kriminelles „Dividuum"[28] mit einem virtuellen Eigenleben.

2. Rechtliche Konsequenzen

Es fragt sich, wie den benannten Risiken der Kriminalisierung und Missrepräsentation rechtlich beizukommen ist.

a. Datenschutz

Für den Schutz der Betroffenen wird im Rahmen der polizeilichen Informationsordnung bisher primär das Datenschutzrecht zum Einsatz gebracht. Dieses basiert in erster Linie auf der vom Bundesverfassungsgericht in seinem Volkszählungsurteil 1983[29] entwickelten Konzeption des Rechtes auf informationelle Selbstbestimmung. Die Ziele und die Funktionsweise der polizeilichen Informationsordnung stehen teilweise in einem grundsätzlichen Widerspruch zu diesem Recht – etwa mit Blick auf die Prinzipien der Zweckbindung, der Erforderlichkeit und der Datensparsamkeit. Dies ist lange bekannt und wird zu Recht bemängelt.[30]

Allerdings ist auch zweifelhaft, ob das Datenschutzrecht in seiner Ausrichtung als individuelles Abwehrrecht geeignet ist, den beschriebenen Risiken der polizeilichen Informationsordnung allein zu begegnen. Die Datenverarbeitung in der polizeilichen Informationsordnung ist auf die Breite ausgelegt. Sie ist – auch im Vergleich zu anderen Formen der Datenverarbeitung – von einer besonderen Intransparenz gekennzeichnet, die den individuellen Schutz erschwert. Daher erscheint mit Blick auf die Kriminalisierung und Missrepräsentation ein verstärkter Fokus auf strukturelle Aspekte geboten.

So könnten Vorgaben an die Organisation und Qualität von Daten helfen, der falschen Zuschreibung von Attributen und der Kriminalisierung von Individuen entgegenzuwirken. Die Qualität und Richtigkeit von Daten ist bereits jetzt ein datenschutzrechtliches Prinzip. Nach Art. 4 Abs. 1 lit. d der Richtlinie (EU)

---

28 Dieser schon von *Friedrich Nietzsche* (Menschliches, Allzumenschliches, 1878, Bd. 1, Nr. 57) verwendete Begriff fand über *Deleuze*, Postskriptum über die Kontrollgesellschaften, in: Deleuze: Unterhandlungen, 1993, S. 254 (258) Eingang in die Untersuchung der Abbilder von Personen in Datenbanken; vgl. *Haggerty/Ericson*, The surveillant assemblage, BJS 51 (2000), 605 ff.
29 BVerfG, Urteil vom 15.12.1983 – 1 BvR 209, 269, 362, 420, 440, 484/83, BVerfGE 65, 1.
30 Vgl. nur *Singelnstein*, in: Münchener Kommentar zur StPO, 2019, Vorbemerkung zu § 474 Rn. 68 ff.

2016/680 des Europäischen Parlaments und des Rates vom 27.4.2016 (JIRL) müssen personenbezogene Daten sachlich richtig und erforderlichenfalls auf dem neuesten Stand sein. Allerdings ist dieser Grundsatz im nationalen Recht bisher nur schwach ausgeprägt. Er findet weniger Niederschlag in konkreten strukturellen Vorgaben als in Betroffenenrechten, die von der individuellen Ausübung abhängig sind.

Die Anforderungen an die Validierung und Kontrolle von Informationen sollten verstärkt werden. So könnten folgenreiche Datenveränderungen wie die Veränderung von Aliasen oder die Zusammenführung von Datensätzen, die zu einer „Verschmelzung" von Identitäten führt, zumindest erschwert werden. Zudem sollte der Grundsatz der Datenqualität auch als Anforderung an Design und Struktur von Informationssystemen verstanden werden. Zum Teil sind in polizeilichen Informationssystemen Defizite bei der Datenqualität „vorprogrammiert", etwa wenn sie mit arabischen Namen arbeiten.[31] Die traditionelle fünfteilige Struktur dieser Namen lässt sich nicht in das systemisch vorgegebene Schema von Vor- und Nachname pressen. Auch die verschiedenen möglichen Transkriptionen von Namen – im Falle von Amad etwa Ahmed, Achmed und Achmet – können die Systeme nicht abbilden. Dies führt in der Praxis dazu, dass die Träger arabischer Namen unter zahlreichen (nicht zwangsläufig richtigen) Aliasen in der Informationsordnung geführt werden und die Verwechslungsgefahr im Vergleich zu Trägern anderer Namen deutlich erhöht ist. Diese strukturellen Defizite erscheinen mit den Grundanforderungen an die Datenqualität unvereinbar.

Das herkömmliche Datenschutzrecht erscheint in seiner Anwendung auch insgesamt unzureichend, um den beschriebenen Risiken vollständig Herr zu werden. Dies gilt zumindest für die geltenden einfachgesetzlichen Regelungen. In seiner Konzeption als Vorfeldrecht[32] neigt das Datenschutzrecht dazu, einfachgesetzlich leicht aufgeweicht zu werden. Dies zeigt sich bei der Anwendung der Befugnisse zur Informationsordnung in den Polizeigesetzen und der Strafprozessordnung. Diese setzen tatbestandlich im Wesentlichen voraus, dass eine Datenverarbeitung für die Erfüllung polizeilicher Aufgaben oder die Zwecke des Strafverfahrens erforderlich ist. Hieraus werden nur geringe Anforderungen für die Speicherung und Weiterverwendungen von Daten abgeleitet. Es wird als ausreichend angesehen, dass Informationen eine potenzielle Relevanz für eine spätere polizeiliche

---

31 Vgl. zu den Schwierigkeiten, Personen durch ihren Namen eindeutig zu identifizieren *von Lewinski*, Datenbanken sowie Ordnungs- und Personenkennzeichen, in: Seckelmann (Hrsg.), Digitalisierte Verwaltung, Vernetztes E-Government, 2019, S. 107 (110) m. w. Nachw.
32 Vgl. BVerfG, Urteil vom 11.3.2008 – 1 BvR 2074/05, 1254/07, BVerfGE 120, 378 (397); *Bull*, Zweifelsfragen um die informationelle Selbstbestimmung, NJW 2006, S. 1617 (1623).

Tätigkeit haben. Angesichts moderner Hilfsmittel zur Auswertung fällt es dabei immer leichter, die Relevanz von Informationen zu begründen.[33]

Zwar lassen sich aus den Kriterien der Erforderlichkeit und Verhältnismäßigkeit auch strengere Voraussetzungen für die Speicherung und Weiterverarbeitung von personenbezogenen Daten ableiten. Dafür dürfte es sich aber empfehlen, namentlich den Maßstab der Verhältnismäßigkeit zu konkretisieren. Das Datenschutzrecht hat insgesamt auf seiner instrumentellen Schutzebene das Potenzial, durch weitere spezifische Rechtspositionen aufgeladen zu werden.[34]

b. Aufladung durch weitere Rechtspositionen

Ungenutzte Potenziale zur Spezifizierung der Anforderungen an die polizeiliche Informationsordnung bieten der Diskriminierungsschutz und die Unschuldsvermutung.

aa. Diskriminierungsschutz

Die Speicherung personenbezogener Dateien in Datenbanken birgt ein hohes Potenzial, die Betroffenen zu diskriminieren. Dieses Risiko ist nicht spezifisch vom Datenschutzrecht abgedeckt. Allerdings ist das verfassungsrechtliche Diskriminierungsverbot aus Art. 3 Abs. 3 GG einschlägig. Hieraus folgt im Zusammenhang mit dem Verwaltungshandeln ein Verbot, an die genannten Merkmale anzuknüpfen.[35] Dies ist bei der Speicherung von Informationen in Datenbanken zu beachten. In seiner Entscheidung zur Antiterrordatei erwähnte das Bundesverfassungsgericht den verfassungsrechtlichen Diskriminierungsschutz im Zusammenhang mit der Aufnahme religionsbezogener Merkmale in Datenbanken und begründete diesbezüglich erhöhte Anforderungen. Für die Berücksichtigung entsprechender Daten sei „von Verfassungs wegen eine zurückhaltende Umsetzung geboten."[36] Dem sei „dadurch Rechnung zu tragen, dass die Aufnahme entsprechender Angaben nicht über eine lediglich identifizierende Bedeutung hinausgeht."[37] Daraus lässt sich

---

33 Vgl. *Rusteberg*, Stellungnahme zu dem Thema „Föderale Sicherheitsarchitektur" zur Vorbereitung der öffentlichen Anhörung des 1. Untersuchungsausschusses des Deutschen Bundestages der 19. Wahlperiode am 17. Mai 2018, Ausschuss-Drs. 19(25)239, S. 44.
34 Dazu ausführlich *Marsch*, Das europäische Datenschutzgrundrecht, 2018, S. 109 f.
35 Vgl. *Schwabenbauer*, in: Lisken/Denninger, Handbuch des Polizeirechts, 2018, Kap. G Rn. 315.
36 BVerfG, Urteil vom 24.4.2013 – 1 BvR 1215/07, BVerfGE 133, 277 (360).
37 BVerfG, Fn. 36, 277 (360).

folgern, dass nach Art. 3 Abs. 3 Satz 1 GG geschützte Merkmale ohne besondere Rechtfertigung nicht in Datenbanken vorgehalten werden dürfen, um diese zur Grundlage einer Bewertung zu machen. Diese Anforderungen gelten auch für verdeckt diskriminierende Informationen. Scheinbar unverfängliche Informationen können in Datenbanken als Platzhalter für Merkmale nach Art. 3 Abs. 3 Satz 1 GG dienen. Würde die Polizei bspw. die Merkmale „Land- und Stadtstreicher" und „wechselt häufig Aufenthaltsort" in Informationssystemen praktisch als Synonym für Sinti und Roma nutzen, läge hierdurch eine grundsätzlich unzulässige Anknüpfung an Rasse bzw. ethnische Herkunft vor.[38] Komplizierter ist die Lage, wenn bestimmte Informationen in Datenbanken nicht als Platzhalter dienen, aber faktisch auf nach Art. 3 Abs. 3 Satz 1 GG geschützte Merkmale schließen lassen. Auch in diesem Fall ließen sich im Sinne einer möglichen mittelbaren Diskriminierung erhöhte Anforderungen an die Rechtfertigung begründen.

bb. Die Unschuldsvermutung

Die Speicherung von Informationen in Datenbanken kann auch in Konflikt mit der u.a. nach Art. 6 Abs. 2 EMRK gewährleisteten Unschuldsvermutung geraten. Ähnlich wie in Zusammenhang mit dem Diskriminierungsverbot wird das Interesse an der Verhinderung einer Missrepräsentation und Kriminalisierung zwar vom Datenschutzrecht reflexartig mitgeschützt, ist aber nicht das Kernanliegen seiner Regelungen. Die Unschuldsvermutung schützt nicht nur vor Schuldspruch und Strafe, sondern auch vor Nachteilen, die diesen „gleichkommen, denen aber kein rechtsstaatliches prozessordnungsgemäßes Verfahren zur Schuldfeststellung vorausgegangen ist".[39]

Das Bundesverfassungsgericht sieht die Speicherung personenbezogener Daten in Dateien allerdings regelmäßig nicht im Konflikt mit der Unschuldsvermutung. „Die weitere Aufbewahrung und Verwendung von Daten aus Strafverfahren zur vorbeugenden Straftatbekämpfung" stelle „keinen Nachteil [...] dar, der einem Schuldspruch oder einer Strafe gleichkäme",[40] da diese nur von einem Tatverdacht, nicht aber von einer Schuldfeststellung abhängig sei. Die Datenspeicherung in den Kriminalakten kann nach der Rechtsprechung des Bundesverfassungsgerichts auch zulässig sein, wenn ein Strafverfahren eingestellt wurde oder ein Freispruch

---

38 Vgl. hierzu kritisch *Schröder*, Stigmatisierung in Polizeidatenbanken durch „personengebundene Hinweise", in: Müller-Heidelberg et al. (Hrsg.), Grundrechte-Report 2015, S. 38 (39).
39 BVerfG, Beschluss vom 16.5.2002 – 1 BvR 2257/01, NJW 2002, S. 3231.
40 BVerfG, Fn. 39, S. 3231 (3232).

erfolgt ist. Die Berücksichtigung von Verdachtsgründen, die auch nach einer Verfahrensbeendigung durch Freispruch oder Einstellung fortbestehen könnten, stellt nach der Rechtsprechung keine Schuldfeststellung oder -zuweisung dar, wenn und soweit sie bei Wiederholungsgefahr anderen Zwecken, insbesondere der vorbeugenden Straftatenbekämpfung, dient.
Allerdings leitet das Bundesverfassungsgericht aus der Unschuldsvermutung eine besondere Anforderung an die Datenqualität ab, wonach Verdachtsdaten nach einem Freispruch oder einer Verfahrenseinstellung zu überprüfen sind.[41] Berichten der Datenschutzaufsicht zufolge wird dies in der polizeilichen Praxis allerdings nicht immer beherzigt.[42]

Diese Rechtsprechung des Bundesverfassungsgerichts berücksichtigt die potenziell stigmatisierenden Wirkungen einer Datenspeicherung in modernen polizeilichen Informationssystemen allerdings noch nicht ausreichend. Treffender erscheinen in diesem Zusammenhang die Ausführungen des Europäischen Gerichtshofs für Menschenrechte im Fall *Marper*. Zwar könne die Speicherung personenbezogener Daten aus Strafverfahren nicht mit der Äußerung eines Schuldverdachtes gegenüber der betroffenen Person gleichgesetzt werden. Gleichwohl würde

> „ihre eigene Wahrnehmung, sie würden nicht als unschuldig behandelt, dadurch verstärkt, dass ihre Daten wie bei verurteilten Straftätern auf unbegrenzte Zeit gespeichert werden, während die solcher Personen, die nie einer Straftat verdächtig waren, vernichtet werden müssen."[43]

Dies greift das Risiko einer kriminellen Etikettierung durch die Informationsordnung direkt auf.

Der Europäische Gerichtshof für Menschenrechte argumentierte dazu in dem Fall *Khelili* dafür, den (aus Art. 8 EMRK folgenden) Schutz personenbezogener Daten im Zusammenhang mit polizeilichen Datenbanken durch die Unschuldsvermutung aufzuladen. In dem Fall war eine Frau über 18 Jahre lang in einer polizeilichen Datenbank als Prostituierte gekennzeichnet gewesen, weil bei ihr verdächtige Visitenkarten aufgefunden worden waren. Verurteilt worden war Frau Khelili nie. Die Attribution in der Datenbank aber legte ein strafbares Verhalten

---

41 BVerfG, Fn. 39, S. 3231 (3232).
42 *Der Bayerische Landesbeauftragte für den Datenschutz*, 27. Tätigkeitsbericht 2015/2016, S. 59 ff.; *Der Hamburgische Beauftragte für Datenschutz und Informationsfreiheit*, 26. Tätigkeitsbericht 2016/2017, S. 26.
43 EGMR, Urteil vom 4.12.2008 – 30562/04 und 30566/04 – S. u. Marper/Vereinigtes Königreich.

nahe. Dies sah das Gericht „insbesondere im Hinblick auf das überragende Prinzip der Unschuldsvermutung" als Verletzung von Art. 8 EMRK an.[44] Auch wenn die Attribution in der Datenbank nicht einem Schuldspruch oder einer Strafe gleichkam, sah sich das Gericht veranlasst, Art. 6 Abs. 2 EMRK heranzuziehen. Es überzeugt, die Unschuldsvermutung zumindest wertungsmäßig zu berücksichtigen, wenn Informationen in polizeilichen Datenbanken kriminelle Verhaltensweisen nahelegen. Es ist zwar nicht zwingend, die Unschuldsvermutung bei stigmatisierenden Datenspeicherungen zu kriminalpräventiven Zwecken direkt heranzuziehen, sie bietet aber zumindest einen Anhaltspunkt für die relevanten Risiken.

IV. Missbräuchliche Nutzung

Ein zweites Risiko der polizeilichen Informationsordnung ist ihre missbräuchliche und kriminelle Nutzung durch Polizisten.

1. Phänomen und mögliche Ursachen

In der Rechtsprechung[45] und den Tätigkeitsberichten der Datenschutzaufsicht[46] lassen sich diverse Fälle nachvollziehen, in denen es zu einem Missbrauch der Informationsordnung durch Polizisten kam. In vielen bekannt gewordenen Fällen erfolgten unzulässige Datenabfragen aus privatem Interesse. So beklagte etwa die Berliner Datenschutzbeauftragte im Frühjahr 2019 öffentlich, Polizisten würden häufig auf die Datenbank für private Zwecke zugreifen, etwa „um Informationen über Nachbarn zu bekommen oder den Schwager zu ärgern".[47] Während der bloße Abruf aus Neugier noch keinen Straftatbestand verwirklicht, fällt der Abruf mit

---

44 EGMR, Urteil vom 18.10.2011 – 16188/07 – Khelili/Schweiz.
45 Vgl. zuletzt OLG Bamberg, Beschluss vom 28.8.2018 – 2 Ss OWi 949/18, BeckRS 2018, 24517; mit einem Überblick über die bisherige Rechtsprechung *Golla*, Die Straf- und Bußgeldtatbestände der Datenschutzgesetze, 2015, S. 190 f.
46 Vgl. zuletzt *Landesbeauftragter für Datenschutz und Informationsfreiheit Baden-Württemberg*, Pressemitteilung vom 18.6.2019, abrufbar im Internet unter https://www.baden-wuerttemberg.datenschutz.de/lfdi-baden-wuerttemberg-verhaengt-erstes-bussgeld-gegen-polizeibeamten/ (letzter Zugriff 15.8.2019); *Berliner Beauftragte für Datenschutz und Informationsfreiheit*, Jahresbericht 2018, S. 55 f.; *Landesbeauftragte für Datenschutz Bremen*, 1. Jahresbericht nach der Europäischen Datenschutzgrundverordnung 2018, S. 23.
47 *Tagesspiegel*, Datenschutzbeauftragte kritisiert Berliner Polizei, 28.3.2019, abrufbar im Internet unter https://www.tagesspiegel.de/berlin/pannen-missbrauch-und-lecks-datenschutzbeauftragte-kritisiert-berliner-polizei/24157448.html (letzter Zugriff 15.8.2019).

Absicht zur Schädigung einer Person unter die Straftatbestände der Landesdatenschutzgesetze.[48]

In diversen Fällen schließen sich an den Abruf Handlungen an, die ebenfalls strafbar sein können. Eine Offenbarung von Informationen aus den Systemen – oder der Information, dass dort Einträge nicht vorhanden sind – kann eine strafbare Verletzung des Dienstgeheimnisses (§ 353b StGB) darstellen.[49] Die weitere Verwendung der Informationen kann ganz unterschiedliche Straftatbestände erfüllen. In Betracht kommen Delikte zum Schutz der Rechtspflege wie etwa die Strafvereitelung (im Amt) (§§ 258, 258a StGB) sowie diverse Delikte gegen die persönliche Freiheit. Aufsehen erregte jüngst der Fall einer Frankfurter Anwältin, die nach dem Abruf ihrer Daten aus einer Polizeidatenbank mehrere Drohbriefe erhielt (§ 241 StGB).[50] Im Fall Amad A. steht der Vorwurf einer Freiheitsberaubung (§ 239 StGB) durch Manipulation von Datensätzen im Raum.

Der Missbrauch polizeilicher Informationsressourcen lässt sich kriminologisch als Kriminalität der (Daten-)Mächtigen betrachten.[51] Zwar steht ein „kleiner Polizeibeamter" nicht auf einer Ebene mit Mitgliedern der Elite, wie etwa hochrangigen Regierungsvertretern. Jedoch kann auch ein Polizist mit ausreichenden Zugriffsbefugnissen über jene besonderen Machtbefugnisse verfügen, die als Kennzeichen der Kriminalität der Mächtigen gesehen werden.[52] Polizisten, die unbefugt auf die Informationsordnung zugreifen, missbrauchen eine Machtposition, indem sie die Mittel der Institution Polizei ausnutzen.

Im Zusammenhang mit bekannt gewordenen missbräuchlichen Abrufen polizeilicher Datenbanken stellt sich die Frage, ob bei dem Umgang mit diesen eine ausreichende Sensibilität für das Thema Datenschutz besteht. Dass Abrufe aus privater Neugier keine absolute Rarität sind, zeigte zuletzt ein Bericht, nach dem die Daten der Schlagersängerin Helene Fischer nach einem Konzert in Frankfurt im Main in einer Nacht 83-mal aus dem Datenbestand der hessischen Polizei abgefragt wurden.[53]

---

48 So etwa §§ 70 i.V.m. 29 BlnDSG; vgl. zu dem Merkmal der Schädigungsabsicht *Golla*, Die Straf- und Bußgeldtatbestände der Datenschutzgesetze, 2015, S. 190f.
49 *Singelnstein*, Strafbare Strafverfolgung, 2019, S. 275 ff.
50 Vgl. zu dem Fall *Tagesschau*, NSU-Opfer-Anwältin erneut bedroht, 30.1.2019, abrufbar im Internet unter https://www.tagesschau.de/inland/drohbrief-basay-yildiz-103.html (letzter Zugriff 15.8.2019).
51 Vgl. *Singelnstein*, Fn. 49, S. 31 ff.
52 Vgl. zu den Problemen bei der Bestimmung des Kreises der Mächtigen *Lee*, (Latente) soziale Probleme und Massenmedien, 2005, S. 79 ff.
53 *V. Bebenburg*, Polizisten missbrauchen Personenabfrage, um an Infos über Helene Fischer zu kommen, 3.8.2019, abrufbar im Internet unter https://www.fr.de/hessen/hessen-beamte-missbrauchen-polizeisystem-infos-ueber-helene-fischer-kommen-zr-12875917.html (letzter Zugriff 15.8.2019).

Zwar werden Zugriffe auf polizeiliche Datenbanken in der Regel persönlich protokolliert und sind theoretisch nachvollziehbar. Jedoch ist die polizeiliche Informationsordnung von einer erheblichen Intransparenz gekennzeichnet. Dies ergibt sich schon aus ihrer hohen Komplexität und Eigendynamik. Selbst für die Datenschutzaufsicht ist eine vollständige Prüfung vor dem Hintergrund fehlender technischer Expertise und Ressourcen nicht realisierbar. Die polizeiliche Informationsordnung hat sich in ihrer Entwicklung auch zunehmend von anderen Akteuren wie der Justiz abgeschottet. Es kommt hinzu, dass vom Abruf Betroffene bei Abruf und der Weitergabe ihrer Daten zunächst keine direkten Konsequenzen spüren.

2. Rechtliche Konsequenzen

Aus materiell-rechtlicher Sicht stehen besonders im Strafrecht Mittel zur Verfügung, um missbräuchlichen Nutzungen polizeilicher Informationsressourcen zu begegnen. Allerdings scheinen Defizite bei der Kontrolle der Nutzung der Ressourcen und der Sensibilisierung der Nutzer zu bestehen. Die Informationssubjekte selbst können sich aufgrund der Intransparenz und Komplexität der Informationsordnung kaum wehren. Ob die Staatsanwaltschaften oder die Polizei selbst den bestehenden Problemen und Risiken der Informationsordnung Herr werden kann, erscheint ähnlich zweifelhaft wie in anderen Fällen polizeilichen Fehlverhaltens.

Für eine externe Kontrolle und Sensibilisierung kommt zunächst die Datenschutzaufsicht in Betracht. Diese ist allerdings faktisch durch ihre knappen Ressourcen eingeschränkt. Speziell zur Kontrolle des polizeilichen Bereichs stehen den Behörden nur wenige Mitarbeiter zur Verfügung. Die Behörden haben außerdem gegenüber der Polizei teilweise nur eingeschränkte Befugnisse. In mehreren Bundesländern sind sie nicht, oder nur bei erheblichen Verstößen befugt, verbindlich auf die Datenverarbeitungen der Polizei einzuwirken und Missbräuche effektiv abzustellen.[54] Dies widerspricht der unionsrechtlichen Vorgabe aus Art. 47 Abs. 2 JIRL, wonach die Datenschutzaufsicht mit wirksamen Abhilfebefugnissen auszustatten ist. Eine verbesserte Ausstattung der Datenschutzaufsicht mit Ressourcen und Befugnissen zur Kontrolle der polizeilichen Datenverarbeitung ist daher nicht nur wünschenswert, sondern auch rechtlich zwingend geboten.

---

54 Vgl. zu dieser Problematik *Golla*, Datenschutzrechtliche Schattengewächse in den Ländern, KriPoZ 2019, S. 238 (242 ff.).

Die Frage nach der Kontrolle von Missbräuchen der polizeilichen Informationsordnung ist schließlich in die allgemeine Diskussion über die Kontrolle polizeilichen Fehlverhaltens einzuordnen.[55] Der Missbrauch der Informationsordnung erscheint durch die Strukturen der Polizei und die Intransparenz des Informationswesens begünstigt. Zudem sind die Risiken der polizeilichen Informationsordnung materiell-rechtlich durch das Datenschutzrecht nicht vollständig abgedeckt.

Daher ist zu überlegen, ob die Kontrolle des Missbrauchs der polizeilichen Informationsordnung zusätzlich durch Stellen erfolgen sollte, die polizeiliches Fehlverhalten insgesamt überprüfen. Hierfür käme eine unabhängige staatliche Aufsicht in Betracht, wie sie in anderen europäischen Staaten bereits existiert. Solche Institutionen könnten die Missbräuche der Informationsordnung besonders in den Blick nehmen, wenn sich durch diese Risiken wie die Kriminalisierung und Diskriminierung von Informationssubjekten verwirklichen oder der Missbrauch zu anderen Delikten führt. Das britische Independent Office for Police Conduct[56] setzt sich bspw. systematisch mit dem Missbrauch polizeilicher Datenbanken auseinander und kategorisiert diesen als eigene Form polizeilichen Fehlverhaltens.

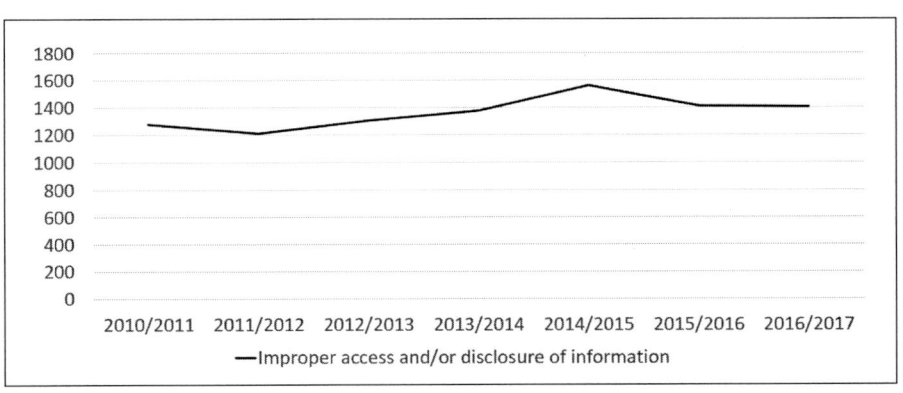

Abb. 2: Von der Independent Police Complaints Commission erfasste Fälle unzulässiger Datenabrufe und -weitergaben durch die Polizei[57]

---

55 Vgl. hierzu *Bosch/Grutzpalk*, Kontrolle der Polizei, 3.9.2015, abrufbar im Internet unter https://www.bpb.de/politik/innenpolitik/innere-sicherheit/201425/kontrolle-der-polizei (letzter Zugriff 15.8.2019).
56 Ehemals Independent Police Complaints Commission.
57 Daten entnommen den *Annual police complaints statistics*, abrufbar im Internet unter https://webarchive.nationalarchives.gov.uk/20170914130810/https://www.ipcc.gov.uk/page/annual-police-complaints-statistics (letzter Zugriff 15.8.2019).

V. Fazit und Ausblick

Die polizeiliche Informationsordnung ist anfällig für Missbrauch und birgt ernsthafte Risiken für Informationssubjekte, die mit der technologischen Weiterentwicklung noch zunehmen. Skandalöse Fälle wie jener von Amad A. oder kuriose Ereignisse wie der massenhafte Datenabruf zu Helene Fischer deuten diese Risiken an und lenken punktuell die Aufmerksamkeit auf diese Thematik.

Die praktische Nutzung der Informationsordnung und ihre Gefahren sind allerdings noch wenig erforscht. Dies ist auch der Komplexität und Intransparenz der Systeme geschuldet. Gerade vor dem Hintergrund der aktuellen Entwicklung rund um das Programm *Polizei 2020* bedarf es weiterer Untersuchungen, die sich qualitativer und quantitativer Methoden bedienen. Auf dieser Grundlage dürfte sich besser und genauer beurteilen lassen, mit welchen rechtlichen und sonstigen Mitteln die aufgezeigten Risiken in den Griff zu bekommen sind.

Als zentrale Ergebnisse sind hier zunächst festzuhalten:

- Die aktuelle Entwicklung der polizeilichen Informationsordnung legt ihren Schwerpunkt auf die Ziele der Verfügbarkeit und Verknüpfbarkeit von Daten. Dies steht in der polizeilichen Praxis in einem Konflikt mit dem Schutz der Informationssubjekte sowie der Qualität der vorgehaltenen Daten.
- Die automatisierte oder nicht ausreichend reflektierte Zuschreibung von Attributen in der polizeilichen Informationsordnung kann zur Kriminalisierung von Informationssubjekten beitragen. Um dem entgegenzuwirken, bedarf es eines stärkeren Schutzes der Betroffenen. Neben den Vorgaben des Datenschutzrechtes sollten der Diskriminierungsschutz und die Unschuldsvermutung im Rahmen der polizeilichen Informationsordnung stärker zur Geltung gebracht werden.
- Die polizeiliche Informationsordnung ist strukturell anfällig für einen kriminellen Missbrauch durch Polizisten. Es bedarf zusätzlicher Kontrollmechanismen, um diesen zu verhindern und zu verfolgen.

Florian Schwill*

Die Reform des Hamburgischen Transparenzgesetzes (HmbTG)

Inhaltsübersicht

I. Einleitung: Hintergrund der Reform des HmbTG
II. Änderungen zur Veröffentlichungspflicht
 1. Einbeziehung der mittelbaren Staatsverwaltung in die Veröffentlichungspflicht
 2. Verwaltungsvorschriften als Veröffentlichungsgegenstand
 3. Einwilligung als Ausnahme von der Unkenntlichmachung personenbezogener Daten bei der Veröffentlichung
 4. Ausnahmen für AGB- und VOB/B-Verträge bei § 10 Abs. 2 HmbTG
III. Änderungen zu Ausnahmetatbeständen
 1. Ausnahme von der Informationspflicht für Prüfungseinrichtungen und Schulen
 2. Schutz von Betriebs- und Geschäftsgeheimnissen der Behörden
 3. Ausnahme von der Informationspflicht für das geistige Eigentum
 4. Ausnahmen von Veröffentlichungspflicht für Kassenärztliche Vereinigung Hamburg, Kassenzahnärztliche Vereinigung Hamburg und Hamburgische Investitions- und Förderbank
IV. Verbesserung der verfahrensrechtlichen Stellung von Antragstellern und Dritten
 1. Erweiterung der Möglichkeit Dritter zur Stellungnahme
 2. Schriftliche Bekanntgabe positiv zu bescheidender Auskunftsersuchen auch gegenüber betroffenen Dritten
 3. Widerspruchsähnliche Überprüfungsmöglichkeit von Entscheidungen auskunftspflichtiger Personen des Privatrechts
 4. Anrufungsmöglichkeit des Hamburgischen Beauftragten für Datenschutz und Informationsfreiheit (HmbBfDI) für das HmbUIG und das VIG
 5. Möglichkeit einer Feststellungsklage für den Hamburgischen Beauftragten für Datenschutz und Informationsfreiheit
V. Ausblick

---

* VRiLG Dr. Florian Schwill leitet das u.a. für das Informationsfreiheitsrecht zuständige Referat Öffentliches Recht und Rechtsprüfung II in der Justizbehörde Hamburg; der Aufsatz gibt seine persönliche Auffassung wieder.

I. Einleitung: Hintergrund der Reform des HmbTG

Das HmbTG war bei seinem Inkrafttreten im Jahr 2012 das weitreichendste Informationsfreiheitsgesetz in Deutschland. Seine wesentliche Neuerung bestand in der Schaffung einer antragsunabhängigen Pflicht der Behörden zur Veröffentlichung bestimmter Informationen in einem Informationsregister; dieser Veröffentlichungspflicht im sogenannten „Transparenzportal" im Internet korrespondiert ein subjektives Recht der Bürgerinnen und Bürger auf Veröffentlichung, sodass die Veröffentlichungspflichten auch zum Gegenstand gerichtlicher Auseinandersetzung gemacht werden können (allerdings gemäß § 1 Abs. 2 HmbTG nur, soweit die Veröffentlichungsgegenstände des § 3 Abs. 1 HmbTG betroffen sind). Die in § 18 Abs. 2 S. 3 HmbTG a.F. vorgesehene Überprüfung der Anwendung und Auswirkungen des Gesetzes war wegen der Vorreiterrolle Hamburgs im Bereich der genannten proaktiven Veröffentlichungspflicht der Behörden von besonderem Interesse.[1] Der vom Institut für Gesetzesfolgenabschätzung und Evaluation am Deutschen Forschungsinstitut für Öffentliche Verwaltung Speyer erstellte Abschlussbericht zur vom Senat beauftragten Evaluation des HmbTG liegt seit Mitte 2017 vor.[2] Seine Ergebnisse sind grundsätzlich positiv; insbesondere stellt das (nach einer Übergangsfrist) seit 2014 betriebene Transparenzportal eine große Anzahl von Dokumenten zur freien Verfügung (zwischen September 2014 und Februar 2017 knapp 66.000,[3] Ende 2019 bereits über 100.000) und wird mit rund 22,7 Millionen Zugriffen zwischen April 2015 und Februar 2017 intensiv genutzt.[4] Verbesserungspotenzial zeigt der Abschlussbericht insbesondere hinsichtlich vielfältiger rechtlicher Auslegungsfragen auf. Dies ist insofern nicht erstaunlich, als bereits vor der Evaluation zutreffend darauf hingewiesen wurde, dass das HmbTG viele „Formulierungsfehler, Unklarheiten und Widersprüche"[5] enthalte, die ihre Ursache im Wesentlichen im Erlass des HmbTG auf der Grundlage eines von einer Volksinitiative entworfenen Gesetzes und wegen des Zeitdrucks ohne gründliche Behördenabstimmung haben dürften.[6]

---

1 *Herr et al.,* Transparenzgesetzgebung in Deutschland in der Bewährung, DÖV 2018, S. 165 (165).
2 *Herr et al.,* Abschlussbericht zur Evaluation des Hamburgischen Transparenzgesetzes, Transparenzportal Hamburg, abrufbar im Internet unter http://suche.transparenz.hamburg.de/dataset/abschlussbericht-zur-evaluation-des-hamburgischen-transparenzgesetzes (letzter Zugriff 8.1.2020).
3 *Herr et al.,* Fn. 2, S. 50, 285.
4 *Herr et al.,* Fn. 2, S. 134, 288.
5 *Maatsch/Schnabel,* Das Hamburgische Transparenzgesetz, 2015, Einl. Rn. 4.
6 *Maatsch/Schnabel,* Fn. 5.

Im Juli 2019 hat der Senat – einer Aufforderung der Hamburgischen Bürgerschaft vom 13.2.2019[7] entsprechend – einen Entwurf für die Novellierung des HmbTG auf Basis der Erkenntnisse des Evaluationsberichts und der zum HmbTG ergangenen verwaltungsgerichtlichen Entscheidungen vorgelegt.[8] Am 24.10.2019 ist dieser Entwurf im Ausschuss für Justiz und Datenschutz der Bürgerschaft beraten worden.[9]

Nach Maßgabe der Änderungsanträge der SPD-, CDU- und Grünen-Fraktionen[10] hat die Bürgerschaft den Senatsentwurf zur Reform des HmbTG in ihrer Sitzung am 18.12.2019 beschlossen.[11] Das Reformgesetz ist nach Verkündung mit dem Hamburgischen Gesetz- und Verordnungsblatt vom 7.1.2020[12] gemäß Art. 54 Satz 1 der Hamburgischen Verfassung am 8.1.2020 in Kraft getreten (für die Umsetzung der neuen Veröffentlichungspflicht der mittelbaren Staatsverwaltung sieht Art. 5 des Reformgesetzes aber eine Übergangsfrist bis zum 1.1.2021 vor).

Die wesentlichen Inhalte der Reform des HmbTG sollen im Folgenden gegliedert nach Änderungen zur Veröffentlichungspflicht (unter II.), Änderungen zu Ausnahmetatbeständen (unter III.) und Verbesserung der verfahrensrechtlichen Stellung von Antragstellern und Dritten (unter IV.) dargestellt werden.

II. Änderungen zur Veröffentlichungspflicht

1. Einbeziehung der mittelbaren Staatsverwaltung in die Veröffentlichungspflicht

Kernelement der Reform des HmbTG ist die eindeutige Einbeziehung der Körperschaften, Anstalten und Stiftungen des öffentlichen Rechts (mittelbare Staatsverwaltung) in die Veröffentlichungspflicht. Nach bisheriger Rechtslage war umstritten, ob diese (in jedem Falle) auskunftspflichtigen Institutionen auch der Veröffentlichungspflicht nach dem HmbTG unterliegen. Mit Urteil vom 18.9.2017 hat das Verwaltungsgericht Hamburg entschieden, dass nach dem HmbTG keine

---

7 Bürgerschafts-Drs. 21/16011, 21/16183.
8 Bürgerschafts-Drs. 21/17907.
9 Bürgerschafts-Drs. 21/19056, S. 4.
10 Bürgerschafts-Drs. 21/19424.
11 Die Änderungsanträge der FDP-Fraktion (Bürgerschafts-Drs. 21/19427) und der Linken-Fraktion (Bürgerschafts-Drs. 21/19369) fanden keine Mehrheit.
12 HmbGVBl. 2020 S. 19, berichtigt durch HmbGVBl. 2020 S. 56.

Veröffentlichungspflicht der Handelskammer Hamburg im Transparenzportal besteht.[13] Das Oberverwaltungsgericht Hamburg hat mit ausführlich begründetem Beschluss vom 16.4.2018 den Antrag auf Zulassung der Berufung abgelehnt.[14] Im Rahmen der nach Vorliegen des Evaluationsberichts aufgenommenen Reformüberlegungen hat der Senat im Februar und März 2019 Dialogveranstaltungen mit den Institutionen der mittelbaren Staatsverwaltung und den jeweiligen Aufsichtsbehörden durchgeführt. Diese Veranstaltungen dienten dazu, den über 60 betroffenen Institutionen die Möglichkeit zu geben, ihre Fragen und Bedenken hinsichtlich einer möglichen Einbeziehung der mittelbaren Staatsverwaltung in die Veröffentlichungspflicht zu äußern und mit der für das Transparenzrecht zuständigen Justizbehörde zu diskutieren. Fragen und Antworten aus diesen Dialogveranstaltungen hat der Senat im Transparenzportal veröffentlicht.[15]

Ausschlaggebend für die Entscheidung des Hamburgischen Gesetzgebers, die mittelbare Staatsverwaltung in die Veröffentlichungspflicht einzubeziehen, ist der in § 1 Abs. 1 HmbTG genannte Gesetzeszweck, die Kontrolle staatlichen Handels zu ermöglichen, denn eine solche Kontrolle kann nur durch einheitliche Informationspflichten für alle Formen staatlichen Handelns gewährleistet werden. Zudem wäre es ein Wertungswiderspruch, zwar die öffentlich beherrschten Unternehmen in die Veröffentlichungspflicht einzubeziehen, nicht aber die der Kernverwaltung näherstehenden Körperschaften, Anstalten und Stiftungen des öffentlichen Rechts.[16] Eine mögliche freiwillige Teilnahme am Transparenzportal wäre – unabhängig davon, dass ein Interesse der Institutionen der mittelbaren Staatsverwaltung hieran sehr zweifelhaft erscheint – jedenfalls kein Äquivalent einer Einbeziehung in die Veröffentlichungspflicht: Weder bestünde ein klagbares subjektives Recht der Bürgerinnen und Bürger auf Veröffentlichung, noch könnte durch eine freiwillige Teilnahme die erforderliche Befugnis zum Eingriff in das Recht Dritter (etwa durch die Veröffentlichung von personenbezogenen Daten) begründet werden.[17]

Rechtstechnisch wird die Einbeziehung der mittelbaren Staatsverwaltung in die Veröffentlichungspflicht wie folgt umgesetzt: Zunächst löst der Gesetzgeber die bisher bestehende Verwirrung um den Behördenbegriff des HmbTG[18] dadurch

---

13 Az. 17 K 273/15; ZD 2018, S. 195.
14 Az. 3 Bf 271/17.Z.; NordÖR 2018, S. 283.
15 Abrufbar im Internet unter http://suche.transparenz.hamburg.de/dataset/fragen-und-antworten-dialogveranstaltungen-fassung-tp-003-?forceWeb=true (letzter Zugriff 8.1.2020).
16 Bürgerschafts-Drs. 21/17907, S. 9.
17 *Maatsch/Schnabel,* Fn. 5, § 3 Rn. 171.
18 Hierzu *Maatsch/Schnabel,* Fn. 5, § 3 Rn. 162 ff.

auf, dass die mittelbare Staatsverwaltung in der Behördendefinition des § 2 Abs. 3 HmbTG nunmehr ausdrücklich genannt wird. Zusätzlich stellt die Neufassung des § 2 Abs. 5 HmbTG n.F. klar, dass alle Behörden nach § 2 Abs. 3 HmbTG n.F. auskunftspflichtige sowie veröffentlichungspflichtige Stellen sind. Danach kann es grundsätzlich keine auskunftspflichtigen Stellen geben, die nicht gleichzeitig auch veröffentlichungspflichtig sind.[19] Daher wird auch der bislang hinsichtlich der Veröffentlichungs- und hinsichtlich der Auskunftspflicht auf unterschiedliche Absätze des § 2 HmbTG a.F. verweisende § 3 Abs. 4 HmbTG a.F. aufgehoben.

2. Verwaltungsvorschriften als Veröffentlichungsgegenstand

Die Neufassung des § 3 Abs. 1 Nr. 6 HmbTG führt zu einer erheblichen Erweiterung der Veröffentlichungspflicht der Behörden.

Bislang unterlagen nach § 3 Abs. 1 Nr. 6 HmbTG a.F. „Globalrichtlinien, Fachanweisungen und Verwaltungsvorschriften" der Veröffentlichungspflicht. Die Begriffe „Globalrichtlinien" und „Fachanweisungen" stammen aus dem Bezirksverwaltungsgesetz[20] und bezeichnen dort mehr (im Falle der Globalanweisungen i.S.d. § 46 BezVG) oder weniger (im Falle der Fachanweisungen i.S.d. § 45 BezVG) detaillierte Vorgaben des Senats für das Verwaltungshandeln der Bezirke. Aus der gesonderten Nennung der „Verwaltungsvorschriften" in § 3 Abs. 1 Nr. 6 HmbTG wurde geschlossen, dass dieser Begriff im Kontext des HmbTG enger auszulegen sei als nach dem allgemeinen verwaltungsrechtlichen Begriffsverständnis. Legte man nämlich das gebräuchliche Begriffsverständnis zugrunde, nach dem Verwaltungsvorschriften generelle Regelungen des verwaltungsinternen Bereichs sind, die von einer vorgesetzten Behörde an nachgeordnete Behörden gerichtet werden und Organisations- und Verfahrensfragen oder die sachliche Erledigung von Verwaltungsaufgaben betreffen,[21] so wären auch „Globalrichtlinien" und „Fachanweisungen" hiervon erfasst und deren gesonderte Nennung im Normtext wäre überflüssig gewesen.[22] Die Gesetzesbegründung des HmbTG a.F. legte zudem ein solches engeres Verständnis des Begriffs „Verwaltungsvorschriften" nahe, denn

---

19 Ausnahmen gelten nach der Gesetzesreform nur für die Kassenärztliche Vereinigung Hamburg, die Kassenzahnärztliche Vereinigung Hamburg und die Hamburgische Investitions- und Förderbank, die gemäß § 9 Abs. 2 Nr. 4 und 5 HmbTG n.F. von der Veröffentlichungspflicht ausgenommen werden, aber (wie bislang) auskunftspflichtig bleiben. Siehe zu dieser Ausnahme III.4.
20 Bezirksverwaltungsgesetz vom 6.7.2006 (HmbGVBl. 2006 S. 404), zuletzt geändert am 12.12.2019 (HmbGVBl. S. 478).
21 *Maurer*, Allgemeines Verwaltungsrecht, 2017, § 24 Rn. 1.
22 *Maatsch/Schnabel*, Fn. 5, § 3 Rn. 50.

in dieser wurden Verwaltungsvorschriften als „abstrakt-generelle Anordnungen an Behörden mit Geltung für die gesamte Verwaltung der Freien und Hansestadt Hamburg"[23] verstanden. In der Literatur wurden vor diesem Hintergrund nur solche Anordnungen als veröffentlichungspflichtige Verwaltungsvorschriften angesehen, die für die gesamte hamburgische Verwaltung gelten, während Anordnungen, die sich nur an einzelne Behörden oder die Bediensteten einzelner Behörden richten, nicht veröffentlichungspflichtig sein sollten.[24]

§ 3 Abs. 1 Nr. 6 HmbTG n.F. enthält demgegenüber die Begriffe „Globalrichtlinien" und „Fachanweisungen" nicht mehr, sondern benennt als veröffentlichungspflichtig allein „Verwaltungsvorschriften". Damit entfällt das oben beschriebene Problem eines besonderen transparenzrechtlichen Verständnisses des Begriffs „Verwaltungsvorschriften", und es kann insoweit an den allgemein eingeführten weiten Begriff, der alle generellen Regelungen des verwaltungsinternen Bereichs umfasst, angeknüpft werden. Damit sind nunmehr auch solche normkonkretisierenden und ermessenslenkenden verwaltungsinternen Anordnungen veröffentlichungspflichtig, die nur für eine Behörde oder innerhalb einer Behörde gelten.[25]

3. Einwilligung als Ausnahme von der Unkenntlichmachung personenbezogener Daten bei der Veröffentlichung

Nach dem Grundsatz des § 4 Abs. 1 S. 1 HmbTG sind personenbezogene Daten bei der Veröffentlichung im Transparenzportal unkenntlich zu machen. Mit der Reform wird den insoweit in § 4 Abs. 1 S. 2 HmbTG vorgesehenen Ausnahmen eine weitere für den Fall der Einwilligung der betroffenen Person gemäß Art. 7 der Datenschutz-Grundverordnung (DSGVO)[26] hinzugefügt (§ 4 Abs. 1 S. 2 Nr. 6 HmbTG n.F.). Damit wird die wohl auch bislang schon nach allgemeinen Grundsätzen mögliche Einwilligung ausdrücklich geregelt und hinsichtlich ihrer Wirksamkeitsvoraussetzungen an das unionsrechtliche Datenschutzregime der DSGVO gekoppelt.

---

23 Bürgerschafts-Drs. 20/4466, S. 15.
24 *Maatsch/Schnabel*, Fn. 5, § 3 Rn. 52, 54.
25 Bürgerschafts-Drs. 21/17907, S. 10.
26 Verordnung (EU) des Europäischen Parlaments und des Rates vom 27.4.2016 zum Schutz natürlicher Personen bei der Verarbeitung personenbezogener Daten, zum freien Datenverkehr und zur Aufhebung der Richtlinie 95/46/EG (Datenschutz-Grundverordnung), ABl. L 119 S. 1, ber. L 314 S. 72.

4. Ausnahmen für AGB- und VOB/B-Verträge bei § 10 Abs. 2 HmbTG

§ 10 Abs. 2 HmbTG a.F. sah vor, dass Verträge, die der Veröffentlichungspflicht nach dem HmbTG unterliegen, so geschlossen werden müssen, dass sie frühestens einen Monat nach ihrer Veröffentlichung wirksam werden und die Behörde innerhalb dieser Frist vom Vertrag zurücktreten kann. Die danach von den Behörden hinsichtlich der veröffentlichungspflichtigen Verträge zu vereinbarende aufschiebende Bedingung und das vorzubehaltende Rücktrittsrecht warfen eine Reihe von rechtlichen Problemen auf,[27] die im Senatsgesetzentwurf durch eine Streichung des § 10 Abs. 2 HmbTG gelöst werden sollten: Die § 10 Abs. 2 HmbTG zugrunde liegende Vorstellung, dass nach Veröffentlichung eines Vertrages im Transparenzportal eine öffentliche Diskussion über diesen entstehen könnte, die innerhalb eines Monats dazu führt, dass die zuständige Behörde von diesem Vertrag zurücktritt, habe sich in der Verwaltungspraxis seit 2014 nicht bestätigt.[28] Der hamburgische Gesetzgeber ist diesem radikalen Entwurf des Senats nicht gefolgt, sondern hat grundsätzlich an den spezifischen Anforderungen hinsichtlich des Abschlusses veröffentlichungspflichtiger Verträge festgehalten.[29] Unter zwei Gesichtspunkten schränkt die Novellierung die Anforderungen des § 10 Abs. 2 HmbTG aber ein, um den rechtlich besonders gewichtigen Bedenken im Zusammenhang mit dem zu vereinbarenden Rücktrittsrecht Rechnung zu tragen:

Zum einen wird die zu vereinbarende Rücktrittsklausel dahingehend konkretisiert, dass ein Rücktrittsrecht „aus sachlich gerechtfertigtem und im Vertrag angegebenen Grund" vereinbart werden muss. Hintergrund dieser Konkretisierung ist, dass bislang nach dem Wortlaut der Vorschrift ein vertragliches Rücktrittsrecht vereinbart werden musste, ohne dass dies an weitere Bedingungen geknüpft gewesen wäre oder Rücktrittsvoraussetzungen konkret im Vertrag anzugeben gewesen wären. Jedenfalls in vorformulierten Vertragsbedingungen, um die es sich bei der behördlichen (Mehrfach-)Verwendung in aller Regel handeln wird, verstieße ein solches „freies Rücktrittsrecht" aber gegen § 308 Nr. 3 BGB. Denn danach wäre nur ein Rücktrittsvorbehalt aus sachlich gerechtfertigtem Grund, der zudem im Vertrag angegeben sein müsste, zulässig. Diese (bundes-)gesetzlichen Vorgaben des BGB nimmt die Ergänzung des § 10 Abs. 2 HmbTG auf.

---

27 Siehe *Maatsch/Schnabel*, Fn. 5, § 10 Rn. 14 ff.
28 Bürgerschafts-Drs. 21/17907, S. 16.
29 Bürgerschafts-Drs. 21/19424, Änderungsantrag 6.

Zum anderen wird § 10 Abs. 2 HmbTG um eine Ausnahme für Verträge ergänzt, in die die VOB/B[30] einbezogen worden ist; für diese sollen die Verpflichtungen der Behörden zur Vereinbarung einer aufschiebenden Bedingung und eines Rücktrittsrechts nicht gelten.

Bei Bauverträgen besteht nämlich das Risiko, dass die oben genannte AGB-rechtliche Problematik auf den übrigen Vertragsinhalt durchschlägt. Denn bei der Vergabe öffentlicher Bauaufträge ist die Verwendung der VOB/B zwingend vorgeschrieben.[31] Dabei sind die Regelungen der VOB/B insoweit AGB-rechtlich privilegiert, als eine AGB-Kontrolle nicht stattfindet, sofern die Einbeziehung insgesamt und ohne inhaltliche Abweichungen erfolgt, § 310 Abs. 1 Satz 3 BGB. Wird hingegen – wie von § 10 Abs. 2 a.F. HmbTG vorgegeben – ein zusätzliches Rücktrittsrecht vereinbart, so unterliegen die Regelungen insgesamt (also auch die übrigen VOB/B-Regelungen) wiederum der AGB-Kontrolle, mit der Folge, dass auch weitere Klauseln, die ansonsten gar nicht geprüft werden würden, als AGB-widrig verworfen werden können. Diese Gefahr wird durch die jetzt in § 10 Abs. 2 HmbTG n.F. aufgenommene Ausnahme für VOB/B-Verträge beseitigt.

III. Änderungen zu Ausnahmetatbeständen

1. Ausnahme von der Informationspflicht für Prüfungseinrichtungen und Schulen

In § 5 Nr. 7 HmbTG n.F. ist jetzt neben der bereits nach der alten Gesetzesfassung bestehenden Ausnahme von der Informationspflicht für „Grundlagenforschung und anwendungsbezogene Forschung" eine neue Ausnahme für „Prüfungseinrichtungen und Schulen, soweit sie im Bereich von Leistungsbeurteilungen und Prüfungen tätig werden", geregelt. Geschützt werden soll damit die ordnungsgemäße Durchführung von Prüfungsverfahren und die Durchführbarkeit von Klausurentauschmodellen (etwa für Abituraufgaben) zwischen den Bundesländern. Die Einschränkung des „soweit"-Satzes verdeutlicht, dass der Schutzzweck der Ausnahmenorm nur die prüfungsbezogene Tätigkeit von Prüfungseinrichtungen und Schulen umfasst, nicht aber deren sonstige Verwaltungstätigkeit, etwa bei der Erstellung von Notenstatistiken.[32]

---

30 Teil B der Vergabe- und Vertragsordnung für Bauleistungen (VOB) vom 7.1.2016 (BAnz. AT 19.1.2016 B 3, 1.4.2016 B 1).
31 *Dreher/Fuchs*, NZBau 2019, S. 1.
32 Bürgerschafts-Drs. 21/17907, S. 13.

2. Schutz von Betriebs- und Geschäftsgeheimnissen der Behörden

Nach der bisherigen Rechtslage war nicht geklärt, ob sich auch unternehmerisch tätige Behörden i.S.d. HmbTG auf den Schutz von Betriebs- und Geschäftsgeheimnissen nach §7 HmbTG berufen konnten.[33] Der Gesetzgeber hat diese Frage in §7 Abs. 5 HmbTG n.F. eindeutig dahin geregelt, dass eine solche Berufung auch für Behörden gemäß §2 Abs. 3 HmbTG möglich ist. Dem liegt die gesetzgeberische Wertung zugrunde, dass öffentliche Unternehmen, die zulässigerweise im Wettbewerb mit Privaten stehen, nicht durch eine nur sie treffende Verpflichtung zur Offenbarung ihrer Betriebs- und Geschäftsgeheimnisse einseitig benachteiligt werden sollen. Indirekt dient der Schutz von Betriebs- und Geschäftsgeheimnissen unternehmerisch tätiger Behörden durch den Schutz ihrer Wettbewerbsfähigkeit der Erfüllung der öffentlichen Aufgabe des jeweiligen öffentlichen Unternehmens. Da es solche Unternehmen auch unter den Institutionen der mittelbaren Staatsverwaltung gibt (etwa das Studierendenwerk Hamburg AöR oder fördern und wohnen AöR) ist die Erforderlichkeit des Schutzes der Betriebs- und Geschäftsgeheimnisse von Behörden auch in den Dialogveranstaltungen mit den Institutionen der mittelbaren Staatsverwaltung Anfang des Jahres 2019 thematisiert worden.[34] Wie der Gesetzesbegründung zu entnehmen ist, geht die Aufnahme der neuen eindeutigen Regelung auf eine entsprechende Anregung von Vertretern der mittelbaren Staatsverwaltung aus den Dialogveranstaltungen zurück.[35]

§7 Abs. 5 HmbTG n.F. regelt allerdings nur, dass der Schutz von Betriebs- und Geschäftsgeheimnissen gemäß §7 HmbTG auch von Behörden i.S.d. HmbTG gegenüber Auskunfts- und Veröffentlichungsansprüchen geltend gemacht werden kann. Voraussetzung einer erfolgreichen Berufung auf den Schutz von Betriebs- und Geschäftsgeheimnissen ist bei Behörden aber (ebenso wie im Hinblick auf den Schutz von Betriebs- und Geschäftsgeheimnissen privater Dritter), dass tatbestandlich überhaupt ein Betriebs- und Geschäftsgeheimnis vorliegt,[36] und das

---

33 *Maatsch/Schnabel*, Fn. 5, §7 Rn. 31.
34 Abrufbar im Internet unter http://daten.transparenz.hamburg.de/Dataport.HmbTG.ZS.Webservice. GetRessource100/GetRessource100.svc/2b917264-cca0-47a2-b08f-296a7cfb303d/Akte_T10.pdf (letzter Zugriff 8.1.2020).
35 Bürgerschafts-Drs. 21/17907, S. 2.
36 Ein solches ist bei kumulativem Vorliegen von vier Definitionselementen (unternehmensbezogene Tatsachen, fehlende Offenkundigkeit, Interesse des Rechtsträgers an der Geheimhaltung, Berechtigung des Geheimhaltungsinteresses) zu bejahen, siehe BVerfG, NVwZ 2006, 1041 Rn. 87.

Informationsinteresse bei Einzelfallabwägung gemäß § 7 Abs. 2 HmbTG n.F. nicht das Geheimhaltungsinteresse überwiegt. Auch insoweit werden unternehmerisch tätige Behörden also nur ihren privaten Wettbewerbern gleichgestellt.

3. Ausnahme von der Informationspflicht für das geistige Eigentum

§ 8 Abs. 1 HmbTG n.F. sieht eine ausdrückliche Ausnahme von der Informationspflicht für das geistige Eigentum vor.

Das bislang in § 8 HmbTG geregelte Gebot, organisatorische Vorkehrungen für die Abtrennung der von Ausnahmetatbeständen geschützten Informationen zu treffen, hat sich in der Behördenpraxis nicht bewährt, da mit solchen Vorkehrungen ein erheblicher anlassloser Arbeitsaufwand verbunden gewesen wäre; das Trennungsgebot ist daher im Rahmen der Reform des HmbTG ersatzlos entfallen.[37]

Die jetzt neu in das HmbTG aufgenommene Ausnahme von der Informationspflicht für geistiges Eigentum in § 8 Abs. 1 HmbTG n.F. ergab sich bislang aus der in § 9 HmbTG genannten Einschränkung der Informationspflicht durch höherrangiges Recht. Das Bestehen von Urheberrechten Dritter an zu veröffentlichenden oder von einem Auskunftsantrag erfassten Informationen führt gemäß § 12 UrhG[38] dazu, dass deren Veröffentlichung oder Übermittlung nur mit Zustimmung des Urhebers zulässig ist. Diese bundesrechtliche Vorgabe vollzieht § 8 Abs. 1 HmbTG n.F. aus Gründen der Rechtsklarheit und Anwenderfreundlichkeit auf landesrechtlicher Ebene nach. Eine Änderung der materiellen Rechtslage ist damit nicht verbunden. Insbesondere ist in § 8 Abs. 1 HmbTG n.F. wegen des Vorrangs der bundesrechtlichen Regelungen zum Schutz von Urhebern keine Abwägungsklausel vorgesehen.

---

37 Bürgerschafts-Drs. 21/17907, S. 14.
38 Urheberrechtsgesetz vom 9.9.1965 (BGBl. I S. 1273), zuletzt geändert am 28.11.2018 (BGBl. I S. 2014).

4. Ausnahmen von Veröffentlichungspflicht für Kassenärztliche Vereinigung Hamburg, Kassenzahnärztliche Vereinigung Hamburg und Hamburgische Investitions- und Förderbank

Gemäß § 9 Abs. 2 Nr. 4 und 5 HmbTG n.F. sind die Kassenärztliche Vereinigung Hamburg, die Kassenzahnärztliche Vereinigung Hamburg und die Hamburgische Investitions- und Förderbank von der Veröffentlichungspflicht ausgenommen. Diese drei Institutionen sind zwar Körperschaften bzw. Anstalten öffentlichen Rechts. Für sie gelten aber Ausnahmen von der Ausweitung der Veröffentlichungspflicht im Transparenzportal auf die mittelbare Staatsverwaltung; ihre schon bislang bestehende Auskunftspflicht bleibt hiervon unberührt. Die Gesetzesbegründung führt für diese Ausnahmen im Falle der Kassenärztlichen Vereinigung Hamburg und der Kassenzahnärztlichen Vereinigung Hamburg insbesondere an, dass der Bundesgesetzgeber im SGB V die Veröffentlichungspflichten dieser Körperschaften des öffentlichen Rechts abschließend geregelt habe, sodass insoweit kein Raum für landesrechtliche Veröffentlichungspflichten verbleibe. Hinsichtlich der Hamburgischen Investitions- und Förderbank wird als Begründung die Sicherung der praktischen Tätigkeit dieses Instituts im Bereich des Wohnungsbaus genannt: Bei Einführung einer Veröffentlichungspflicht für die Verträge der Hamburgischen Investitions- und Förderbank sei deren notwendige Zusammenarbeit mit auf Vertraulichkeit bedachten Privatbanken im Rahmen von Refinanzierungs- und Konsortialgeschäften gefährdet, was verhindert werden müsse.[39]

IV. Verbesserung der verfahrensrechtlichen Stellung von Antragstellern und Dritten

1. Erweiterung der Möglichkeit Dritter zur Stellungnahme

§ 7 Abs. 4 HmbTG n.F. erweitert die Möglichkeit zur Stellungnahme für Inhaber von Betriebs- und Geschäftsgeheimnissen auf Fälle der beabsichtigten Veröffentlichung entsprechender Informationen im Informationsregister. Nach bisheriger Rechtslage war eine Anhörung des Unternehmers nur dann vorgesehen, wenn auf Antrag Zugang zu Betriebs- und Geschäftsgeheimnissen gewährt werden sollte.

---

39 Bürgerschafts-Drs. 21/17907, S. 15.

Eine Erweiterung der Stellungnahmemöglichkeit betroffener Dritter findet sich auch in § 8 Abs. 2 S. 1 HmbTG n.F. für den Schutz des geistigen Eigentums. Danach hat die informationspflichtige Stelle dem Betroffenen Gelegenheit zur Stellungnahme zu geben, wenn Anhaltspunkte für einen Konflikt der Informationspflicht mit dem Schutz des geistigen Eigentums vorliegen. Eingeschränkt wird diese Verpflichtung zur Gewährung einer Möglichkeit zur Stellungnahme aus verwaltungspraktischen Gründen dadurch, dass mit dieser kein unvertretbarer Aufwand verbunden sein darf und der Betroffene bekannt sein muss.

Zudem wird die verfahrensrechtliche Stellung betroffener Dritter dadurch verbessert, dass ihnen auf Nachfrage im Regelfall Namen und Anschrift des Antragstellers mitgeteilt werden sollen. § 4 Abs. 5 HmbTG n.F. lautet (nur Satz 3 ist durch die Gesetzesreform neu angefügt worden):

> „Soll auf Antrag Zugang zu personenbezogenen Informationen gewährt werden, so ist die oder der Betroffene über die Freigabe von Informationen zu unterrichten, falls dies nicht mit einem unvertretbaren Aufwand verbunden ist. Können durch den Zugang zu Informationen schutzwürdige Belange der oder des Betroffenen beeinträchtigt werden, so hat die auskunftspflichtige Stelle dieser oder diesem vorher Gelegenheit zur Stellungnahme zu geben. Auf Nachfrage der oder des Betroffenen soll die Stelle dieser oder diesem gegenüber Namen und Anschrift der Antragstellerin oder des Antragstellers offenlegen, wenn nicht das Interesse der Antragstellerin oder des Antragstellers an der Geheimhaltung ihrer oder seiner Identität überwiegt."

Entsprechende „Soll-Vorschriften" zur Offenlegung von Namen und Anschrift des Antragstellers finden sich für Betriebs- und Geschäftsgeheimnisse in § 7 Abs. 4 HmbTG n.F. und für den Schutz des geistigen Eigentums in § 8 Abs. 2 HmbTG n.F.

Der Senatsgesetzentwurf hatte die Offenlegungspflichten noch ohne die in der „Soll-Formulierung" enthaltene Beschränkung auf den Regelfall und ohne die ausdrückliche Abwägungsklausel vorgesehen.[40] Hieran hatte sich zum Teil scharfe Kritik entzündet, die in der Befürchtung gipfelte, Antragsteller könnten aufgrund der Offenlegung ihres Namens und ihrer Anschrift einer Gefahr für Leib und Leben ausgesetzt sein.[41] Der hamburgische Gesetzgeber hat diesen Beden-

---

40 Bürgerschafts-Drs. 21/17907, S. 6.
41 Abrufbar im Internet unter https://netzpolitik.org/2019/hamburg-entwurf-fuer-neues-transparenzgesetz-verstoesst-wahrscheinlich-gegen-europarecht/ (letzter Zugriff 8.1.2020).

ken dadurch Rechnung getragen, dass aufgrund eines bürgerschaftlichen Änderungsantrages[42] nunmehr allein für den Regelfall die Mitteilung von Namen und Anschrift des Antragstellers als dem Verhältnismäßigkeitsprinzip entsprechend angesehen wird; der Antragsteller begehre Zugang zu grundsätzlich geschützten Daten, sodass sein Interesse an der Geheimhaltung seiner Identität gegenüber dem offensichtlichen Interesse des Dritten an der Kenntnis, wer seine personenbezogenen Daten erfahren möchte, zurückzutreten habe. Die Abschwächung zur „Soll-Bestimmung" bringe zum Ausdruck, dass Ausnahmefälle denkbar seien, in denen die Behörde Kenntnis davon erlange, dass dem Antragsteller bei Mitteilung seiner Daten eine Gefährdung drohe.[43] Die dann erforderliche und gegebenenfalls zugunsten des Geheimhaltungsinteresses des Antragstellers ausgehende Abwägung hat jetzt ausdrücklich Aufnahme in den Normtext gefunden.

2. Schriftliche Bekanntgabe positiv zu bescheidender Auskunftsersuchen auch gegenüber betroffenen Dritten

Mit § 13 Abs. 3 HmbTG n.F. wird eine Verpflichtung der Behörden eingeführt, positiv zu bescheidende Auskunftsersuchen schriftlich und mit Rechtsbehelfsbelehrung auch gegenüber betroffenen Dritten bekannt zu geben; zudem darf der Informationszugang erst nach Bestandskraft der Entscheidung oder Anordnung der sofortigen Vollziehung erfolgen, wenn seit Bekanntgabe an den Betroffenen zwei Wochen vergangen sind. Diese Regelung entspricht in der Sache § 8 Abs. 2 IFG. Die Bekanntgabe der stattgebenden Entscheidung an den betroffenen Dritten ergab sich auch bislang schon aus § 41 Abs. 1 S. 1 HmbVwVfG, wonach ein Verwaltungsakt denjenigen Beteiligten bekanntzugeben ist, für die er bestimmt ist oder die von ihm betroffen werden. § 13 Abs. 3 S. 1 HmbTG n.F. stellt dies klar und ordnet zudem aus Gründen der Rechtssicherheit an, dass stattgebende Entscheidungen schriftlich und mit Rechtsbehelfsbelehrung ergehen. Die Schaffung einer Karenzfrist zwischen Bestandskraft der Entscheidung und Vollzug des Informationszuganges in § 13 Abs. 3 S. 2 HmbTG n.F. gewährt dem Betroffenen eine hinreichende Frist, um rechtzeitig Rechtsschutz zu suchen.

---

42 Bürgerschafts-Drs. 21/19424, Änderungsanträge 3 bis 5.
43 Bürgerschafts-Drs. 21/19424, Begründung zu Änderungsantrag 3.

3. Widerspruchsähnliche Überprüfungsmöglichkeit von Entscheidungen auskunftspflichtiger Personen des Privatrechts

Da die nach dem HmbTG auskunftspflichtigen Personen des Privatrechts keine Befugnis zum Erlass von Verwaltungsakten haben, können sie auch kein Widerspruchsverfahren i.S.d. § 68 VwGO durchführen. Um ein widerspruchsähnliches Nachprüfungsverfahren für die genannten Privaten zu schaffen, orientiert sich § 13 Abs. 4 HmbTG n.F. an der Regelung des § 2 des Hamburgischen Umweltinformationsgesetzes (HmbUIG): Liegt eine (teilweise) ablehnende Entscheidung einer auskunftspflichtigen Person des Privatrechts über einen Auskunftsantrag vor, so kann innerhalb eines Monats schriftlich eine Überprüfung der Entscheidung begehrt werden; die auskunftspflichtige Stelle hat daraufhin innerhalb eines Monats das Ergebnis ihrer nochmaligen Prüfung zu übermitteln.

4. Anrufungsmöglichkeit des Hamburgischen Beauftragten für Datenschutz und Informationsfreiheit (HmbBfDI) für das HmbUIG und das VIG

Mit dem Reformgesetz wird zur Vermeidung von zuständigkeitsentscheidenden Abgrenzungsfragen die Möglichkeit geschaffen, den HmbBfDI auch im Zusammenhang mit Anfragen nach dem HmbUIG und dem Verbraucherinformationsgesetz (VIG) anzurufen; dies entspricht einer langjährigen Forderung des HmbBfDI.[44] Regelungstechnisch wird diese neue Zuständigkeitszuweisung für das HmbUIG in Art. 2 des Reformgesetzes dadurch umgesetzt, dass in § 4 HmbUIG n.F. die Möglichkeit der Anrufung des HmbBfDI bei Ablehnung oder Nichtbeachtung von Informationsersuchen nach dem HmbUIG ausdrücklich geregelt und im Übrigen auf § 14 HmbTG verwiesen wird. Im mit Art. 3 des Reformgesetzes neu geschaffenen Hamburgischen Ausführungsgesetz zum Verbraucherinformationsgesetz (HmbAGIVG) trifft § 2 eine entsprechende Regelung hinsichtlich der Zuständigkeit des HmbBfDI für Anträge nach dem VIG bei Landesbehörden und gleichgestellten Personen des Privatrechts (§ 1 HmbAGVIG).

---

44 *Der Hamburgische Beauftragte für Datenschutz und Informationsfreiheit*, Tätigkeitsbericht Informationsfreiheit 2014/2015, S. 42; Tätigkeitsbericht Informationsfreiheit 2016/2017, S. 55.

5. Möglichkeit einer Feststellungsklage für den Hamburgischen Beauftragten für Datenschutz und Informationsfreiheit

Bislang stellte die Beanstandung gemäß § 14 Abs. 5, 6 HmbTG die weitreichendste Befugnis des HmbfDI bei Verstößen gegen das HmbTG dar. Obwohl der HmbBfDI – soweit ersichtlich – im Bereich der Informationsfreiheit bislang noch nie von seinem Beanstandungsrecht Gebrauch machen musste, stattet die Reform des HmbTG den HmbBfDI nunmehr mit der Möglichkeit einer Feststellungsklage aus, welche die bisherige weitere Beanstandung ersetzt.[45] Werden Mängel trotz einer Beanstandung gemäß § 14 Abs. 5 nicht fristgerecht behoben, so kann der HmbBfDI gemäß § 14 Abs. 6 HmbTG n.F. jetzt das Vorliegen der beanstandeten Verstöße gegen das HmbTG gerichtlich feststellen lassen. Diese Erweiterung der Befugnisse des HmbBfDI nimmt die Forderung des HmbBfDI nach einer Ausweitung seiner Kompetenzen auf[46] und überträgt das erstmals in der Novellierung des Gesetzes über die Datenverarbeitung der Polizei (PolDVG) vom 12.12.2019[47] verwendete Regelungsmodell einer Feststellungsklage[48] auf den Bereich des Informationsfreiheitsrechts. Insoweit handelt es sich gegenüber einem Anordnungsrecht[49] um eine „kleine Lösung", die den Behörden zwar eine mögliche Anordnung des HmbBfDI erspart, gegen die sie sich mit einer Anfechtungsklage vor dem Verwaltungsgericht wehren müssten, es dem HmbBfDI aber dennoch ermöglicht, selbst die Rechtslage verbindlich vom Verwaltungsgericht feststellen zu lassen. Eine solche Feststellungsmöglichkeit für den HmbBfDI kann insbesondere hinsichtlich der Soll-Veröffentlichungsgegenstände des § 3 Abs. 2 HmbTG, denen gemäß § 1 Abs. 2 HmbTG kein subjektives Recht der Bürgerinnen und Bürger auf Veröffentlichung korrespondiert, von erheblicher Bedeutung sein. Es bleibt abzuwarten, ob der HmbBfDI von dieser neuen Befugnis Gebrauch machen muss und ob die Verwaltungsgerichte aufgrund der Regelung des § 14 Abs. 6 HmbTG n.F. ein feststellungsfähiges Rechtsverhältnis im Sinne des § 43 Abs. 1 VwGO bejahen werden.

---

45 Die Schaffung der Möglichkeit einer Feststellungsklage für den HmbBfDI beruht auf einem Änderungsantrag der SPD-, CDU- und Grünen-Fraktionen (Bürgerschafts-Drs. 21/19424, Änderungsantrag 7).

46 Der *Hamburgische Beauftragte für Datenschutz und Informationsfreiheit*, Tätigkeitsbericht Informationsfreiheit 2016/2017, S. 57; Tätigkeitsbericht Informationsfreiheit 2018/2019, S. 80.

47 HmbGVBl. 2019 S. 485.

48 § 72 Abs. 1 S. 5 PolDVG.

49 Ein entsprechender Antrag der FDP-Fraktion zur Schaffung eines Anordnungsrechts des HmbBfDI (Bürgerschafts-Drs. 21/19427) hat in der Hamburgischen Bürgerschaft keine Mehrheit gefunden.

V. Ausblick

Hinsichtlich der Einbeziehung der Körperschaften, Anstalten und Stiftungen des öffentlichen Rechts in die Veröffentlichungspflicht als Kernelement der Reform des HmbTG sieht Art. 5 der Reformgesetzes die Übergangsregelung vor, dass diese neue Veröffentlichungspflicht nur für Informationen gelten soll, die ab dem 1.1.2021 aufgezeichnet werden. Die Institutionen der mittelbaren Staatsverwaltung müssen also keine vor diesem Zeitpunkt aufgezeichneten Informationen veröffentlichen, auch wenn diese in veröffentlichungsfähiger Form gemäß § 18 Abs. 1 HmbTG vorliegen. Die technischen Voraussetzungen für die Umsetzung der Veröffentlichungspflicht für die mittelbare Staatsverwaltung sind ebenfalls bis zum 1.1.2021 zu schaffen. Innerhalb des bis zu diesem Datum verbleibenden Jahres wird der Senat daher in Zusammenarbeit mit den nach Größe und Selbstverständnis sehr unterschiedlichen Institutionen der mittelbaren Staatsverwaltung die rechtlichen, technischen und organisatorischen Voraussetzungen der konkreten Umsetzung ihrer neuen Veröffentlichungspflicht zu klären haben. Da vor der Inbetriebnahme des Transparenzportals 2014 eine ähnliche Situation hinsichtlich der öffentlich beherrschten und damit veröffentlichungspflichtigen Unternehmen bestand, sind in Hamburg für die Bewältigung dieser Aufgabe aber bereits Erfahrungen vorhanden.

Die Hamburgische Bürgerschaft hat den Senat mit Beschluss vom 18.12.2019 zudem insbesondere ersucht, zu prüfen, ob und gegebenenfalls in welchem Umfang die Veröffentlichungstatbestände des HmbTG um die Entscheidungen Hamburger Gericht sowie die Vereins-, Handels- und Partnerschaftsregister erweitert werden können und der Bürgerschaft bis zum 31.12.2020 insoweit Bericht zu erstatten.[50]

---

50 Bürgerschafts-Drs. 21/19423.

*Matthias Rossi**

Öffentliche Bereitstellung geologischer Daten
Anmerkungen zum Regierungsentwurf eines Geologiedatengesetzes

Inhaltsübersicht

I. **Auf dem Weg zu einem Geologiedatengesetz**
1. Stand des Gesetzgebungsverfahrens
2. Vorgegebene Gründe für ein Geologiedatengesetz
3. Standortauswahlgesetz als treibende Kraft

II. **Inhalt des Geologiedatengesetzes im Überblick**
1. Gliederung und Struktur
2. Zwecksetzungen
3. Eingliederung in geltendes Recht

III. **Neue Kategorisierung geologischer Daten**
1. Nachweisdaten
2. Fachdaten
3. Bewertungsdaten
4. Kategorisierung als Verwaltungsakt
5. Keine vollständige Kohärenz der Kategorien zum Grundrechtsschutz

IV. **Öffentliche Bereitstellung geologischer Daten**
1. Generelle Bereitstellung statt individueller Zugänglichkeit
2. Gesetzliche Anordnung und administrativer Entscheidungsvorbehalt
3. Unterscheidung zwischen staatlichen und nichtstaatlichen Fachdaten
4. Abgestufte Fristen für die öffentliche Bereitstellung
5. Grundsätzliche Problematik der Befristung

V. **Schutz entgegenstehender Belange**
1. Unzureichende Hervorhebung der Bedeutung grundrechtlich geschützter Interessen
2. Unklarer Anwendungsbereich
3. Schutz nur für „verbundene weitere Daten"

VI. **Exzessive Ausnahme für eine Standortauswahl**
1. Unverhältnismäßigkeit der öffentlichen Bereitstellung umfassender Bewertungsdaten
2. Unzureichender Rechtsschutz

VII. **Ausblick**

---

* Prof. Dr. Matthias Rossi ist Inhaber des Lehrstuhls für Staats- und Verwaltungsrecht, Europarecht sowie Gesetzgebungslehre an der Juristischen Fakultät der Universität Augsburg. Die Abfassung dieses Beitrags hat sich zum Teil mit einem von mehreren Verbänden beauftragten Gutachten zur verfassungsrechtlichen Bewertung des GeolDG-E überschnitten.

I. Auf dem Weg zu einem Geologiedatengesetz

1. Stand des Gesetzgebungsverfahrens

Seit dem 4.1.2020 ist der Entwurf eines „Gesetzes zur staatlichen geologischen Landesaufnahme sowie zur Übermittlung, Sicherung und öffentlichen Bereitstellung geologischer Daten und zur Erfüllung öffentlicher Aufgaben" (so die sperrige ausführliche Bezeichnung, die offizielle Kurzbezeichnung lautet Geologiedatengesetz (GeolDG)) im parlamentarischen Verfahren.[1] Nachdem bereits 2018 verschiedene Vorentwürfe in den üblichen gut informierten Kreisen kursierten, hat das Bundesministerium für Wirtschaft und Energie (i.F.: BMWi) am 11.7.2019 einen Referentenentwurf publik gemacht[2] und zugleich auch die von § 47 GGO vorgesehene Beteiligung der Länder, der kommunalen Spitzenverbände, der Fachkreise und Verbände eingeleitet. Sie hatten bis zum 13.9.2019 Gelegenheit, ihre Stellungnahmen abzugeben.[3] Am 18.12.2019 hat das Bundeskabinett sodann den gegenüber dem Referentenentwurf in wenigen, aber durchaus relevanten Punkten veränderten Gesetzentwurf beschlossen und dem Bundesrat zugeleitet. Dem Bundesrat kommt in diesem Verfahren eine entscheidende Rolle zu, da das Gesetz hinsichtlich der von ihm getroffenen Regelungen des Verwaltungsverfahrens abweichungsfest ausgestaltet ist (§ 37 Abs. 2 GeolDG-E) und daher nach Art. 84 Abs. 1 Satz 6 GG der Zustimmung des Bundesrates bedarf. Dementsprechend sind die Empfehlungen, die die Ausschüsse in Vorbereitung der Sitzung des Bundesrates am 14.2.2020 unterbreitet haben,[4] durchaus von großer Bedeutung.

2. Vorgegebene Gründe für ein Geologiedatengesetz

Das GeolDG ist gesetzestechnisch als Ablösungsgesetz[5] konzipiert: Es wird das Lagerstättengesetz ablösen, das nach § 39 Abs. 2 GeolDG-E mit Inkrafttreten des GeolDG außer Kraft treten soll. Ausweislich der Gesetzesbegründung bedürfen

---

1 BR-Drs. 13/20.
2 Im Internet abrufbar unter https://www.bmwi.de/Redaktion/DE/Artikel/Service/Gesetzesvorhaben/geologiedatengesetz.html (letzter Zugriff 17.2.2020).
3 Insgesamt 26 eingegangene Stellungnahmen sind im Internet abrufbar: https://www.bmwi.de/Navigation/DE/Service/Stellungnahmen/Geologiedatengesetz-GeolDG/stellungnahmen-geoldg.html (letzter Zugriff 17.2.2020).
4 BR-Drs. 13/1/20.
5 Vgl. Handbuch der Rechtsförmlichkeit, BAnz. Nr. 160a vom 22.10.2008, Rn. 504 ff.

das vorkonstitutionelle Lagerstättengesetz und die auf ihm ergangene Ausführungsverordnung von 1934 in sprachlicher und rechtlicher Hinsicht der Neufassung.[6]

Diese Kurzbegründung kaschiert in mehrfacher Weise, dass mit der Ablösung nicht nur in quantitativer Hinsicht – das Lagerstättengesetz umfasst kaum fünf inhaltliche Regelungen, der GeolDG-E sieht rund 34 Normen mit z.T. erheblicher Regelungsintensität vor – eine massive Änderung des Rechtsgebiets einhergeht, die in vielen Punkten durch einen grundsätzlichen Paradigmenwechsel gekennzeichnet ist. Steht beim Lagerstättengesetz mit der „Sicherung der deutschen Mineralversorgung" noch ein wirtschaftspolitisches Ziel im Vordergrund, ist das GeolDG mit Blick auf die Anzeige- und Übermittlungspflichten deutlich wirtschaftsverwaltungsrechtlicher Natur und sind die Vorschriften über die öffentliche Bereitstellung geologischer Daten durch einen informationsfreiheitsrechtlichen Charakter geprägt.

Bereits dieser Charakterwechsel zeigt, dass das GeolDG bei materieller Betrachtung deutlich über die formale Ablösung des Lagerstättengesetzes hinausgeht und dementsprechend auch andere Zielsetzungen verfolgt. Denn weder begründet die Vorkonstitutionalität für sich genommen die Notwendigkeit, ein Gesetz, das seit mehr als 70 Jahren erfolgreich nachkonstitutionell angewendet wird, rechtlich und sprachlich neu zu fassen, noch nimmt das GeolDG eine bloße „sprachliche und rechtliche" Anpassung vor, wie die Kurzbegründung suggeriert. Vielmehr wird die gesamte Materie neu geregelt, um, wie die Begründung an späterer Stelle einräumt, „zahlreiche rechtliche, technische und gesellschaftliche Entwicklungen" zu berücksichtigen.[7] Dementsprechend wird „der Regelungsgehalt des Lagerstättengesetzes […] durch das […] Geologiedatengesetz in mehrfacher Hinsicht konkretisiert und erweitert."[8]

3. Standortauswahlgesetz als treibende Kraft

Ungeachtet dieser sehr allgemeinen und letztlich nichtssagenden Begründung für die Ablösung des Lagerstättengesetzes durch ein GeolDG ist offenkundig, dass jedenfalls Anlass und treibende Kraft für die Änderung des Regelungsregimes das

---

6 So die allgemeine Problembeschreibung in der Entwurfsbegründung, BR-Drs. 13/20, S. 1.
7 BR-Drs. 13/20, S. 3.
8 BR-Drs. 13/20, S. 1.

Standortauswahlgesetz ist.[9] Denn dieses Standortauswahlgesetz zielt ausweislich seines § 1 Abs. 2 darauf,

> „in einem partizipativen, wissenschaftsbasierten, transparenten, selbsthinterfragenden und lernenden Verfahren für die im Inland verursachten hochradioaktiven Abfälle einen Standort mit der bestmöglichen Sicherheit für eine Anlage zur Endlagerung"

zu ermitteln. Die bereits in dieser allgemeinen Zielsetzung genannte Transparenz wird in weiteren Vorschriften des Standortauswahlgesetzes zur Öffentlichkeitsbeteiligung konkretisiert. Entgegen mancher Lesart verlangt zwar auch das Standortauswahlgesetz keine „absolute Transparenz", kann eine solche aus verfassungsrechtlichen Gründen auch gar nicht anordnen, doch erkennbar will es zur Sicherung der Akzeptanz der zu treffenden Auswahlentscheidung die Öffentlichkeit umfassend unterrichten. Dies impliziert nach § 6 Satz 1 StandAG die Bereitstellung der „das Standortauswahlverfahren betreffenden wesentlichen Unterlagen", zu denen nach § 6 Satz 2 StandAG „insbesondere Gutachten, Stellungnahmen, Datensammlungen und Berichte" gehören. Darüber hinaus ist ein pluralistisch zusammengesetztes Nationales Begleitgremium geschaffen worden, dessen Mitglieder nach § 8 Abs. 2 Satz 1 StandAG

> „Einsicht in alle Akten und Unterlagen des Standortauswahlverfahrens des Bundesamtes für die Sicherheit der nuklearen Entsorgung, des Vorhabenträgers, der Bundesanstalt für Geowissenschaften und Rohstoffe sowie der geologischen Dienste erhalten."

Soll also in einem möglichst transparenten Verfahren ein geeigneter Standort für die Endlagerung von hochradioaktiven Abfällen gefunden werden, kommt der Zugänglichkeit geologischer Daten eine entscheidende Rolle zu. Sie unterfallen nur zum Teil bereits bestehenden Regelungsregimen über die Informationsfreiheit, so etwa dem Umweltinformationsrecht oder dem Geodatenzugangsrecht. Doch abgesehen von Unsicherheiten hinsichtlich der Anwendbarkeit dieser Regelungsregime, die noch dazu föderal – und also trotz ihrer europarechtlichen Determinierung zum Teil unterschiedlich – ausgestaltet sind, tragen sie dem spezifischen Zweck des Standortauswahlgesetzes nicht hinreichend Rechnung. Dementsprechend bestand früh Einigkeit, die öffentliche Bereitstellung geologischer

---

9   Gesetz zur Suche und Auswahl eines Standortes für ein Endlager für hochradioaktive Abfälle (Standortauswahlgesetz – StandAG) vom 5.5.2017, BGBl. I S. 1074.

Daten gesondert zu regeln. Über den Regelungsort wird man unter Umständen länger nachgedacht haben: In Frage wäre auch ein jeweils eigener Abschnitt im GeoZG, im UIG, vielleicht sogar im StandAG selbst gekommen. Der Koalitionsvertrag von CDU, CSU und SPD für die 19. Legislaturperiode hat sich insoweit aber für ein eigenes Gesetz entschieden, er hält – in zeitlicher Hinsicht übriges relativ vage – fest, dass

> „die Zugänglichkeit und Veröffentlichung der hierfür benötigten wissenschaftlichen Daten [...] durch die rasche Verabschiedung des Geowissenschaftsdatengesetzes zu ermöglichen [ist.]."[10]

Aus dem „Geowissenschaftsdatengesetz" ist nun ein GeolDG geworden, doch im Übrigen lässt der Koalitionsvertrag das Motiv für ein solches Gesetz deutlich erkennen. Dieses politisch verständliche Motiv birgt freilich die Gefahr, einen gesamten Regelungsbereich zu sehr an einer Zielsetzung auszurichten, ohne hinreichend zwischen der Öffentlichkeit geologischer Daten mit Blick auf die Standortauswahl einerseits und einer allgemeinen Zugänglichkeit geologischer Daten andererseits zu differenzieren.

Der nun im Gesetzgebungsverfahren befindliche Entwurf eines GeolDG konnte dieser Gefahr nicht vollständig ausweichen. Er enthält zwar zum Teil gesonderte Regelungen für die Standortauswahl und nimmt auch immer wieder auf das StandAG Bezug, fasst die Regelungen aber nicht etwa in einem eigenen Abschnitt zusammen, wie dies gesetzestechnisch und auch mit Blick auf eine systematische Auslegung des Gesetzes sinnvoll wäre. So notwendig eine solche Differenzierung gerade mit Blick auf die gebotene Verhältnismäßigkeit von Zweck und Mitteln aber ist, so schwierig erscheint sie freilich vor dem Hintergrund, dass die zu einem Zweck öffentlich bereitgestellten Daten auch zu anderen Zwecken verwendet werden können, die die mit der öffentlichen Bereitstellung einhergehenden Eingriffe in Grundrechte nicht rechtfertigen können. Die Gesetzesbegründung, nicht aber das Gesetz selbst, nennt – im Ergebnis völlig zutreffend – viele andere solcher Zwecke,

> „unter anderem die Entwicklung von Planungsgrundlagen zur umweltverträglichen Nutzung des Untergrunds, die Untersuchung und Bewertung geologischer und geotechnischer Gefahren sowie anthropogener Schäden [...]."

---

10 Koalitionsvertrag zwischen CDU, CSU und SPD für die 19. Legislaturperiode, Zeile 6662.

Zudem sind geologische Punkt-, Linien-, Flächen- und Raumdaten für zahlreiche weitere Bereiche wie unter anderem die Wasserwirtschaft, die Land- und Forstwirtschaft, das Bauwesen und große Infrastrukturprojekte relevant."[11]

Diese Zielsetzungen rechtfertigen sicherlich eine Übermittlung auch privater geologischer Daten an die jeweils zuständigen Behörden. Doch ob sie auch eine öffentliche Bereitstellung verlangen, muss bezweifelt werden. Der Gesetzentwurf bemüht sich zwar sowohl auf der Tatbestandsseite mit drei Gruppen von Datenkategorien als zum Teil auch auf der Rechtsfolgenseite um eine hinreichende Differenzierung. Das federführende Wirtschaftsministerium, dessen Handschrift freilich nicht in allen Normen und Begründungen des Gesetzentwurfs erkennbar ist, hat insofern vieles richtig, einiges leider aber auch falsch gemacht. Der derzeitige Entwurf des GeolDG hält in Bezug auf die öffentliche Bereitstellung geologischer Daten einer verfassungsrechtlichen Prüfung nicht stand und muss im parlamentarischen Verfahren noch geändert werden,[12] soll das Gesetz nicht nach seinem Inkrafttreten durch das Bundesverfassungsgericht für verfassungswidrig erklärt werden.

II. Inhalt des Geologiedatengesetzes im Überblick

1. Gliederung und Struktur

Der GeolDG-E ist sehr übersichtlich in fünf Kapitel gegliedert.

Das erste Kapitel hält die Zwecksetzungen (§ 1) und den sachlichen und räumlichen Anwendungsbereich (§ 2) fest, definiert die im Gesetz verwendeten Begriffe (§ 3) und bestimmt das Verhältnis zum Geodatenzugangsgesetz und zum Umweltinformationsgesetz (§ 4).

Das zweite Kapitel zu „Aufgaben und Befugnisse der zuständigen Behörden" knüpft unmittelbar an die Regelungen im Lagerstättengesetz an – insofern ist die Charakterisierung des GeolDG-E als „Ablösungsgesetz" zutreffend. Geregelt werden die allgemeinen Aufgaben der zuständigen Behörde (§ 5 GeolDG-E), sehr genaue und z.T. nach Uhrzeiten differenzierte Betretensrechte (§ 6 GeolDG-E), wobei dem Zitiergebot des Art. 19 Abs. 1 Satz 2 GG mit Blick auf die Beschränkung des Art. 13 Abs. 1 GG in § 6 Abs. 1 Satz 5 GeolDG-E Rechnung getragen wird, sowie

---

11 BR-Drs. 13/20, S. 1.
12 Erneut sei insofern auf die Empfehlungen der Ausschüsse des Bundesrates vom 4.2.2020 verwiesen, BR-Drs. 13/1/20.

die Pflicht der Behörde zur Wiederherstellung des ursprünglichen Zustands und ihre Haftung für etwaige Vermögensnachteile (§ 7 GeolDG-E).

Das dritte Kapitel betrifft die Übermittlung geologischer Daten an die zuständige Behörde. Auch sie war im Lagerstättengesetz bereits angelegt, ist nun aber sehr viel intensiver und auch differenzierter geregelt. Vollständig neu ist insbesondere die Kategorisierung in Nachweisdaten (§ 8 GeolDG-E), Fachdaten (§ 9 GeolDG-E) und Bewertungsdaten (§ 10 GeolDG-E). Mit den Informationspflichten gegenüber den zuständigen Behörden ist dieses Kapitel deutlich durch einen wirtschaftsverwaltungsrechtlichen Charakter geprägt.

Anders verhält es sich beim 4. Kapitel. Es betrifft die öffentliche Bereitstellung geologischer Daten und ist damit dem Informationsfreiheitsrecht zuzuordnen. Allein dieses Kapitel soll in diesem Jahrbuch für Informationsfreiheit und Informationsrecht im Folgenden näher betrachtet werden.

Das fünfte Kapitel schließlich enthält die üblichen Schlussvorschriften, darunter auch an die Landesregierungen gerichtete Verordnungsermächtigungen (§ 37 GeolDG-E), umgekehrt aber auch das bereits genannte Abweichungsverbot von den Regelungen des Verwaltungsverfahrens, das gemäß Art. 84 Abs. 1 Satz 6 GG die Zustimmungspflicht des Bundesrates auslöst.

2. Zwecksetzungen

Die Zwecksetzungen eines Gesetzes sind für die Kompetenzbestimmung,[13] die teleologische Auslegung sowie vor allem für die Beurteilung der Verhältnismäßigkeit von Grundrechtseingriffen von zentraler Bedeutung. Insofern ist es löblich, dass der GeolDG-E seinen Zweck in einer eigenen Bestimmung festhält, wie es moderner Gesetzestechnik entspricht. § 1 GeolDG-E differenziert dabei zwischen einer allgemeinen Zwecksetzung in Satz 1 und vier konkretisierenden Regelbeispielen in Satz 2. Allerdings trennt das Gesetz insofern nicht hinreichend zwischen Regelungsziel und Regelungsgegenstand, denn syntaktisch und systematisch ist die Norm unklar. Sie lautet:

---

13 Der Gesetzentwurf beruft sich in seiner Begründung auf das Recht der Wirtschaft nach Art. 74 Abs. 1 Nr. 11 GG (BR-Drs. 13/20, S. 40). Erkannt wird insofern auch, dass der Bund von diesem Kompetenztitel nur unter den Voraussetzungen der „Erforderlichkeitsklausel" des Art. 74 Abs. 2 GG Gebrauch machen kann. Die Gesetzesbegründung ist insoweit aber nicht überzeugend – es wird mehr behauptet denn begründet, dass die „Rechtseinheit" und „Wirtschaftseinheit" eine gesamtstaatliche Regelung erforderlich machen. Insbesondere setzt sich die Gesetzesbegründung nicht mit den Anforderungen auseinander, die das Bundesverfassungsgericht an diese alternativen Tatbestandsmerkmale des Art. 72 Abs. 2 GG stellt.

„Dieses Gesetz regelt die staatliche geologische Landesaufnahme, die Übermittlung, die dauerhafte Sicherung und die öffentliche Bereitstellung geologischer Daten sowie die Zurverfügungstellung geologischer Daten zur Erfüllung öffentlicher Aufgaben, um den nachhaltigen Umgang mit dem geologischen Untergrund gewährleisten und Geogefahren erkennen und bewerten zu können. Geologische Daten werden insbesondere benötigt
1. zur Aufsuchung und Gewinnung von Bodenschätzen und für weitere Nutzungen des geologischen Untergrunds,
2. zur Erkennung, Untersuchung und Bewertung geogener oder anthropogener Risiken,
3. in der Wasserwirtschaft, der Land- und Forstwirtschaft, der Bauwirtschaft und bei der Planung großer Infrastrukturprojekte sowie
4. zur Suche und Auswahl eines Standortes für ein Endlager für hochradioaktive Abfälle."

Eine systematische Auslegung dieses Textes gibt zu erkennen, dass die Zielsetzungen des Gesetzes ausschließlich in dem Finalsatz des Satzes 1 benannt sind: Das Gesetz zielt auf die Gewährleistung eines nachhaltigen Umgangs mit dem geologischen Untergrund einerseits sowie auf die Erkennbarkeit und Bewertbarkeit von Geogefahren andererseits. Die vier Regelbeispiele des Satzes 2 beziehen sich dagegen auf die „Erfüllung öffentlicher Aufgaben" im Hauptsatz des Satzes 1. Dieses Tatbestandsmerkmal ist trotz des vorangestellten „zur" nicht als weitere und eigene Zwecksetzung zu qualifizieren, sondern bildet eine Einheit mit den vorangestellten Worten „Zurverfügungstellung geologischer Daten". Die „Zurverfügungstellung geologischer Daten zur Erfüllung öffentlicher Aufgaben" bezeichnet jedoch den Regelungsgegenstand, nicht den Regelungszweck des Gesetzes. Das folgt nicht nur aus einer grammatikalischen und systematischen Auslegung der Norm selbst, sondern wird auch durch die weitere Gliederung des GeolDG-E erkennbar: Der gesamte Abschnitt 3 des GeolDG-E widmet sich eben der „Zurverfügungstellung geologischer Daten zur Erfüllung öffentlicher Aufgaben". In der Konsequenz beziehen sich auch die Regelbeispiele in § 1 Satz 2 GeolDG-E nicht auf den Regelungszweck, sondern auf den Regelungsgegenstand.

Unverständlich ist insofern, dass die Begründung des Gesetzentwurfs an anderer Stelle – nämlich zur Begründung, warum das Gesetz nicht einer Befristung unterworfen wird – davon ausgeht, dass die öffentliche Bereitstellung von Daten „ein wesentlicher Gesetzeszweck" ist.[14] Hier wird offenkundig der Regelungs-

---

14 BR-Drs. 13/20, S. 50.

gegenstand mit dem Regelungszweck verwechselt.[15] Dabei ist die strikte Unterscheidung zwischen dem Regelungsgegenstand und dem Regelungsziel für die Bewertung der Verhältnismäßigkeit einzelner Bestimmungen des GeolDG von Bedeutung. Keinesfalls darf dabei der Regelungsgegenstand als Zweck zu seiner eigenen Rechtfertigung herangezogen werden, schon gar nicht, wenn dieser Regelungsgegenstand einen Grundrechtseingriff darstellt. Dies würde die im Wege der Verhältnismäßigkeitsprüfung vorzunehmende Zweck-Mittel-Relation ad absurdum führen. Insofern ist in aller Deutlichkeit darauf hinzuweisen, dass nach dem derzeitigen Stand des GeolDG-E die öffentliche Bereitstellung geologischer Daten ein Regelungsgegenstand – oder in der Terminologie der Verhältnismäßigkeitsprinzips: ein Mittel – ist, um die beiden von § 1 Satz 1 GeolDG-E genannten Ziele zu erreichen.

3. Eingliederung in geltendes Recht

Anders als das abzulösende Lagerstättengesetz regelt der GeolDG-E auch die öffentliche Bereitstellung geologischer Daten. Damit ist das Verhältnis zu anderen Informationszugangsgesetzen angesprochen. Der GeolDG-E thematisiert dieses Verhältnis in Bezug auf das UIG und das GeoZG, nicht in Bezug auf das IFG: In allgemeiner Form bestimmt § 4 GeolDG-E, dass

> „auf die Ausführung dieses Gesetzes [...] die Vorschriften des Bundes und der Länder zum Aufbau einer Geodateninfrastruktur [sowie] die Vorschriften des Bundes und der Länder zum Zugang zu Umweltinformationen [...] anzuwenden [sind]."

Diese Regelung ist ebenso merkwürdig wie interessant. Merkwürdig ist, dass – jedenfalls nach dem Wortlaut der Norm – nicht das materielle Verhältnis der Regelungsregime zueinander geklärt wird, sondern nur auf die „Ausführung" des GeolDG und etwaiger auf seiner Grundlage erlassenen Verordnungen Bezug genommen wird. Die Gesetzesbegründung stellt insofern klar:

> „Das Geologiedatengesetz beantwortet im Hinblick auf digitale Daten nur die Frage, ob und wann geologische Fachdaten öffentlich bereitgestellt werden.

---

15 Zur sorgfältigen Differenzierung zwischen der Zugänglichkeit bzw. Bereitstellung von Informationen als Mittel zur Herstellung von Transparenz als Zwischenziel und der Verfolgung unterschiedlicher Zielsetzungen vgl. *Rossi*, Informationszugangsfreiheit und Verfassungsrecht, 2004, S. 69 ff.

Die Art und Weise des Zugangs zu geologischen Daten wird durch das Geodatenzugangsgesetz geregelt, wenn das Geologiedatengesetz hierzu keine weiteren speziellen Regelungen enthält. Vom Anwendungsbereich des Geodatenzugangsgesetzes nicht erfasst sind analoge Daten, so dass für analoge Daten auch die Art und Weise des Zugangs mit dem Geologiedatengesetz geregelt wird."[16]

Interessant ist, dass die Norm weniger ein Spezialitätsverhältnis zwischen grundsätzlich gleichrangigen Gesetzen regelt als vielmehr dem Anwendungsvorrang des Europarechts Rechnung trägt. Denn sie bezieht sich gerade nicht unmittelbar auf das GeoZG und das UIG des Bundes sowie auf die entsprechenden Gesetze der Länder, sondern auf die diesen Rechtsakten zugrunde liegenden Richtlinien der Europäischen Union. Sie ist somit in Bezug auf das nationale Recht als dynamischer Verweis zu qualifizieren.

Ausweislich der Gesetzesbegründung ist § 4 GeolDG-E „rein deklaratorischer Natur."[17] Diese zurückhaltende Bewertung erschließt sich indes nicht. Denn erstens ist es keineswegs selbstverständlich, dass sich die Ausführung eines Gesetzes nach den Vorschriften anderer Gesetze bestimmt, und zweitens lässt sich die Ausführung eines Gesetzes gar nicht ohne Weiteres von dessen Anwendbarkeit abgrenzen.

Deutlicher ist insoweit § 18 Abs. 2 GeolDG-E, der im Kapitel über die öffentliche Bereitstellung von geologischen Daten klarstellt, dass Ansprüche nach dem Umweltinformationsrecht bzw. Veröffentlichungspflichten nach dem Geodatenzugangsrecht „unberührt" bleiben sollen. Sowohl das UIG als auch das GeoZG sollen also neben dem GeolDG anwendbar bleiben. Hinsichtlich des nicht erwähnten IFG wird das GeolDG dagegen als spezielles Gesetz zu qualifizieren sein, das dem IFG nach dessen § 1 Abs. 3 vorgeht.

Trotz der grundsätzlichen Parallelität zum GeoZG und zum UIG bezieht sich das GeolDG an verschiedenen Stellen auf das GeoZG, namentlich in den §§ 5, 18, 19, 22 und 33 GeolDG-E. Diese zahlreichen Verknüpfungen werfen die Frage auf, ob die Regelungen über die öffentliche Bereitstellung geologischer Daten nicht besser in einem eigenen Abschnitt innerhalb des GeoZG oder gar in einem eigenständigen Kapitel eines zu schaffenden Informationsgesetzbuchs hätten verortet werden sollen. Angesichts des durch das StandAG verursachten Zeitdrucks ist es aber nachvollziehbar, dass sich der Gesetzgeber zunächst für ein eigenständiges GeolDG als Regelungsort und für ein grundsätzliches Nebeneinander mit anderen

---

16 BR-Drs. 13/20, S. 54.
17 BR-Drs. 13/20, S. 58.

Informationszugangsgesetzen entschieden hat. Gleichwohl indizierten die zahlreichen Verweisungen einmal mehr das Harmonisierungspotenzial im unübersichtlich gewordenen Informationsfreiheitsrecht.

III. Neue Kategorisierung geologischer Daten

Das GeolDG bezieht sich, der Name verrät es, auf geologische Daten. Was geologische Daten sind, bestimmt § 2 Abs. 3 GeolDG-E in einer Legaldefinition:

> „Geologische Daten im Sinne dieses Gesetzes sind in geologischen Untersuchungen gewonnene Nachweisdaten, Fachdaten und Bewertungsdaten."

Die für diese Begrifflichkeit notwendigen weiteren Begriffe der geologischen Untersuchung und der einzelnen Datenarten werden in § 3 ebenfalls definiert. Dabei ist insbesondere die Kategorisierung in drei verschiedene Arten von geologischen Daten ein absolutes Novum für den gesamten Wirtschaftsbereich. Denn weder werden diese Kategorien im Lagerstättengesetz verwendet noch sind sie im Bergbaurecht üblich – hier werden eher Begriffe wie Bohrungsdokumentationen und Explorationsberichte verwendet. Auch setzt sich das GeolDG mit ihnen bewusst von den Begrifflichkeiten ab, die im Geodatenzugangsrecht verwendet werden. So stellt die Entwurfsbegründung hinsichtlich des Verhältnisses zu dem vom GeoZG verwendeten Begriff der „Metadaten" klar, dass

> „der Begriff Nachweisdaten [...] enger gefasst [ist] als der Begriff der Metadaten, so dass an dieser Stelle nicht auf die Begriffsdefinition nach dem Geodatenzugangsgesetz zurückgegriffen werden konnte. Zwar können alle Nachweisdaten auch als Metadaten in einem Geodatendienst verwandt werden; im Gegenzug sind aber nicht alle Metadaten zwingend nur solche Daten, die die persönliche, örtliche, zeitliche oder allgemein inhaltliche Zuordnung erlauben. Metadaten können sich vielmehr auch auf andere Elemente von geologischen Fach- und Bewertungsdaten beziehen."[18]

Für die Zukunft werden sich die Wirtschaft und auch die Verwaltung sicher auf die neuen Begrifflichkeiten einstellen können. Mit Blick auf die vom GeolG-E ebenfalls intendierte rückwirkende Kategorisierung bereits vorhandener Daten wird

---

18 BR-Drs. 13/20, S. 52 f.

sie aber einen erheblichen personellen, technischen und vor allem auch finanziellen Aufwand bedeuten. Dass der Erfüllungsaufwand für die Wirtschaft insofern nur mit rund 1 Million Euro beziffert wird, scheint nicht mehr als eine grobe Schätzung zu sein, obwohl die Gesetzesbegründung diese Summe im Einklang mit § 44 GGO immerhin etwas näher darlegt[19] und auch der Normenkontrollrat mit der Darstellung des Erfüllungsaufwands zufrieden war.[20] Vor allem aber ist die Kategorisierung mit Blick auf den Datenschutz, das geistige Eigentum und den Schutz von Betriebs- und Geschäftsgeheimnissen grundrechtlich relevant. Nicht erst die Konsequenzen der Kategorisierung, sondern bereits die – im Einzelfall möglicherweise fehlerhafte – Kategorisierung als solche ist ein Grundrechtseingriff und bedarf der verfassungsrechtlichen Rechtfertigung.

Zwar ist der Gesetzgeber grundsätzlich frei, eine Typisierung von Daten vorzunehmen, und mit Blick auf die Wesentlichkeitsrechtsprechung des Bundesverfassungsgerichts womöglich sogar verpflichtet, gesetzlich zwischen verschiedenen Arten geologischer Daten zu differenzieren, wenn er an die einzelnen Kategorien unterschiedliche Rechtsfolgen knüpfen will. Doch der Spagat zwischen einer gesetzlich angeordneten abstrakten Unterscheidung und der Möglichkeit einer behördlichen konkreten Differenzierung im Einzelfall ist schwierig und nicht nur eine Frage der Gleichbehandlung. Vielmehr riskiert der Gesetzgeber bezüglich der Freiheitsgrundrechte, durch eine (zu) abstrakte und grobe Kategorisierung die Eingriffsbreite derart zu vergrößern, dass die Regelung hinsichtlich atypischer Fälle schlicht als unverhältnismäßig erscheint. Diese Gefahr scheint sich im GeolDG-E realisiert zu haben. Zunächst aber zu den einzelnen Datenkategorien.

1. Nachweisdaten

Unter Nachweisdaten versteht § 3 Abs. 3 Nr. 1 GeolDG-E „Daten, die geologische Untersuchungen persönlich, örtlich, zeitlich und allgemein inhaltlich zuordnen."

2. Fachdaten

Fachdaten sind nach § 3 Abs. 3 Nr. 2 GeolDG-E

---

19 BR-Drs. 13/20, S. 3, 43.
20 Stellungnahme des Nationalen Normenkontrollrats gem. 6 Abs. 1 NKRG, Anlage zu BR-Drs. 13/20.

„die Daten, die mittels Messungen und Aufnahmen gewonnen worden sind oder die mittels Messungen und Aufnahmen gewonnen und mit am Markt verfügbaren technischen Mitteln in vergleichbare und bewertungsfähige Daten aufbereitet worden sind."

3. Bewertungsdaten

Bewertungsdaten schließlich sind nach § 3 Abs. 3 Nr. 3 GeolDG-E

„die Daten, die Analysen, Einschätzungen und Schlussfolgerungen zu Fachdaten, insbesondere in Form von Gutachten, Studien oder räumlichen Modellen des geologischen Untergrunds einschließlich Vorratsberechnungen oder Daten zu sonstigen Nutzungspotenzialen des Untersuchungsgebiets beinhalten."

4. Kategorisierung als Verwaltungsakt

Wegen der rechtlichen Konsequenzen für ihre öffentliche Bereitstellung ist die Kategorisierung als eigener Verwaltungsakt zu qualifizieren. Davon geht auch der GeolDG-E aus. Er befasst sich zwar nicht – auch dies insofern ein Desiderat für das weitere Gesetzgebungsverfahren – explizit in einer eigenständigen Norm mit Fragen des Rechtsschutzes, weder in Bezug auf die Kategorisierung noch in Bezug auf die Übermittlung oder die öffentliche Bereitstellung geologischer Daten. § 33 Abs. 7 Satz 2 GeolDG-E ordnet aber an, dass

„Widerspruch und Anfechtungsklage gegen die Entscheidung über die Kategorisierung von [solchen] geologischen Daten, die nach § 12 Absatz 3 Satz 2 des Standortauswahlgesetzes benötigt werden und entscheidungserheblich sind, [...] keine aufschiebende Wirkung [haben]."

Aus dieser Bestimmung kann nicht nur im Umkehrschluss gefolgert werden, dass Widerspruch und Anfechtungsklage gegen die Entscheidung über die Kategorisierung von allen anderen geologischen Daten durchaus aufschiebende Wirkung entfalten, sondern ganz grundsätzlich auch, dass die Kategorisierung als Verwaltungsakt qualifiziert wird. Indiziert wird dies auch durch § 17 Abs. 3 GeolDG-E, nach dem „die zuständige Behörde die Datenkategorie fest[setzt, wobei] die Festsetzung der Datenkategorie öffentlich bekannt gegeben werden darf." Ausweislich der Gesetzesbegründung soll diese Norm aufzeigen, "dass es sich bei der Datenkategorisierung um einen Verwaltungsakt handelt, für den die Verfahrensvorschriften des VwVfG, zum Beispiel zur Anhörung und Bekanntgabe, gelten (vgl. § 28 VwVfG sowie § 41 VwVfG)."[21]

Dies ist aber nur eine sehr mittelbare Ableitung – aus Gründen der Klarheit sollte dies im Gesetz selbst verankert werden.[22]

5. Keine vollständige Kohärenz der Kategorien zum Grundrechtsschutz

Die neue Kategorisierung geologischer Daten ist ein mutiger und innovativer Schritt, mit dem der Gesetzgeber den einzelnen Behörden die schwierige und vielleicht gar unerfüllbare Aufgabe abnimmt, die bei ihnen vorhandenen geologischen Daten einzeln darauf zu prüfen, ob ihrer öffentlichen Bereitstellung grundrechtlich geschützte Belange entgegenstehen oder nicht. Insofern übernimmt der Gesetzgeber schon mit der Kategorisierung geologischer Daten und sodann auch mit der gesetzesunmittelbaren Vorgabe für die öffentliche Bereitstellung jedenfalls von Nachweis- und Fachdaten die Verantwortung für den Grundrechtsschutz. Dies entspricht der vom Grundgesetz vorgesehenen Gewaltenteilung, die eben zugleich auch eine Aufgaben- und Verantwortungsteilung ist.

Allerdings ist diese Verantwortungsübernahme nicht risikolos, weil die Unterscheidung in Nachweis-, Fach- und Bewertungsdaten nicht vollständig kohärent zur grundrechtlich gebotenen Unterscheidung ist. Grundrechtlich geboten wäre eine Unterscheidung zwischen Daten, die grundrechtlich irrelevant sind, solchen, deren Veröffentlichung zwar in Grundrechte eingreift, aber durch Ziele des Allgemeinwohls gerechtfertigt werden können, und schließlich solchen, deren Veröffentlichung nicht durch Ziele des Allgemeinwohls, sondern allein durch Zustimmung des Betroffenen gerechtfertigt werden können.

Freilich lassen sich die rechtlich gebotenen Kategorien mit den praktischen Bedürfnissen nicht vollständig in Deckung bringen, soll zugleich eine Einzelfallprüfung durch die zuständigen Stellen vermieden werden. Insofern ist dem Gesetzentwurf zugutezuhalten, dass er die Kategorien mit Bedacht gewählt hat. Denn während Nachweisdaten grundrechtlich weitgehend unsensibel sind, werden bereits Fachdaten schützenswerte Interessen, zumeist Betriebs- und Geschäfts-

---

21 BR-Drs. 13/20, S. 67.
22 Ebenso die Ausschussempfehlungen des Bundesrates, BR-Drs. 13/1/20, S. 15.

geheimnisse, aber auch geistiges Eigentum und personenbezogene Daten, enthalten.[23] Und Bewertungsdaten werden

> „darüber hinaus wertvolle unternehmenseigene Einschätzungen und Wertungen sowie ggf. auch detaillierte Schlussfolgerungen des Untersuchenden über den wirtschaftlichen Wert zukünftiger Gewinnungs- oder Nutzungstätigkeiten enthalten. Im Hinblick auf bodenschatzbezogene Analysedaten wird hier von einem besonderen Geheimhaltungsbedürfnis gegenüber Wettbewerbern ausgegangen. Das Gesetz geht deshalb von einem gegenüber den Fachdaten nochmals gesteigerten Schutzbedürfnis dieser Daten aus. Sie stellen regelmäßig schützenswerte Betriebs- und Geschäftsgeheimnisse, ggf. sogar Werke im Sinne des Urheberrechts dar, so dass das allgemeine Transparenzinteresse der Öffentlichkeit grundsätzlich nicht zu überwiegen vermag."[24]

Trotz dieses überzeugenden Versuchs, die grundrechtlichen Belange bei der Kategorienbildung hinreichend zu berücksichtigen, sind die Differenzierungen nicht deckungsgleich, weder abstrakt und schon gar nicht in (durchaus – etwa nach konkreten Wirtschaftsbereichen – typisierbaren) Einzelfällen. Im Übrigen wird die Zuordnung der geologischen Daten zu einer Datenkategorie durchaus Schwierigkeiten bereiten. Insbesondere die Frage, ob „Messungen und Aufnahmen mit am Markt verfügbaren technischen Mitteln in vergleichbare und bewertungsfähige Daten aufbereitet worden sind," wird sicherlich zu vielen Streitigkeiten führen.

IV. Öffentliche Bereitstellung geologischer Daten

Die skizzierte Kategorisierung ist von unmittelbarer Bedeutung für die öffentliche Bereitstellung geologischer Daten. Der GeolDG-E schafft grundsätzlich ein durchaus sachgerechtes und hinreichend differenziertes Regelungsregime über die öffentliche Bereitstellung geologischer Daten. Es ist durch eine generelle Bereitstellung anstelle einer nur individuellen Zugänglichkeit (1.), durch eine Kombination von gesetzlicher Anordnung und einem administrativen Entscheidungsvorbehalt (2.) sowie durch eine Differenzierung zwischen staatlichen und nichtstaatlichen geologischen Daten gekennzeichnet (3.). Diese Differenzierungen auf Tatbestandsseite münden als Rechtsfolge in eine abgestufte Fristenlösung (4.).

---

23 BR-Drs. 13/20, S. 38.
24 BR-Drs. 13/20, S. 39.

1. Generelle Bereitstellung statt individueller Zugänglichkeit

Anders als das UIG, das VIG und auch das IFG (des Bundes) setzt der GeolDG-E nicht auf eine individuelle, per Antrag geltend zu machende Zugänglichkeit von Informationen, sondern sieht eine antragsunabhängige generelle Bereitstellung geologischer Daten von Amts wegen vor, wie sie etwa für das GeoZG und für sog. Transparenzgesetze der Länder kennzeichnend ist. Es wählt anstelle der „passiven" Informationszugänglichkeit somit den Weg einer „proaktiven" Transparenz. Diese Art der Herstellung von Öffentlichkeit wird aus politischer Perspektive als weitreichender und moderner empfunden. Sie ist zudem aus der Perspektive der Verwaltungswissenschaften deutlich effektiver, weil nicht über eine unbestimmt (hohe) Zahl von Einzelanträgen, sondern nur einmal über die Bereitstellung von bestimmen Informationen entschieden werden muss.

2. Gesetzliche Anordnung und administrativer Entscheidungsvorbehalt

Anknüpfend an die Kategorien geologischer Daten wählt der GeolDG-E sodann eine Kombination von gesetzlicher Anordnung der öffentlichen Bereitstellung von geologischen Daten bezüglich der Nachweis- und Fachdaten und einem grundsätzlichen Verbot der öffentlichen Bereitstellung von Bewertungsdaten (§ 28 GeolDG-E), von dem die zuständigen Behörden unter bestimmten Voraussetzungen abweichen dürfen (§ 34 GeolDG-E).

3. Unterscheidung zwischen staatlichen und nichtstaatlichen Fachdaten

Schließlich differenziert der GeolDG-E mit Blick auf den grundrechtlichen Schutz von geologischen Daten, die von Privaten gewonnen wurden, insbesondere bezüglich der öffentlichenBereitstellung grundsätzlich zwischen staatlichen geologischen Daten (§§ 23–25 GeolDG-E) und nichtstaatlichen geologischen Daten (§§ 26–30 GeolDG-E).

Die Begriffsbestimmung in § 3 Abs. 4 GeolDG-E beschränkt sich dabei auf die Definition staatlicher geologischer Daten, sodass nichtstaatliche geologische Daten alle solche sind, die nicht unter diese Definition fallen. Entscheidend für die Zuordnung geologischer Daten zum staatlichen Bereich ist, ob die geologischen Daten von einer Behörde bzw. im Auftrag einer Behörde gewonnen worden sind (§ 3 Abs. 4 Nr. 1 GeolDG-E). Auch Daten, die von einer Person des Privatrechts in Erfüllung einer öffentlichen Aufgabe gewonnen worden sind, gelten nach § 3

Abs. 4 Nr. 2 GeolDG-E als staatliche geologische Daten, wenn die Person dabei einer oder mehrerer juristischer Personen des öffentlichen Rechts i. S. d. § 2 Abs. 2 UIG unterliegt. Und schließlich gelten gemäß § 3 Abs. 4 Nr. 3 GeolDG-E alle geologischen Daten als staatlich, die aufgrund des Beitritts der DDR von der zuständigen Behörde übernommen worden sind, und nach § 3 Abs. 4 Nr. 4 GeolDG auch solche, die inhaberlos sind. Diese letzten beiden Fiktionen werden insbesondere in den „neuen" Ländern, die sich auf dem Gebiet der ehemaligen DDR formiert haben, für erhebliche Rechtssicherheit sorgen, denn hier ist es oft nicht mehr nachvollziehbar, ob und ggf. welcher Rechtsnachfolger Rechte an geologischen Daten geltend machen kann.[25]

4. Abgestufte Fristen für die öffentliche Bereitstellung

An die Kategorisierung der Daten sind unterschiedliche Fristen für ihre Anzeige und Übermittlung an die zuständige Behörde sowie für ihre öffentliche Bereitstellung geknüpft, die ihrerseits jeweils noch einmal zwischen staatlichen und nichtstaatlichen Daten unterscheiden. Im Kontext dieses Beitrags seien allein die Fristen für die öffentliche Bereitstellung betrachtet.

a. Staatliche geologische Daten

Hinsichtlich der staatlichen geologischen Daten differenziert der GeolDG-E noch einmal danach, ob die geologischen Daten bei eigenen Untersuchungen der zuständigen Behörde angefallen sind – dann gelten kürzere Fristen – oder bei der Untersuchung anderer Behörden bzw. Beauftragter gewonnen wurden – dann gelten etwas längere Fristen.

Im Einzelnen sind Nachweisdaten einer eigenen geologischen Untersuchung nach § 23 Abs. 1 GeolDG unverzüglich und solche einer anderen Behörde nach § 24 Abs. 1 Satz 1 GeolDG binnen drei Monaten öffentlich bereitzustellen. Ausgenommen sind jeweils bestimmte personenbezogene Daten wie etwa Name und Anschrift natürlicher Personen – die Norm trägt damit erkennbar dem Datenschutz Rechnung. Sinnvoller wäre es unter Umständen allerdings gewesen, den

---

25 Zum Problem der Ermittlung und Anhörung von möglichen Berechtigten vgl. *Rossi*, Rechtliche Grundlagen der Zugänglichkeit geologischer Daten, 2016, S. 177 ff.

Umfang der bereitzustellenden Daten in einer eigenständigen Norm abschließend zu bestimmen und etwaigen Differenzierungen in einzelnen Absätzen dieser Norm Rechnung zu tragen.

Staatliche Fach- und Bewertungsdaten werden vom GeolDG-E gleich behandelt. Solche, die bei einer eigenen geologischen Untersuchung der zuständigen Behörde gewonnen wurden, sind gemäß § 23 Abs. 2 GeolDG-E spätestens sechs Monate nach Abschluss der Untersuchungen öffentlich bereitzustellen. Für Daten anderer Behörden gilt ebenfalls eine Sechsmonatsfrist, die aber auf den Ablauf der in §§ 9 und 10 GeolDG-E normierten Übermittlungsfristen bezogen ist.

Die Gleichbehandlung von staatlichen Fach- und Bewertungsdaten ist vor dem Hintergrund, dass letztere regelmäßig als Werke im Sinne des Urheberrechts zu qualifizieren sein werden, keineswegs trivial. Denn grundsätzlich steht dem konkreten Urheber und nicht etwa seinem Auftraggeber, auch wenn dieser eine Behörde ist, das Recht zu, über die (Erst-)Veröffentlichung seiner Werke zu entscheiden. Dieses Erstveröffentlichungsrecht ist Ausdruck des Urheberpersönlichkeitsrechts, das jedenfalls im Kern nicht übertragbar ist.[26] Allerdings hat das Bundesverwaltungsgericht 2015 mit Blick auf die Zugänglichkeit von Gutachten des Wissenschaftlichen Dienstes des Deutschen Bundestages unter Berufung auf die urheberrechtliche Zweckübertragungsregel entschieden, dass

> „ein Behördenmitarbeiter, der in Erfüllung seiner Dienstpflichten ein urheberrechtlich geschütztes Werk geschaffen hat, [...] dem Dienstherrn in aller Regel auch die Nutzungsrechte ein[räumt], die der Dienstherr benötigt, um Zugangsansprüche nach [einem] Informationsfreiheitsgesetz gewähren zu können."[27]

Insofern scheint auch die Bereitstellung von staatlichen Bewertungsdaten nach § 23 Abs. 2 GeolDG-E mit urheberrechtlichen Grundsätzen – und vor allem mit deren grundrechtlichen Wurzeln – vereinbar zu sein. Natürlich entfaltet dieses Urteil verbindliche Regelungswirkung nur für den konkreten Fall. Es ist zudem durch eine öffentlich-rechtliche Perspektive gekennzeichnet – eine zivil- bzw. urheberrechtliche Bewertung durch den Bundesgerichtshof steht noch aus. Gleichwohl ist der grundsätzlichen Wertung zuzustimmen, dass über die Veröffentlichung von Werken, die Bedienstete öffentlicher Stellen in Erfüllung ihrer Dienstpflichten schaffen, nicht die Bediensteten, sondern die jeweilige öffentliche Stelle – oder eben abstrakt der Gesetzgeber – entscheidet. Allerdings hat auch das Bundesver-

---

26 Vgl. etwa BGHZ 32, 103, 106 ff.; *Schulze*, in: Dreier/Schulze, Urhebergesetz, 2018, § 11 Rn. 3.
27 BVerwG, NJW 2015, 3258, Ls. 2.

waltungsgericht insofern noch einmal differenziert zwischen Bediensteten und außenstehenden Dritten. Das Bundesverwaltungsgericht versteift sich gerade nicht auf die These, dass das Erstveröffentlichungsrecht eines jeden Werkes, das im Auftrag der öffentlichen Hand geschaffen wird, der jeweiligen Behörde übertragen wird, obwohl die Zweckübertragungslehre eine solche Betrachtung durchaus nahelegt. Vielmehr hält sich das Bundesverwaltungsgericht mit der Formulierung

> „Jedenfalls soweit nicht Urheberrechte außenstehender Dritter betroffen sind, ist es der Behörde in aller Regel versagt, ein bestehendes urheberrechtliches Schutzrecht gegen Informationszugangsansprüche zu wenden."[28]

noch alle urheberrechtlichen Interpretationen und informationsfreiheitlichen Konsequenzen offen.[29] Und genau diese Differenzierung vernachlässigt der Entwurf des GeolDG, denn es stellt in § 3 Abs. 4 Nr. 2 GeolDG-E geologische Daten, die „von einer natürlichen oder juristischen Person des Privatrechts [...] gewonnen worden sind", solchen Daten nach § 3 Abs. 4 Nr. 1 GeolDG gleich, die „von einer Behörde oder im Auftrag einer Behörde bei einer geologischen Untersuchung gewonnen worden sind." Insofern geht der GeolD-E über die Rechtsprechung des Bundesverwaltungsgerichts hinaus und bewegt sich deshalb urheberrechtlich auf unsicherem Terrain.

b. Nichtstaatliche geologische Daten

Wegen ihrer grundrechtlichen Determinierung sind die Fristen für die öffentliche Bereitstellung nichtstaatlicher geologischer Daten von größerer Bedeutung.

Nichtstaatliche Nachweisdaten werden nach § 26 GeolDG-E spätestens drei Monate nach Ablauf der Anzeige- und Übermittlungsfrist nach § 8 Abs. 1 GeolDG-E öffentlich bereitgestellt.

Nichtstaatliche Fachdaten werden gemäß § 27 GeolDG-E fünf Jahre nach Ablauf der Übermittlungsfrist öffentlich bereitgestellt. Sofern die Fachdaten im Zusammenhang mit einer gewerblichen Tätigkeit oder aufgrund einer Bergbauberechtigung übermittelt worden sind, gilt für die öffentliche Bereitstellung eine längere Frist von 10 Jahren nach Ablauf der Übermittlungsfrist.

---

28 BVerwG, NJW 2015, 3258, 3261 (Rn. 38).
29 Ausführlicher *Rossi*, Rechtliche Grundlagen der Zugänglichkeit geologischer Daten, 2016, S. 139 ff.

Nichtstaatliche Bewertungsdaten schließlich werden nach § 28 GeoIDG-E grundsätzlich nicht öffentlich bereitgestellt.

Allerdings gibt es von dieser Regel diverse Ausnahmen, die in § 34 GeoIDG zusammengefasst sind. Die Bestimmung gibt den jeweils zuständigen Behörden im Einzelfall die Befugnis, aufgrund einer Abwägungsentscheidung auch nichtstaatliche Bewertungsdaten öffentlich bekanntzugeben. Die ersten beiden Ausnahmen knüpfen erkennbar und im Ergebnis zulässigerweise an die Überlegung an, dass es keine Geheimhaltungsnotwendigkeit mehr gibt, wenn der Bergbaubetrieb tatsächlich eingestellt ist (§ 34 Abs. 2 Nr. 1 GeoIDG-E) oder auch 15 Jahre nach der Übermittlung von Bewertungsdaten nicht aufgenommen wurde (§ 34 Abs. 2 Nr. 2 GeoIDG-E).

Problematischer erscheint da schon die allgemeine Ausnahme, nach der es ausreicht, wenn „die Gründe des Allgemeinwohls für die öffentliche Bereitstellung aus anderen Gründen wesentlich überwiegen" (§ 34 Abs. 2 Nr. 3 GeoIDG-E). Der Gesetzesentwurf hat dabei offenkundig vor allem die Erfordernisse einer Standortauswahl nach dem StandAG im Blick, denen er in § 34 Abs. 4 GeoIDG-E weitere Bestimmungen widmet. Unabhängig davon, ob diese Bestimmungen ihrerseits dem verfassungsrechtlich gebotenen materiellen Schutz von Betriebs- und Geschäftsgeheimnissen und des geistigen Eigentums genügen und ob sie in prozeduraler Hinsicht einen hinreichend effektiven Rechtsschutz garantieren, fragt sich gleichwohl, weshalb § 34 Abs. 2 Nr. 3 GeoIDG-E nicht explizit auf das Auswahlverfahren verweist, sondern mit „anderen Gründen" derart offen ist, dass es schon deshalb Gefahr läuft, den grundrechtlichen Schutz berechtigter Geheimhaltungsinteressen zu unterlaufen.

§ 34 Abs. 4 GeoIDG-E jedenfalls legt die Entscheidung über die öffentliche Bereitstellung solcher nichtstaatlicher Bewertungsdaten, die für die Suche und Auswahl eines Standortes zur Endlagerung von hochradioaktiven Abfällen erforderlich sind, in die Hände des Vorhabenträgers nach dem Standortauswahlgesetz, also der Bundesgesellschaft für Endlagerung mbH (BGE), und des Bundesamts für kerntechnische Entsorgungssicherheit (BfE), das seit dem 1.1.2020 Bundesamt für die Sicherheit der nuklearen Entsorgung heißt (BASE). Widerspruch und Anfechtungsklage gegen ihre Entscheidung sollen nach § 34 Abs. 4 Satz 3 GeoIDG-E keine aufschiebende Wirkung entfalten. Zudem hält § 34 Abs. 4 Satz 3 GeoIDG-E explizit fest, dass staatliche 3D-Modelle auch dann öffentlich bereitzustellen sind, wenn sie Aufschluss über nichtstaatliche Fach- oder Bewertungsdaten geben können, sofern diese 3D-Modelle für die Suche und Auswahl eines Endlagerstandortes erforderlich sind. Für diesen besonderen Fall ordnet § 34 Abs. 4 Satz 4 GeoIDG-E sogar an, dass keine vorherige Anhörung der betroffenen Personen stattfinden muss.

5. Grundsätzliche Problematik der Befristung

So charmant und praxistauglich die Fristenlösung für Nachweis- und Fachdaten auch ist, so ist sie aus verfassungsrechtlicher Perspektive doch riskant. Denn indem der GeolDG-E für Nachweisdaten und Fachdaten starre Fristen anordnet, nach deren Ablauf ihre öffentliche Bereitstellung zu erfolgen hat, nimmt der Gesetzgeber der Sache nach eine Befristung des Schutzes von Betriebs- und Geschäftsgeheimnissen und auch des geistigen Eigentums vor. Unausgesprochen fingiert er, dass an der Geheimhaltung nach Ablauf dieser Fristen kein berechtigtes Interesse mehr besteht.

Während insofern dem Datenschutzrecht zum Teil noch durch gesonderte Bestimmungen Rechnung getragen wird (§ 23 Abs. 1 GeolDG-E ordnet etwa an, dass „Name und die Anschrift natürlicher Personen" von der öffentlichen Bereitstellung ausgenommen sind), gibt es für Betriebs- und Geschäftsgeheimnisse und auch für das geistige Eigentum keinerlei Schutz. Der Gesetzgeber unterstellt insofern, dass Nachweis- und Fachdaten entweder von vornerein überhaupt keine entsprechend geschützten Daten enthalten oder sie jedenfalls nach Ablauf der Frist nicht mehr schutzwürdig sind.

Für Betriebs- und Geschäftsgeheimnisse sowie für das geistige Eigentum sind solche Sonderregeln nicht vorgesehen. Auch eine weitere Abwägung findet nicht statt (dazu sogleich unter V.). Mit den Fristen läuft also auch der Schutz, wohlgemerkt der Grundrechtsschutz, ab. Dies wiegt gerade deshalb besonders schwer, weil Daten immer kontext- und damit auch zeitabhängig sind: Daten, die heute als nicht oder wenig geheimbedürftig erscheinen, können unter anderen Umständen und im Zusammenhang mit weiteren Daten morgen als unbedingt schützenswert erscheinen.

Die derzeitige Fristenlösung des GeolDG-E ist mit der Verfassung deshalb nicht in Einklang zu bringen – eine absolute Befristung ist verfassungswidrig, soweit sie keine einzelfallbezogene Rückausnahme vorsieht.

Ob die niederländische Fristenlösung, an die sich der GeolDG-E angelehnt hat,[30] der niederländischen Verfassung entspricht, mag dahinstehen. Interessanter ist aber ein Blick auf das Europarecht. Der EuGH hat nämlich jüngst in zwei Fällen entschieden, dass

„Informationen, die zu einem bestimmten Zeitpunkt möglicherweise Geschäftsgeheimnisse waren, nach Ablauf von fünf Jahren aufgrund des Zeit-

---

30 BR-Drs. 13/20, S. 34.

ablaufs grundsätzlich als nicht mehr aktuell und deshalb als nicht mehr vertraulich anzusehen sind."[31]

Doch insofern ist mehrerlei zu berücksichtigen: Erstens dürfen die beiden Urteile des EuGH schon in ihrer abstrakten Bedeutung nicht überschätzt werden: Abgesehen davon, dass ihr von vorneherein keine erga-omnes-Wirkung zukommt, sondern sie nur eine inter-partes-Wirkung für das vorliegende Gericht entfaltet, war ihre Auslegung explizit auf Art. 28 VO 1/2003 bzw. auf Art. 54 RL 2004/39 bezogen und betreffen insoweit nicht alle Geschäftsgeheimnisse. Zweitens binden die Urteile in keiner Weise den nationalen Gesetzgeber bei der Ausgestaltung des Rechts geologischer Daten. Drittens und vor allem aber hat der EuGH in seinen Urteilen hervorgehoben, dass die zeitliche Befristung des Geheimnisschutzes nur gilt, sofern

> „die Partei, die sich auf die Vertraulichkeit beruft, [... nicht] ausnahmsweise nach[weist], dass die Informationen trotz ihres Alters immer noch wesentliche Bestandteile ihrer eigenen wirtschaftlichen Stellung oder der von betroffenen Dritten sind."[32]

Der EuGH geht in seinen Urteilen also von einer „widerleglichen Vermutung" aus.[33]

Der Entwurf des GeolDG sieht indes keine Möglichkeiten vor, im Einzelfall der öffentlichen Bereitstellung von Betriebs- und Geschäftsgeheimnissen zu widersprechen, die sich aus Fachdaten ergeben mögen. Vielmehr stellt § 32 Abs. 1 GeolDG-E gerade umgekehrt klar, dass Fachdaten stets öffentlich bereitzustellen sind und der grundrechtliche Schutz von Betriebs- und Geschäftsgeheimnissen allein den „mit diesen verbundenen weiteren Daten" zukommt. Insofern lässt der GeolDG-E zu, dass im Einzelfall Betriebs- und Geschäftsgeheimnisse verletzt werden können. Die Fristenlösung kann nicht als strikte Ausschlussregel, sondern allenfalls als widerlegbare Vermutung verfassungsrechtlich Bestand haben.

---

31 EuGH, Urteil vom 14.3.2017 – C-162/15 P, EU:C:2017:205, Rn. 64; EuGH, Urteil vom 19.6.2019 – C-15/16, EU:C:2018:464, Rn. 54 = NVwZ 2019, 1769 (mit Anm. *Rossi*).
32 EuGH, a.a.O., Rn. 57.
33 Explizit EuGH, Urteil vom 14.3.2017 – C-162/15 P, EU:C:2017:205, Rn. 64.

V. Schutz entgegenstehender Belange

Wie auch andere Informationsfreiheitsgesetze normiert der GeolDG-E im Abschnitt 2 des Kapitels 4 Beschränkungen der öffentlichen Bereitstellung von Daten zum Schutz öffentlicher Belange einerseits (§ 31 GeolDG-E) und zum Schutz „sonstiger Belange" andererseits (§ 32 GeolDG-E). Allerdings ist namentlich der Schutz grundrechtlich fundierter Interessen nicht hinreichend ausgestaltet.

Nachvollziehbar und jedenfalls in Bezug auf die personenbezogenen Daten und Betriebs- und Geschäftsgeheimnisse ist zunächst, dass diese Beschränkungen ihrerseits unter einem Abwägungsvorbehalt stehen, sodass das Gesetz im Ergebnis doch die Möglichkeit schafft, sämtliche geologischen Daten öffentlich zugänglich zu machen. Bis zu einer solchen Entscheidung hat die jeweils zuständige Behörde aber sicherzustellen, dass unberechtigte Dritte keinen Zugriff auf die Daten haben. Im Zusammenhang mit den allgemeinen Aufgaben verweist § 5 Abs. 4 GeolDG-E die zuständigen Behörden insofern auf den Stand der Technik sowie „erforderlichenfalls [auf die] Vorgaben des staatlichen materiellen Geheimschutzes." Diese Regelung dient ohne Frage dem Schutz der Interessen der Geheimnisträger, sodass ihre Verletzung einen Staatshaftungsanspruch nach sich zieht.

Schwerer wiegt die Ausgestaltung der Ausnahmevorschrift, die die Bedeutung der grundrechtlich geschützten Interessen nur unzureichend hervorhebt (1.), deren Anwendungsbereich unklar bleibt (2.) und die im Ergebnis wohl nur für „verbundene weitere Daten" gilt (3.).

1. Unzureichende Hervorhebung der Bedeutung grundrechtlich geschützter Interessen

Systematisch und zum Teil auch inhaltlich orientiert sich das GeolDG erkennbar an dem UIG, das im 3. Abschnitt Ablehnungsgründe zum Schutz öffentlicher Belange (§ 8 UIG) und zum Schutz sonstiger Belange (§ 9 UIG) bereithält. Dass die immerhin grundrechtlich geschützten Belange des Datenschutzes, des geistigen Eigentums und der Betriebs- und Geschäftsgeheimnisse (zusammen noch dazu mit Steuer- und Statistikgeheimnis) hier banalisierend als „sonstige Belange" zusammengefasst und zudem systematisch erst nach den öffentlichen Belangen genannt werden, spiegelt ihre besondere Bedeutung nicht hinreichend wider. Denn während der Gesetzgeber hinsichtlich des Umfangs der Bereitstellung staatlicher Daten weitgehend frei ist und das Maß des Schutzes öffentlicher Belange letztlich nur durch seinen politischen Willen bestimmt wird, ist er in Bezug auf die grundrechtlich geschützten Belange verfassungsrechtlich gebunden. Diese verfassungsrechtliche Fundierung der geschützten Belange sollte in der Systematik und Bezeichnung der Norm stärker zum Ausdruck kommen. So geht für die Behörden und sonstigen Stellen – bereits an dieser Stelle sei darauf hingewiesen, dass § 34 Abs. 4 Satz 2 GeolDG-E dem Vorhabenträger die Befugnis verleiht, über die öffentliche Bereitstellung zu entscheiden – das falsche Signal aus, die „sonstigen" Belange seien von untergeordneter Bedeutung.

Aber auch das Gesetz selbst misst den entgegenstehenden Belangen nicht die verfassungsrechtlich notwendige Bedeutung zu. Geradezu unredlich, unzutreffend jedenfalls ist es insbesondere, wenn dieser Schutz unter Bezug auf europarechtliche Vorgaben nivelliert wird. Die Behauptung in der Gesetzesbegründung, dass, „die beiden Richtlinien [gemeint sind die Umweltinformationsrichtlinie und die INSPIRE-Richtlinie] den Schutz von Betriebs- und Geschäftsgeheimnissen und Rechten des geistigen Eigentums keineswegs zwingend vor[schreiben], sondern den Mitgliedstaaten lediglich [gestatten], Schutzvorschriften einzuführen,[34] verstellt nicht nur den Blick dafür, dass der Gestaltungsspielraum des Gesetzgebers auch insofern in erster Linie verfassungsrechtlich begrenzt wird, sondern gibt auch den europarechtlichen Kontext unzureichend wieder. Denn mitnichten regeln die genannten Richtlinien Ausnahmen zum Schutz von Betriebs- und Geschäftsgeheimnissen und des geistigen Eigentums nicht, weil sie diese Aspekte nicht für regelungsbedürftig halten, sondern umgekehrt, weil sie den Mitgliedstaaten insofern die Regelung entsprechend der nationalen (und gerade auch verfassungsrechtlichen) Besonderheiten überlassen. Vielmehr sind Betriebs- und Geschäftsgeheimnisse auch auf der Ebene des Unionsrechts besonders geschützt, werden etwa dem Grundrecht der unternehmerischen Freiheit nach Art. 16 GRCh zugeordnet und waren im Übrigen schon vor Inkrafttreten der Grundrechtecharta als allgemeiner Rechtsgrundsatz des Unionsrechts anerkannt.[35] Zudem hat die Europäische Union 2016 eine Richtlinie über den Schutz von Geschäftsgeheimnissen verabschiedet, die vor rechtswidrigem Erwerb sowie rechtswidriger Nutzung und Offenlegung schützen soll.[36] Sie wurde durch das am 26.4.2019 in Kraft getretene Geschäftsgeheimnisgesetz umgesetzt.[37] Es räumt öffentlich-rechtlichen Vorschriften zur Geheimhaltung, Erlangung, Nutzung oder Offenlegung von

---

34 BR-Drs. 13/20, S. 32 f.
35 Vgl. statt vieler *Wollenschläger*, in: von der Groeben/Schwarze/Hatje (Hrsg.), Europäisches Unionsrecht, 2015, Rn. 8 m. w. Nachw. in Fn. 39.
36 Richtlinie 2016/943/EU des Europäischen Parlamentes und des Rates vom 8.6.2016 über den Schutz vertraulichen Know-hows und vertraulicher Geschäftsinformationen (Geschäftsgeheimnisse) vor rechtswidrigem Erwerb sowie rechtswidriger Nutzung und Offenlegung, ABl. L 157 S. 1.
37 BGBl. I S. 466.

Geschäftsgeheimnissen in § 1 Abs. 2 GeschGehG zwar wie die Richtlinie[38] einen grundsätzlichen Vorrang ein, dokumentiert aber in besonderer Weise die Bedeutung von Geschäftsgeheimnissen für einen innovativen Wettbewerb, der zugleich auch der Grund für den grundrechtlichen Schutz von Betriebs- und Geschäftsgeheimnissen ist.

2. Unklarer Anwendungsbereich

Der Anwendungsbereich des § 32 GeolDG-E ist unklar. Es ist nicht klar erkennbar, ob sich die Beschränkung der öffentlichen Bereitstellung geologischer Daten hinsichtlich nichtstaatlicher Daten nur auf Nachweis- und Fachdaten oder auch auf Bereitstellungdaten bezieht.

Dafür, dass nur eine Beschränkung der öffentlichen Bereitstellung von nichtstaatlichen Nachweis- und Fachdaten intendiert ist, spricht zunächst, dass nichtstaatliche Bewertungsdaten nach § 28 GeolDG-E überhaupt nicht öffentlich bereitzustellen sind und deshalb auch keines weiteren Schutzes bedürfen.

Unterstützt wird diese Interpretation durch die von § 32 Abs. 1 Satz 1 GeolDG-E vorgenommene Differenzierung zwischen geologischen Daten einerseits und „mit diesen verbundenen weiteren Daten" andererseits, denn eine solche Differenzierung ist bei Bereitstellungsdaten nicht möglich (dazu sogleich unter 3.)

In der Konsequenz würde § 32 GeolDG-E auf Bewertungsdaten keine Anwendung finden, würde dann aber auch für die erweiterte öffentliche Bereitstellung geologischer Daten nach § 34 GeolDG-E keine Anwendung finden. Dass dies womöglich gar intendiert ist, ergibt sich freilich schon aus der systematischen Stellung des § 32 GeolDG-E, der nicht nur vor § 34 GeolDG-E, sondern noch dazu in einem eigenen Abschnitt verordnet ist.

Umgekehrt würde dies bedeuten, dass der Gesetzgeber die öffentliche Bereitstellung auch von Bewertungsdaten nach § 34 GeolDG-E zwar in die Befugnis und die Verantwortung der zuständigen Behörde legt, sie bei ihrer Entscheidung aber nicht an die zwingende Beachtung des verfassungsrechtlich gebotenen Schutzes von Rechten Dritter erinnert. Vielmehr suggerierte er sogar, dass der Schutz der personenbezogenen Daten, von Betriebs- und Geschäftsgeheimnissen und des geistigen Eigentums nicht zu berücksichtigen seien.

---

38 Erwägungsgrund 11 und Art. 1 Abs. 2 lit. b RL 2016/943.

Dies allerdings vernachlässigte den verfassungsrechtlich gebotenen Schutz ausgerechnet bezüglich solcher Daten, die dieses Schutzes in besonderer Weise bedürfen. Insofern muss § 32 GeolDG-E verfassungskonform dahingehend ausgelegt werden, dass er auch auf Bewertungsdaten Anwendung findet. Besser wäre freilich, der Gesetzgeber würde dies im weiteren Gesetzgebungsverfahren noch durch einen exakten Wortlaut und durch eine andere Positionierung der Norm im Gesetz zum Ausdruck bringen.

3. Schutz nur für „verbundene weitere Daten"

Auch in anderer Hinsicht ist die Norm zum Schutz der „sonstigen" Belange unzureichend. Sie scheint von einer Trennbarkeit der „geologischen Daten" einerseits und der „mit diesen verbundenen weiteren Daten" andererseits auszugehen. Der mögliche Schutz von personenbezogenen Daten, von Betriebs- und Geschäftsgeheimnissen und des geistigen Eigentums wird dabei von vorneherein nur den „weiteren Daten" zugesprochen. Offenbar geht der Gesetzgeber tatsächlich davon aus, dass § 32 GeolDG-E nur auf Nachweis- und Fachdaten Anwendung finden soll und dass deren grundrechtlicher Schutz bereits hinreichend durch die Fristenlösung gewahrt ist.

Dies überrascht zunächst vor dem Hintergrund, dass die Vorschrift zum „Schutz öffentlicher Belange" eine solche Differenzierung nicht macht, sondern schlicht „geologische Daten" von der öffentlichen Bereitstellung ausnimmt.

Dies überrascht aber vor allem angesichts der Begriffsdefinition in § 3 GeolDG-E. Nach § 3 Abs. 3 Satz 2 Nr. 3 GeolDG-E sind Bewertungsdaten ja gerade die Daten, die Analysen, Einschätzungen und Schlussfolgerungen zu Fachdaten, insbesondere in Form von Gutachten, Studien oder räumlichen Modellen des geologischen Untergrunds einschließlich Vorratsberechnungen oder Daten zu sonstigen Nutzungspotenzialen des Untersuchungsgebiets beinhalten. Und diese Bewertungsdaten gelten nach eben § 3 Abs. 3 Satz 1 GeolDG-E als geologische Daten. Insofern setzt sich § 32 Abs. 1 Satz 1 GeolDG-E in Widerspruch zu den Legaldefinitionen in § 3 GeolDG-E.

Ähnliches gilt in Bezug auf Fachdaten – denn auch sie können unmittelbar als Betriebs- und Geschäftsgeheimnisse, unter Umständen sogar schon auch als geistiges Eigentum geschützt sein, denn es handelt sich bei ihnen ausweislich der Begriffsdefinition in § 3 Abs. 3 Nr. 2 GeolDG-E um aufbereitete Daten.

Allein hinsichtlich der personenbezogenen Daten erschiene eine Trennbarkeit zwischen „geologischen Daten" und der „mit diesen verbundenen weiteren Daten" möglich, doch diese Differenzierung steht im Satz 1 vor der Klammer und bezieht sich somit auch auf die Daten, die als Betriebs- und Geschäftsgeheimnisse bzw. als geistiges Eigentum geschützt sind.

Nach der Konzeption des Gesetzes werden dem grundrechtlichen Schutz von Betriebs- und Geschäftsgeheimnissen und des geistigen Eigentums somit in erster Linie durch die Fristenlösung Rechnung getragen. Der Ausnamebestimmung des § 32 GeolDG-E kommt allenfalls eine flankierende Bedeutung zu.

VI. Exzessive Ausnahme für eine Standortauswahl

Das ist besonders misslich mit Blick auf die Abwägungsentscheidungen, die der GeolDG-E in Bezug auf die Bewertungsdaten in § 34 GeolDG-E vorsieht. Diese Norm befasst sich mit der „erweiterten öffentlichen Bereitstellung geologischer Daten" und zielt in erster Linie auf eine möglichst weitgehende Transparenz im Kontext des Standortes für ein Endlager für hochradioaktive Abfälle. Diese Vorschrift birgt die Gefahr, die skizzierte differenzierte Architektur des GeolDG-E auszuhebeln und womöglich in die Verfassungswidrigkeit zu führen. Weil sich abzeichnet, dass diese Vorschrift im Laufe des weiteren Gesetzgebungsverfahrens noch geändert werden wird,[39] soll hier nur thesenartig zur jetzigen Entwurfsfassung des § 34 GeolDG-E Stellung genommen werden, die zunächst einmal im Wortlaut darzustellen ist.

§ 34 GeolDGE Erweiterte öffentliche Bereitstellung geologischer Daten
(1) Die für die Erfüllung einer öffentlichen Aufgabe des Bundes oder der Länder, insbesondere zu einem der in § 1 genannten Zwecke, zuständige Behörde oder Person nach § 33 Absatz 1 kann, wenn die öffentliche Bereitstellung für die Aufgabenerfüllung erforderlich ist und ein überwiegendes öffentliches Interesse an der öffentlichen Bereitstellung besteht, entscheiden, dass
1. nichtstaatliche Fachdaten nach § 9 vor Ablauf der Fristen nach § 27 Absatz 1 und 2 und § 29 Absatz 2 in Verbindung mit § 27 Absatz 1 und 2 öffentlich bereitgestellt werden sowie
2. nachgeforderte nichtstaatliche Fachdaten nach § 12 entgegen § 28 öffentlich bereitgestellt werden.

---

[39] Erneut sei insofern auf die Empfehlungen der Ausschüsse des Bundesrates vom 4.2.2020 verwiesen, BR-Drs. 13/1/20.

(2) Die für die Erfüllung einer öffentlichen Aufgabe des Bundes oder der Länder, insbesondere zu einem der in § 1 genannten Zwecke, zuständige Behörde oder Person nach § 33 Absatz 1 kann entscheiden, dass nichtstaatliche Bewertungsdaten nach § 10 entgegen § 28 oder entgegen § 29 Absatz 3 in Verbindung mit § 28 öffentlich bereitgestellt werden, wenn die öffentliche Bereitstellung für die Aufgabenerfüllung erforderlich ist und
1. der Bergbaubetrieb oder das Vorhaben zur Gewinnung von Bodenschätzen oder zur Nutzung des geologischen Untergrunds, das auf Grund anderer Vorschriften genehmigt oder angezeigt worden ist, tatsächlich eingestellt worden ist und das öffentliche Interesse an der öffentlichen Bereitstellung überwiegt,
2. nach dem Ablauf von 15 Jahren nach der Übermittlung von Bewertungsdaten kein Bergbaubetrieb auf Grund des Bundesberggesetzes oder kein anderweitiges Vorhaben zur Gewinnung von Bodenschätzen oder zur Nutzung des geologischen Untergrunds errichtet und betrieben wurde und das öffentliche Interesse an der Bereitstellung überwiegt oder
3. die Gründe des Allgemeinwohls für die öffentliche Bereitstellung aus anderen Gründen wesentlich überwiegen.

(3) Vor der Entscheidung über die öffentliche Bereitstellung nach den Absätzen 1, 2 oder 4 sind die betroffenen, nach § 14 Satz 1 verpflichteten Personen anzuhören. Die Entscheidung nach den Absätzen 1, 2 oder 4 ist der Person nach § 14 Satz 1, die angehört wurde, zuzustellen. Die nach § 36 zuständige Behörde ist über die öffentliche Bereitstellung nach den Absätzen 1, 2 oder 4 zu informieren; sie unterstützt die Behörde oder Person nach § 33 Absatz 1 bei der Ermittlung der nach Satz 1 anzuhörenden Personen, soweit ihr diese bekannt sind.

(4) Bei geologischen Daten nach den Absätzen 1 und 2, die für die Suche und Auswahl eines Standortes zur Endlagerung von hochradioaktiven Abfällen erforderlich sind, entscheiden der Vorhabenträger nach dem Standortauswahlgesetz und das Bundesamt für kerntechnische Entsorgungssicherheit jeweils im Rahmen ihrer Zuständigkeit über die öffentliche Bereitstellung. Der Bund überträgt dem Vorhabenträger nach dem Standortauswahlgesetz durch Beleihung die hoheitliche Befugnis, Entscheidungen nach den Absätzen 1 und 2 zu treffen. Widerspruch und Anfechtungsklage gegen die Entscheidung zur öffentlichen Bereitstellung geologischer Daten nach den Absätzen 1 oder 2, die nach § 12 Absatz 3 Satz 2 des Standortauswahlgesetzes benötigt werden und entscheidungserheblich sind, haben keine

aufschiebende Wirkung. Für staatliche 3D-Modelle des Untergrunds, die über nichtstaatliche Fachdaten oder nichtstaatliche Bewertungsdaten Aufschluss geben könnten, ist davon auszugehen, dass die Voraussetzungen der Absätze 1 und 2 erfüllt sind, wenn die 3D-Modelle für die Suche und Auswahl eines Standortes zur Endlagerung von hochradioaktiven Abfällen erforderlich sind. Im Fall des Satzes 4 ist Absatz 3 nicht anzuwenden.

1. Unverhältnismäßigkeit der öffentlichen Bereitstellung umfassender Bewertungsdaten

Insbesondere § 34 Abs. 4 GeolDG-E genügt (bislang) nicht den Anforderungen an das rechtsstaatlich und grundrechtlich begründete Verhältnismäßigkeitsprinzip.

a. Legitimes, aber kein verfassungsstarkes Ziel

Soweit die Gesetzesbegründung deutlich macht, dass namentlich die Vorschriften über die öffentliche Bereitstellung geologischer Daten zusätzlich auf eine Akzeptanz hinsichtlich einer zu treffenden Standortauswahl für ein Endlager für hochradioaktive Abfälle zielen, ist dies zwar ein legitimes Ziel, aber keines von Verfassungsrang. Hervorzuheben ist zudem, dass die öffentliche Bereitstellung von Bewertungsdaten nicht etwa für die Standortauswahl selbst vonnöten ist, sondern nur auf deren Akzeptanz zielt.

b. Fehlende Eignung

Für die Herstellung der Akzeptanz einer solchen Standortauswahl ist die öffentliche Bereitstellung geologischer Daten aber gar nicht geeignet, weil § 18 Abs. 1 Satz 2 GeolDG-E die Haftung für die Aktualität, Vollständigkeit und Richtigkeit der öffentlich bereitgestellten geologischen Daten ausschließt. Zusätzlich stellt die Gesetzesbegründung klar, dass „Bewertungsdaten [ ] als eigene Einschätzung keinen objektiven Informationscharakter aufweisen." Die Bereitstellung von Daten, deren Richtigkeit nicht verbürgt wird, kann keine Akzeptanz bewirken. Diese Bestimmung ist gerade mit Blick auf die Standortauswahl für ein Endlager für hochradioaktive Abfälle aberwitzig. In rechtlicher, in verfassungsrechtlicher Hinsicht vor allem bedeutet diese Vorschrift, dass das Gesetz zwar auf die Bereitstellung bestimmter geologischer Daten setzt, um – so der Gesetzeszweck – einen nachhaltigen (sic!) Umgang mit dem geologischen Untergrund zu gewährleisten und die Erkennbarkeit und Bewertbarkeit von Geogefahren zu ermöglichen, bzw. – so der nicht offen ausgesprochene Gesetzeszweck – mittels einer Transparenz des Auswahlverfahrens die Akzeptanz für einen Standort für ein Endlager zu schaffen, den veröffentlichten Daten aber selbst gar nicht vertraut.

c. Fehlende Erforderlichkeit

Für die Gewährleistung eines nachhaltigen Umgangs mit dem geologischen Untergrund und zur Gefahrenabwehr ist die öffentliche Bereitstellung von Bewertungsdaten zudem nicht erforderlich. Ausreichend ist insofern zum einen, dass diese Daten den zuständigen Behörden übermittelt werden – einer öffentlichen Bereitstellung bedarf es nicht. Zum anderen räumt die Gesetzesbegründung selbst ein, dass schon „öffentlich bereitgestellte Fachdaten eigene Schlussfolgerungen eines Dritten ermöglichen."

Auch sofern die öffentliche Bereitstellung geologischer Daten der Akzeptanz einer Standortauswahl für ein Endlager für hochradioaktive Stoffe dienen soll, ist sie – ungeachtet ihrer fehlenden Eignung – jedenfalls nicht erforderlich, denn es kommen eine Reihe von Mitteln mit einer sehr viel geringeren Eingriffsbreite und einer kontrollierbaren Eingriffstiefe in Betracht.

Der Gesetzgeber könnte etwa eine gestufte Prüfung vorsehen, bei der sowohl hinsichtlich der Fläche als auch hinsichtlich der Tiefe zunächst solche Gebiete von einer öffentlichen Bereitstellung von Bewertungsdaten ausgenommen werden, die für einen Standort für ein Lager für hochradioaktive Abfälle nicht in Betracht kommen. Dadurch würde dem mit der öffentlichen Bereitstellung einhergehenden Eingriff in den grundrechtlichen Schutz von Betriebs- und Geschäftsgeheimnissen die Breite genommen.

Der Gesetzgeber könnte zudem auch eine prozedural-institutionelle Lösung vorsehen, indem die Bewertungsdaten für einen engeren Kreis der infrage kommenden Standorte nicht der Öffentlichkeit, sondern einem plural besetzten Gremium vorgelegt werden, das seinerseits zur Geheimhaltung verpflichtet ist. Das würde dem Eingriff seine Tiefe nehmen.

Schließlich könnte der Gesetzgeber auch eine Kombination einer inhaltlich gestuften und prozedural-institutionellen Prüfung anordnen. Das würde den Eingriff entsprechend dem Grundgedanken des Verhältnismäßigkeitsprinzips minimieren. Hinzuweisen ist in diesem Zusammenhang darauf, dass das rechtsstaatlich und grundrechtlich begründete Verhältnismäßigkeitsprinzip der Abwehr von übermäßigen Eingriffen des Staates in die Freiheitsrechte der Bürger dient und nicht umgekehrt der Minimierung von Grundrechten zugunsten von gesetzlich definierten (und künftig definierbaren und also unbestimmten) Zielsetzungen. Insofern streitet das rechtsstaatliche Verhältnismäßigkeitsprinzip für eine weitestgehende Ausübung der Grundrechte und nicht für eine größtmögliche Transparenz.

d. Maßlose Offenlegung grundrechtlich geschützter Daten

Insgesamt steht die Regelung über die öffentliche Bereitstellung von Bewertungsdaten in § 34 Abs. 4 GeolDG-E außer Verhältnis zu den mit ihr verfolgen Zwecken. Sie nimmt unnötigerweise eine Eingriffsbreite in Kauf, die nicht nur grundrechtlich unangemessen ist, sondern die noch dazu die trotz mancher Mängel grundsätzlich differenzierte und ausgewogene Gesamtarchitektur des GeolDG-E zunichtemacht.

2. Unzureichender Rechtsschutz

Besonders gravierend ist, dass Widerspruch und Anfechtungsklage gegen die Entscheidung zur öffentlichen Bereitstellung geologischer Daten, die für die Suche und Auswahl eines Standortes zur Endlagerung von hochradioaktiven Abfällen erforderlich sind, nach dem bisherigen § 34 Abs. 4 Satz 3 GeolDG-E keine aufschiebende Wirkung haben sollen. Gleiches gilt nach § 33 Abs. 7 Satz 2 GeolDG-E bereits für die Kategorisierung solcher Daten. Begründet wird dies mit der „engen Taktung des Standortauswahlverfahrens" und dem Wunsch, „die zeitgerechte Veröffentlichung des Zwischenberichts nach § 13 Abs. 2 Satz 3 StandAG zu gewährleisten."[40] Angesichts der Unwiderruflichkeit einer öffentlichen Bereitstellung geologischer Daten und mit Blick auf den umfassenden grundrechtlichen Schutz von Bewertungsdaten durch Art. 12 und Art. 14 GG, unter Berücksichtigung nicht zuletzt der unverhältnismäßigen und deshalb verfassungswidrigen Regelung als Ganzer ist die Versagung eines effektiven Rechtsschutzes im verwaltungsgerichtlichen Hauptsacheverfahren durchaus schon eine Verletzung von Art. 19 Abs. 4 GG.

---

40 BR-Drs. 13/20, S. 79.

VII. Ausblick

Die Kenntnis des Untergrunds ist eine essenzielle Voraussetzung für eine Vielzahl von Politikbereichen, von der wirtschaftlichen Nutzung diverser Rohstoffe über die Wasserwirtschaft, die Land- und Forstwirtschaft über die Gefahrenabwehr bis hin zur Planung und Durchführung von Infrastrukturprojekten. Insofern ist die Regelung eines umfassenden und modernen Informationsregimes über den Umgang mit geologischen Daten sinnvoll und geboten, gerade unter den Bedingungen und Möglichkeiten der Digitalisierung. Mit dem Entwurf eines Geologiedatengesetzes liegt insofern ein ebenso anspruchsvolles wie in vielerlei Hinsicht neues Konzept vor. Auch im Hinblick auf die öffentliche Bereitstellung von Daten ist es innovativ, denn es nimmt erstens eine nach Schutzbedürftigkeit orientierte Kategorisierung von geologischen Daten vor und verzichtet darüber hinaus auf eine zeit-, arbeits- und kostenintensive Einzelfallabwägung durch die Behörden, wählt stattdessen eine gesetzesunmittelbare Fristenlösung. Diese mag noch einer Feinabstimmung bedürfen, doch insgesamt wird damit ein Weg vorgezeichnet, der auch in anderen Bereichen des Informationsfreiheitsrechts gangbar erscheint.

Es wäre tragisch, wenn ausgerechnet die Treibkraft hinter dem Gesetz, die Suche und möglichst transparente Auswahl eines Standortes für ein Endlager für hochradioaktive Abfälle, die differenzierte und ausgewogene Architektur des Gesetzes aushebeln würde. Denn nach dem bisherigen Entwurf können gerade grundrechtlich besonders sensible Daten – wenn auch nach einer Einzelfallabwägung – öffentlich bereitgestellt werden. Diese exzessive Ausnahme ignoriert nicht nur, dass solche Daten im Ergebnis auch für Zwecke zugänglich sind, die ihre Offenbarung nicht rechtfertigen könnten, sondern steht vor allem außer Verhältnis zu dem von ihr verfolgten Zweck. Geboten ist deshalb, die für eine Standortauswahl erforderliche öffentliche Bereitstellung geologischer Daten als einen Sonderfall so zu regeln, dass sie ein Sonderfall bleibt – gegebenenfalls außerhalb eines Geologiedatengesetzes, womöglich sogar gar nicht in der Form eines Gesetzes. Der Autor ist wie die Leser gespannt, welches Ende das Gesetzgebungsverfahren bringen wird.

*Michael Zschiesche und Karl Stracke**

Das Umweltinformationsgesetz des Bundes in der Praxis – Ergebnisse einer Evaluation

Inhaltsübersicht

I. Einführung
II. Ziele der Evaluation und gewählte Methodik
III. Allgemeine Ergebnisse
IV. Ergebnisse zu einzelnen Teilaspekten
V. Vorschläge zum besseren Vollzug des Bundes-UIG
VI. Zusammenfassung

I. Einführung

Das Umweltinformationsrecht in Deutschland ist seit 2005 zersplittert.[1] In den Bundesländern sind die Landesumweltinformationsgesetze einschlägig, für Angelegenheiten des Bundes wurde das UIG des Bundes geschaffen. Für Anwender, die sich wenig um kompetenzrechtliche Fragen kümmern wollen, ein zuweilen schwieriges Gelände – zumal es in Deutschland neben den speziellen Regelungen des Umweltinformationsrechts auch noch Informationsfreiheitsgesetze im Bund und in den Ländern sowie die Regelungen zum Verbraucherinformationsrecht auf Bundesebene gibt. Obwohl der Vollzug von Umweltvorschriften sich im Wesentlichen in den Ländern abspielt, gab es auch für die Bundesebene gute Gründe, das Bundesumweltinformationsgesetz (Bundes-UIG) zwölf

---

* Am Evaluationsprojekt waren neben den Autoren des Artikels Dr. Michael Zschiesche und Karl Stracke vom Unabhängigen Institut für Umweltfragen (UfU) in Berlin Patrick Konopatzki, Eva Mareen Lütkemeyer, Kora Rösler, Anna-Julia Saiger, LL.M. und Franziska Sperfeld beteiligt, darüber hinaus Prof. Dr. Dr. (h.c.) Thomas Schomerus, Leuphana Universität Lüneburg sowie Dr. Kerstin Tews und Dr. Jan Beermann, Forschungszentrum Umweltpolitik, Freie Universität Berlin.

1 Einen gesetzlich geregelten Zugang zu Umweltinformationen gibt es in Deutschland seit dem Erlass des Umweltinformationsgesetzes vom 8.7.1994 (BGBl. I S. 1994, 149.0). Damit wurde die europäische Richtlinie 90/313/EWG vom 7.6.1990 über den freien Zugang zu Informationen über die Umwelt ins nationale Recht umgesetzt (vgl. ABl. EG 1990 L 158 S. 56.).

Jahre nach seiner einschneidenden Novelle von 2005 erstmals einer umfassenden Evaluation zu unterziehen. Nicht nur werden durch das Bundesumweltministerium und seinen drei nachgeordneten Einrichtungen immer mehr umweltpolitische Entscheidungen getroffen. Auch Zulassungs- und Genehmigungsverfahren für Infrastrukturvorhaben finden mehr und mehr auf Bundesebene statt (u.a. Netzausbau, Offshore-Windenergieanlagen, atomares Endlager) oder werden bald dorthin verlagert (Straßenverkehrsprojekte). Allein für die Ebene des Bundes wurden zu Beginn der Untersuchung 2017 927 Behörden und Einrichtungen gezählt, die im Sinne des UIG des Bundes als öffentliche Stellen auskunftspflichtig sind. Hinzu kommen private informationspflichtige Stellen. Der vorliegende Artikel fasst wesentliche Ergebnisse der durchgeführten Evaluation zusammen. Weitere Ergebnisse sind im Evaluationsbericht des Umweltbundesamts (UBA), der 2020 veröffentlicht wird, zu finden.[2]

II. Ziele der Evaluation und gewählte Methodik

Der eigentlichen Evaluation ging eine Konzeptionsphase voraus, denn die Evaluation des UIG stand vor zahlreichen Herausforderungen: Im Gegensatz zu Anträgen nach dem Informationsfreiheitsgesetz des Bundes (IFG) bestand zu keinem Zeitpunkt seit Inkrafttreten des UIG eine Statistikpflicht für die informationspflichtigen Stellen. Auswertbare Statistiken, in welchem Umfang bei den informationspflichtigen Stellen der Anspruch geltend gemacht wurde, lagen damit nicht vor. Auch wissenschaftlich wurden der Vollzug und die Folgen des Umweltinformationsgesetzes auf Bundesebene seit 2005 kaum beleuchtet. Zudem war der potenzielle Evaluationsumfang aufgrund des weiten Anwendungsbereiches des Gesetzes enorm. Hinzu kam, dass der Zugang zu Umweltinformationen gemäß § 2 Abs. 3 UIG bei einem weit auszulegenden Umweltinformationsbegriff sowohl mündlich als auch schriftlich ausgeübt werden kann. Er besteht auch unabhängig davon, ob explizit auf das UIG Bezug genommen wird. Damit fallen potenziell sehr viele Informationen – schriftlicher als auch mündlicher Art – zwischen informationspflichtigen Stellen und informationssuchenden Dritten unter den potenziellen Evaluationsumfang.

---

2 Evaluation des Umweltinformationsgesetzes (UIG) – Analyse der Anwendung der Regelungen des UIG und Erschließung von Optimierungspotentialen für einen ungehinderten und einfachen Zugang zu Umweltinformationen, UBA-Texte, 2020, FKZ: 3716 17 103 0.

Für die Untersuchung wurde die Methodik der retrospektiven Gesetzesfolgenabschätzung gewählt. Mit dieser wird rückblickend untersucht, ob die mit dem Gesetz verfolgten Ziele erreicht werden konnten. Neben der Überprüfung der Wirkungen und kalkulierten Folgen eines Gesetzes können aufgrund der nachträglichen Betrachtung dabei auch etwaige Nebenfolgen eines Gesetzes mit in den Blick genommen werden.[3]

Die Operationalisierung des Zielerreichungsgrades für die Evaluation war wegen der Vielschichtigkeit der mit dem Gesetz verfolgten Ziele komplex: Denn neben dem Vollzug des Gesetzes, also der Frage, ob der Zugang auf Umweltinformationen von den informationspflichtigen Stellen gesetzeskonform gewährt wird und die Umweltinformationen entsprechend der gesetzlichen Vorgaben veröffentlicht werden, waren auch die mit dem UIG verfolgten Ziele wie bspw. die mittelbare Förderung von mehr Umweltschutz, demokratischer Mitbestimmung und von transparentem Verwaltungshandeln zu untersuchen.

Dabei war zu berücksichtigen, dass die Umsetzung von steuerungspolitischen Zielen wie demokratischer Mitbestimmung und transparentem Verwaltungshandeln auch durch andere Ansätze – wie bspw. Open Government und -Data – unterstützt werden, die der Verabschiedung des UIG nachfolgten.

Die dargestellten Herausforderungen wurden daher in einer Vorstudie zunächst eingehend analysiert. Um der kaum vorhandenen Empirie sowie der fehlenden Statistikpflicht innerhalb der informationspflichtigen staatlichen Stellen zu begegnen, wurden vier Erhebungsmethoden ausgewählt, die möglichst umfassend eigene empirische Daten für die Evaluation generieren sollten:

- Als Kernerhebungsmethode wurden teilstandardisierte Online-Fragebögen gewählt, die unter 423 staatlichen sowie 39 privaten informationspflichtigen Stellen sowie unter sechs Akteursgruppen des Umweltinformationsanspruches verbreitet wurden.[4]
- Die dadurch erlangte Empirie (250 Rückmeldungen) wurde dann durch zwölf teilstandardisierte telefonische Leitfadeninterviews unter staatlichen informationspflichtigen Stellen ergänzt, um unter ausgewählten Akteuren vertiefte Erkenntnisse zu erzielen.

---

3 Vgl. *Bräunlein*, Integration der Gesetzesfolgenabschätzung ins politisch-administrative System der Bundesrepublik Deutschland, 2004, S. 33 f.; allgemein zur Methodik *Böhret/Konzendorf*, Handbuch Gesetzesfolgenabschätzung (GFA), 2001.
4 Die sechs Akteursgruppen sind: Allgemeine Öffentlichkeit, Vertreter*innen der Umwelt- und Naturschutzvereinigungen sowie Bürgerinitiativen, Medienvertreter*innen, Rechtsanwält*innen, Vertreter*innen von Wirtschaftsunternehmen und Wirtschaftsverbänden sowie Drittbetroffene.

- Die gesamte öffentlich verfügbare und seit der Novellierung des Gesetzes ergangene Rechtsprechung zum UIG des Bundes wurde nach sozialwissenschaftlichen Kriterien ausgewertet, um auf diesem Wege weitere Informationen – etwa den jeweiligen Rechtsstreitigkeiten zugrunde liegenden Antragsinhalten – zu erlangen.
- Aus vier Studien zum Umweltinformationsrecht,[5] die sich mit Ausschnitten aus dessen Praxis auf Bundes- und Länderebene beschäftigt haben, wurden die zusammenfassenden Kernaussagen ermittelt, um sie der neu erlangten Empirie vergleichend gegenüberzustellen.

Die Rücklaufquoten auf die Online-Fragebögen war angesichts der Tiefe und des Umfangs der Fragebögen zufriedenstellend. Für die Auswertung standen 250 Antworten aus Fragebögen zur Verfügung, darunter 72 öffentliche und elf private informationspflichtige Stellen. Bei den fünf Akteurs- bzw. Nutzer*innengruppen lagen die Rückläufe bei 81 Personen der Allgemeinen Öffentlichkeit, 26 Vertreter*innen von Umwelt- und Naturschutzvereinigungen, drei Journalist*innen, neun Rechtsanwält*innen sowie 48 Vertreter*innen von Wirtschaftsverbänden und Wirtschaftsunternehmen. Bei den zum UIG ergangenen Gerichtsentscheidungen wurden bei einer Datenbankrecherche auf BeckOnline 355 Entscheidungen, über Juris 225 Entscheidungen, bei OpenJur 205 Entscheidungen und bei DeJure ca. 360 Entscheidungen für den Zeitraum 2005 bis 2017 durchgesehen. Übrig blieben zum Bundes-UIG 52 auswertbare Verfahren (Fälle) mit 85 Entscheidungen im Zeitraum.[6]

III. Allgemeine Ergebnisse

Die wesentliche Änderung der Novelle des UIG 2005 bestand in der Ausdehnung des Umweltinformationsanspruchs auf alle Ressortbereiche der Regierung. Dahinter steht die Erwägung, dass Umweltbelange die Tätigkeitsfelder aller Ressorts berühren und nicht nur das Umweltministerium und seine nachgeordneten Ein-

---

5 *Schmillen*, Das Umweltinformationsrecht zwischen Anspruch und Wirklichkeit, 2003; *Hayn et al.*, Nutzung und Marketing des Umweltinformationsgesetzes, 2003; *Cerny et al.*, Praxis des Umweltinformationsrechts in Deutschland, Eine Evaluation aus Bürgersicht anhand der Methode der retrospektiven Gesetzesfolgenabschätzung, 2008; *Zschiesche et al.*, Die Praxis des Umweltinformationsrechts in Deutschland, 2012.

6 Zunächst fielen alle Entscheidungen heraus, die Länderbezug hatten. Darüber hinaus sind in den Datenbanken auch Dopplungen und Entscheidungen bei Stichworten zum UIG zu finden, die nicht zum Thema gehören. Diese wurden ebenfalls extrahiert.

richtungen umfassen. Daher war in der Evaluation zunächst von Interesse, inwieweit der Umweltinformationsanspruch auch in den anderen Ressorts eine Rolle spielt. Die Evaluation hat hier ergeben, dass schriftliche Anfragen zum UIG inzwischen an sehr viele verschiedene Behörden und informationspflichtige Stellen auf Bundesebene gerichtet werden. Es wurde nicht erwartet, dass alle 423 infrage kommenden öffentlichen informationspflichtigen Stellen des Bundes Anfragen im Zeitraum erhalten würden. Da das Bundesumweltministerium nur drei nachgeordnete Einrichtungen umfasst, ist aber selbst bei der Rücklaufquote von 50 deutlich ablesbar, wie breit inzwischen der schriftliche Umweltinformationsanspruch geltend gemacht wird.[7] Denn gemäß Stichprobe wurden 14 weitere öffentliche informationspflichtige Stellen des Bundes im Zeitraum mit Umweltinformationsanfragen befasst. Deutlich wird bei dieser Antwort allerdings auch, dass der Umweltinformationsanspruch beim überwiegenden Teil der an der Online-Umfrage teilnehmenden staatlichen informationspflichtigen Stellen keine praktische Relevanz erlangte.

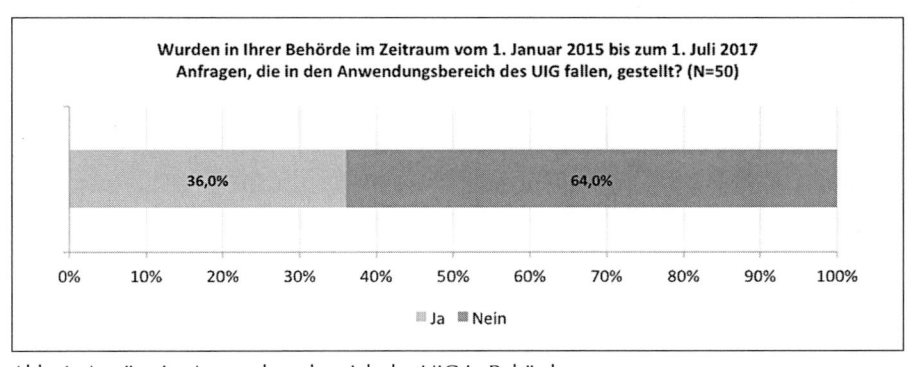

Wurden in Ihrer Behörde im Zeitraum vom 1. Januar 2015 bis zum 1. Juli 2017 Anfragen, die in den Anwendungsbereich des UIG fallen, gestellt? (N=50)

| 36,0% | 64,0% |

■ Ja ■ Nein

Abb. 1: Anträge im Anwendungsbereich des UIG in Behörden
© Unabhängiges Institut für Umweltfragen e.V.

Das leitet über zu einem weiteren Ergebnis. Dieses besteht darin, dass das Anfrageaufkommen bei den informationspflichtigen Stellen (hier sowohl bei den öffentlichen als auch bei den privaten) sehr unterschiedlich ausgeprägt ist. Während einige wenige Stellen ein sehr hohes Anfrageaufkommen im Zeitraum aufweisen, erhielten die Mehrzahl der informationspflichtigen Stellen nur sehr wenige Anfragen in den 30 Monaten zwischen dem 1.1.2015 und dem 30.6.2017. Überraschend

---

[7] Es wird hierbei unterstellt, dass alle drei dem Umweltressort unterfallenden nachgeordneten informationspflichtigen Stellen auf die Online-Umfrage geantwortet haben.

ist nicht die Tatsache des unterschiedlichen Anfragevolumens an sich. Dies ist selbstredend zu erwarten gewesen. Überraschend ist – bei einer allerdings kleinen Stichprobe[8] – wie stark die Volumina sich unterscheiden. Die Stelle mit den meisten Anfragen hatte immerhin geschätzte 20.000 Anfragen in den 30 Monaten zu bewältigen. Eine andere Stelle erhielt in dem Zeitraum lediglich eine Anfrage. Auch Anfragen anderer staatlicher informationspflichtiger Stellen in Höhe von 10.000, 2.500, 1.878 sowie 500 stellen ein hohes Anfrageaufkommen dar. Für die 30 Monate ergibt sich bspw. für das Bundesland Berlin eine Anzahl von 603 Arbeitstagen. Das bedeutet, selbst 500 Anfragen im Zeitraum kommen durchschnittlich einer nahezu ununterbrochenen Beschäftigung mit Umweltinformationsanfragen oder einer Beschäftigung mit hohen Spitzen gleich. Bei 20.000 Anfragen entfallen durchschnittlich 33 Anfragen auf einen Arbeitstag. Natürlich stellen diese Zahlen nur rechnerische Größen dar, denn alle Anfragen zeichnen sich durch Diskontinuität und zugleich auch unterschiedliche Aufwände in der Bearbeitung aus. Die 31 staatlichen informationspflichtigen Stellen, bei denen keine Anfragen gestellt wurden, gaben ganz überwiegend an, dass dies darauf zurückzuführen sei, dass die Behörde nicht oder kaum mit Umweltthemen betraut sei (87 %). Allerdings wiesen auch 26 % der teilnehmenden Stellen darauf hin, dass nach ihrer Meinung der mangelnde Bekanntheitsgrad des UIG dafür ursächlich sei.

Bei den teilnehmenden privaten informationspflichtigen Stellen lagen die Informationsanfragen zwischen einer Anfrage und 5.000 Anfragen. Zwischen der privaten Stelle mit den meisten Anfragen und der Stelle mit den zweitmeisten Anfragen liegt allerdings auch ein beträchtlicher Unterschied, denn zwei private Stellen, die der Stelle mit den 5.000 Anfragen nachfolgen, gaben an, im Zeitraum jeweils 90 Anfragen erhalten zu haben. Alle Angaben bei den privaten Stellen beruhten auf Schätzwerten.

In der Evaluation wurde auch nach der Erfüllung der Regelungsziele des UIG gefragt. Hierzu wurden aus den gesetzlichen Regelungen die relevantesten Ziele extrahiert und den Stellen vorgelegt. Die nachgefragten sechs Regelungsziele des UIG waren

– die Förderung bürgerschaftlichen Engagements für Umweltbelange,
– die Stärkung des Einflusses von Umweltorganisationen,

---

8 Diese dürfte sich hauptsächlich daraus ergeben, dass es keine Pflicht zur Erfassung von Anfragen gibt. Einige informationspflichtige Stellen führen allerdings sehr genau private Statistiken zum Anfragevolumen, die meisten Stellen haben die gelieferten Zahlen geschätzt.

- die höhere Beteiligung der Öffentlichkeit an umweltrelevanten Entscheidungen,
- ein besserer Vollzug von umweltrechtlichen Vorschriften,
- eine bessere Kontrolle umweltschädigender Aktivitäten sowie eine höhere Akzeptanz von Entscheidungen bzw. des Verwaltungshandelns.

Vorgängerstudien zur Praxis des UIG haben der Zielerreichung größere Mängel attestiert. Schmillen, der die erste Untersuchung zur Vollzugspraxis des UIG 2003 veröffentlichte, folgerte, dass die erwünschten positiven Wirkungen des UIG wie ein höheres Umweltbewusstsein in der Bevölkerung, eine bessere Kontrolle von Umweltverschmutzung Verursachenden und des Vollzugs umweltrechtlicher Vorschriften oder eine verbesserte Akzeptanz von Vorhaben nicht eingetreten seien.[9] Die Untersuchung hatte noch das alte UIG, welches sich auf Bund und Länder bezog, aber ausschließlich Umweltbehörden als informationspflichtige Stellen adressierte, zum Gegenstand. Auch die beiden Untersuchungen des UfU aus den Jahren 2008 und 2012, die bereits das neue, erweiterte UIG zum Gegenstand hatten, kamen zu einem ähnlichen Befund wie Schmillen. In beiden Untersuchungen wurde der Praxis des UIG ein großes Vollzugsdefizit bescheinigt.[10]

Ein erstaunliches Ergebnis bezüglich der Regelungsziele bestand zunächst darin, dass die Bearbeiter*innen in den informationspflichtigen Stellen mit den Zielen wenig anzufangen wussten. Demgemäß fehlt in den Antworten ein klarer Hinweis darauf, welche Regelungsziele die informationspflichtigen Stellen durch das UIG umgesetzt sehen. Am ehesten kommt noch das Ziel „Stärkung des Einflusses" von Umweltorganisationen in Betracht, welches von 19 % der Stellen durch das Gesetz stark oder eher stark beeinflusst gesehen wird. 53 % von einer Stichprobe von immerhin 43 Stellen sahen keinen oder wenig Förderung des bürgerschaftlichen Engagements; 47 % sahen keine oder wenig höhere Beteiligung der Öffentlichkeit an umweltrelevanten Entscheidungen; 50 % sahen wenig oder keinen besseren Vollzug umweltrechtlicher Vorschriften; 47 % sahen wenig oder keine höhere Akzeptanz von Entscheidungen/Verwaltungshandeln. Auch die Stärkung von Umweltorganisationen sahen 30 % der Befragten eher- oder überhaupt nicht. Und 35 % sahen wenig oder keine bessere Kontrolle umweltschädigender Aktivitäten durch die Öffentlichkeit. Im Vergleich dazu finden 67 % der Vertreter*innen der Wirtschaft und 55 % der Antwortenden aus Umweltorganisationen, dass das UIG einen sehr großen oder eher großen Einfluss auf die Stärkung von Umweltorgani-

---

9 *Hayn/Cenan/Schultz*, Nutzung und Marketing des Umweltinformationsgesetzes, 2003, S. 1.
10 *Matthes/Sperfeld/Zschiesche*, Praxis des Umweltinformationsrechts in Deutschland – Empirische Evaluation als retrospektive Gesetzesfolgenabschätzung, Unabhängiges Institut für Umweltfragen (UfU), 2012, S. 8 f.

sationen hat. Die allgemeine Öffentlichkeit sieht den größten Nutzen des UIG in der Kontrolle umweltschädigender Aktivitäten der Wirtschaft. Im Ergebnis sehen also alle Nutzer*innengruppen bzw. die informationspflichtigen Stellen jeweils andere Ziele mit dem UIG verbunden.

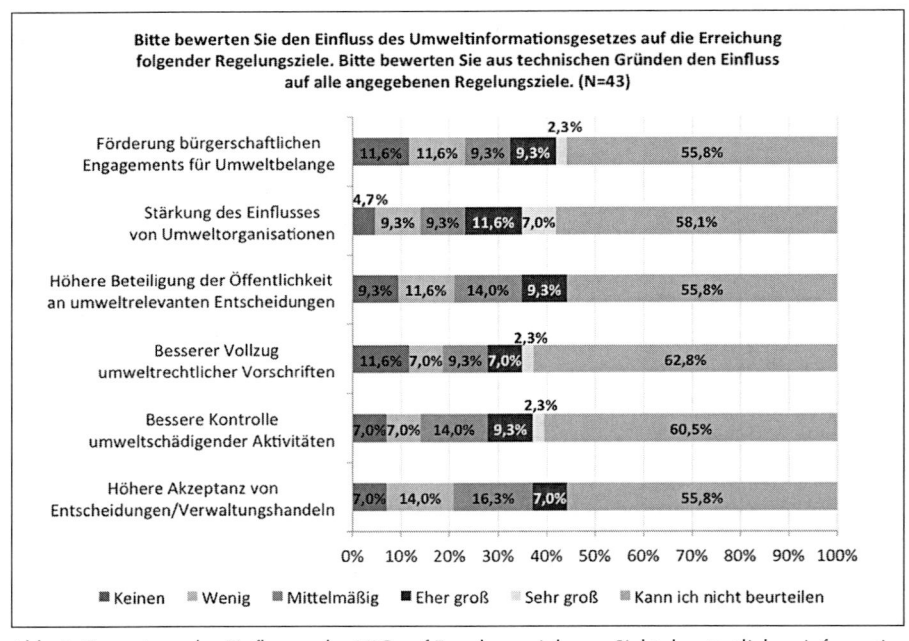

Abb. 2: Bewertung des Einflusses des UIG auf Regelungsziele aus Sicht der staatlichen informationspflichtigen Stellen © Unabhängiges Institut für Umweltfragen e.V.

In den neben der Online-Umfrage durchgeführten Telefoninterviews mit Vertreter*innen staatlicher informationspflichtiger Stellen fielen die Antworten zum Verhältnis der Zielstellungen des UIG und der Erfüllung der Ziele in der Praxis differenzierter aus. Ausgeführt wurden u.a., das UIG fördere vorrangig Transparenz und Öffnung der behördlichen Tätigkeit. Auch die Stärkung der Demokratie im Allgemeinen sowie die Qualitätssteigerung und Kontrolle behördlicher Arbeit wurden genannt. Die Mehrheit der direkt Befragten misst dem UIG eine hohe Bedeutung bei. Eine Interviewte hat es so formuliert:

„Ich bin mit der Amtsverschwiegenheit aufgewachsen. Aber in unserem Bereich hat sich das verändert, man muss nicht mehr auf das UIG pochen, um eine Information zu bekommen. Ich denke das UIG hat bestimmt geholfen, zu einem Verwaltungswandel beizutragen."[11]

Keiner der in den Interviews Befragten hat geäußert, das UIG könne eine wirksamere Öffentlichkeitsbeteiligung bei umweltbezogenen Entscheidungen ermöglichen. Hier muss allerdings berücksichtigt werden, dass für den Vollzug der Entscheidungsverfahren im Wesentlichen die Länderbehörden zuständig sind und somit diese Zielstellung auf der Bundesebene bis auf wenige Ausnahmen nicht praxisrelevant ist. Bemerkenswert an den Antworten der interviewten Personen war jedenfalls der Bezug auf die Stärkung der Demokratie im Allgemeinen. Obwohl alle interviewten Personen auch von Fällen berichten konnten, die eklatant nicht im Einklang mit den Zielen des UIG stehen, so wurde doch überwiegend die positive Richtung, die das neue erweiterte UIG seit 2005 umfasst, betont.

Ein weiteres Ergebnis der Evaluation bestand darin, dass die das UIG nutzenden Akteursgruppen sich seit einigen Jahren deutlich weiter auffächern. In den Umfragen, aber auch in der Recherche zu den eingelegten Klagen wurde ermittelt, wer die Anfragen bei den informationspflichtigen Stellen abgibt. Erwartet wurde, dass die bislang in der Wissenschaft festgestellten Nutzer*innen- und Akteursgruppen hauptsächlich Umweltverbände, Wirtschaftsunternehmen, Rechtsanwält*innen

Klagen von verschiedenen Akteursgruppen zum Bundes-UIG im Zeitraum 2/2005 bis 12/2017 (N=42)

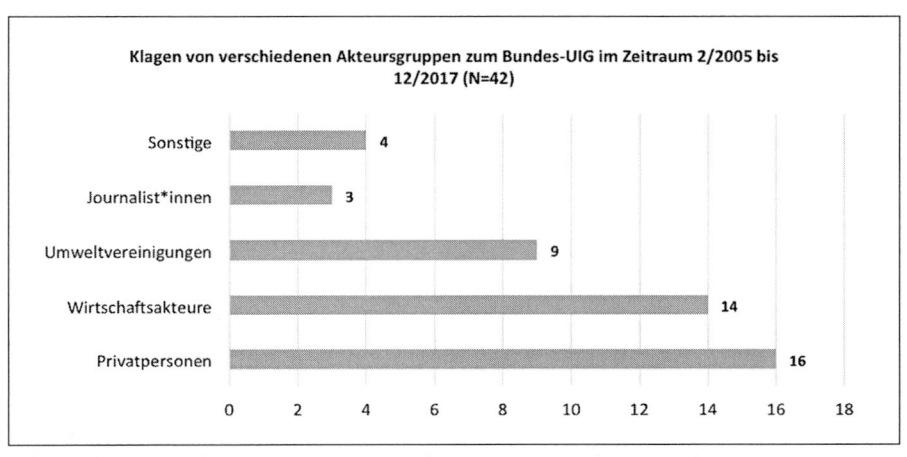

Sonstige	4
Journalist*innen	3
Umweltvereinigungen	9
Wirtschaftsakteure	14
Privatpersonen	16

Abb. 3: Klagen von Akteursgruppen zum Bundes-UIG vor Verwaltungsgerichten
© Unabhängiges Institut für Umweltfragen e.V.

---

11   Interview 4.

sowie Medienvertreter*innen und Einzelpersonen der Öffentlichkeit darstellen. Die Annahme beruhte auf langjährigen Erfahrungen der Evaluatoren und der Auswertung der Literatur. In der vorliegenden Evaluation wurde das auch bestätigt. Darüber hinaus wurden in den Umfragen weitere Nutzer- und Akteursgruppen, die das UIG nutzen, genannt. Dabei handelt es sich um Tierschutzverbände, Blogger, Abgeordnete verschiedener Parlamentsebenen und Forschungseinrichtungen.

Belastbare Aussagen zu Anfrageproportionen zwischen den verschiedenen Nutzer*innengruppen können mit den vorliegenden empirischen Daten nicht gegeben werden, wobei in der Regel private Nutzer*innen als die Akteursgruppe genannt werden, die am häufigsten Anfragen an informationspflichtige Stellen richten. Wirtschaftsakteure und Umweltverbände werden als weitere Nutzer*innengruppe ebenfalls als häufige Antragsteller*innen genannt.

IV. Ergebnisse zu einzelnen Teilaspekten

Die vorliegende Evaluation zum Bundes-UIG hat sich mit allen wesentlichen Aspekten der Praxis des UIG beschäftigt. In den nachfolgenden Ausführungen sollen auszugsweise weitere spezielle Aspekte vorgestellt werden: Umgang des UIG seitens der privaten informationspflichtigen Stellen sowie das Verhältnis zwischen aktiver Informationsverbreitung und Informationsanfragen. Nur kurz sollen die Ergebnisse zu den Aspekten Einhaltung der Fristen, Gebühren, Weiterleitung und Unterstützung der Informationsersuchen seitens der informationspflichtigen Stellen Erwähnung finden.

Eine der wesentlichen Ergebnisse der Evaluation insgesamt stellt die Anerkenntnis von fünf privaten informationspflichtigen Stellen dar, unter das UIG zu fallen. Bislang hatten in Vorgängeruntersuchungen die angefragten privaten Stellen stets die Geltung des UIG auf das eigene Unternehmen verneint. Die Anerkenntnis privater informationspflichtiger Stellen ist neu und deutet auf einen Bewusstseinswandel auch bei den Stellen hin, die hoheitliche Aufgaben erfüllen, aber privat organisiert sind. Neben den privaten Stellen, die eine eigene Anerkenntnis bejahen, gibt es weiterhin private Unternehmen, die zwar auf Anfragen antworten, aber immer mit dem Hinweis, dies ohne Rechtspflicht – also freiwillig – zu tun. Das liegt daran, dass der Gesetzgeber den Kreis der privaten informationspflichtigen Stellen weitgehend offengelassen hat. In der Gesetzesbegründung zur Novelle des UIG 2005 wurden zwar bestimmte Bereiche der Daseinsvorsorge erwähnt, aber eine rechtssichere Bestimmung, welche privaten Stellen unter das UIG fallen, muss so erst durch gerichtliche Entscheidungen erfolgen. Das Fehlen von gerichtlichen Entscheidungen,[12] wer von den privaten informationspflichtigen Stellen zum Kreis der informationspflichtigen Stellen zu zählen ist, zeigt, dass zum einen das Antragsvolumen trotz der erwähnten Spitzen insgesamt gesehen noch überschaubar ist. Zum anderen verdeutlicht dies, dass die Unternehmen die eingehenden Anträge in der Regel auch recht kooperativ bearbeiten. Nicht wenige sehen in der überraschend kooperativen Beantwortung von Anfragen seitens der Privaten auch den Versuch, ein Grundsatzurteil zur Frage, welche privaten Stellen vom UIG betroffen sind, zu vermeiden. In der Evaluation wurden die verschiedenen Nutzer*innengruppen gefragt, ob sie Anfragen gleichermaßen an private informationspflichtige Stellen als auch an öffentliche Stellen richten. Dabei zeigte sich, dass alle Nutzer*innengruppen Anfragen auch an private Stellen adressieren, dies aber in einem deutlich geringeren Umfang als an staatliche informationspflichtige Stellen.

Ungeklärte Rechtsfragen bezogen auf die Überwachung der privaten informationspflichtigen Stellen sind derzeit im Geltungsbereich des Bundes-UIG nicht erkennbar. Dies zeigt sich etwa daran, dass es zu § 13 UIG (Kontrolle privater Stellen) keine Gerichtsentscheidungen und offenbar auch keine streitigen Verfahren gegeben hat. Die Bestimmung scheint daher in der Praxis leerzulaufen. Es ist nicht erkennbar, dass eine Kontrolle über das Verhalten der privaten informationspflichtigen Stellen überhaupt stattfindet. Das mit § 13 UIG vorgegebene System einer dezentralen, durch die jeweilige Aufsichtsbehörde wahrgenommenen Überwachung hat somit seine praktische Eignung bisher nicht unter Beweis stellen können.

Untersucht wurde in der Evaluation auch das Verhältnis zwischen aktiver Informationsverbreitung und Informationsanfragen. Es war hierbei von Interesse, ob durch eine aktive Verbreitung von Umweltinformationen das Aufkommen von Informationsanfragen zurückgeht. Die allgemeinen Herausforderungen bei der aktiven Verbreitung von Umweltinformationen lassen sich wie folgt zusammenfassen: Der quantitative Umfang von verbreiteten Umweltinformationen ist enorm: Allein das Umweltbundesamt betreibt ca. 20 unterschiedliche Internetportale zu verschiedenen umweltrelevanten Themenbereichen. Die Form der Verbreitung umfasst darüber hinaus sowohl Printerzeugnisse als auch Veranstal-

---

12 Es gab im Zeitraum 2005 bis 2017 fünf gerichtliche Verfahren gegen private informationspflichtige Stellen, jedoch führten sie allesamt nicht zur Klärung, welche privaten Unternehmen unter die Bestimmungen des UIG fallen. Alle privaten Informationsanfragen waren im Bereich der Bahn angesiedelt und betrafen entweder die Konzernmutter Deutsche Bahn direkt oder eine ihrer zahlreichen Tochterunternehmen.

tungen, Social Media und Broschüren. Von den an der Umfrage teilnehmenden Behörden wurde dabei die Verbreitung über die Internetportale als das häufigste Verbreitungsmedium angegeben.

Gibt es behördeninterne Standards/Richtlinien, wie und welche Umweltinformationen gemäß § 10 Abs. 1 UIG verbreitet werden sollen? (N=44)

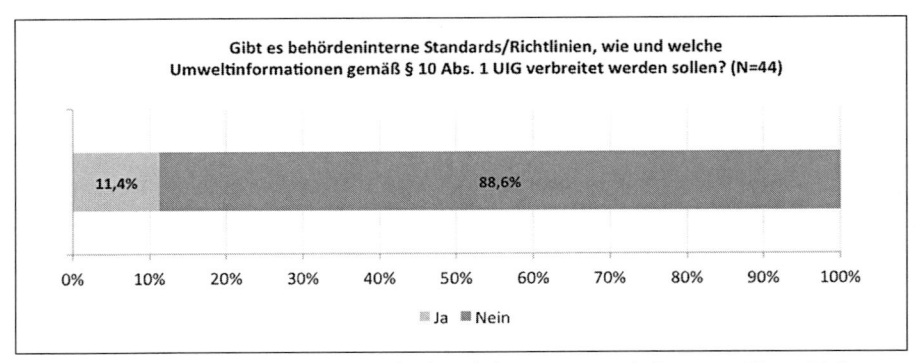

- Ja: 11,4%
- Nein: 88,6%

Abb. 4: Vorhandensein von internen Standards/Richtlinien zur Verarbeitung von Umweltinformationen gemäß § 10 Abs. 1 UIG © Unabhängiges Institut für Umweltfragen e.V.

Die in die Evaluation einbezogenen 423 Bundesbehörden verfügen im absoluten Regelfall über (mindestens) eine eigene Internetpräsenz, die auch Umweltinformationen enthalten kann. Allerdings existiert auf Bundesebene keine zentrale Plattform, welche diese Informationen zusammenführt und auch keine Suchmaschine, welche die einzelnen Umweltinformationen zielgerichtet durchsucht. Es existiert auch kein Bundesverzeichnis, welches die verschiedenen Umweltinformationsangebote – Online oder Print – der Behörden auflistet und für Nutzer*innen erfassbar macht. Die Erwartung, durch die aktive Verbreitung von Umweltinformationen würden die Antragszahlen an die informationspflichtigen Stellen sinken, geht allein dadurch nicht auf, da sich die Datenfülle auch im Umweltbereich jedes Jahr vervielfacht. Immerhin, das haben Antworten verschiedener Nutzer*innengruppen geäußert, nutzen viele Antragsteller*innen nach eigener Aussage zunächst die Internetangebote von informationspflichtigen Stellen, um das eigene Informationsinteresse zu prüfen. Erst wenn man auf den Internetportalen nicht fündig wird, stellt man entsprechende Anfragen. Insofern kann geschlussfolgert werden, dass die aktive Verbreitung von Umweltinformationen in jedem Fall gesteigert werden sollte, – wenn möglich, noch strukturierter, effektiver und zielgruppenspezifischer – es aber ohne die schon heute vielfältigen Angebote im Internet noch deutlich mehr Informationsanfragen gäbe.

Fristen und Gebühren wurden in der Evaluation ebenfalls abgefragt und untersucht. Dabei hat die Evaluation ergeben, dass auf Bundesebene die Einhaltung der

Monatsfrist bei Umweltinformationsanfragen im Wesentlichen gut gelingt. Sie stellt jedoch insbesondere bei anspruchsvollen und komplexen Anfragen sowie bei Drittbeteiligungsverfahren und auch bei unbequemen und kritischen Anfragen ein enges Zeitfenster dar. Erwartungsgemäß schätzten die informationspflichtigen Stellen die Einhaltung der Fristen etwas besser ein als die Nutzer*innengruppen. In manchen Behörden bzw. informationspflichtigen Stellen, das zeigen die Auswertungen insbesondere der Interviews, wird die Beantwortung der Umweltinformationsanfragen vom Bild einer zusätzlichen Aufgabe beherrscht, die dann erledigt wird, wenn entsprechend Zeit ist.[13] Wenn dieses Verständnis im Verhältnis zur Beantwortung von UIG-Anfragen existiert, liegt es ebenfalls nahe, dass die Einhaltung der Monatsfrist keine oberste Priorität besitzt. Dass es auch – gar nicht so selten – andere Einstellungen zur Beantwortung von UIG-Anfragen gibt, veranschaulicht, dass manche Antworten bereits am Tag nach der Antragstellung bei den Antragsteller*innen per E-Mail eingehen.

Die bisherigen empirischen Untersuchungen zum UIG von Schmillen, aber auch Stimmen in der Literatur, haben bei der Erhebung von Gebühren durchaus Probleme angezeigt.[14] Dies resultiert auch daraus, dass es in den 1990er Jahren zu den Gebühren zunächst einige gerichtliche Auseinandersetzungen geben musste, um die geforderte Angemessenheit aus der UIG-Richtlinie sowie der Aarhus-Konvention zu gewährleisten.[15] Mit den erhobenen empirischen Daten der Evaluationsumfragen für das Bundes-UIG konnten Probleme im Bereich der Gebührentatbestände so nicht bestätigt werden. Die informationspflichtigen Stellen des Bundes erheben oftmals keine oder nur sehr geringe Gebühren. Gebührenbescheide, die die Höchstgrenze von derzeit 500 € ausschöpfen, kommen vor, sind aber selten. Das ist ein aus Bürger*innensicht durchaus erfreulicher Befund. Auch wenn sich an den diesbezüglichen Befragungen nur wenige informationspflichtige Stellen bzw. Nutzer*innen beteiligt haben, so spricht doch vieles dafür, dass dies der allgemeinen Situation in der Praxis des Bundes-UIG nahekommt. Hierfür spricht zum einen, dass die Antworten sowohl bei den informationspflichtigen Stellen, als auch bei den Nutzer*innen sehr weit übereinstimmen. Denn auch die Nutzer*innen haben die Höhe der Gebühren überwiegend als angemessen bewertet. Nur etwa ein Viertel gab Unzufriedenheit bei der Höhe der verlangten Gebüh-

---

13 Die Beantwortung von UIG-Anfragen gehört, wie andere Verwaltungsangelegenheiten auch, zu den Pflichtaufgaben behördlicher Stellen.
14 Siehe hierzu *Schrader*, Aarhus-Handbuch, 2019, S. 116.
15 Siehe ebenda S. 113 ff.

ren an. In den ausgewerteten 52 Gerichtsverfahren gab es kein einziges Verfahren, in dem ein übermäßiger Gebührentatbestand auf Bundesebene Gegenstand des gerichtlichen Verfahrens gewesen wäre.

Ein weiterer untersuchter Aspekt der Evaluation, der in den Kontext der Unterstützung von Antragsteller*innen fällt, sind die Weiterleitungsverpflichtungen bei fehlerhaft adressierten Informationsanfragen. Aus den zwölf Interviews mit den informationspflichtigen Stellen geht überwiegend hervor, dass die Weiterleitungsverpflichtung gemäß § 4 Abs. 3 UIG in der Praxis kaum funktioniert. Dies deckt sich mit einem Befund aus der empirischen Studie des UfU aus dem Jahr 2012, die zu ähnlichen Ergebnissen hinsichtlich der Weiterleitungsverpflichtung gekommen ist.[16] Das bedeutet, die angefragten informationspflichtigen Stellen erlassen in einem solchen Fall in der Regel einen negativen Bescheid zu dem fraglichen Informationsbegehren. Nur in wenigen Fällen kommt es zu einem Hinweis auf die fachlich zuständige Stelle. Da die Weiterleitungsverpflichtung also überwiegend ins Leere läuft, ist zu überlegen, wie in Zukunft mit ihr umgegangen wird.

Die Unterstützung der Antragsteller*innen durch die informationspflichtigen Stellen gemäß § 7 UIG erfolgt im Wesentlichen durch den Verweis aufs Internet und die dort gegebenen Umweltinformationen sowie durch direkte Kontaktaufnahme mit den Antragsteller*innen, um Anträge bspw. zu konkretisieren. In die Kommunikation mit Antragsteller*innen zu treten, wird in der Regel als eine Maßnahme gesehen, die auch den Mitarbeiter*innen informationspflichtiger Stellen hilft, Anfragen zu klären und ggf. einzugrenzen und so aktiv die Weiterbearbeitung beeinflussen zu können. Beim Verweis aufs Internet gibt es, wie in den Interviews deutlich wurde, sehr unterschiedliche Handhabungen bei den einzelnen informationspflichtigen Stellen des Bundes.

Umgekehrt hat die Evaluation auch ermittelt, was die informationspflichtigen Stellen von Antragsteller*innen erwarten, um sie gemäß § 7 UIG beim Zugang zu Umweltinformationen zu unterstützen. Hier wurde deutlich, dass Fragen, die präzise und eindeutig formuliert und zudem an die richtige Stelle adressiert werden, die Beantwortung der Anfragen seitens der informationspflichtigen Stellen erleichtern.

---

16 Siehe *Matthes/Sperfeld/Zschiesche*, Praxis des Umweltinformationsrechts in Deutschland – Empirische Evaluation als retrospektive Gesetzesfolgenabschätzung, Unabhängiges Institut für Umweltfragen (UfU), 2012.

V. Vorschläge zum besseren Vollzug des Bundes-UIG

In der Evaluation wurde auch erhoben, ob und wo Änderungsbedarf für das UIG gesehen wird. Bei den Umwelt- und Wirtschaftsverbänden sahen jeweils knapp unter 50 % einen Änderungsbedarf für das UIG, bei den Vertreter*innen der allgemeinen Öffentlichkeit waren es zwei Drittel. Seitens der Umweltverbände u.a. wurde konkret die Schaffung eines Informationsbeauftragten für das UIG (ähnlich wie beim IFG) vorgeschlagen, der als Ombudsmann in Zweifelsfällen entscheiden soll. Darüber hinaus sollten die Regelungen zu Betriebs- und Geschäftsgeheimnissen präzisiert und, wenn möglich, gestrafft bzw. eingeschränkt werden, weil sie zu weit gefasst seien. Sie sollten auch mit Fristen versehen werden, um sie nicht für immer vor Herausgabe zu schützen. Bußgelder sollten dann verhängt werden, wenn die Anträge nicht fristgemäß beschieden werden. Und Unterlagen, die im Rahmen von Genehmigungsverfahren von Unternehmen oder Privatpersonen bei Behörden eingereicht werden müssen, sollten als Umweltinformationen, die nicht zurückgehalten werden dürfen, festgelegt werden (evtl. als Positivliste im UIG). Die Vorschläge der allgemeinen Öffentlichkeit betrafen die Schaffung einer zentralen Übersicht zu vorhandenen Umweltdaten, die auf verschiedenen Portalen veröffentlicht werden. Die Offenlegung der Metadaten über vorhandene Daten sollte zudem proaktiv durch die Behörden erfolgen. Die Vertreter*innen der allgemeinen Öffentlichkeit haben darüber hinaus Schulungen für Mitarbeiter*innen in informationspflichtigen Stellen vorgeschlagen, um ein einheitliches Verwaltungshandeln sicherzustellen. Hinsichtlich der Kosten wurde mehrere Male darauf hingewiesen, dass diese nicht als abschreckende Maßnahme entsprechend hoch ausgestaltet sein dürften. Da in der Evaluation auf der Ebene des Bundes keine übermäßig hohen Gebührenbescheide auftraten, liegt es nahe, dass sich dieser Vorschlag auf den Vollzug in den Länderbehörden bezieht.

Es wurde weiterhin angemahnt, dass die auskunftspflichtige Stelle sich nicht auf Datenschutzbestimmungen berufen können sollte, um dem Informationsbegehren nicht nachkommen zu müssen. Ganz generell wurde gefordert, dass die Bestimmungen des UIG über den konkurrierenden Bestimmungen anderer Gesetze wie der Datenschutzgrundverordnung stehen sollten, um dem Informationsinteresse der Öffentlichkeit Rechnung zu tragen. Außerdem wurde darauf verwiesen, dass der Zugang zu bestimmten Vorschriften und technischen Regelwerken weiterhin sehr teuer sei. Hier wurden explizit die DIN-Normen genannt, die für Bürger*innen sehr kostenintensiv seien. Die Bundesrepublik Deutschland als Vertragspartner des DIN-Instituts sollte also darauf drängen, künftig Ausnahmen des Zugangs zu erwirken oder zumindest deutliche Ermäßigungen für bestimmte Zielgruppen zu verhandeln.

Seitens der informationspflichtigen Stellen wurde angeregt, die Gebührentatbestände des IFG und des UIG anzugleichen, da sie derzeit zu unterschiedlich seien. Für das UIG wurde zwar nicht die Einführung der Statistikpflicht, wie sie beim IFG gesetzlich vorgesehen ist, gefordert, aber eine gewisse Erfassung der Anfragen angeregt, um ein innerbehördliches Monitoring überhaupt zu erlauben. Für die im Detail manchmal schwierige Abwägung zwischen dem öffentlichen Interesse an der Herausgabe der Informationen und einem Interesse, die Daten zurückzuhalten, wünschen sich die informationspflichtigen Stellen eine gewisse Darlegungspflicht des öffentlichen Interesses in schwierigen Fällen. Für hohe Arbeitsspitzen sollten zudem kurzfristige Lösungen zur Leihe von Personal, u.a. für Schwärzungen ermöglicht werden. In diesen Kontext fielen auch Vorschläge, ganz generell mehr Personal für die Abarbeitung von UIG-Anfragen bereitzustellen.

Aus der Sicht der Evaluatoren ergeben sich folgende Vorschläge für einen besseren Vollzug des UIG: Um das UIG effektiv anwenden zu können, sollte an der Bekanntheit in der Öffentlichkeit gearbeitet und diese verbessert werden. Hierzu zählen insbesondere folgende Maßnahmen:

- Informations- und Aufklärungskampagnen zur Existenz und zum Sinn des UIG;
- Förderung von Aufklärungs- und Bildungsprojekten zur Verbreitung von Umweltinformationsangeboten, eine besondere Rolle sollten dabei zeitgemäße Angebote für Jugendliche und Schüler*innen einnehmen;
- Steigerung des Findens von Umweltinformationsangeboten durch aktives Bespielen von Suchmaschinen;
- Veröffentlichung von Flyern und Broschüren;
- Zusammenarbeit mit Journalist*innen[17] und Plattformen.

Ein weiterer Schwerpunkt zur Verbesserung des Praxisvollzugs liegt darin, den Austausch der verantwortlichen Personen für die Beantwortung von Anfragen zu verbessern. Hierfür sind sowohl behördeninterne, als auch ressortübergreifende und bundesweite Fortbildungsangebote für alle informationspflichtigen Stellen in verschiedenen Formaten (u.a. Schulungen, Workshops, Tagungen) sinnvoll. Bereits heute werden in einigen Ministerien share-points zum Austausch genutzt. Hierzu sollten gezielt die privaten informationspflichtigen Stellen einbezogen werden, um auch für sie diesen Erfahrungsaustausch zu gewährleisten.

---

17 Siehe u.a. hierzu *Correctiv*, Auskunftsrechte – Umweltinformationsgesetz, abrufbar im Internet unter https://correctiv.org/bildung/tutorials/uig/ (letzter Zugriff 28.10.2019).

Bestehende Handlungsanleitungen (siehe BMU-Leitfaden o.Ä.) zur Anwendung des UIG sollten laufend verbessert und angepasst werden. Es gibt Best-Practice-Beispiele, die schon 2010 in einem Gutachten für das BMU und das BfS vorgestellt wurden[18] und noch immer für einige Ministerien als Vorbild dienen können. So zeichnet sich das britische System durch eine enge Verknüpfung von allgemeinem Informationsfreiheits- und speziellem Umweltinformationsgesetz aus, die auch in den Guidances einheitlich behandelt wurden.

Ein weiterer Vorschlag, der zwar in unterschiedlicher Dringlichkeit, aber von allen Akteursgruppen gleichermaßen geäußert wurde, betrifft die Einrichtung eines Beauftragten für das UIG. Es gibt hierfür viele Gründe. Eine wirksame Unterstützung für die Antragsteller*innen gemäß §7 UIG wäre ein Aspekt. Ein weiterer liegt darin, in Fällen, in denen es Streit zu entsprechenden Anfragen gibt, eine niederschwellige und effektive Schlichtungsstelle kontaktieren zu können. Dies gilt sowohl aus der Sicht der Antragsteller*innen als auch aus der Sicht der informationspflichtigen Stellen, denn nicht nur für die Antragsteller*innen ist ein solcher Beauftragter hilfreich. Die Einrichtung eines Beauftragten dürfte bei einigen Aspekten des UIG (u.a. Drittbeteiligungsverfahren, Ausnahmetatbestände, Gebühren) explizit im Interesse der informationspflichtigen Stellen selbst liegen, um sich mit Verwaltungsexperten beraten zu können und so zu schnelleren und zu rechtssicheren Lösungen zu kommen. Hierfür spricht auch, dass allein die Antragsvolumina von Umweltinformationsanfragen auf Bundesebene dies inzwischen rechtfertigen. Zudem ist dies für die bundeseinheitliche Rechtspraxis auch geboten. Der Bundesbeauftragte für den Datenschutz und die Informationsfreiheit sollte daher auch für die Überwachung des Umweltinformationsrechts zuständig sein. Der Aufgabenkatalog des §12 IFG kann sinngemäß auch auf das Umweltinformationsrecht übertragen werden. Neben dem Effizienzeffekt hätte dieser Schritt die Konsequenz, dass die Vereinheitlichung der Transparenzvorschriften zumindest über die Kontrolle einer bundeseinheitlichen Stelle deutlich stärker abgesichert wäre.

Im Detail hat die Evaluation auch rechtliche Verbesserungsmöglichkeiten aufgezeigt. Ein bereits schon sehr lange bestehendes Defizit betrifft jedoch ein generelles Thema. Es liegt in der Zersplitterung der Transparenzvorschriften in Deutschland. Nach wie vor gilt das, was bereits vor zwölf Jahren einer der Autoren der Evaluation, Prof. Dr. Schomerus, zu den drei wesentlichen Informationszugangsgesetzen IFG, UIG und VIG geschrieben hat und was leider nichts von seiner damaligen Aktualität eingebüßt hat:

---

18   *Schomerus*, Informationsansprüche im Atom- und Strahlenschutzrecht, 2010, S. 28.

„Angesichts der Ähnlichkeiten im Gesetzeszweck, in der Gesetzesstruktur, hinsichtlich der Informationsbegriffe, der Anspruchsgegner und insbesondere der Verfahrensvorschriften wäre es vorzuziehen gewesen, eine einheitliche Regelung in einem Informationszugangsgesetz zu schaffen. Als rahmengebendes Gesetz erscheint das IFG geeignet. Unvermeidliche Sonderregelungen ließen sich in einzelnen Abschnitten unterbringen. Dies würde es nicht nur dem informationsinteressierten Bürger, sondern auch den betroffenen Behörden erheblich erleichtern, Zugang zu Informationen zu erhalten bzw. zu gewähren. Zudem wären Regelungen zu Anspruchskonkurrenzen überflüssig."[19]

VI. Zusammenfassung

Die Evaluation des Bundes-UIG hat gezeigt, dass Transparenzvorschriften in der Lage sind, im Sinne moderner Staatsverständnisse ein offeneres Verhältnis zwischen Staat und Bürger*innen zu fördern. Obgleich die Zielerfüllung des UIG allein schon aufgrund diverser Zielperspektiven sehr verschieden bewertet wird, gibt es doch viele Stimmen – insbesondere von informationspflichtigen Stellen – die dem UIG eine Förderung der Transparenz und eine Öffnung der behördlichen Tätigkeit zurechnen. Der Nutzen des UIG für den Umweltschutz wird neben den Nutzer*innengruppen auch bei den Mitarbeiter*innen der informationspflichtigen Stellen überwiegend positiv eingeschätzt. Das UIG vermag seine Ziele dort am besten zu erfüllen, wo es gelingt, eine Kultur der Beachtung für die Belange des UIG zu etablieren und wo es regelmäßig Schulungsangebote und insgesamt ein generelles Lernen mit Transparenzvorschriften nach den Prinzipien von Open Data gibt.

Das Bundes-UIG ist in Teilen der Öffentlichkeit etwas besser als vor 15 Jahren bekannt, liegt insgesamt jedoch noch auf einem sehr niedrigen Niveau. Dennoch werden, das hat die vorliegende Evaluation gezeigt, Anfragen nicht mehr nur an klassische Umweltbehörden wie dem Bundesumweltministerium und seinen drei nachgeordneten Einrichtungen gerichtet, sondern auch an weitere Stellen, die sich mit Umweltbelangen befassen. Das Anfrageaufkommen ist bei den öffentlichen, aber auch bei den privaten informationspflichtigen Stellen äußerst divers. Es sinkt nicht, wenn Umweltinformationen aktiver verbreitet werden. Jedoch nutzen potenzielle Antragsteller*innen verstärkt das Internet, bevor sie Anfragen stellen.

---

19 *Schomerus/Tolkmitt*, Informationsfreiheit durch Zugangsvielfalt? – Ein Vergleich der Informationszugangsrechte nach IFG, UIG und VIG, DÖV 2007, S. 985, 994.

Erstmals haben fünf private Stellen von sich aus anerkannt, unter das UIG zu fallen. Der Großteil der infrage kommenden privaten Stellen gibt aber nach wie vor nur freiwillig und ohne Anerkenntnis einer Rechtspflicht Umweltinformationen heraus. Eine gerichtliche Klärung, welche privaten Stellen unter das Gesetz fallen, steht aus.

Das schriftliche Anfrageaufkommen zum UIG steigt tendenziell. Das Anfrageaufkommen zum UIG kann mit den zur Verfügung stehenden Ressourcen auf Bundesebene bei den Stellen bislang bewältigt werden. Durch Änderungen im Nutzerverhalten bei Antragsteller*innen sowie bei generell höherem Interesse an Umwelt- und Klimaschutzthemen könnte sich dies in Zukunft rasch ändern.

Das Fehlen einer Beratungs- und Streitschlichtungsinstanz im UIG wird von den Antragsteller*innen ebenso moniert wie von den informationspflichtigen Stellen. Der Gesetzgeber sollte daher einen Beauftragten für das UIG beim Datenschutzbeauftragten des Bundes installieren – auch, um die Einheitlichkeit zwischen Bundes- und Landes-UIGs besser zu gewährleisten.

*Marit Hansen**

Transparenz algorithmischer Systeme als Bedingung für Rechtsstaatlichkeit und Informationszugang

Inhaltsübersicht

I. Einleitung
1. Das Informationszugangsrecht
2. Informationen über die Datenverarbeitung

II. Aktuelle Situation
1. Generelle Beobachtungen
2. Ausgewählte Fälle aus dem öffentlichen Bereich

III. Bedarf an Informationen über algorithmische Systeme
1. Positionspapier von Informationsfreiheitsbeauftragten
2. Weiterentwicklung

IV. Informationszugang bezüglich algorithmischer Systeme

V. Fazit

I. Einleitung

In allen Lebensbereichen werden ständig Entscheidungen getroffen, die sich auf Menschen, die Gesellschaft und die Umgebung auswirken können. Als Grundlage für solche Entscheidungen kommen auch in öffentlichen Stellen Datenverarbeitungssysteme („algorithmische Systeme") zum Einsatz, die von simplen Bearbeitungen anhand eines fest eincodierten Regelsystems bis zu komplexen selbstlernenden Systemen mit sogenannter „Künstlichen Intelligenz (KI)" reichen. Dieser Beitrag beschäftigt sich mit der Initiative mehrerer Informationsfreiheitsbeauftragter, die im Jahr 2018 ein Positionspapier zu der Frage verabschiedet haben, welche Anforderungen an Transparenz für algorithmische

---

* Marit Hansen ist die Landesbeauftragte für Datenschutz Schleswig-Holstein und war Mitglied der Datenethikkommission.

Systeme insbesondere im öffentlichen Bereich zu stellen sind. Dies ist relevant für Fragen des rechtmäßigen Handelns der Verwaltung, der Überprüfbarkeit und schließlich auch für die Ausübung und etwaige Weiterentwicklung des aktuellen Informationszugangsrechts sowohl in Deutschland als auch im internationalen Kontext.

1. Das Informationszugangsrecht

Das Informationszugangsrecht ist ein Recht der Bürgerinnen und Bürger auf freien Zugang zu Informationen bei öffentlichen Stellen. Zwar ist es in Deutschland auf Bundesebene und in denjenigen Ländern, die über Informationsfreiheitsgesetze verfügen, im Detail verschieden ausgestaltet, aber allen Regelungen ist gemein, dass eine informationspflichtige Stelle jeder anfragenden Person Zugang zu bestimmten Dokumenten gewähren muss, solange dem keine Ausschlussgründe entgegenstehen. Zu den Ausschlussgründen gehören einerseits der Schutz entgegenstehender öffentlicher Interessen (bedeutsame Schutzgüter der öffentlichen Sicherheit, die Beziehungen zum Bund oder einem anderen Land, die Vertraulichkeit der Beratungen oder die Durchführung eines laufenden Gerichtsverfahrens), andererseits der Schutz entgegenstehender privater Interessen (Offenbarung vertraulicher personenbezogener Daten, Rechte am geistigen Eigentum, Betriebs- oder Geschäftsgeheimnisse). Wesentlich ist auch, dass die informationspflichtige Stelle die herauszugebenden Informationen nicht erst erstellen muss, sondern lediglich vorhandene Informationen im Fokus des heutigen Informationszugangsrechts stehen.

2. Informationen über die Datenverarbeitung

Das Informationszugangsrecht erstreckt sich im Grundsatz auch auf Informationen, die bei der informationspflichtigen Stelle im Zusammenhang mit der Dokumentation einer Datenverarbeitung vorliegen.

a. Generelle Dokumentationspflichten aufgrund des Rechtsstaatsprinzips

Nach dem Rechtsstaatsprinzip ist jegliches Handeln der drei Staatsgewalten an Recht und Gesetz gebunden, Art. 20 Abs. 3 GG. Aus der Pflicht zum gesetzmäßigen Handeln ergibt sich, dass dieses Handeln für die Bürgerinnen und Bürger im Prinzip vorhersehbar und nachvollziehbar sein muss.[1] Voraussetzung dafür ist ausreichende Beherrschbarkeit der verwendeten algorithmischen Systeme,[2] was wiederum Transparenz und eine umfassende Dokumentation erfordert. Dies betrifft auch Nachweise der ordnungsgemäßen Funktion beim Ersteinsatz sowie nach allen Veränderungen der algorithmischen Systeme.

b. Dokumentationspflichten bei der Verarbeitung personenbezogener Daten

Handelt es sich um die Verarbeitung personenbezogener Daten, müssen die Rechenschaftspflichten des Datenschutzrechts erfüllt werden, sodass bestimmte Informationen über die Verarbeitung verpflichtend vorzuhalten sind. Dazu gehören bspw. das Verzeichnis von Verarbeitungstätigkeiten nach Art. 30 DSGVO, die Dokumentation zu technisch-organisatorischen Maßnahmen, wie sie gemäß Art. 25 DSGVO (Datenschutz durch Technikgestaltung und durch datenschutzfreundliche Voreinstellungen) sowie Art. 32 DSGVO (Sicherheit) umzusetzen sind, Verträge mit Auftragsverarbeitern gemäß Art. 28 DSGVO oder Vereinbarungen unter gemeinsam Verantwortlichen gemäß Art. 26 DSGVO. Für solche Verfahren, die voraussichtlich mit einem hohen Risiko für die Rechte und Freiheiten natürlicher Personen einhergehen, müssen Datenschutz-Folgenabschätzungen nach Art. 35 DSGVO durchgeführt werden, deren Ergebnisse in einem Bericht niedergelegt wird. Die informationspflichtige Stelle wird im Falle von Anfragen nach derartigen Informationen prüfen, ob und inwieweit sie herauszugeben sind.

Daneben gelten die Informationspflichten aus dem Datenschutzrecht gemäß Art. 13 und Art. 14 DSGVO, das individuelle Auskunftsrecht der betroffenen Person gemäß Art. 15 DSGVO sowie das Recht auf Datenübertragung gemäß Art. 20 DSGVO.

Transparenz gehört zu den Datenschutz-Grundsätzen, die in Art. 5 Abs. 1 DSGVO normiert sind. Damit ist die Möglichkeit des Verstehens gemeint, wie es an zahlreichen Stellen in dem Gesetzestext zum Ausdruck kommt. An dieser Stelle soll es nicht um die Feinheiten des Art. 22 DSGVO gehen, der besagt, dass die betroffene

---

1 *Bieker/Bremert/Hansen,* Verantwortlichkeit und Einsatz von Algorithmen bei öffentlichen Stellen, DuD 42 (10), 2018, S. 608–612 (611).
2 Unter einem „algorithmischen System" wird hier die Gesamtheit der technischen und organisatorischen Umsetzungen und Maßnahmen einer Datenverarbeitung verstanden. Man spricht auch von einem „Verfahren".

Person das Recht hat, nicht einer ausschließlich automatisierten Entscheidung unterworfen zu werden, wenn diese rechtliche oder ähnlich erhebliche Wirkung entfaltet. Vielmehr liegt der Fokus im Folgenden auf den Informationspflichten: Zumindest für den Fall, dass algorithmische Systeme automatisiert über betroffene Personen entscheiden, obliegen dem Verantwortlichen nach Art. 13 Abs. 2 Buchst. f, Art. 14 Abs. 2 Buchst. g und Art. 15 Abs. 1 Buchst. h DSGVO besondere Informationspflichten: Der betroffenen Person sind aussagekräftige Informationen über die involvierte Logik sowie die Tragweite und die angestrebten Auswirkungen dieser Verarbeitungen für diese Person zur Verfügung zu stellen. Laut Erwägungsgrund 63 soll ein Auskunftsanspruch das geistige Eigentum und die Geschäftsgeheimnisse Dritter nicht beeinträchtigen. Es ist seit Geltung der DSGVO noch nicht höchstrichterlich entschieden worden, wie genau der Begriff der „involvierten Logik" zu fassen ist. Der Bundesgerichtshof hat im Jahr 2014 – also deutlich vor Geltung der DSGVO – für den Kreditscoringbereich die Regelungen des damaligen Bundesdatenschutzgesetzes so interpretiert, dass lediglich die für das Ergebnis relevanten Faktoren mitgeteilt werden müssten.[3]

II. Aktuelle Situation

1. Generelle Beobachtungen

Die Fragen nach dem Verständnis der Funktionsweise und der möglichen Nebenwirkungen von algorithmischen Systemen stellt sich nicht neu, hat aber durch die Diskussion um selbstlernende und immer komplexere Systeme Auftrieb erhalten. Sehr häufig fehlt es in öffentlichen Stellen an Personal, das die nötige Sachkunde mit technisch-mathematischem Hintergrund aufweist, wie dies für das Verstehen der Funktionsweise vieler Algorithmen von Vorteil oder sogar Bedingung wäre. Dies hat in der Vergangenheit dazu geführt, dass die Aufgaben zur Entwicklung oder Auswahl geeigneter Datenverarbeitungsverfahren häufig an Dienstleister übertragen wurden, doch eine Kontrolle dieser Dienstleister in Ermangelung eigener Sachkunde regelmäßig nicht vollständig möglich war.

---

[3] Urteil des BGH vom 28.1.2014 – VI ZR 156/13 (Schufa).

Die Diskussionen um digitale Souveränität[4] verdeutlicht die negativen Auswirkungen der Abhängigkeit von Dienstleistern, die im internationalen Ausland sitzen und sich oft nicht an dasselbe Recht oder auch nur dieselben Grundrechte gebunden sehen. Transparenz und Beherrschbarkeit der eingesetzten Datenverarbeitungssysteme sind wichtige Bedingungen für eine rechtmäßige Gestaltung staatlichen Handelns.

2. Ausgewählte Fälle aus dem öffentlichen Bereich

Im Folgenden werden drei Fälle beschrieben, in denen die Funktionsweise von algorithmischen Systemen, die von staatlicher Seite eingesetzt wurden, nicht offenbart wurde und daraus Probleme resultieren.[5]

a. Deutschland: Staatstrojaner

Im Oktober 2011 veröffentlichte der Chaos Computer Club e.V. (CCC) eine Analyse zum sogenannten Staatstrojaner.[6] Es handelte sich dabei um eine von der hessischen Firma DigiTask programmierten Software, mit deren Hilfe Ermittlungsbehörden wie das Bundeskriminalamt oder die Landeskriminalämter mehrerer Bundesländer schon einige Jahre lang Computer von Verdächtigen ausspähen konnten. Die Bundesregierung teilte in einer Antwort auf eine Kleine Anfrage mit, die einsetzenden Bundesstellen hätten in Ermangelung des Quellcodes keine Kenntnis von den Funktionsmöglichkeiten der Software gehabt, jedoch vor Anwendung Anwendungstests durchgeführt.[7] Mehrere Beauftragte für Datenschutz des Bundes und der Länder kündigten Prüfungen der Software und ihres

---

4 Bspw. *Goldacker,* Digitale Souveränität, Kompetenzzentrum Öffentliche IT (Hrsg.), 2017.
5 Weitere Fallbeispiele finden sich bspw. in *Lischka/Klingel,* Wenn Maschinen Menschen bewerten, Internationale Fallbeispiele für Prozesse algorithmischer Entscheidungsfindung – Arbeitspapier –, Bertelsmann Stiftung, 2017, abrufbar im Internet unter https://www.bertelsmann-stiftung.de/fileadmin/files/BSt/Publikationen/GrauePublikationen/ADM_Fallstudien.pdf (letzter Zugriff 10.2.2020).
6 Chaos Computer Club analysiert Staatstrojaner, 8.10.2011, abrufbar im Internet unter https://www.ccc.de/de/updates/2011/staatstrojaner (letzter Zugriff 10.2.2020); Chaos Computer Club analysiert aktuelle Version des Staatstrojaners, 26.10.2011, abrufbar im Internet unter https://www.ccc.de/de/updates/2011/analysiert-aktueller-staatstrojaner und https://www.ccc.de/system/uploads/83/original/staatstrojaner-report42.pdf (letzter Zugriff 10.2.2020).
7 BT-Drs. 17/7760 vom 17.11.2011, S. 4–5.

Einsatzes im Ermittlungsverfahren an, erhielten jedoch keine Zugriffsmöglichkeiten auf den Quellcode zu für sie akzeptablen Bedingungen.[8] Die Bundesregierung antwortete in einer weiteren Kleinen Anfrage:

> „Der Quellcode einer vermarkteten Software wird als Vermögenswert eines Unternehmens beurteilt und demzufolge als Geschäfts- und Betriebsgeheimnis geschützt. Die Bereitstellung eines Quellcodes ist daher unüblich oder erfolgt unter Nebenabreden, die das Geschäfts- und Betriebsgeheimnis des Herstellers einer Software schützen."[9]

Die Regierung unterschied zwischen dem Test des geforderten Funktionsumfangs durch den Auftragnehmer, für den kein Quellcode einbezogen werden müsse, und möglicherweise weiteren Funktionen:

> „Dieser geforderte Funktionsumfang der Software sowie eine Vielzahl von Schlechtleistungen können vom Auftragnehmer in der Regel abschließend anhand von Tests des gelieferten ausführbaren Programms geprüft werden. Demgegenüber lässt sich die Existenz von nicht geforderten Funktionen einer Software anhand des Programms nur näherungsweise testen. Die Einsichtnahme in den Quellcode wäre also dann sinnvoll, wenn Grund für die Annahme besteht, dass die gelieferte Software einen größeren als den geforderten Funktionsumfang aufweist."[10]

Ergänzend stellte die Bundesregierung dar, dass sich ohne Anerkennung einer rechtlichen Verpflichtung die Bedarfsträger von Bund und Ländern darauf geeinigt hätten, zukünftig den Quellcode bei Quellen-TKÜ-Maßnahmen zu dokumentieren und den für die datenschutzrechtliche Kontrolle zuständigen Stellen zu Prüfzwecken zur Verfügung zu stellen.[11]

---

8 *Der Bundesbeauftragte für den Datenschutz und die Informationsfreiheit,* Bericht gemäß § 26 Abs. 2 Bundesdatenschutzgesetz über Maßnahmen der Quellen-Telekommunikationsüberwachung bei den Sicherheitsbehörden des Bundes, 31.1.2012, abrufbar im Internet unter https://www.ccc.de/system/uploads/103/original/Schaar-Bericht.pdf (letzter Zugriff 10.2.2020); Schreiben des Bundesbeauftragten für den Datenschutz und die Informationsfreiheit an den Vorsitzenden des Innenausschusses des Deutschen Bundestages vom 14.8.2012, abrufbar im Internet unter https://www.ccc.de/system/uploads/122/original/Schaar-Staatstrojaner.pdf (letzter Zugriff 10.2.2020); *Der Bayerische Landesbeauftragte für den Datenschutz,* Prüfbericht Quellen-TKÜ, 30.7.2012, abrufbar im Internet unter https://www.datenschutz-bayern.de/0/bericht-qtkue.pdf (letzter Zugriff 10.2.2020).
9 BT-Drs. 17/11598 vom 21.11.2012, S. 9.
10 BT-Drs. 17/11598 vom 21.11.2012, S. 9.
11 BT-Drs. 17/11598 vom 21.11.2012, S. 10.

Abgesehen davon, dass der Einsatz eines Staatstrojaners einer Rechtsgrundlage bedarf, aus Informationssicherheitssicht generell als problematisch anzusehen ist und bei der Überprüfung diverse sicherheitstechnische Unzulänglichkeiten zutage getreten sind, sei als ein Beispiel einer rechtlich zumindest fragwürdigen Umsetzung der Funktionalität genannt, dass ein Server für die Nachlade- und Überwachungssoftware im Ausland, laut Prüfung des CCC in den USA,[12] betrieben wurde.[13] In diesem besonders sensiblen Bereich ist schon dieser Umstand als kritisch einzustufen, weil dadurch Daten über ein Ermittlungsverfahren (nämlich die IP-Adresse des Computers des Verdächtigen) den eigenen Rechtsraum verlassen.

b. USA: COMPAS-System für Rückfallprognosen

Die Software COMPAS (Correctional Offender Management Profiling for Alternative Sanctions) der Firma Equivant (vormals Northpointe) gehört zur Kategorie „Maschinenlernen" und wurde und wird in vielen US-Bundesstaaten eingesetzt, um für Richterinnen und Richter sowie für Vollzugsbeamte auf Basis von einer Vielzahl von abgefragten Daten ausgerechnete Rückfallprognosen für Straftäter darzustellen. Sowohl die Algorithmen als auch die Trainingsdaten für das COMPAS-System sind als Geschäftsgeheimnisse einer unmittelbaren Überprüfung entzogen. Die Untersuchung der Rechercheorganisation ProPublica des COMPAS-Systems und weiterer Wissenschaftlerinnen und Wissenschaftler ergab nicht nur, dass die Resultate häufig falsch waren,[14] sondern dass die Fehlprognosen eine Verzerrung (Bias) zulasten der farbigen Bevölkerung aufwiesen und damit rassistische Vorurteile im algorithmischen System offenbarwurden.[15] Hierzu ist anzumerken, dass eine Analyse von gerichtlichen Entscheidungen ebenfalls eine Verzerrung herauskristallisieren kann, da auch Richterinnen und Richter nicht frei von Vorurteilen sind. Diesen Vorurteilen muss jedoch entgegengewirkt werden,

---

12 CCC, 0ZAPFTIS – Teil 2, Analyse einer Regierungs-Malware, 26.10.2011, S. 15.
13 Siehe *Der Bundesbeauftragte für den Datenschutz und die Informationsfreiheit*, Fn. 8, S. 23.
14 *Dressel/Farid*, The accuracy, fairness, and limits of predicting recidivism, Sci. Adv. 4 (1), 17.1.2018, doi:10.1126/sciadv.aao5580.
15 *Angwin et al.*, Machine Bias, ProPublica, 23.5.2016, abrufbar im Internet unter https://www.propublica.org/article/machine-bias-risk-assessments-in-criminal-sentencing (letzter Zugriff 10.2.2020); *Larson et al.*, How We Analyzed the COMPAS Recidivism Algorithm, ProPublica, 23.5.2016, abrufbar im Internet unter https://www.propublica.org/article/how-we-analyzed-the-compas-recidivism-algorithm (letzter Zugriff 10.2.2020); *Flores/Lowenkamp/Bechtel*, False Positives, False Negatives, and False Analyses, Community Resources for Justice, 2017, abrufbar im Internet unter http://www.crj.org/assets/2017/07/9_Machine_bias_rejoinder.pdf (letzter Zugriff 10.2.2020).

statt sie in ein algorithmisches System einzubauen, wodurch sich ihre Wirkung durch die schnellere und vermeintlich wissenschaftlich fundierte Entscheidungsfindung womöglich im Masseneinsatz verstärkt. Die Verantwortlichkeit für das staatliche Handeln gebietet, dass man die für einen Einsatz geplanten Systeme im Vorfeld untersucht und nicht erst im Nachhinein, wenn es bereits zu unfairen Auswirkungen gekommen ist. So hatte und hat das COMPAS-System Einfluss auf die Art und Schwere der Sanktion gegenüber Angeklagten.

c. Österreich: Arbeitsmarktservice Österreich (AMS)

AMS steht für Arbeitsmarktservice Österreich: Mithilfe des AMS-Algorithmus sollen ab 2020 die Arbeitsmarktchancen von Jobsuchenden eingeschätzt werden – eine Aufgabe der öffentlichen Hand. Davor lief das System bereits im Testbetrieb und erregte Kritik, weil bisher keine Transparenz über die genaue Funktionsweise besteht. Wissenschaftlerinnen und Wissenschaftler, die das AMS-System, soweit möglich, untersucht haben,[16] kritisieren, dass von den 96 statistischen Modellen nur zwei öffentlich gemacht wurden, weiterhin Daten und Fakten fehlen und auch die Fehlerquoten nicht benannt sind. Da das AMS-System auf Trainingsdaten beruht, die aus Personendaten der vorhergehenden Jahre und nachträglichen Beobachtungen der Ergebnisse, inwiefern eine arbeitslose Person vermittelbar war, stammen, besteht das Problem eines Bias und damit zusammenhängend einer Diskriminierung. Dies gilt bspw. für Personengruppen mit Kinderbetreuungspflichten oder mit Migrationshintergrund, die es vielfach schwerer haben, Arbeit zu finden.

Als Argument für die stark eingeschränkte Transparenz wird vorgebracht, dass der AMS-Algorithmus nicht selbst entscheidet, sondern die Ergebnisse lediglich den – auf dieser Basis entscheidenden – Betreuerinnen und Betreuern der Jobsuchenden dargestellt werden. Jedoch wird von den Betreuenden mit der Zielvorgabe einer erhöhten Effizienz erwartet, dass sie das AMS-System nutzen. Ein Abweichen von der vorgegebenen – möglicherweise problematischen – Einschätzung wird damit kein Regelfall sein. Zusätzlich wird benannt, dass die meisten Fehleinschätzungen dazu führen sollten, dass die betroffen Personen mehr Förderung erhalten und damit nicht schlechtergestellt werden. Dies kann aber in Ermangelung einer echten Überprüfbarkeit nicht belegt werden.

---

16 *Cech et al.*, Dem AMS-Algorithmus fehlt der Beipackzettel, 10.3.2019, abrufbar im Internet unter https://futurezone.at/meinung/dem-ams-algorithmus-fehlt-der-beipackzettel/400636022 (letzter Zugriff 10.2.2020).

Trotz des öffentlichen Drucks ist anscheinend keine weitere Offenlegung oder Bereitstellung von weiteren Informationen zur Überprüfung geplant – eine wirkliche Evaluierung oder gar eine Folgen-Abschätzung sind damit nicht möglich (Stand Ende 2019).

III. Bedarf an Informationen über algorithmische Systeme

1. Positionspapier von Informationsfreiheitsbeauftragten

Zum Einsatz algorithmischer Systeme stellen die Informationsfreiheitsbeauftragten in ihrem Positionspapier von 2018[17] die folgenden Forderungen auf:

– „Öffentliche Stellen müssen vor dem Einsatz von Algorithmen und KI-Verfahren[18] prüfen, inwieweit dieser Einsatz überhaupt grundrechtskonform möglich ist. Bestehen nach einer sorgfältigen Prüfung Zweifel, bspw. wenn ausreichende Nachvollziehbarkeit, Überprüfbarkeit und Beherrschbarkeit nicht gegeben sind, muss auf den Einsatz verzichtet werden.
– Öffentliche Stellen müssen für ausreichende Transparenz über die eingesetzten Algorithmen sorgen. Für einen beherrschbaren Einsatz der Technik müssen sie über aussagekräftige, umfassende und allgemein verständliche Informationen bezüglich der eigenen Datenverarbeitungen verfügen. Dazu gehören vor allem
  • die Datenkategorien der Ein- und Ausgabedaten des Verfahrens,
  • die darin enthaltene Logik, insbesondere die verwendeten Berechnungsformeln einschließlich der Gewichtung der Eingabedaten, Informationen über das zugrundeliegende Fachwissen und die individuelle Konfiguration durch die Anwendenden und
  • die Tragweite der darauf basierenden Entscheidungen sowie die möglichen Auswirkungen der Verfahren. Soweit dies rechtlich möglich ist, sollten diese Informationen veröffentlicht werden.
– Um der Verwaltung die Erfüllung dieser Pflichten zu ermöglichen, müssen die Transparenzanforderungen schon bei der Programmierung beachtet werden („Transparency by Design"). Die berechneten Ausgabedaten müssen jeweils

---

17 Positionspapier „Transparenz der Verwaltung beim Einsatz von Algorithmen für gelebten Grundrechtsschutz unabdingbar", 36. Konferenz der Informationsfreiheitsbeauftragten, 2018, abrufbar im Internet unter https://www.datenschutzzentrum.de/uploads/informationsfreiheit/2018_Positionspapier-Transparenz-von-Algorithmen.pdf (letzter Zugriff 10.2.2020).

18 „Algorithmen und KI-Verfahren" entsprechen in dem Positionspapier den „algorithmischen Systemen".

um die Information ergänzt werden, welche Eingabedaten oder Bewertungen besonders relevant für das Ergebnis waren. Insbesondere bei selbstlernenden Systemen muss eine Unterstützung durch entsprechende Auswertungswerkzeuge vorgesehen sein.
- Dokumentation und Protokollierung der Abläufe sowie wesentlicher Parameter sind unerlässlich, um die Sicherheit und Vertrauenswürdigkeit des Verfahrens zu schützen und etwaige Manipulationen zuverlässig erkennen zu können. Der Einsatz muss durch geeignete technische und organisatorische Maßnahmen manipulationssicher gestaltet und die getroffenen Maßnahmen müssen einer regelmäßigen Evaluierung und Qualitätskontrolle unterzogen werden. Um eine umfassende Überprüfbarkeit zu gewährleisten, sollten den jeweiligen öffentlichen Stellen auch der Quelltext und ggf. andere relevante Informationen über die Algorithmen bzw. KI-Verfahren zur Verfügung gestellt werden und diese möglichst veröffentlicht werden.
- Die öffentlichen Stellen müssen ferner die jeweils erforderlichen risikoadäquaten Sicherheitsmaßnahmen treffen. Abhängig vom konkreten Anwendungsfall können hierzu insbesondere auch manuelle Kontrollen, einfache Widerspruchsmöglichkeiten oder Rückabwicklungen von Entscheidungen gehören.
- Die Verarbeitung darf unter keinen Umständen eine diskriminierende Wirkung entfalten. Vor diesem Hintergrund sind hohe Anforderungen an Auswahl und Entwicklung von Algorithmen und KI-Verfahren zu stellen, bspw. bei der Auswahl von Trainingsdaten für selbstlernende Systeme oder für in solchen Systemen eingesetzte Bewertungsfunktionen.
- Jedenfalls beim Vorliegen von hohen Risiken für Bürgerinnen und Bürger muss vor der Entscheidung über einen Einsatz von Algorithmen und KI-Verfahren eine Folgenabschätzung durchgeführt werden. Bei wesentlichen Veränderungen, die insbesondere bei selbstlernenden Systemen kontinuierlich erfolgen, muss diese Folgenabschätzung regelmäßig erneut durchgeführt werden. Bei besonders sensiblen Anwendungsbereichen sollte die Zulassung der Algorithmen und KI-Verfahren zudem erst nach Überprüfung und Abnahme durch eine Art „Algorithmen-TÜV" möglich sein."

2. Weiterentwicklung

Bereits in dem zitierten Positionspapier der Informationsfreiheitsbeauftragten kommt zum Ausdruck, dass bestimmte Anforderungen spezifisch bei Vorliegen hoher Risiken zu erfüllen wären. Ein unterschiedliches Vorgehen je nach Kritikalität eines algorithmischen Systems hat auch die von der Bundesregierung im

Jahr 2018 eingesetzte Datenethikkommission vorgeschlagen, die in ihrem Gutachten für einen risikoadaptierten Regulierungsansatz fünf Kritikalitätsstufen unterscheidet.[19] Weitere Gremien beschäftigen sich zurzeit mit diesem Punkt und ähnlichen Themen, um die Vorschläge zu dem Ob und Wie einer Regulierung von algorithmischen Systemen der verschiedenen Kritikalitätsstufen, speziell von KI, näher auszuarbeiten. Hier kommt den Informationsfreiheitsbeauftragten in Deutschland und im internationalen Bereich ebenfalls eine Rolle zu. Auf der Internationalen Konferenz der Informationsfreiheitsbeauftragten wurde im April 2019 ein Entwurf für eine Resolution eingebracht, die wesentliche Forderungen aus dem Positionspapier deutscher Informationsfreiheitsbeauftragter enthält[20] und im Jahr 2020 behandelt werden wird.

IV. Informationszugang bezüglich algorithmischer Systeme

In den vorherigen Abschnitten stand im Mittelpunkt, über welche Informationen die öffentlichen Stellen verfügen müssen, die sich algorithmischer Systeme bedienen, um die rechtsstaatlichen Anforderungen zu erfüllen. Nicht in allen Fällen ist der Blick in den Quellcode nötig, doch müssen diejenigen Maßnahmen getroffen werden, die der Kritikalität der Verarbeitung angemessen sind. Dazu gehört auch die Beschaffung von Information.

Je nach geltendem Informationszugangsrecht kann sich der Umfang der herauszugebenden Informationen unterscheiden. Um der Rechenschaftspflicht des Datenschutzrechts und den Anforderungen an rechtskonformes Verwaltungshandeln im Zuge der fortschreitenden Digitalisierung nachzukommen, werden künftig mehr Informationen in den öffentlichen Stellen vorliegen müssen, als dies in der Vergangenheit der Fall war. Auch bei Beschaffungen von algorithmischen Systemkomponenten und bei der Auswahl von Dienstleistern ist dafür Sorge zu tragen, dass die ausreichenden Informationen vorliegen.

---

19 *Datenethikkommission*, Gutachten der Datenethikkommission, Oktober 2019, S. 173 ff., abrufbar im Internet unter https://datenethikkommission.de/wp-content/uploads/191128_DEK_Gutachten_bf_b.pdf (letzter Zugriff 10.2.2020).

20 Draft resolution: "Transparency of public administration when using algorithms is indispensable for the protection of fundamental human and civil rights", International Conference of Information Commissioners, 9.4.2019, abrufbar im Internet unter https://www.informationcommissioners.org/draft-resolution-transparency-of-public-administration-when-using-algorithms-is-indispensable-for-the-protection-of-fundamental-human-and-civil-rights (letzter Zugriff 10.2.2020).

Für die Verarbeitung von personenbezogenen Daten ergibt sich dies bereits aus der Notwendigkeit der Prüfung, ob eine Datenschutz-Folgenabschätzung nach Art. 35 DSGVO durchzuführen ist. Diese Schwellwertanalyse im Vorfeld einer etwaigen Datenschutz-Folgenabschätzung erfordert ausreichende Informationen. Sollte man nicht über die nötigen Informationen verfügen, um ein hohes Risiko für die Rechte und Freiheiten ausschließen zu können, ist gerade dies schon problematisch und steht einer Freigabe der Datenverarbeitung entgegen.

Stets ist für einen Antrag nach dem Informationszugangsrecht zu prüfen, ob Ausschlussgründe der Herausgabe der Information entgegenstehen. Dies könnten Geschäfts- und Betriebsgeheimnisse oder Urheberrechte bezüglich des Quellcodes oder der betroffenen Daten sein, ebenso käme der Schutz der öffentlichen Sicherheit infrage. Im Sinne des transparenten Verwaltungshandelns wäre es, bereits bei der Gestaltung von Ausschreibungen oder Verträgen mit Herstellern von Produkten oder Dienstleistern nicht nur die notwendigen Informationen einzufordern, sondern auch an „Informationsfreiheit by Design"[21] zu denken, um vorab zu klären, unter welchen Voraussetzungen welche Informationen offenbart werden dürfen.

V. Fazit

Das Positionspapier der Informationsfreiheitsbeauftragten endet mit einem Appell, dass sowohl der Gesetzgeber als auch die öffentlichen Stellen vor dem Hintergrund der Grundrechtsbindung der Verwaltung dafür Sorge tragen, die dargestellten Maßstäbe für den öffentlichen Bereich verbindlich festzulegen und umzusetzen. Dies ist schon deswegen dringlich, weil die zunehmende Digitalisierung des Verwaltungshandelns zeigt, dass der öffentliche Sektor noch nicht ausreichend vorbereitet ist, um diese Anforderungen umzusetzen. Die Debatten zu Kritikalität, zur Umsetzung der Rechenschaftspflicht im Datenschutzrecht und zur staatlichen Souveränität auch im digitalen Bereich können einander befruchten, um zu guten Lösungen zu kommen. An den bisher aufgetretenen Problemen zeigt sich, wie wichtig Folgenabschätzungen unter Einbeziehen verschiedener Disziplinen sind, um die Digitalisierung der verschiedenen Bereiche von Anfang an fair und rechtskonform zu gestalten.

---

21 Informationszugang in den Behörden erleichtern durch „Informationsfreiheit by Design", Positionspapier der 37. Konferenz der Informationsfreiheitsbeauftragten (IFK) in Deutschland am 12. Juni 2019 in Saarbrücken, abrufbar im Internet unter https://www.datenschutzzentrum.de/uploads/informationsfreiheit/37Konferenz_IFbyDesign.pdf (letzter Zugriff 10.2.2020).

*Henning Blatt**

Übersicht über die obergerichtliche und höchstrichterliche Rechtsprechung zum IFG und UIG für die Jahre 2018 und 2019

Inhaltsübersicht

I. **Informationsfreiheitsgesetz**
1. Anspruchsberechtigung – § 1 Abs. 1 Satz 1 IFG
2. Anspruchsverpflichtung – § 1 Abs. 1 IFG
3. Anspruchsgegenstand
4. Anspruchskonkurrenz – § 1 Abs. 3 IFG
5. Verfahrensfragen
6. Ausschlussgründe

II. **Umweltinformationsgesetz**
1. Anspruchsverpflichtung – § 2 Abs. 1 UIG
2. Anspruchsgegenstand – § 2 Abs. 3 UIG
3. Verfahrensfragen
4. Ausschlussgründe

III. **Übergreifende Fragestellungen**
1. Rechtsweg
2. Vorläufiger Rechtsschutz

I. Informationsfreiheitsgesetz

1. Anspruchsberechtigung – § 1 Abs. 1 Satz 1 IFG

Gemäß § 1 Abs. 1 Satz 1 IFG ist „Jeder" zur Geltendmachung von Ansprüchen auf Informationszugang berechtigt.

Die Parallelnorm des IFG NRW[1] ist enger gefasst und berechtigt lediglich „natürliche Personen". Hierzu hat das OVG Nordrhein-Westfalen die Ansicht der

---

* Dr. Henning Blatt ist Rechtsanwalt in der Sozietät Kopp-Assenmacher & Nusser Partnerschaft von Rechtsanwälten mbB in Düsseldorf. Die vorliegende Rechtsprechungsübersicht schließt an seinen Beitrag „Rechtsprechungsübersicht zum IFG und UIG für die Jahre 2017 und 2018" in: Blatt/Dix/Kelber et al. (Hrsg.), Informationsfreiheit und Informationsrecht: Jahrbuch 2018 (JB InfoR 2018), S. 139 ff., an.

1 Gesetz über die Freiheit des Zugangs zu Informationen für das Land Nordrhein-Westfalen vom 27.11.2001, GV. NRW. S. 806.

Vorinstanz bestätigt, dass Abgeordnete des Landtags Nordrhein-Westfalen in dieser Eigenschaft nicht anspruchsberechtigt sind.[2] Ein Landtagsabgeordneter, dem im Verhältnis zur Landesregierung (ausschließlich) organschaftliche Statusrechte zustehen, sei in dieser Eigenschaft keine „natürliche Person". Dies folge aus der Zielsetzung des IFG NRW, einen umfassenden verfahrensunabhängigen Anspruch auf Informationszugang für die Bürgerinnen und Bürger des Landes Nordrhein-Westfalen zu schaffen, der als eigenständiger Bürgerrechtsanspruch charakterisiert werde.

2. Anspruchsverpflichtung – § 1 Abs. 1 IFG

Das Bundesverwaltungsgericht hat die Auffassung der Vorinstanz bestätigt, dass der Generalbundesanwalt im Rahmen eines strafrechtlichen Ermittlungsverfahrens nicht informationspflichtig i.S. des § 1 Abs. 1 IFG ist.[3] Der Anwendungsbereich des IFG beziehe sich allein auf die materielle Verwaltungstätigkeit der Behörden und der sonstigen Stellen des Bundes. Zwar sei die Staatsanwaltschaft unter dem Blickwinkel der Gewaltenteilung Teil der Exekutive. Wenn sie als Organ der Rechtspflege tätig wird, nehme sie aber eine andere Staatsfunktion als die der Verwaltung wahr und übe insoweit keine Verwaltungstätigkeit im materiellen Sinne aus. Durch ihre vorbereitende Tätigkeit gemeinsam mit den Gerichten erfülle die Staatsanwaltschaft die Aufgabe der Justizgewährung auf dem Gebiet der Strafrechtspflege. Die im Rahmen dieser justiziellen Tätigkeit beim Generalbundesanwalt angefallenen Aktenbestandteile seien damit dem Anwendungsbereich des IFG entzogen.

Der VGH Baden-Württemberg hat diese Ausführungen auf das LIFG BW[4] übertragen.[5] Er hat aber ergänzend darauf hingewiesen, dass eine Verwaltungstätigkeit von Justizbehörden – jenseits der bekannten Beispiele (Ausübung des Hausrechts, Ausstellung von Dienstausweisen) – auch bei Bezügen zur Rechtspflege vorliegen könne, falls die Schutzfunktion des Ausschlussgrundes gewahrt bleibe.[6] Voraussetzung sei eine staatsanwaltschaftliche Tätigkeit unabhängig von einem bestimmten, insbesondere laufenden Verfahren. Beispiele seien die Gewährung von Akteneinsicht nach Abschluss eines Verfahrens oder gegenüber am Verfahren

---

2 OVG Nordrhein-Westfalen, Beschluss vom 22.1.2019 – 15 A 247/18, juris, Rn. 9, 11, 13.
3 BVerwG, Urteil vom 28.2.2019 – 7 C 23.17, juris, Rn. 15 ff.
4 Landesinformationsfreiheitsgesetz Baden-Württemberg vom 17.12.2015, GBl. S. 1201.
5 VGH Baden-Württemberg, Urteil vom 6.8.2019 – 10 S 303/19, juris, Rn. 28 ff.
6 VGH Baden-Württemberg, a.a.O., Rn. 31.

nicht beteiligten Dritten und die Information der Medien über Verfahren. Ebenfalls hierzu zu zählen seien die von dem Antragsteller in dem konkreten Verfahren begehrten, vom Einzelfall abstrahierten statistischen Angaben zur Zahl der Anklageerhebungen wegen bestimmter Delikte.[7] Diese Angaben ließen die Eigenverantwortlichkeit der Staatsanwaltschaft bezüglich der Durchführung von Ermittlungsverfahren unangetastet. Es fände auch keine gerichtliche Kontrolle von Ermittlungsverfahren statt. Das Anklagemonopol der Staatsanwaltschaft werde ebenfalls nicht beeinträchtigt.

3. Anspruchsgegenstand

a. Vorhandensein der Informationen

Der Zugangsanspruch nach § 1 Abs. 1 Satz 1 IFG erstreckt sich nur auf die bei der Behörde vorhandenen Informationen, auch wenn dies in der Norm nicht ausdrücklich geregelt ist.

Das OVG Nordrhein-Westfalen hat in einem gegen das Bundeskartellamt geführten Verfahren den Stand der Rechtsprechung zum Begriff des Vorhandenseins zusammengefasst. Für das Vorhandensein einer amtlichen Information genüge demnach die tatsächliche räumliche Verfügungsbefugnis.[8] Es komme insoweit nicht auf die rechtliche Verfügungsbefugnis der Behörde in dem Sinne an, dass sie „aktenführende Stelle" sein muss. Informationen, die sich nur zu vorübergehenden Zwecken – etwa aufgrund eines Widerspruchs- oder Ermittlungsverfahrens – bei der Stelle befinden, würden gleichfalls erfasst. Des Weiteren spiele die Herkunft der Information keine Rolle.[9] Sie könne auch von einer anderen Stelle stammen. Nach dem Urheber der Information werde grundsätzlich nicht differenziert. Auch die Zugehörigkeit zu einem konkreten Verwaltungsvorgang sei keine notwendige Voraussetzung für das Vorliegen einer amtlichen Information.[10] Nicht erfasst würden lediglich private Informationen, die nicht mit der amtlichen Tätigkeit zusammenhängen. Schließlich sei maßgeblicher Zeitpunkt für das Vorhandensein der Information der Eingang des Antrags auf Informationszugang bei der informationspflichtigen Stelle.[11] Danach müsse diese die Unterlagen zur

---

7   VGH Baden-Württemberg, a.a.O., Rn. 36.
8   OVG Nordrhein-Westfalen, Urteil vom 22.5.2019 – 15 A 873/18, juris, Rn. 87.
9   OVG Nordrhein-Westfalen, a.a.O., Rn. 89.
10 OVG Nordrhein-Westfalen, a.a.O., Rn. 91.
11 OVG Nordrhein-Westfalen, a.a.O., Rn. 93.

Prüfung von Ausschlussgründen und zur Erfüllung eines möglicherweise gegebenen Anspruchs vorhalten. Als nicht vorhanden gelte eine Information in diesem Fall nur dann, wenn Löschungsregelungen mit zwingenden Fristen greifen, die für abweichende Belange keinen Raum lassen.

Gemäß dem Hessischen VGH stellt eine Aufbereitung, die nicht inhaltlicher Art ist, keine von § 1 Abs. 1 IFG nicht umfasste Informationsbeschaffung dar, sondern ist eine Vorbereitungshandlung, die als „Vorbedingung" des Informationszugangs durch § 1 Abs. 1 IFG mitumfasst ist.[12] Zu dem Anspruch auf Zugang zu Informationen gehöre es mithin auch, vorhandene Informationen zusammenzuzählen.

4. Anspruchskonkurrenz – § 1 Abs. 3 IFG

Im Berichtszeitraum haben sich zahlreiche Gerichte mit dem Verhältnis des Informationszugangsanspruchs gemäß dem IFG oder einer entsprechenden Landesnorm zu anderen Informationsansprüchen bzw. absichtsvoll nicht bestehenden Informationsansprüchen und einer ggf. daraus folgenden Subsidiarität des Informationszugangsanspruchs befasst.

a. § 29 Abs. 3 Satz 9 SG

Das Bundesverwaltungsgericht hat bestätigt, dass § 29 Abs. 3 Satz 9 SG[13] die Anwendbarkeit des IFG nicht sperrt.[14] Nach dieser Vorschrift dürfen Auskünfte aus Personalakten an Stellen außerhalb des Geschäftsbereichs des Bundesministeriums der Verteidigung ohne Einwilligung des Bewerbers, Soldaten oder früheren Soldaten nur erteilt werden, wenn zwingende Gründe der Verteidigung, die Abwehr einer erheblichen Beeinträchtigung des Gemeinwohls oder der Schutz berechtigter, höherrangiger Interessen Dritter dies erfordern. Diese Vorschrift verstehe sich jedoch – so das Gericht – nicht als abschließende und somit das IFG verdrängende Regelung. Eine fachgesetzliche Regelung sei gegenüber dem allgemeinen Informationszugangsanspruch immer spezieller, sodass allein daraus auf eine Verdrängung der letzteren nicht geschlossen werden könne. Zudem erstrecke das IFG seinen Regelungswillen nach seiner Entstehungsgeschichte gerade auch auf Personalaktendaten.

---

12 HessVGH, Urteil vom 28.2.2019 – 6 A 1805/16, juris, Rn. 99.
13 Soldatengesetz i.d.F. der Bekanntmachung vom 30.5.2005, BGBl. I S. 1482.
14 BVerwG, Urteil vom 28.2.2019 – 7 C 20.17, juris, Rn. 13 ff.

b. § 111n StPO sowie §§ 32f Abs. 5, 406e, 475, 477 StPO

Ebenso soll es sich nach Auffassung des OVG Nordrhein-Westfalen bei § 111n StPO sowie §§ 32f Abs. 5, 406e, 475, 477 StPO nicht um vorrangige Regelungen handeln.[15] Sie verhielten sich jeweils nicht zur Frage der Ausgestaltung eines Informationszugangsanspruchs nach Art des § 1 Abs. 1 Satz 1 IFG. Wegen ihres besonderen, auf Strafakten eingeschränkten Anwendungsbereichs hätten sie keinen mit § 1 Abs. 1 Satz 1 IFG identischen sachlichen Regelungsgegenstand.

c. § 22 Abs. 3 MPSV

Hingegen hat das OVG Nordrhein-Westfalen § 22 Abs. 3 MPSV[16] als abschließende Spezialregelung angesehen, die damit etwaige Auskunftsansprüche insbesondere dem Anwendungsbereich des IFG entziehe.[17]

d. §§ 21g Abs. 7, 21e Abs. 9 GVG

Gleichermaßen gehen nach Auffassung des Bundesgerichtshofs die §§ 21g Abs. 7, 21e Abs. 9 GVG gemäß § 4 Abs. 2 IFG NRW und § 2 Abs. 2 Nr. 3 LIFG BW jenen Gesetzen als Spezialvorschriften vor.[18] Dies ergebe sich daraus, dass diese Bestimmungen speziell den Umfang sowie die Art und Weise des Zugangs zu gerichtsinternen Geschäftsverteilungsplänen und Mitwirkungsgrundsätzen der Spruchkörper zum Gegenstand haben.

e. Verhältnis zu ungeschriebenen Informationsansprüchen

Das OVG Nordrhein-Westfalen hat festgestellt, dass neben der Anspruchsgrundlage aus § 4 Abs. 1 IFG NRW aus informationsfreiheitsrechtlicher Perspektive für

---

15 OVG Nordrhein-Westfalen, Urteil vom 22.5.2019 – 15 A 873/18, juris, Rn. 122.
16 Medizinprodukte-Sicherheitsplanverordnung vom 24.6.2002, BGBl. I S. 2131.
17 OVG Nordrhein-Westfalen, Beschluss vom 28.11.2019 – 19 B 1396/19, juris, Rn. 59.
18 BGH, Beschluss vom 25.9.2019 – IV AR (VZ) 2/18, juris, Rn. 24; Beschluss vom 25.9.2019 – IV AR (VZ) 4/18, juris, Rn. 21. Ebenso die Vorinstanz im Verfahren IV AR (VZ) 2/18: OLG Düsseldorf, Beschluss vom 29.11.2018 – I-3 Va 5/18, juris, Rn. 13.

weitere Anspruchskonstruktionen wie aus dem Grundsatz der Selbstbindung der Verwaltung kein Raum sei.[19]

5. Verfahrensfragen

a. Art des Informationszugangs – § 1 Abs. 2 IFG

Begehrt der Antragsteller eine bestimmte Art des Informationszugangs, so darf nach § 1 Abs. 2 Satz 1 IFG der Zugang nur aus wichtigem Grund auf andere Art gewährt werden.

Wie das OVG Nordrhein-Westfalen ausgeführt hat, ist mit der „Art des Informationszugangs" die Modalität des Informationszugangs als solchem gemeint.[20] In Betracht kämen insofern eine Auskunftserteilung, die Gewährung von Akteneinsicht oder die Zurverfügungstellung der Informationen in sonstiger Weise. Ein Anspruch auf die Erstellung beglaubigter Abschriften der Unterlagen, in denen die Informationen enthalten sind, sei davon aber nicht erfasst.

b. Unverhältnismäßiger Verwaltungsaufwand – § 7 Abs. 2 Satz 1 IFG

§ 7 Abs. 2 Satz 1 IFG sieht vor, dass dann, wenn ein Anspruch auf Informationszugang zum Teil besteht, dem Antrag in dem Umfang stattzugeben ist, in dem der Informationszugang ohne Preisgabe der geheimhaltungsbedürftigen Informationen oder ohne unverhältnismäßigen Verwaltungsaufwand möglich ist.

Das Bundesverwaltungsgericht hat klargestellt, dass diese Vorschrift zunächst nur den Fall erfasst, dass dem Antragsteller nicht der gesamte beantragte Informationszugang gewährt wird, dem Antrag folglich nur in beschränktem Maße stattgegeben und er teilweise abgelehnt wird.[21] Wird dem Antrag hingegen zur Gänze entsprochen, seien gemäß § 7 Abs. 2 Satz 2 IFG die Vorgaben nach Satz 1 ebenfalls zu beachten. § 7 Abs. 2 Satz 2 IFG sei nicht lediglich eine Rechtsfolgenverweisung, sondern verlange die „entsprechende Anwendung" des Satzes 1 insoweit, als dessen Voraussetzungen insgesamt vorliegen müssen. Dabei geht das Gericht davon aus, dass einem Anspruch auch dann in Gänze entsprochen wird, wenn geheim-

---

19 OVG Nordrhein-Westfalen, Beschluss vom 6.2.2019 – 15 E 1026/18, juris, Rn. 59.
20 OVG Nordrhein-Westfalen, Beschluss vom 13.5.2019 – 15 E 324/19, juris, Rn. 23, 25.
21 BVerwG, Urteil vom 10.4.2019 – 7 C 23.18, juris, Rn. 36.

haltungsbedürftige Informationen bereits vom Zugangsantrag ausgeklammert werden.

Den Anwendungsbereich von § 7 Abs. 2 Satz 2 IFG selbst hat das Bundesverwaltungsgericht auf Fälle beschränkt, in denen es dem Antragsteller nur auf die mit den Daten Dritter im Zusammenhang stehenden allgemeinen Informationen ankommt.[22] Eine solche Fallgestaltung liege beim Zugang zu materiellen Personalakten, die per definitionem einen unmittelbaren Bezug zu dem Dienstverhältnis einer konkreten Person haben, nicht vor. In solchen Fällen entziehe das Einverständnis zur Schwärzung dem Dritten seine – über das Drittbeteiligungsverfahren nach § 8 IFG abgesicherte – Dispositionsbefugnis und überantworte die Wahrnehmung seiner Interessen der „Schwärzungskunst und -sorgfalt" der Behörde; damit wäre dem vom Gesetz gewollten Schutz nicht hinreichend Rechnung getragen.

Hingegen ist gemäß dem Hessischen VGH § 7 Abs. 2 Satz 1 IFG analog anzuwenden, wenn ein Anspruch auf Informationszugang vollständig begründet ist und dennoch ein unverhältnismäßiger Verwaltungsaufwand verursacht wird.[23] Ein Analogieverbot lasse sich dem IFG nicht entnehmen. Es sei auch eine ausfüllungsbedürftige Regelungslücke gegeben. Dass auch ein vollständig begründeter Anspruch auf Informationszugang ggf. einen unverhältnismäßigen Verwaltungsaufwand auslösen kann, habe der Normgeber zumindest ausweislich der Gesetzesbegründung nicht gesehen.

In demselben Verfahren hat der Hessische VGH die von der Bundesanstalt für Finanzdienstleistungsaufsicht zu leistende manuelle Durchsicht von ca. 758.750 Blatt einem nur beschränkten Erkenntnisgewinn für den Antragsteller gegenübergestellt und damit den Verwaltungsaufwand als unverhältnismäßig angesehen.[24]

6. Ausschlussgründe

a. Kontroll- oder Aufsichtsaufgaben der Finanz-, Wettbewerbs- und Regulierungsbehörden – § 3 Nr. 1 Buchst. d IFG

Der Anspruch auf Informationszugang besteht gemäß § 3 Nr. 1 Buchst. d IFG nicht, wenn das Bekanntwerden der Information nachteilige Auswirkungen auf Kontroll- oder Aufsichtsaufgaben der Finanz-, Wettbewerbs- und Regulierungsbehörden haben kann.

---

22 BVerwG, a.a.O., Rn. 23.
23 HessVGH, Urteil vom 28.2.2019 – 6 A 1805/16, juris, Rn. 115.
24 HessVGH, a.a.O., Rn. 116.

Von der Möglichkeit derartiger Auswirkungen ist nach Auffassung des Bundesverwaltungsgerichts auszugehen, wenn aufgrund der konkreten Umstände die Beeinträchtigung der genannten Aufgaben mit hinreichender Wahrscheinlichkeit zu erwarten ist.[25] Hierfür sei eine auf konkreten Tatsachen beruhende prognostische Bewertung erforderlich. Bei Vorgängen, die einer typisierenden Betrachtungsweise zugänglich sind, könne eine solche Einschätzung auf allgemeinen Erfahrungswerten beruhen. Hierauf bezogene nachvollziehbare Darlegungen seien nicht etwa deswegen entbehrlich, weil die Vorschriften über das von den Aufsichtsbehörden zu wahrende Berufsgeheimnis und damit die strikte Beachtung der gesetzlichen Verschwiegenheitspflichten zur Funktionsfähigkeit einer effektiven Aufsichtstätigkeit beitragen, indem sie die Kooperationsbereitschaft der beaufsichtigten Unternehmen fördern. Denn dieser Wirkungsmechanismus im Sinne der Schaffung eines Vertrauensverhältnisses zwischen dem Bürger bzw. den der Aufsicht unterliegenden Unternehmen einerseits und der Verwaltung andererseits sei im Rahmen der gesetzlichen Regelungen über die Verschwiegenheitspflichten bzw. das Amtsgeheimnis zu beachten. Anderenfalls würden durch eine großzügige Anwendung des § 3 Nr. 1 Buchst. d IFG die sach- und problembezogenen speziellen Vorschriften überspielt.

b. Durchführung eines Gerichts- oder Ermittlungsverfahrens – § 3 Nr. 1 Buchst. g IFG

Nach § 3 Nr. 1 Buchst. g IFG besteht der Anspruch auf Informationszugang nicht, wenn das Bekanntwerden der Information nachteilige Auswirkungen auf die Durchführung eines laufenden Gerichtsverfahrens haben kann.

Ein parlamentarisches Untersuchungsverfahren nach Art. 44 GG wird nach Auffassung des Bundesverwaltungsgerichts von diesem Ausschlussgrund nicht erfasst, weil Untersuchungsausschüsse als Instrumente parlamentarischer Kontrolle keine rechtsprechende Gewalt ausübten.[26]

---

25 BVerwG, Urteil vom 10.4.2019 – 7 C 22.18, juris, Rn. 33; Urteil vom 10.4.2019 – 7 C 23.18, juris, Rn. 30.
26 BVerwG, Urteil vom 28.2.2019 – 7 C 20.17, juris, Rn. 35.

c. Öffentliche Sicherheit – § 3 Abs. 2 IFG

Der Anspruch auf Informationszugang besteht gemäß § 3 Abs. 2 IFG nicht, wenn das Bekanntwerden der Information die öffentliche Sicherheit gefährden kann.

Das OVG Nordrhein-Westfalen hat die nach dem IFG NRW gleichermaßen geschützte öffentliche Sicherheit als beeinträchtigt erachtet, sofern dem Antragsteller Zugang zu dem bei der Landesanstalt für Medien Nordrhein-Westfalen vorhandenen Rechtsgutachten „Aufsichtsrechtliche Verfolgbarkeit von vermeintlich im Ausland befindlichen Content-Providern sowie dritten Beteiligten" gewährt werden würde.[27] Durch den Zugang würden Bestimmungen des Jugendmedienschutz-Staatsvertrags und damit zugleich auch die Effektivität der Aufgabenwahrnehmung durch die Landesanstalt für Medien Nordrhein-Westfalen konkret beeinträchtigt. Das Gutachten stelle die Grundlage für das Vorgehen gegen Content-Provider dar, die sich dem Zugriff der deutschen Behörden durch Verschleierung der Unternehmensverhältnisse zu entziehen versuchen. Wären diese Content-Provider mit der Vorgehensweise der Landesanstalt für Medien Nordrhein-Westfalen vertraut oder würden sie die von ihr typischerweise in Betracht gezogenen Ermittlungsmaßnahmen kennen, könnten sie sich darauf einstellen und dem der Beachtung des Jugendmedienschutz-Staatsvertrags dienenden Handeln der Landesanstalt für Medien Nordrhein-Westfalen damit seine Effektivität nehmen.

d. Vertraulichkeit von Beratungen – § 3 Nr. 3 Buchst. b IFG

Gemäß § 3 Nr. 3 Buchst. b IFG besteht der Anspruch auf Informationszugang nicht, wenn und solange die Beratungen von Behörden beeinträchtigt werden.

Das Bundesverwaltungsgericht hat das Votum des Berichterstatters einer Beschlussabteilung des Bundeskartellamts zur Vorbereitung einer Entscheidung über ein Zusammenschlussvorhaben zweier Zeitungsverlage als nach dieser Vorschrift von einem Informationszugang ausgeschlossen angesehen. Dieses Votum stelle einen zentralen Bestandteil des Beratungsvorgangs dar.[28] Es sei regelmäßig der „erste Aufschlag", der die anderen Mitglieder der Beschlussabteilung in die Lage versetze, hierauf zu reagieren, den Vorschlag und die ihm zugrunde liegenden Überlegungen zu kommentieren, ihnen zu widersprechen oder zuzustim-

---

27 OVG Nordrhein-Westfalen, Beschluss vom 6.12.2019 – 15 A 3909/18, juris, Rn. 25 f.
28 BVerwG, Urteil vom 9.5.2019 – 7 C 34.17, juris, Rn. 15.

men. Zwar werde es von einem einzelnen Autor (dem Berichterstatter) vor der mündlichen Beratung erstellt und mag daher ohne Dialog entstanden sein. Auf die Entstehung komme es aber nicht an, sondern auf seinen Zweck und seine Verwendung. Das Votum bilde den zentralen Bestandteil des Dialogs der Beschlussabteilung; durch das Votum werde die spätere Beratung strukturiert und gelenkt. Dadurch, dass vorliegend das Votum von einem Mitglied des zur Entscheidung berufenen und unabhängigen Kollegialorgans für die Beratung dieses Gremiums erstellt wird, unterscheide es sich z.b. von (Ausschuss)Vorlagen, die nicht selbst entscheidungsbefugte Verwaltungsmitarbeiter für Beratungen erstellen.

Dieser Beratungsvorgang wäre auch über den Abschluss des konkreten Verfahrens hinaus gefährdet, wenn das schriftliche Votum als maßgeblicher Beratungsbeitrag eines Mitglieds der Beschlussabteilung, die als Kollegialorgan entscheidet, der Öffentlichkeit zugänglich gemacht würde und der getroffenen Entscheidung gegenübergestellt werden könnte.[29] So könnten Rückschlüsse auf den Prozess der Meinungsbildung innerhalb des Kollegialorgans ermöglicht werden, die der offenen Meinungsbildung in zukünftigen Verfahren abträglich sind. Im Wissen um die spätere Publizität wäre ein offener und unbefangener Meinungsaustausch, in dessen Rahmen auch noch nicht abschließend durchdachte Argumente in das Votum und die Diskussion einfließen, nicht gewährleistet. Das würde die Qualität und die gesetzlich vorgesehene Art der Entscheidungsfindung beeinträchtigen. Ein Berichterstatter wäre bei der Abfassung seines Votums gezwungen, nicht nur die für das konkrete Zusammenschlussverfahren maßgeblichen Aspekte in den Blick zu nehmen, sondern er müsste zugleich erwägen, welchen Einfluss die nachträgliche Publizität des Votums auf andere Verfahren und gegebenenfalls auch auf seine Rolle bei weiteren Berichterstattungen für das Bundeskartellamt haben könnte. Es sei in dem konkreten Fall nicht ersichtlich, dass bereits ein Zeitraum verstrichen wäre, der diese Umstände entfallen ließe.

In einem anderen Verfahren hat das Bundesverwaltungsgericht bestätigt, dass der Versagungsgrund des § 3 Nr. 3 Buchst. b IFG – soweit seine tatbestandlichen Voraussetzungen reichen – einfachgesetzlich auch den verfassungsrechtlich garantierten Schutz des Kernbereichs exekutiver Eigenverantwortung verwirkliche. Klarzustellen war insoweit, dass der von § 3 Nr. 3 Buchst. b IFG gewährte absolute Schutz auch den Kernbereichsschutz erfasst und dieser daher – anders als die Vorinstanz meint – keiner Abwägung mit einem gegenläufigen Interesse an der Offenbarung der begehrten amtlichen Informationen zugänglich ist.[30] Das vom

---

29 BVerwG, a.a.O., Rn. 22.
30 BVerwG, Urteil vom 13.12.2018 – 7 C 19.17, juris, Rn. 18 ff.

Bundesverfassungsgericht zum Kernbereichsschutz angenommene Erfordernis einer Interessenabwägung diene dem Ausgleich interorganschaftlicher Rechtsbeziehungen zwischen Regierung und Parlament. Um einen solchen Ausgleich gehe es aber im Rahmen von § 3 Nr. 3 Buchst. b IFG nicht. Es gebe keinen Gleichlauf des Informationsrechts des privaten Antragstellers nach dem IFG mit dem Informationsrecht des Parlaments.

Dieser Kernbereich sei bei einem Zugang zu einem Kurzprotokoll einer Kabinettssitzung der Bundesregierung zu einem Gesetzentwurf betroffen.[31] Die Kabinettssitzung sei der genuine Raum der Bundesregierung für Beratungen. Deren Vertraulichkeit sei eine wesentliche Rahmenbedingung für die Funktionsfähigkeit der Regierung. Sie garantiere und schütze einen unbefangenen und freien Meinungsaustausch der Kabinettsmitglieder. Dazu gehöre auch die Möglichkeit, vorläufige und noch nicht ausgereifte oder pointierte Argumente in die Entscheidungsfindung einzubringen, die wegen anderer Überzeugungen oder mit Rücksicht auf eine Konsensfindung wieder verworfen werden. Vor diesem Hintergrund sei evident, dass eine Offenlegung des Protokolls die Funktionsfähigkeit der Regierung beeinträchtigen könne, weil die Kabinettsmitglieder sich nicht mehr offen und unbefangen äußern würden, wenn sie damit rechnen müssten, dass das Protokoll nach Abschluss des Gesetzgebungsverfahrens öffentlich zugänglich wäre. Für die Schutzwürdigkeit des Protokolls komme es weder auf den konkreten Beratungsgegenstand bzw. dessen politische Brisanz noch den Zeitablauf seit der Beschlussfassung durch das Kabinett oder die fehlende Schutzwürdigkeit der Kabinettsmitglieder als „exponierte Spitzenpolitiker" an. Der Schutz ziele auf den Entscheidungsprozess und die Akzeptanz der getroffenen (einheitlichen) Entscheidung und – damit zusammenhängend – die Bewahrung der Autorität der sich beratenden Stelle. Die Bundesregierung als das kollegial gebildete Verfassungsorgan, das maßgeblich an der Aufgabe der Staatsleitung teilhat, könne nur dann gegenüber den gesetzgebenden Körperschaften bestehen, wenn es „mit einer Stimme spricht"; für „Minderheitenauffassungen" innerhalb der Bundesregierung sei im Rahmen des Rechtsetzungsverfahrens kein Raum.

e. Besonderer Geheimnisschutz – § 3 Nr. 4 IFG

Der Anspruch auf Informationszugang besteht gemäß § 3 Nr. 4 IFG nicht, wenn die Information einer durch Rechtsvorschrift oder durch die Allgemeine Verwaltungs-

---

[31] BVerwG, a.a.O., Rn. 24 f.

vorschrift zum materiellen und organisatorischen Schutz von Verschlusssachen geregelten Geheimhaltungs- oder Vertraulichkeitspflicht oder einem Berufs- oder besonderen Amtsgeheimnis unterliegt.

(1) § 9 Abs. 1 KWG und § 21 Abs. 1 WpHG

Das Bundesverwaltungsgericht hat in verschiedenen Verfahren einen Schlussstrich gezogen unter die kontrovers diskutierte Frage nach der Reichweite des in § 9 Abs. 1 KWG[32] und § 21 Abs. 1 WpHG[33] n.F. (§ 8 Abs. 1 WpHG a.F.) verankerten Geheimnisschutzes. Der Wortlaut der beiden Normen sieht vor, dass die bei der Bundesanstalt für Finanzdienstleistungsaufsicht beschäftigten Personen ihnen bei ihrer Tätigkeit bekannt gewordene Tatsachen, deren Geheimhaltung im Interesse eines beaufsichtigten Instituts oder eines Dritten liegt, insbesondere Betriebs- und Geschäftsgeheimnisse, nicht unbefugt offenbaren dürfen. Nunmehr steht höchstrichterlich fest, dass diese Normen aufgrund der gebotenen richtlinienkonformen Auslegung über den Wortlaut hinausgehend auch das sogenannte „aufsichtsrechtliche Geheimnis" schützen.[34] Dieses aufsichtsrechtliche Geheimnis erstreckt sich auf Informationen, die nicht öffentlich zugänglich sind und bei deren Weitergabe die Gefahr einer Beeinträchtigung des Funktionierens der unionsrechtlich geregelten Finanzmarktaufsicht bestünde. Hierzu gehören etwa die von den zuständigen Behörden angewandten Überwachungsmethoden, die Korrespondenz und der Informationsaustausch der verschiedenen zuständigen Behörden untereinander sowie zwischen ihnen und den beaufsichtigten Unternehmen und alle sonstigen nicht-öffentlichen Informationen über den Stand der beaufsichtigten Märkte und die dort ablaufenden Transaktionen.

(2) § 43a Abs. 2 BRAO und § 43 Abs. 1 WPO

Das OVG Berlin-Brandenburg hat sich in mehreren Entscheidungen mit den Berufsgeheimnissen der Rechtsanwälte und Wirtschaftsprüfer befasst.

---

32 Gesetz über das Kreditwesen (Kreditwesengesetz) vom 10.7.1961 i.d.F. der Bekanntmachung vom 9.9.1998, BGBl. I S. 2776.
33 Gesetz über den Wertpapierhandel (Wertpapierhandelsgesetz) vom 26.7.1994 i.d.F. der Bekanntmachung vom 9.9.1998, BGBl. I S. 2708.
34 BVerwG, Urteil vom 10.4.2019 – 7 C 22.18, juris, Rn. 22 ff.; Urteil vom 10.4.2019 – 7 C 23.18, juris, Rn. 21 ff.; Urteil vom 30.10.2019 – 10 C 20.19, juris, Rn. 15 ff.; Urteil vom 30.10.2019 – 7 C 21.19, juris, Rn. 15 ff.

So hat es die von der Vorinstanz vertretene Auffassung, die in § 43a Abs. 2 BRAO[35] normierte Schweigepflicht eines von der informationspflichtigen Stelle beauftragten Rechtsanwalts sei kein Berufsgeheimnis i.S. des § 3 Nr. 4 IFG, da die Behörde alleinige Herrin des Geheimnisses sei, zurückgewiesen.[36] Die Verschwiegenheitspflicht des Rechtsanwalts beziehe sich nicht nur auf solche Angelegenheiten, hinsichtlich derer sein Mandant selbst nicht zur Auskunft verpflichtet ist. Denn die Verschwiegenheitspflicht des Rechtsanwalts bestehe nicht allein im Interesse des Mandanten, sondern auch im eigenen beruflichen Interesse des Rechtsanwalts. Er würde von Mandanten nicht gleichermaßen konsultiert und informiert, könnten diese auf seine Verschwiegenheitspflicht nicht vertrauen. Sie sei entsprechend grundrechtlich durch Art. 12 Abs. 1 GG geschützt; in § 2 Abs. 1 BORA[37] sei zudem ausdrücklich auch die Berechtigung des Rechtsanwalts zur Verschwiegenheit festgelegt. Ferner liege die Verschwiegenheitspflicht im Interesse der Allgemeinheit an einer wirksamen und rechtsstaatlich geordneten Rechtspflege, sodass sie auch insoweit über das individuelle Interesse eines Mandanten hinausreiche. Diese Schutzzwecke seien betroffen, wenn eine das Mandat betreffende Auskunftspflicht sich gegen den Mandanten des Rechtsanwalts richten würde, da eine offene und freie Kommunikation zwischen beiden mit Blick auf eine drohende Preisgabe der Informationen auch in diesem Fall gefährdet sei. Auch sei die informationspflichtige Stelle nicht allein Herrin des Geheimnisses. Nach § 241 Abs. 2 BGB und dem mit dem Rechtsanwalt geschlossenen Vertrag sei die Stelle verpflichtet, auf dessen Interessen Rücksicht zu nehmen. Dazu zähle auch das berechtigte Interesse des Rechtsanwalts an der Geheimhaltung der herausverlangten Informationen, sofern deren Bekanntwerden z.B. geeignet sei, die Wettbewerbsposition des Anwalts zu schwächen.

Diese Rechtsprechung zur Verschwiegenheitspflicht der Rechtsanwälte hat das OVG Berlin-Brandenburg im Wesentlichen auch auf die Verschwiegenheitspflicht der Wirtschaftsprüfer nach § 43 Abs. 1 WPO[38] angewendet.[39] Sie schützt neben dem allgemeinen Vertrauen der Öffentlichkeit in den Berufsstand der Wirtschaftsprüfer regelmäßig aber nur den Auftraggeber. An der Weitergabe von Tatsachen, die allein Dritte betreffen, zu denen kein Mandatsverhältnis besteht, sei der Wirt-

---

35 Bundesrechtsanwaltsordnung vom 1.8.1959.
36 OVG Berlin-Brandenburg, Urteil vom 21.2.2019 – OVG 12 B 15.18, juris, Rn. 13 ff. Ebenso Beschluss vom 20.12.2019 – OVG 6 S 58.19, juris, Rn. 16.
37 Berufsordnung der Rechtsanwälte.
38 Wirtschaftsprüferordnung.
39 OVG Berlin-Brandenburg, Urteil vom 1.8.2019 – OVG 12 B 34.18, juris, Rn. 31.

schaftsprüfer grundsätzlich nicht gehindert. Die Schweigepflicht entfalle zudem, wenn der Mandant als Begünstigter auf sie verzichtet; ein eigenes Geheimhaltungsinteresse des Wirtschaftsprüfers bestehe in der Regel nicht.

Allerdings hat das Gericht auch auf eine bedeutsame Ausnahme von dem auf den genannten Berufspflichten beruhenden Geheimnisschutz aufmerksam gemacht. Von den Fällen, in denen die öffentliche Hand einen Berufsgeheimnisträger nicht anders als ein Privater beauftragt, seien solche Fallgestaltungen abzugrenzen, in denen sich gemäß § 1 Abs. 1 Satz 3 IFG die öffentliche Hand eines Berufsgeheimnisträgers zur Erfüllung ihrer öffentlichen Aufgaben bedient, ihn also zum Verwaltungshelfer macht.[40] Steht ein Privater unter den in § 1 Abs. 1 Satz 3 IFG genannten Voraussetzungen einer Behörde gleich, könne sich die anspruchsverpflichtete und nach § 7 Abs. 1 Satz 2 IFG auch entscheidungszuständige Behörde gegenüber der Gewährung des Zugangs zu dabei entstandenen oder auf die Tätigkeit zurückzuführenden Informationen nicht auf die allgemeine Verschwiegenheitspflicht des Berufsstandes berufen, dem der als Verwaltungshelfer tätig gewordene Beauftragte angehört. Nach Sinn und Zweck des § 1 Abs. 1 Satz 3 IFG, den Anspruch auf Informationszugang auch bei der Einbeziehung von Privatrechtssubjekten in die Erfüllung öffentlich-rechtlicher Aufgaben umfassend auszugestalten, handele es sich um amtliche Informationen, die dem Berufsgeheimnis nicht anspruchsausschließend unterliegen. Eine andere Betrachtungsweise würde dazu führen, dass durch die Formenwahl der Wahrnehmung öffentlich-rechtlicher Aufgaben der Umfang der Informationspflicht von der Behörde gesteuert werden könnte, weil sie im eigenen Aufgabenkreis, in dem sie sich auf eine allgemeine Verschwiegenheitspflicht ihrer Bediensteten nicht berufen kann, über das durch § 3 Nr. 4 IFG geschützte Berufsgeheimnis des von ihr eingesetzten Verwaltungshelfers einen Anspruchsausschluss herbeiführen könnte. Dieses Ergebnis stünde im Widerspruch zu der informationsrechtlichen Gleichstellung von Privaten und Behörden, die § 1 Abs. 1 Satz 3 IFG anordnet. Der Private stünde bei dieser Rechtsfolge einer Behörde nicht mehr gleich. Für den Anspruch auf Informationszugang ausschlaggebend wäre vielmehr die allein den Berufsgeheimnisträger treffende Verschwiegenheitspflicht, wenn die Informationen, die bei der Erfüllung öffentlich-rechtlicher Aufgaben im Sinne der genannten Vorschrift anfallen, umfassend dem Berufsgeheimnis unterlägen. Im Ergebnis würde die Einbeziehung Privater in die Erledigung der der Behörde obliegenden Aufgaben mithin zu einem Informationsverlust gegenüber den Fällen führen, in denen die Behörde die ihr obliegenden öffentlich-rechtlichen Aufgaben selbst wahrnimmt.

---

40 OVG Berlin-Brandenburg, a.a.O., Rn. 33 ff.

Hieran soll sich – so das Gericht – auch dann nichts ändern, wenn der Verwaltungshelfer zugleich für eine andere, nicht dem IFG unterfallende Landesbehörde tätig wird.[41] Anderenfalls verlöre die durch § 1 Abs. 1 Satz 3 IFG angeordnete Rechtsfolge im zentralen Anwendungsbereich dieser Norm ihre Bedeutung. Dies gelte selbst dann, wenn eine neu geschaffene landesrechtliche Vorschrift anordnet, dass die bei der Bundesstelle herausverlangten Informationen des Verwaltungshelfers der Vertraulichkeit unterliegen. Es sei mit der Kompetenzverteilung zwischen Bund und Ländern (Art. 30 GG) unvereinbar, wenn durch ein Bundesland nachträglich ein grundsätzlich vom Bundesgesetzgeber für seinen Zuständigkeitsbereich eröffneter Informationszugang wieder verschlossen würde.

(3) § 22 Abs. 3 GOBReg

Das Bundesverwaltungsgericht hat bestätigt, dass § 22 Abs. 3 GOBReg keine Rechtsvorschrift i.S.v. § 3 Nr. 4 IFG darstellt.[42] Dieser Begriff erfasse nur Normen mit Außenwirkung. Die Geschäftsordnung der Bundesregierung enthalte ungeachtet der umstrittenen Frage nach ihrer rechtlichen Qualifizierung als Verfassungssatzung, Norm „sui generis" oder „autonome Satzung" nur Regierungsinnenrecht und berechtige und verpflichte als solches nur die Mitglieder der Bundesregierung; das rechtliche Verhältnis zu anderen Bundesorganen oder zum Bürger betreffe sie nicht. Zwar habe die Geschäftsordnung insoweit „begrenzte Außenwirkung", als auch andere Personen, die über die Regierungsmitglieder hinaus an Kabinettssitzungen teilnehmen oder an der Vorbereitung beteiligt sind, hieran gebunden sind. Diese Bindung beruhe jedoch nicht auf ihrer Geltung als autonomes Recht, sondern auf dem Weisungsrecht der Mitglieder der Bundesregierung gegenüber ihren Beamten und dem Hausrecht des Bundeskanzlers als geborenem Leiter der Kabinettssitzung.

f. Vorübergehend beigezogene Information – § 3 Nr. 5 IFG

§ 3 Nr. 5 IFG sieht vor, dass der Anspruch auf Informationszugang nicht besteht hinsichtlich vorübergehend beigezogener Information einer anderen öffentlichen Stelle, die nicht Bestandteil der eigenen Vorgänge werden soll.

---

41 OVG Berlin-Brandenburg, a.a.O., Rn. 42 ff.
42 BVerwG, Urteil vom 13.12.2018 – 7 C 19.17, juris, Rn. 30 f.

Nach Ansicht des OVG Nordrhein-Westfalen meint die Voraussetzung „vorübergehend", dass die betreffende Information nur für einen begrenzten Zeitraum der durch den Informationsantrag in Anspruch genommenen Behörde des Bundes zur Verfügung steht.[43] Deshalb solle die betreffende Information nicht dauerhaft dem eigenen Informationsbestand der an sich informationspflichtigen Stelle des Bundes zugeführt werden. Maßgebend seien insoweit die Regeln ordnungsgemäßer Aktenführung.

g. Personenbezogene Daten – § 5 IFG

Zugang zu personenbezogenen Daten darf gemäß § 5 Abs. 1 Satz 1 IFG nur gewährt werden, soweit das Informationsinteresse des Antragstellers das schutzwürdige Interesse des Dritten am Ausschluss des Informationszugangs überwiegt oder der Dritte eingewilligt hat. Nach § 5 Abs. 2 IFG überwiegt das Informationsinteresse des Antragstellers nicht bei Informationen aus Unterlagen, soweit sie mit dem Dienst- oder Amtsverhältnis oder einem Mandat des Dritten in Zusammenhang stehen und bei Informationen, die einem Berufs- oder Amtsgeheimnis unterliegen.

Wie das Bundesverwaltungsgericht bestätigt hat, verweist § 5 Abs. 2 IFG zur Bestimmung seiner Reichweite nicht auf andere Vorschriften, die den Schutz personenbezogener Daten fachgesetzlich ausformen und gegebenenfalls einschränken, sondern setzt ihn für seinen Anwendungsbereich absolut.[44] Daher könne es dahinstehen, ob z.B. das Personalaktenrecht der Soldaten Durchbrechungen des Vertraulichkeitsschutzes vorsieht. Der im Rahmen des Informationsfreiheitsrechts gewährleistete umfassende Schutz könne (nur) durch eine Einwilligung des betroffenen Soldaten nach § 5 Abs. 1 Satz 1 IFG überwunden werden.

Das Bundesverwaltungsgericht hat das Interesse der Kabinettsmitglieder, der Chefs des Bundeskanzleramtes, des Bundespräsidialamtes und des Bundespresseamtes sowie ihrer jeweiligen Vertreter an einer Geheimhaltung ihrer Namen und Funktionsbezeichnungen in der Teilnehmerliste zu einer Kabinettssitzung als nicht schutzwürdig erachtet.[45] Hierzu hat es die Wertung des § 5 Abs. 4 IFG, wonach funktionsbezogene Daten von Bearbeitern vom Abwägungserfordernis des § 5 Abs. 1 Satz 1 IFG ausgenommen sind, soweit sie Ausdruck und Folge der amtlichen Tätigkeit sind und kein Ausnahmetatbestand erfüllt ist, herangezogen.

---

43 OVG Nordrhein-Westfalen, Urteil vom 22.5.2019 – 15 A 873/18, juris, Rn. 122.
44 BVerwG, Urteil vom 28.2.2019 – 7 C 20.17, juris, Rn. 22.
45 BVerwG, Urteil vom 13.12.2018 – 7 C 19.17, juris, Rn. 43 ff.

Zwar handele es sich bei den genannten Personen nicht um Bearbeiter i.S. des § 5 Abs. 4 IFG. Wenn aber nach der gesetzlichen Wertung des § 5 Abs. 4 IFG schon jeglicher Sachbearbeiter kein schutzwürdiges Interesse daran hat, dass die personenbezogenen Daten, die mit seiner dienstlichen Tätigkeit in einem konkreten Vorgang zusammenhängen, vertraulich bleiben, müsse dies erst recht für die ranghohen und exponierten Teilnehmer an einer Kabinettssitzung gelten.

Den Bearbeitern nach § 5 Abs. 4 IFG stehen nach Auffassung des OVG Berlin-Brandenburg in den Fällen des § 1 Abs. 1 Satz 3 IFG diejenigen Mitarbeiter einer juristischen Person des Privatrechts gleich, die an der Erfüllung der öffentlich-rechtlichen Aufgaben mitgewirkt haben.[46]

In einem gegen das Bundeskartellamt geführten Verfahren überwog nach Auffassung des OVG Nordrhein-Westfalen das Informationsinteresse des Antragstellers das Interesse des Drittbetroffenen am Schutz seiner personenbezogenen Daten.[47] Der Antragsteller begehrte den Informationszugang zur Substantiierung von Kausalität und Schadenshöhe einer von ihm gegen den Dritten geführten wettbewerbsrechtlichen Schadensersatzklage. Damit stehe im Hintergrund des Informationsbegehrens des Antragstellers nicht nur ein privates, sondern auch ein gewichtiges öffentliches Interesse. Denn wettbewerbsrechtliche Schadensersatzklagen dienten zugleich der Durchsetzung und Effektivierung des Wettbewerbsrechts.

Im IFG NRW ist anders als im IFG des Bundes eine allgemeine Abwägung zwischen schutzwürdigen Belangen des Betroffenen und dem Informationsinteresse der Allgemeinheit nicht vorgesehen. Es ist aber eine Abwägung eröffnet, wenn der Antragsteller ein rechtliches Interesse an der Kenntnis der begehrten Information geltend macht. Ein solches Interesse erfordert nach Auffassung des OVG Nordrhein-Westfalen das Bestehen eines unmittelbaren Zusammenhangs mit Rechtsverhältnissen des Auskunftsbegehrenden.[48] Die Kenntnis der Daten müsse zur Verfolgung von eigenen Rechten oder zur Abwehr von gegen ihn erhobenen Ansprüchen erforderlich sein.

Das Bundesverwaltungsgericht hat bestätigt, dass § 5 IFG keinen postmortalen Persönlichkeitsschutz vermittelt.[49] Die Auslegung des Begriffs der personenbezo-

---

46 OVG Berlin-Brandenburg, Urteil vom 1.8.2019 – OVG 12 B 34.18, juris, Rn. 54.
47 OVG Nordrhein-Westfalen, Urteil vom 22.5.2019 – 15 A 873/18, juris, Rn. 160.
48 OVG Nordrhein-Westfalen, Beschluss vom 6.2.2019 – 15 E 1026/18, juris, Rn. 49; Beschluss vom 7.11.2019 – 15 E 863/19, juris, Rn. 19.
49 BVerwG, Urteil vom 28.2.2019 – 7 C 20.17, juris, Rn. 31. Ebenso VGH Baden-Württemberg, Urteil vom 21.3.2019 – 10 S 397/18, juris, Rn. 28.

genen Daten richte sich nach der Begriffsbestimmung des Art. 4 Nr. 1 DSGVO,[50] wonach „personenbezogene Daten" alle Informationen sind, die sich auf eine identifizierte oder identifizierbare natürliche Person beziehen. Natürliche Personen in diesem Sinne seien allerdings nur lebende Personen. Im gleichen Sinne sei auch § 5 Abs. 2 IFG zu verstehen.

h. Verfügen und Beschaffungsmöglichkeit des Antragstellers – § 9 Abs. 3 IFG

Nach § 9 Abs. 3 IFG kann der Informationsantrag abgelehnt werden, wenn der Antragsteller bereits über die begehrten Informationen verfügt oder sich diese in zumutbarer Weise aus allgemein zugänglichen Quellen beschaffen kann.

In einem Verfahren vor dem Bundesverwaltungsgericht ging es insoweit um die Frage, ob sich der Antragsteller die Kenntnis seines Rechtsanwaltes, dem die begehrten Informationen aus einem anderen Mandat bekannt waren, zurechnen lassen muss. Die Vorinstanz hatte dies unter Hinweis auf die anwaltliche Verschwiegenheitspflicht nach § 43a Abs. 2 BRAO verneint und war insoweit auch nicht der Frage nachgegangen, ob der andere Mandant – wie von dem Rechtsanwalt behauptet – keine Zustimmung zur Weitergabe der Informationen erteilt hat. Das Bundesverwaltungsgericht hat hierin einen Verstoß gegen Bundesrecht erkannt.[51] Für die Handlungsfähigkeit des Anwalts sei von ausschlaggebender Bedeutung, wer über die Verschwiegenheitspflicht disponieren kann und folglich das Einverständnis zur Offenbarung der Information zu erteilen hat. Dies sei immer der Mandant, und zwar auch im Hinblick auf solche Informationen, die nicht unmittelbar den Mandanten, sondern einen Dritten betreffen.

In einem Verfahren vor dem OVG Nordrhein-Westfalen ist dem Antragteller der Zugang zu den begehrten Informationen auf der Grundlage des IFG NRW verwehrt worden mit dem Hinweis, er könne sie einem u.a. in der Gerichtsbibliothek des Landgerichts am Wohnort des Antragstellers vorgehaltenen Buch entnehmen.[52] Dasselbe Gericht hat einen Antragsteller in einem weiteren Verfahren auf die Möglichkeit verwiesen, bestimmte Beschlüsse des Präsidiums eines Landgerichts auf der Geschäftsstelle des Landgerichts einzusehen.[53]

---

50 Verordnung (EU) Nr. 2016/679 des Europäischen Parlaments und des Rates vom 27.4.2016 zum Schutz natürlicher Personen bei der Verarbeitung personenbezogener Daten, zum freien Datenverkehr und zur Aufhebung der Richtlinie 95/46/EG, ABl. EU L 119 S. 1.
51 BVerwG, Urteil vom 10.4.2019 – 7 C 23.18, juris, Rn. 27 ff.
52 OVG Nordrhein-Westfalen, Beschluss vom 6.2.2019 – 15 E 1026/18, juris, Rn. 26.
53 OVG Nordrhein-Westfalen, Beschluss vom 13.5.2019 – 15 E 324/19, juris, Rn. 20.

II. Umweltinformationsgesetz

1. Anspruchsverpflichtung – § 2 Abs. 1 UIG

Gemäß § 2 Abs. 1 Nr. 1 Satz 3 Buchst. a UIG gehören zu den informationspflichtigen Stellen nicht die obersten Bundesbehörden, soweit und solange sie im Rahmen der Gesetzgebung tätig werden.

Das OVG Berlin-Brandenburg hat die Auffassung der Vorinstanz bestätigt, dass diese Ausnahme von der Informationspflichtigkeit von obersten Bundesbehörden nur für eine Tätigkeit im Rahmen der Gesetzgebung auf nationaler Ebene, nicht aber auf europäischer Ebene gilt.[54] Zwar unterscheide die Norm nach ihrem Wortlaut nicht ausdrücklich zwischen der Gesetzgebung auf nationaler und supranationaler Ebene. Die Gesetzesbegründung ziele allerdings nur auf die nationale Gesetzgebung. Eine Einbeziehung der europäischen Rechtssetzungsebenen in die Bereichsausnahme des UIG sei auch nicht als Ergebnis einer Parallelwertung der Regelungen des europäischen Rechts für den Zugang zu Umweltinformationen (Verordnung (EG) Nr. 1367/2006[55] i.V.m. der Verordnung (EG) Nr. 1049/2001[56]) veranlasst. Diesen Regelungen liege ein anderes Konzept mit geringerem Schutzniveau und dem Ziel größerer Transparenz zugrunde.

2. Anspruchsgegenstand – § 2 Abs. 3 UIG

Der Hessische VGH hat die Akte eines Ordnungswidrigkeitsverfahrens wegen vermeidbaren Fluglärms als Umweltinformation angesehen.[57] Sie enthalte Daten über den Faktor Lärm i.S. des § 2 Abs. 3 Nr. 2 UIG, und dieser Faktor wirke sich über die ihn ausmachenden Schallwellen physikalisch auf den Umweltbestandteil Luft i.S. des § 2 Abs. 3 Nr. 1 UIG aus. Weiterhin enthalte die Akte auch Daten i.S. des § 2 Abs. 3 Nr. 6 UIG über Maßnahmen und Tätigkeiten, die die Lebens-

---

54 OVG Berlin-Brandenburg, Urteil vom 29.3.2019 – OVG 12 B 13.18, juris, Rn. 38 ff.; Urteil vom 29.3.2019 – OVG 12 B 14.18, juris, Rn. 34 ff.
55 Verordnung (EG) Nr. 1367/2006 des Europäischen Parlaments und des Rates vom 6.9.2006 über die Anwendung der Bestimmungen des Übereinkommens von Århus über den Zugang zu Informationen, die Öffentlichkeitsbeteiligung an Entscheidungsverfahren und den Zugang zu Gerichten in Umweltangelegenheiten auf Organe und Einrichtungen der Gemeinschaft, ABl. EU L 264 S. 13.
56 Verordnung (EG) Nr. 1049/2001 des Europäischen Parlaments und des Rates vom 30.5.2001 über den Zugang der Öffentlichkeit zu Dokumenten des Europäischen Parlaments, des Rates und der Kommission (sog. Transparenzverordnung), ABl. EU L 145 S. 43.
57 HessVGH, Beschluss vom 22.5.2019 – 9 A 1480/17.Z, juris, Rn. 11 ff.

bedingungen des Menschen betreffen, soweit sie vom Faktor Lärm betroffen sind oder sein können. Schließlich enthalte die Akte auch Daten i.S. des § 2 Abs. 3 Nr. 3 Buchst. a UIG über Maßnahmen und Tätigkeiten, die sich auf den Faktor Lärm auswirken oder jedenfalls auswirken können, da die angestellten OWi-Ermittlungen über ihre spezial- und generalpräventive Wirkung mittelbar der Verhinderung von vermeidbarem Fluglärm dienen.

Weiterhin hat das OVG Nordrhein-Westfalen die Genehmigung und den Betrieb einer Tierhaltungsanlage als umweltrelevante Maßnahmen bzw. Tätigkeiten i.S. des § 2 Sätze 1 und 3 UIG NRW[58] i.V.m. § 2 Abs. 3 Nr. 3 Buchst. a UIG angesehen.[59] Infolgedessen seien auch die in Rede stehenden Informationen aus den Genehmigungsunterlagen Umweltinformationen. Ebenso weise die bauliche Gestaltung der Ställe einen Umweltbezug auf, da auch sie Auswirkungen auf das Emissionsverhalten der Anlage haben könne.

Gegenstand eines auf der Grundlage des UVwG BW[60] beim Staatsministerium Baden-Württemberg gestellten Zugangsantrags war ein beamtenrechtlicher Vermerk über die öffentliche Äußerung eines Polizeibeamten zu einem Polizeieinsatz im Zusammenhang mit Baumfällungen für das Verkehrs- und Städtebauprojekt „Stuttgart 21". Entgegen der Vorinstanz handelt es sich hierbei nach Auffassung des Bundesverwaltungsgerichts nicht um eine Umweltinformation.[61] Es fehle am erforderlichen Umweltbezug. Der Vermerk könne sich nicht auf die Durchführung des Projekts „Stuttgart 21" wahrscheinlich auswirken. Sein Inhalt erschöpfe sich in einer beamtenrechtlichen Bewertung der öffentlich – gegenüber einem Fernsehsender – erfolgten, kritischen Äußerungen eines beteiligten Polizeibeamten. Die Annahme der Vorinstanz, der Umweltbezug folge daraus, dass die beamtenrechtliche Bewertung (Sanktionierung) „geeignet sei, das Ausmaß interner Kritik an der zukünftigen polizeilichen Flankierung weiterer Umwelteingriffe im Rahmen von Stuttgart 21 zu verringern", trage nicht. Dabei könne dahinstehen, ob nicht schon die Einschätzung, der Vermerk ließe interne Kritiker aus den Reihen der Polizei „verstummen", eher theoretisch und fernliegend ist. Selbst wenn die Annahme zuträfe, wäre dies für die Durchführung der planfestgestellten, umweltrelevanten Baumaßnahmen ohne Relevanz.

In demselben Verfahren ging es weiterhin auch um Unterlagen zur Kommunikationsstrategie der Deutsche Bahn AG betreffend das Projekt „Stuttgart 21". Durch diese Unterlagen sollten die Träger des Projekts in die Lage versetzt wer-

---

58 Umweltinformationsgesetz Nordrhein-Westfalen vom 29.3.2007, GV. NRW. S. 142.
59 OVG Nordrhein-Westfalen, Beschluss vom 13.3.2019 – 15 A 769/18, juris, Rn. 26.
60 Umweltverwaltungsgesetz Baden-Württemberg vom 25.11.2014, GBl. S. 592.
61 BVerwG, Urteil vom 8.5.2019 – 7 C 28.17, juris, Rn. 18.

den, durch gezielte Maßnahmen der Unternehmenskommunikation die öffentliche Akzeptanz der Baumaßnahmen zu erhöhen. Dies erfüllt nach Auffassung des Bundesverwaltungsgerichts den erforderlichen Umweltbezug. Maßgeblich sei, dass die Unterlagen die Umsetzung des Projekts mit vorbereiten.[62]

3. Verfahrensfragen

a. Art des Informationszugangs – § 3 Abs. 2 UIG

Nach § 3 Abs. 2 Satz 1 UIG kann der Zugang zu Umweltinformationen durch Auskunftserteilung, Gewährung von Akteneinsicht oder in sonstiger Weise eröffnet werden. Wird eine bestimmte Art des Informationszugangs beantragt, so darf dieser nur aus gewichtigen Gründen auf andere Art eröffnet werden, § 3 Abs. 1 Satz 2 UIG.

In einem Verfahren auf Zugang zu den Titeln sämtlicher Akten, die bei dem Bundesnachrichtendienst zum Thema Umweltschutz vorhanden sind, durch Übersendung einer entsprechenden Übersicht hatte der Bundesnachrichtendienst eingewandt, diese Übersicht sei bei ihm nicht vorhanden. Diese Sichtweise hat das Bundesverwaltungsgericht zurückgewiesen[63]. Anspruchsgegenstand seien die Aktentitel, und bei der begehrten Übersicht handele es sich um eine bestimmte Art des Zugangs. Dementsprechend habe die Behörde die begehrten Aktentitel derjenigen Verwaltungsvorgänge, die Umweltinformationen enthalten, gemäß § 3 Abs. 2 Satz 1 UIG in einer Übersicht zusammenzustellen und auf diese Weise dem Anspruchsteller zugänglich zu machen, wenn die Tatbestandsvoraussetzungen des Anspruchs auf Zugang zu Umweltinformationen gegeben sind und dem Begehren keine Ablehnungsgründe entgegenstehen.

b. Bestimmtheit des Antrags – § 4 Abs. 2 UIG

In dem vorstehend benannten Verfahren auf Zugang zu Umweltinformationen beim Bundesnachrichtendienst hat das Bundesverwaltungsgericht weiter Stellung genommen zu den Anforderungen, die gemäß § 4 Abs. 2 UIG an die Bestimmtheit des Antrags zu stellen sind.[64] Diese Anforderungen fänden ihre Grenze dort, wo

---

62 BVerwG, Urteil vom 8.5.2019 – 7 C 28.17, juris, Rn. 24.
63 BVerwG, Beschluss vom 11.6.2019 – 6 A 2.17, juris, Rn. 5.
64 BVerwG, a.a.O., Rn. 7 f.

der Antragsteller mangels Kenntnis nicht in der Lage ist, die begehrten Informationen durch die Benennung von Unterlagen zu konkretisieren. Daher seien an die Bestimmtheit des Antrags keine hohen Anforderungen zu stellen. Der Annahme hinreichender Bestimmtheit des Antrags stehe daher nach allgemeiner Auffassung nicht entgegen, dass der Antragsteller nicht die begehrten Umweltinformationen im Einzelnen, sondern nur die Verwaltungsvorgänge bezeichnen kann, auf die sich sein Zugangsbegehren bezieht. Es reiche aus, wenn der Antragsteller seinen Antrag in einem ersten Schritt darauf richtet, davon Kenntnis zu erlangen, dass und welche Informationen vorliegen, von deren Inhalt er sodann in einem zweiten Schritt im Wege der Akteneinsicht oder Auskunftserteilung Kenntnis erlangen könne. Demgegenüber erweise sich ein Antrag als zu unbestimmt, wenn er einen Bezug zu den in § 2 Abs. 3 UIG aufgeführten Umweltinformationen nicht hinreichend konkret erkennen lässt.

Gemessen hieran hat das Bundesverwaltungsgericht einen Antrag auf Zugang zu den Titeln der Akten zum Thema Umweltschutz als nicht hinreichend bestimmt angesehen.[65] Er lasse nicht hinreichend konkret erkennen, zu „welchen" Umweltinformationen i.S. von § 2 Abs. 3 UIG der Antragsteller Zugang begehrt. Die informationspflichtige Stelle sei bei diesem in keiner Weise eingegrenzten „Globalantrag" nicht in der Lage, die Voraussetzungen des Anspruchs und entgegenstehende Ablehnungsgründe zu prüfen; ebenso wenig könnte ein solcher Antrag aufgrund eines Urteils vollstreckt werden.

Damit stellt sich der 6. Senat des Bundesverwaltungsgerichts gegen die ganz herrschende Meinung im Schrifttum, wonach Globalanträge sehr wohl hinreichend bestimmt sind und allenfalls wegen des mit ihnen verbundenen Verwaltungsaufwands oder wegen einer Missbräuchlichkeit abgelehnt werden können.[66] Auch das OVG Nordrhein-Westfalen hat einen Antrag auf Einsichtnahme in alle Unterlagen, die der informationspflichtigen Stelle zu einer dritten Rechtsperson vorliegen, als hinreichend bestimmt erachtet, da klar sei, dass der Antragsteller den Zugang zu den gesamten bei der Stelle vorhandenen Informationen unabhängig davon begehrt, in welchen konkreten Akten diese Informationen enthalten sind.[67]

---

65 BVerwG, a.a.O., Rn. 9.
66 Zum IFG: *Gurlit*, Die Verwaltung 44 (2011), S. 75 (98); *Schoch*, IFG, 2016, § 7 Rn. 25 f.; *Blatt*, in: Brink/Polenz/Blatt, IFG, 2017, § 7 Rn. 13 f.; *Fluck*, in: Fluck/Fischer/Martini, Informationsfreiheitsrecht, Stand: Januar 2019, IFG, § 7 Rn. 47; *Sicko*, in: Gersdorf/Paal, Informations- und Medienrecht, Stand: Februar 2019, IFG, § 7 Rn. 15. Zum UIG: *Karg*, in: Gersdorf/Paal, Informations- und Medienrecht, Stand: Februar 2019, UIG, § 4 Rn. 6; *Ruttloff*, NVwZ 2019, 1212.
67 OVG Nordrhein-Westfalen, Urteil vom 30.1.2018 – 15 A 28/17, juris, Rn. 33, 35.

Das OVG Nordrhein-Westfalen hatte sich zudem mit Fragen der Bestimmtheit eines Zugangsantrags mit Blick auf das Verständnis der vom Antragsteller verwendeten Begrifflichkeiten zu befassen. Nach Auffassung des Gerichts war ein Antrag, mit dem die Einsichtnahme in näher bezeichnete Genehmigungsunterlagen für in dem Antrag aufgeführte 49 Tierhaltungsanlagen begehrt worden war, hinreichend bestimmt.[68] So sei insbesondere der Begriff „Genehmigungsbescheid" hinreichend bestimmt. Er umfasse bei objektivem Verständnis die Genehmigungsurkunde selbst, also den Bescheid einschließlich der zugehörigen Nebenbestimmungen. Weiterhin sei der Terminus „Emissionsgutachten" seinem Wortsinn nach zu verstehen, d.h. nicht als „Immissionsgutachten".

4. Ausschlussgründe

a. Internationale Beziehungen – § 8 Abs. 1 Satz 1 Nr. 1 Alt. 1 UIG

Gemäß § 8 Abs. 1 Satz 1 Nr. 1 Alt. 1 UIG ist der Informationsantrag abzulehnen, soweit das Bekanntgeben der Informationen nachteilige Auswirkungen hätte auf die internationalen Beziehungen.

Die von der Vorinstanz vertretene Auffassung, der Ausschlussgrund umfasse nicht den Schutz der Verhandlungsposition der Bundesrepublik Deutschland bei internationalen Verhandlungen, weil es – anders als im IFG – einen ausdrücklichen Ablehnungsgrund zum Schutz internationaler Verhandlungen im UIG nicht gebe, ist vom OVG Berlin-Brandenburg zurückgewiesen worden.[69] Diese vergleichende Betrachtung der Regelungen des IFG trage nicht, da der Ablehnungsgrund des Schutzes internationaler Beziehungen nach § 3 Nr. 1 Buchst. a IFG den Ablehnungsgrund des Schutzes der Vertraulichkeit internationaler Verhandlungen nach § 3 Nr. 3 Buchst. a IFG sachlich umfasse. Es spreche auch sonst viel dafür, dass mit dem Schutz der Vertraulichkeit internationaler Verhandlungen jedenfalls auch nachteilige Auswirkungen auf internationale Beziehungen vermieden werden sollen und dies auch bei Einnahme bestimmter Verhandlungspositionen der Bundesrepublik Deutschland zumindest der Fall sein könne.

---

68 OVG Nordrhein-Westfalen, Beschluss vom 13.3.2019 – 15 A 769/18, juris, Rn. 15.
69 OVG Berlin-Brandenburg, Urteil vom 29.3.2019 – OVG 12 B 14.18, juris, Rn. 44.

b. Vertraulichkeit von Beratungen – § 8 Abs. 1 Satz 1 Nr. 2 UIG

Zu dem Schutz der Vertraulichkeit der Beratungen von informationspflichtigen Stellen gemäß § 8 Abs. 1 Satz 1 Nr. 2 UIG hat das OVG Berlin-Brandenburg erneut die Auffassung vertreten, dass der Ablehnungsgrund auch den Kernbereich exekutiver Eigenverantwortung umfasst.[70] Es müsse aber gleichwohl dargetan werden, dass ein Beratungsvorgang im Kernbereich exekutiver Eigenverantwortung vorliegt. Bloße Grundlagen für Beratungsvorgänge seien nicht vom Schutzbereich umfasst.

c. Offensichtliche Missbräuchlichkeit – § 8 Abs. 2 Nr. 2 UIG

Der Hessische VGH erachtet einen Antrag auf Zugang zu Umweltinformationen als rechtsmissbräuchlich i.S. des § 8 Abs. 2 Nr. 2 UIG, wenn die begehrten Informationen sämtlich schon bekannt oder auf einfachere Art und Weise zugänglich sind, insbesondere wenn der Auskunftsanspruch schon erfüllt worden ist.[71]

d. Interne Mitteilungen – § 8 Abs. 2 Nr. 2 UIG

Der Ausschlussgrund des § 8 Abs. 2 Nr. 2 UIG schützt interne Mitteilungen der informationspflichtigen Stellen. Durch ihn wird Art. 4 Abs. 1 Unterabs. 1 Buchst. e UIRL[72] umgesetzt.

Das Bundesverwaltungsgericht hat dem EuGH verschiedene Fragen zu Art. 4 Abs. 1 Unterabs. 1 Buchst. e UIRL vorgelegt. Klärungsbedürftig sei zum einen, was unter einer „Mitteilung" zu verstehen ist.[73] Fraglich sei insbesondere, ob Unterlagen bzw. Informationen von einer bestimmten Qualität sein müssen, um als Mitteilungen i.S. der UIRL eingestuft werden zu können. Der Begriff lege zumindest nahe, dass die betreffenden Informationen (auch) an einen Dritten gerichtet sein müssen. Vor diesem Hintergrund dürfte nicht jedes Dokument, das intern kommuniziert wird, eine interne Mitteilung darstellen.

---

70 OVG Berlin-Brandenburg, Urteil vom 29.3.2019 – OVG 12 B 14.18, juris, Rn. 57.
71 HessVGH, Beschluss vom 22.5.2019 – 9 A 1480/17.Z, juris, Rn. 18.
72 Richtlinie 2003/4/EG des Europäischen Parlaments und des Rates vom 28.1.2003 über den Zugang der Öffentlichkeit zu Umweltinformationen und zur Aufhebung der Richtlinie 90/313/EWG des Rates, ABl. EU L 41 S. 26.
73 BVerwG, Beschluss vom 8.5.2019 – 7 C 28.17 (EuGH-Vorlage), juris, Rn. 12 ff.

Weiterhin sei auch der zeitliche Geltungsbereich von Art. 4 Abs. 1 Unterabs. 1 Buchst. e UIRL klärungsbedürftig.[74] Wortlaut, Entstehungsgeschichte und systematische Stellung der Vorschrift sprächen zwar nicht für eine zeitliche Beschränkung. Allerdings dürfte die Maßgabe des Art. 4 Abs. 2 Unterabs. 2 Satz 1 UIRL, die in Abs. 1 und 2 genannten Ablehnungsgründe eng auszulegen, auch für den zeitlichen Anwendungsbereich gelten. Dies spreche dafür, dass Art. 4 Abs. 1 Unterabs. 1 Buchst. e UIRL zeitlich zumindest nicht gänzlich unbegrenzt gilt. Eine zeitliche Begrenzung des Ablehnungsgrundes könne sich dabei nicht nur im Wege einer einschränkenden Auslegung des Begriffs der internen Mitteilungen, sondern auch im Zuge der einzelfallbezogenen Abwägung ergeben. Mit zunehmendem Zeitablauf werde jedenfalls regelmäßig das Vertraulichkeitsinteresse gegenüber dem Interesse an einer Bekanntgabe der betreffenden Informationen an Gewicht verlieren.

Für den Fall, dass der Schutz interner Mitteilungen nach Art. 4 Abs. 1 Unterabs. 1 Buchst. e UIRL zeitlich nicht unbegrenzt gilt, hält es das Bundesverwaltungsgericht überdies für klärungsbedürftig, bis zu welchem konkreten Zeitpunkt der Schutz greift.[75] Als maßgeblicher Zeitpunkt kämen sowohl der Abschluss des behördlichen Entscheidungsprozesses als auch der (interne) Abschluss des Verwaltungsvorgangs in Betracht.

e. Unbestimmtheit – § 8 Abs. 2 Nr. 5 UIG

§ 8 Abs. 2 Nr. 5 UIG sieht die Ablehnung eines Antrags auf Informationszugang vor, soweit er zu unbestimmt ist und auf Aufforderung der informationspflichtigen Stelle nach § 4 Abs. 2 UIG nicht innerhalb einer angemessenen Frist präzisiert wird.

Das Bundesverwaltungsgericht hat hierzu klargestellt, dass ein Informationsbegehren ohne die Durchführung eines auf Präzisierung gerichteten Zwischenverfahrens nicht als zu unbestimmt abgelehnt werden könne.[76] Im Falle eines zu unbestimmten Antrags habe die informationspflichtige Stelle den Antragsteller hierauf gemäß § 4 Abs. 2 Satz 2 UIG hinzuweisen und ihm Gelegenheit zur Präzisierung des Antrags zu geben. Bei der Präzisierung des Antrags müsse sie ihn

---

74 BVerwG, a.a.O., Rn. 19 ff.
75 BVerwG, a.a.O., Rn. 26 ff.
76 BVerwG, Beschluss vom 11.6.2019 – 6 A 2.17, juris, Rn. 10.

gemäß § 4 Abs. 2 Satz 4 UIG unterstützen. Die Beteiligten hätten in diesem Verfahrensstadium kooperativ auf die Stellung eines hinreichend bestimmten Antrags hinzuwirken.

f. Durchführung strafrechtlicher Ermittlungen – § 8 Abs. 1 Satz 1 Nr. 3 Alt. 3 UIG

Der Antrag auf Informationszugang ist nach § 8 Abs. 1 Satz 1 Nr. 3 Alt. 3 UIG abzulehnen, soweit das Bekanntgeben der Informationen nachteilige Auswirkungen hätte auf die Durchführung strafrechtlicher Ermittlungen, es sei denn, das öffentliche Interesse an der Bekanntgabe überwiegt.

Hierzu hat das OVG Berlin-Brandenburg entschieden, dass sich die informationspflichtige Stelle im Falle eines Verwaltungsstreitverfahrens, in dem eine auf die Vermutungswirkung gestützte Verweigerung des Informationszugangs angegriffen wird, zu vergewissern habe, dass die Vermutungswirkung im maßgeblichen Zeitpunkt der gerichtlichen Entscheidung noch greift.[77] Das gelte insbesondere, wenn Anhaltspunkte dafür vorhanden sind, dass die Vermutungswirkung entfallen sein könnte, wie etwa durch die Gewährung von umfassender Akteneinsicht für Verteidiger und Betroffene im strafrechtlichen Ermittlungsverfahren. Aktuelle, von früheren Einschätzungen abweichende Einschätzungen der Strafverfolgungsbehörde zu nachteiligen Auswirkungen einer Bekanntgabe der Informationen seien in ein laufendes Verwaltungsstreitverfahren über den Informationszugang unverzüglich einzuführen. Verneint die Staatsanwaltschaft nachteilige Auswirkungen einer Offenlegung der Informationen, bedürfte es zusätzlicher Erläuterungen, die die Möglichkeit einer Beeinträchtigung der Strafrechtspflege nachvollziehbar, konkret und informationsbezogen aufzeigen.

g. Personenbezogene Daten – § 9 Abs. 1 Satz 1 Nr. 1 UIG

Nach § 9 Abs. 1 Satz 1 Nr. 1 UIG ist ein Antrag auf Informationszugang abzulehnen, soweit durch das Bekanntgeben der Informationen personenbezogene Daten offenbart und dadurch Interessen der Betroffenen erheblich beeinträchtigt würden, es sei denn, die Betroffenen haben zugestimmt oder das öffentliche Interesse an der Bekanntgabe überwiegt.

---

[77] OVG Berlin-Brandenburg, Urteil vom 29.3.2019 – OVG 12 B 13.18, juris, Rn. 48, 50; Urteil vom 29.3.2019 – OVG 12 B 14.18, juris, Rn. 49, 51.

In einem Verfahren auf Zugang zu Genehmigungsunterlagen für 49 Tierhaltungsanlagen in einem Landschaftsschutzgebiet, in denen insbesondere personenbezogene Daten der betroffenen Landwirte enthalten sind, hat das OVG Nordrhein-Westfalen eine solche Beeinträchtigung nicht anerkannt.[78] Dass der Antragsteller nach einer Auswertung der Informationen bei den zuständigen Behörden eventuell auf nachträgliche beschränkende Anordnungen für einzelne Betriebe hinwirkt, sei unerheblich. Das Interesse des einzelnen Landwirts, von einem entsprechenden Verwaltungsverfahren verschont zu bleiben, sei nicht schutzwürdig.

Nicht recht verständlich ist die Aussage des Hessischen VGH, der in dem dort streitigen Verfahren begehrte Zugang zu Umweltinformationen sei jedenfalls in Teilen deswegen zu Recht abgelehnt worden, weil es sich bei ihnen um personenbezogene Daten über natürliche und juristische Personen handele, deren Bekanntgabe sowohl nach § 9 Abs. 1 Satz 1 Nr. 1 UIG als auch nach Art. 4 Abs. 2 Unterabs. 1 Buchst. f UIRL kein Anspruch bestehe.[79] Was das Gericht unter „personenbezogenen Daten über juristische Personen" versteht und warum es solche Daten vom Schutzbereich des Ausschlussgrundes erfasst ansieht, bleibt unklar.

h. Geistiges Eigentum – § 9 Abs. 1 Satz 1 Nr. 2 UIG

Rechte am geistigen Eigentum, insbesondere Urheberrechte, sind nach § 9 Abs. 1 Satz 1 Nr. 2 UIG vor einem Zugriff geschützt, es sei denn, die Betroffenen haben zugestimmt oder das öffentliche Interesse an der Bekanntgabe überwiegt.

Das Bundesverwaltungsgericht hat naturschutzfachlichen Gutachten den von dem Ausschlussgrund geforderten Urheberschutz zuerkannt.[80] Diese Gutachten enthielten naturschutzfachliche Bewertungen mit prognostischen Elementen bzw. tatsächlich-prognostische Einschätzungen, die qualitativ über eine bloße Datensammlung oder Ähnliches hinausgehen. Dies rechtfertige den Schluss auf eine geistige Leistung, die sich durch eine hinreichende Originalität auszeichnet. Die Herleitung der Ergebnisse müsse sich bei einem fachwissenschaftlichen Gutachten zwar an anerkannten Regeln und Standards orientieren; dies schließe aber bei der von urheberrechtlich nicht geschützten tatsächlichen Erhebungen und Befunden ausgehenden strukturierten Darstellung der Bewertungen und Progno-

---

78 OVG Nordrhein-Westfalen, Beschluss vom 13.3.2019 – 15 A 769/18, juris, Rn. 35.
79 HessVGH, Beschluss vom 22.5.2019 – 9 A 1480/17.Z, juris, Rn. 20.
80 BVerwG, Urteil vom 26.9.2019 – 7 C 1.18, juris, Rn. 24.

sen Freiräume nicht aus, die einer je eigenständigen und kreativen Ausfüllung zugänglich sind. So verbiete sich insbesondere bei Prognosen die Annahme, sie seien in einem Maße schematisch zu erstellen und zu begründen, dass für eine individuelle „Handschrift" des jeweiligen Autors kein Raum mehr bliebe.

Zugleich hat das Gericht klargestellt, dass mit der Einreichung der Gutachten bei der Behörde als Teil von Antragsunterlagen für eine immissionsschutzrechtliche Genehmigung diese Gutachten noch nicht im Rechtssinne veröffentlicht worden sind.[81] Gemäß § 6 Abs. 1 UrhG sei ein Werk veröffentlicht, wenn es mit Zustimmung des Berechtigten der Öffentlichkeit zugänglich gemacht worden ist. Der Begriff der Öffentlichkeit umschreibe einen nicht von vornherein abgegrenzten Personenkreis. Bei einem Genehmigungsverfahren ohne allgemeine Öffentlichkeitsbeteiligung stehen die Gutachten aber nur den damit befassten Behördenmitarbeitern und den sonstigen Verfahrensbeteiligten zur Verfügung. Dabei handele es sich um einen abgegrenzten Personenkreis. Daran ändere sich auch nichts, wenn über die Genehmigungsbehörde hinaus weitere Behörden in das Verfahren einbezogen werden. Der Personenkreis sei durch den Bezug zum Genehmigungsverfahren gekennzeichnet und stehe nicht grundsätzlich jedem offen.

Mit der Einreichung der Gutachten sei auch keine (konkludente) Zustimmung zu einer späteren Veröffentlichung verbunden.[82] Zwar erteile ein Antragsteller seine konkludente Zustimmung zu einer Veröffentlichung, wenn das Genehmigungsverfahren mit obligatorischer Öffentlichkeitsbeteiligung durchgeführt werden muss. Diese Zustimmung sei dann allerdings in zulässiger Weise auf diese Modalität der Veröffentlichung beschränkt und gehe ins Leere, wenn das Verfahren ohne Öffentlichkeitsbeteiligung durchgeführt wird. Überdies liege auch in der Einreichung der Unterlagen bei einer nach dem UIG informationspflichtigen Stelle keine Zustimmung zur Veröffentlichung. Denn anderenfalls liefe der durch die Aufnahme in den Katalog der Ablehnungsgründe bezweckte umfassende Schutz des Urheberrechts jedenfalls teilweise leer.

Wie auch schon zum IFG des Bundes hat das Bundesverwaltungsgericht klargestellt, dass jedoch mit der Gewährung der begehrten Einsicht auf der Grundlage des UIG eine Veröffentlichung der in Streit stehenden Informationen erfolgen würde.[83] Zwar würde nur der Antragsteller den Informationszugang erhalten. Allerdings könne der voraussetzungslose Anspruch nach dem UIG von jedermann

---

81 BVerwG, a.a.O., Rn. 25 ff.
82 BVerwG, a.a.O., Rn. 25, 36 ff.
83 BVerwG, a.a.O., Rn. 41.

geltend gemacht werden, sodass das Werk der Sache nach dem Zugriff der Öffentlichkeit ausgesetzt sei. Auch hier seien kumulative Wirkungen durch die sukzessive Kenntnisnahme über längere Zeiträume zu berücksichtigen.

i. Betriebs- und Geschäftsgeheimnisse – § 9 Abs. 1 Satz 1 Nr. 3 Alt. 1 UIG

Nach § 9 Abs. 1 Satz 1 Nr. 3 Alt. 1 UIG ist ein Antrag auf Informationszugang abzulehnen, soweit durch das Bekanntgeben Betriebs- oder Geschäftsgeheimnisse zugänglich gemacht würden, es sei denn, die Betroffenen haben zugestimmt oder das öffentliche Interesse an der Bekanntgabe überwiegt.

In einem Verfahren nach dem LTranspG RP[84] hat sich das Bundesverwaltungsgericht zum Einfluss des Zeitablaufs auf die Schutzbedürftigkeit von Betriebs- und Geschäftsgeheimnissen geäußert.[85] Insoweit hat es Bezug genommen auf die Mitteilung der Europäischen Kommission über die Regeln für die Einsicht in Kommissionsakten[86] und die in Nr. 23 dieser Mitteilung enthaltene Auffassung der Kommission, dass Informationen über Umsatz, Absatz, Marktanteile und ähnliche Angaben, die älter als fünf Jahre sind, nicht länger vertraulich behandelt werden müssen. Das Gericht weist darauf hin, dass damit nur ein Ausschnitt der nach Nr. 18 der Mitteilung beispielhaft als Geschäftsgeheimnisse aufgeführten Informationen bezeichnet sei. Neben Produktionsgeheimnissen und -verfahren, die als technisches Wissen zu den Betriebsgeheimnissen zählen, würden u.a. auch die Kosten- und Preisstruktur erwähnt. Diese könne nicht zuletzt auf Investitionsentscheidungen beruhen, die auf längere Zeiträume angelegt sind, und hebe sich so von Angaben wie den Umsatz- und Absatzzahlen ab, die unmittelbar auf konjunkturelle Entwicklungen reagieren und deswegen insgesamt schwankungsanfälliger sein.

Die im jeweiligen Einzelfall vorzunehmende Abwägung des Vertraulichkeitsinteresses an Betriebs- oder Geschäftsgeheimnissen mit dem öffentlichen Informationsinteresse unterliegt nach Maßgabe von Art. 19 Abs. 4 GG der vollen gerichtlichen Kontrolle, wie das Bundesverwaltungsgericht bestätigt hat.[87] Für einen behördlichen Letztentscheidungsspielraum sei eine Rechtfertigung nicht zu erkennen.

---

84 Landestransparenzgesetz Rheinland-Pfalz vom 27.11.2015, GVBl. S. 383.
85 BVerwG, Beschluss vom 22.11.2019 – 10 B 13.19, juris, Rn. 15.
86 Mitteilung der Europäischen Kommission über die Regeln für die Einsicht in Kommissionsakten in Fällen der Anwendung der Art. 81 und 82 EG-Vertrag, Art. 53, 54 und 57 des EWR-Abkommens und der Verordnung (EG) Nr. 139/2004, ABl. EU C 325 S. 7.
87 BVerwG, Urteil vom 8.5.2019 – 7 C 28.17, juris, Rn. 28.

j. Übermittlung durch private Dritte – § 9 Abs. 2 Satz 1 UIG

Nach § 9 Abs. 2 Satz 1 UIG dürfen Umweltinformationen, die private Dritte einer informationspflichtigen Stelle übermittelt haben, ohne rechtlich dazu verpflichtet zu sein oder rechtlich verpflichtet werden zu können, und deren Offenbarung nachteilige Auswirkungen auf die Interessen der Dritten hätte, ohne deren Einwilligung anderen nicht zugänglich gemacht werden, es sei denn, das öffentliche Interesse an einer Bekanntgabe überwiegt.

Im Rahmen der gerichtlichen Überprüfung einer solchen Interessenabwägung hat das OVG Berlin-Brandenburg der in Anspruch genommenen informationspflichtigen Stelle einen eklatanten Abwägungsmangel attestiert.[88] Herausverlangt waren Unterlagen zu einer im Rahmen des sog. Dieselabgasskandals vom Kraftfahrt-Bundesamt gegen Volkswagen erlassenen Rückrufanordnung. Es bestehe ein weit hinausreichendes öffentliches Interesse an der Aufdeckung von Manipulationen durch unzulässige Abschalteinrichtungen für die Abgasreinigung. Demgegenüber könnten sich Fahrzeughersteller, die die Verbraucher insoweit über die Vergleichbarkeit von Verbrauchs- und Abgasmesswerten und die wahre Umweltbelastung durch ihre Produkte im Echtbetrieb getäuscht oder jedenfalls im Unklaren gelassen haben, nicht auf nachteilige Auswirkungen der Offenlegung von Umweltinformationen, die diesen Sachverhalt betreffen, im Wettbewerb oder für ihr Image und das ihrer Produkte berufen.

Der Ausschlussgrund des § 9 Abs. 2 Satz 1 UIG ist seinerseits ausgeschlossen, soweit Informationen über Emissionen in Rede stehen. Gemäß § 9 Abs. 2 Satz 2 UIG kann der Zugang zu Umweltinformationen über Emissionen nicht unter Berufung auf die in Satz 1 genannten Gründe abgelehnt werden.

Nach Auffassung des OVG Berlin-Brandenburg ist der Begriff der Information über Emissionen nicht allein auf Messwerte von Stoffen beschränkt, die in die Umwelt freigesetzt werden.[89] In ihn seien auch solche Informationen einzubeziehen, die es der Öffentlichkeit ermöglichen, nachzuprüfen, ob die Bewertung der tatsächlichen oder vorhersehbaren Emissionen, auf deren Grundlage die zuständige Behörde ein fragliches Produkt oder einen fraglichen Stoff zugelassen hat, zutreffend ist. Erfasst seien damit z.B. Informationen über sog. Messrandbedingungen bei der Ermittlung der Verbrauchs- und CO_2-Abgaswerte von Fahrzeugen auf dem Rollenprüfstand für die Typgenehmigung. Denn diese Messrandbedingungen beeinflussten die „am Auspuff" gemessenen Werte des CO_2-Anteils im Abgas.

---

88   OVG Berlin-Brandenburg, Urteil vom 29.3.2019 – OVG 12 B 14.18, juris, Rn. 67.
89   OVG Berlin-Brandenburg, Urteil vom 29.3.2019 – OVG 12 B 13.18, juris, Rn. 65 f.

III. Übergreifende Fragestellungen

1. Rechtsweg

Das Bundesverwaltungsgericht hat erneut bestätigt, dass für Rechtsstreitigkeiten, die auf ein Informationsfreiheitsgesetz gestützte Auskunftsansprüche des Insolvenzverwalters über Bewegungen auf den Steuerkonten des Insolvenzschuldners betreffen, der Verwaltungsrechtsweg eröffnet ist.[90] Zum einen handele es sich bei einem solchen Anspruch nicht um eine Abgabenangelegenheit i.S. des § 33 Abs. 1 Nr. 1, Abs. 2 FGO, für die der Finanzrechtsweg eröffnet wäre. Hieran habe sich auch nichts durch die am 25.5.2018 zeitgleich mit der DSGVO in Kraft getretenen §§ 32a ff. AO geändert. Durch diese Regelungen solle vermieden werden, dass die Beschränkungen der DSGVO sowie der Abgabenordnung durch die Informationsfreiheitsgesetze verdrängt oder umgangen werden können. Dies führe aber lediglich zu einer Modifizierung der Informationsfreiheitsansprüche auf der Rechtsfolgenseite und nicht zu ihrer Ersetzung. Zum anderen sei mit dem § 32i Abs. 2 AO auch keine Zuweisung der Streitigkeit zum Finanzrechtsweg i.S. des § 33 Abs. 1 Nr. 4 FGO erfolgt. § 32i Abs. 2 AO sieht für Klagen der betroffenen Person hinsichtlich der Verarbeitung personenbezogener Daten den Finanzrechtsweg vor. Der Insolvenzverwalter sei aber – so das Gericht – keine betroffene Person. Die datenschutzrechtliche Betroffenenstellung sei ein höchstpersönliches Recht, das nicht Teil der Insolvenzmasse werde und daher nicht vom Übergang der Verwaltungs- und Verfügungsbefugnis auf den Insolvenzverwalter nach § 80 Abs. 1 InsO erfasst werde.

2. Vorläufiger Rechtsschutz

Das OVG Sachsen-Anhalt hat in einem auf den Zugang zu Umweltinformationen nach dem UIG LSA[91] gerichteten Verfahren entschieden, dass die Anordnung der sofortigen Vollziehung eines Umweltinformationsbescheides im überwiegenden Interesse eines Beteiligten nach § 80 Abs. 2 Satz 1 Nr. 4 VwGO in der Regel voraussetze, dass dem Antragsteller ohne den die Hauptsache vorwegnehmen-

---

90 BVerwG, Beschluss vom 28.10.2019 – 10 B 21.19, juris, Rn. 3 ff.; Beschluss vom 18.11.2019 – 10 B 20.19, juris, Rn. 3 ff. Ebenso die Vorinstanzen: OVG Nordrhein-Westfalen, Beschluss vom 13.6.2019 – 15 E 323/19, juris, Rn. 5 ff.; Beschluss vom 13.6.2019 – 15 E 376/19, juris, Rn. 5 ff.; VG Düsseldorf, Beschluss vom 4.4.2019 – 29 K 6935/18, juris, Rn. 2 ff.

91 Umweltinformationsgesetz des Landes Sachsen-Anhalt vom 14.2.2006, GVBl. S. 32.

den vorzeitigen Informationszugang schwere und irreparable Nachteile unter Berücksichtigung des Gesetzeszwecks drohen.[92] Der Maßstab für ein Verfahren nach §§ 80, 80a VwGO unterscheide sich insoweit nicht von dem Maßstab für ein Verfahren nach § 123 VwGO. Für die Annahme der demnach erforderlichen schweren und irreparablen Nachteile genüge allein die Rechtmäßigkeit der Verfügung oder auch der Ablauf der Fristen nach § 3 Abs. 3 UIG nicht. Ebensowenig seien solche Nachteile zu erkennen, wenn es das Ziel des Antragstellers ist, seine Position in einem (späteren) Gerichtsverfahren zu verbessern. Denn es sei schon zweifelhaft, ob dieses Ziel mit dem Zweck des Gesetzes übereinstimmt. Ziel der Regelungen über den Zugang der Öffentlichkeit zu Umweltinformationen sei es, das Umweltbewusstsein zu schärfen, einen freien Meinungsaustausch und eine wirksamere Teilnahme der Öffentlichkeit an Entscheidungsverfahren in Umweltfragen zu ermöglichen und letztendlich so den Umweltschutz zu verbessern. Es dürfte indessen nicht Ziel der Regelungen sein, einem Antragsteller zu ermöglichen, seine Position in einem (späteren) Gerichtsverfahren zu verbessern.

---

92 OVG Sachsen-Anhalt, Beschluss vom 8.11.2019 – 2 M 101/19, juris, Rn. 11 ff.

Stichwortverzeichnis

A
Abhängigkeit der Staatsanwaltschaften 41
Abwägung
- zwischen Informations- und Geheimhaltungsinteressen 137 f.
Act on Access to Geographical Data 117
Administrative Measures on Data Security 191
Akteneinsichtsrecht 50
Algorithm 129
Algorithmen-TÜV 294
Algorithmische Systeme 141, 285
Anklagemonopol 43
Anonymisierung 155
Anspruch
- ausschluss 52
- verpflichtung 46, 48
Anwendungstest 289
Arbeitsmarktservice Österreich 292
Artificial intelligence 129
Aufgabenakzessorietät 23, 25
- fremde behördliche Kompetenzen 25
Auskunft
- pflicht 221, 227
- recht 88
Ausschlusstatbestand, absoluter 52

B
Beherrschbarkeit 287, 293
Behördenbegriff 47
Belange
- Schutz öffentlicher 255
- Schutz sonstiger 255
Berechtigter, wirtschaftlich 104
Bereichsausnahme 52 f., 57
Bereitstellung, öffentliche 249
Berichtshefte 49 f.
Berufsfreiheit 164
Betriebsrisiko 167
Betriebs- und Geschäftsgeheimnis 133, 174, 225, 246, 252 ff., 258 f., 290
- von Behörden 225
Bewertungsdaten 245, 248, 250, 252, 257, 261
Bewertungsportal 154
BHO, § 96 65, 78
Bias 291 f.
Big Data 110
Blockchain 79 ff.
Blockieren einzelner Nutzer 33
- Dokumentationspflicht 35
- Grundrechtsrelevanz 33
- Kodifikation 35
- Netiquette 33
- öffentliche Einrichtung 33
- Voraussetzung 33 f.
Blog 154
Briefkastenfirma 102
Bringschuld 144
Bundesamt für Verfassungsschutz 40
Bundesanstalt für Finanzdienstleistungsaufsicht 303, 308
Bundesanzeiger Verlag 108 f., 113

Bundeshaushaltsordnung   58, 61,
   66 f., 69 f., 73 f.
Bundeskanzleramt   312
Bundeskartellamt   305 f., 313
Bundesministerium der Verteidigung
   300
Bundesnachrichtendienst   317
Bundespräsidialamt   312
Bundesrechnungshof   58
Bundesregierung   307, 311
Bundesumweltinformationsgesetz
   (Bundes-UIG)   265

C
Chaos Computer Club   126
Chilling effect   153
Companies House   105
COMPAS   291
Consumer Information Act   117
Critical Information Infrastructure
   (CII)   187
Cross-border data transfer   196
Cyber Security Law of the People's
   Republic of China (CSL)   183
Cyberspace Administration of China
   (CAC)   191

D
Darstellung   166, 172, 178, 180
Data Localization   195
Daten
   - geologische   243
   - kategorie   238, 244 f., 247
   - öffentliche Bereitstellung
      geologischer   247
   - personenbezogene   134 f., 140,
      247, 258
   - portal   139
Datenethikkommission   141, 295

Datenschutz   107, 207
   - beauftragter   283
   - Folgenabschätzung   296
   - Grundverordnung   145, 149, 222
   - recht   147 ff., 253
Datum   168
DDR   249
Denaturierung   68 f.
Deutsche Bahn AG   316
Deutungshoheit   15, 31 f.
Diskriminierung   210, 292
Dokumentation   294
Doppelbestrafung   172
Drittmittelförderung   136

E
e-Evidence-Verordnung   150
e-Government   116, 125
Eigentümer, wirtschaftlicher   102
Eigentum, geistiges   226, 247, 252 f.,
   258 f.
Eingriffe in die Freiheitsrechte
   des GG   28
   - allgemeines Persönlichkeits-
      recht   28
   - Gesetzesvorbehalt   28
   - Rechtfertigungszwang   30
   - Versammlungsfreiheit   28
Einsichtsrecht des Verteidigers   50
Einwilligung   222
Endlagerung
   - von hochradioaktiven Abfällen
      236, 252, 259 ff.
   - von hochradioaktiven Stoffen
      262
Environmental Information Act
   117
Erfüllungsaufwand für die
   Wirtschaft   244

Ermittlungsakte 49, 51
Erstveröffentlichungsrecht 250
EU-Geldwäscherichtlinie
- Fünfte 111
- Vierte 102
EU-Haftbefehl 41
EU Public Sector Information Directive (PSI-Richtlinie) 114
Europäische Charta der lokalen Selbstverwaltung 143
Europäische Grundrechte-Charta 147 ff., 151, 157 f., 256
Europäische Menschenrechtskonvention (EMRK) 150
Europäischer Gerichtshof für Menschenrechte 151
Europarat 142, 143
Europarecht, Anwendungsvorrang des 242
Evaluation 266 f., 269 f., 273 f.

F
Fachdaten 244, 246, 248, 250 f., 253, 257 f., 262
Federal Freedom of Information Act (FOIA) 116
Feststellungsklage 231
Finanzkontrolle 59
Folgenabschätzung 294
Frist 249
Fristenlösung 247, 253 f., 259

G
Gebot
- staatlicher Neutralität 22 f.
- strikter Neutralität 26
- strikter politischer Neutralität 23
Geldwäsche 101 f.
Generalbundesanwalt 298
Generalklausel, polizeiliche 18, 20, 24
Geodatenzugang
- gesetz (GeoZG) 141, 241
- recht 236, 242 f.
Geologiedatengesetz, Inhalt des 238
Geschäftsgeheimnisgesetz 256
Gesetzesfolgenabschätzung, retrospektive 267
Gesetzesvorbehalt 28
Gesetz über die Datenverarbeitung der Polizei (PolDVG) 231
Glykol-Rechtsprechung 164, 180
„Google Spain"-Entscheidung 157
Grenzen der Publikumsinformation 21
- Aufgabenakzessorietät 23, 25
- Gebot strikter Neutralität 24, 26
- Richtigkeit 24, 27
- Sachlichkeit 24, 26
Grundrecht, normgeprägtes 75
Gutachten 41, 48, 51

H
Hamburg Future Council 126
Hamburgische Investitions- und Förderbank 227
Hamburgisches Ausführungsgesetz zum Verbraucherinformationsgesetz (HmbAGIVG) 230
Hamburg Transparency Act 116, 126
Handelsregister 104
Hashtag 4, 14
Herrin des Ermittlungsverfahrens 44

HmbTG 218
- Evaluation des 218
- Novellierung des 219
- Reform des 218
- Veröffentlichungstatbestand des 232
HmbUIG 230
Hofbereich 58
Holschuld 144
Hygienemängel 165, 177

I

Individualrechtsschutz 146, 151
Information
- ordnung 201
- qualität 180
- recht 131, 146
- register 132, 136, 218
- zugang, anonymer 138
Informationsangebot, verfassungsverträgliche Gestaltung 157
Informationsfreiheit 131 f., 146 f., 159
- Anwendungsbereich der 46
- Bereichsausnahmen von der 132 f.
- recht 239
- satzung, kommunale 134 f., 142
Informationsfreiheit by Design 296
Informationsfreiheitsgesetz 131 ff., 241, 248
- Anwendungsbereich des 46, 49, 51, 53
informationspflichtige Stelle
- öffentliche (staatliche) 269, 275
- private 266, 268, 275
Informationsweiterverwendungsgesetz 134, 141
Informationszugangsrecht 286

- Einschränkung 134
- Rücknahme 77
Information über polizeiliche Tätigkeit 16
- Annexaufgabe 18
- kompetenzielle Grundlage 17
Information zur Wahrnehmung polizeilicher Aufgaben 19
- Lebensmittelrecht 19
- polizeiliche Generalklausel 19, 24
- Verbraucherinformationsrecht 19
INPOL 201
INSPIRE-Richtlinie 256
Interesse, berechtigtes 43, 51
involvierte Logik 288

J

Justizgewährung 43, 48
Justizverwaltungsbehörde 48

K

Kassenärztliche Vereinigung Hamburg 227
Kernbereich exekutiver Eigenverantwortung 306, 320
Koalitionsvertrag 237
Konkordanz, praktische 156
Konkurrenzregelung 65
Kontrollbarometer 168
- Gastro 168
Kontrollergebnis-Transparenz-Gesetz 169, 179
Kontroll-VO 162
Kriminalisierung 201
Kritikalitätsstufen 295
Künstliche Intelligenz (KI) 110, 285

L

Lagerstättengesetz 235, 238 f., 241
Landesanstalt für Medien Nordrhein-Westfalen 305
Landtag Nordrhein-Westfalen 298
Lebensmittel-, Bedarfsgegenstände- und Futtermittelgesetzbuch (LFGB) 162, 164
Legalitätsprinzip 44 f.
Löschung 153, 155

M

Markttransparenz 162, 173, 179
Medienfreiheit 147 f., 152, 156
Ministry of Public Security (MPS) 197
More Democracy 126

N

Nachprüfungsverfahren, widerspruchsähnliches 230
Nachrichtendienst 52 f.
Nachvollziehbarkeit 293
Nachweisdaten 244, 246, 248 f., 251, 253, 257 f.
Namensrecherche 156
National Administration for the Protection of State Secrets (MSS) 197
Nemo-tenetur-Grundsatz 172
Network Operator 187
Network Security 183
Normenkontrollrat 244
Nutzer*innen 276 f.
 -gruppe 268, 272, 274 ff., 282

O

OffeneRegister.de 110
Offenlegung von Namen und Anschrift des Antragstellers 228

Öffentlichkeitsbeteiligung 273
Omnibus-Gesetzgebungsverfahren 69
Online-Archiv 152, 154, 156
Online-Registrierung 105
Open Data 112, 116, 125, 267, 282
Open Government 116, 125, 267
Open Government Partnership (OGP) 112, 141
Openness by default 125
Openness by design 125

P

Panama Papers 101
Personal Information
 -Controller 187
 -Specification 190, 192
Persönlichkeitsrecht
 -allgemeines 28, 29
 -identifizierende Veröffentlichung 29
Polizei 2020 216
Postulat staatlicher Funktionsverbote 21
Pressefreiheit 154 f.
Produktbezug, konkreter 172
Protokollierung 294
Provisions on Cyber Protection of the Personal Information of Children 193
Prüfungseinrichtung 224
PSI-Richtlinie 134
Public interest test 128

Q

Quellcode 289
Quelltext 294

R
Range, Harald 40
Realbereich polizeilicher Öffentlichkeitsarbeit 9
- Anrede 14
- europäisches Phänomen 9
- Hashtag 14
- Themenspektrum 11
Rechenschaftspflicht 287
Recht auf
- Berichtigung 89
- Datenübertragbarkeit 97
- Einschränkung der Verarbeitung 96
- informationelle Selbstbestimmung 148
- Löschung 90 f., 93, 95
- Vergessen 145 f., 149, 151, 157
- Vergessenwerden 90 ff.
Rechtspflege 48
- Organ der 43, 48 f.
Rechtsschutz 263
Rechtsstaatsprinzip 286
Resozialisierung 152
Richtigkeit 22, 27
- Echtzeitberichterstattung 27
- Mindestanforderung 27
Right to cancellation of accounts 194
Rückfallprognose 291

S
Sachlichkeitsgebot 26
- Anrede 26
- social-media-spezifische Sprachphänomene 26
Selbstbestimmung, informationelle 153, 159
Sicherheitsbehörde 52 f.

Smileys 179
Solange-Rechtsprechung 149
Souveränität, digitale 289
Sozialsphäre 147, 158, 176
Spezialität 65
Staatshaftungsanspruch 255
Staatstrojaner 289
Staatsverwaltung, mittelbare 219 f.
Standard Contractual Clauses (SCC) 196
Standortauswahl 237, 252, 260 f., 264
- Akzeptanz einer 262
- gesetz 236
- verfahren 263
Stasi Files Act 124
Stellungnahmemöglichkeit betroffener Dritter 228
Steuerflucht 101 f.
Stuttgart 21 316
Substraktionsmethode 47
Suchmaschine 146, 149, 152, 155 ff.

T
Topf Secret 169, 175
Trainingsdaten 294
Transparency 116
- Creates Trust 126
- International 126
Transparency by Design 293
Transparenz 285, 293
- gesetz 131 ff., 248
- portal 116, 136, 138, 218, 220
- recht 133
- register 103 ff., 109 f., 140
- system 179
Trennungsgebot 226
Tromsö-Konvention 142 f.
Twitter 3

- Funktionslogik 5, 8
- Hashtag 4
- Möglichkeiten für polizeiliche Zwecke 5
- Nachteil 8

U

Übergangsregelung 232
Überprüfbarkeit 293 f.
Umweltinformation 66
- anspruch 267 ff.
- gesetz (UIG) 141, 241, 248, 266, 281
- recht 236, 242, 265, 268, 281
- richtlinie (UIRL) 256, 320 f., 323
Unionsrecht, vollharmonisiertes 150
Unschuldsvermutung 172, 210
Unverzüglichkeitsgebot 166
Urheberrecht 250
User profiling 188

V

Verantwortliche 83, 85 ff.
- gemeinsame 84
Verantwortlichkeit 292
Verbraucherinformation
- gesetz (VIG) 141, 162, 167, 230, 248
- recht 19, 161
Verfassung
- beschwerde 151
- identität 149
- widrigkeit 68
Veröffentlichungspflicht 218, 221, 227
Versammlungsfreiheit 28
- Abschreckungs- und Einschüchterungseffekt 29

- Lichtbildaufnahme 29
- Polizeifestigkeit 30
- Versammlungsgesetz 30
Verteilungsprinzip 16
Vertragsbedingung, vorformulierte 223
Verwaltung 47
- aufgabe 47 ff.
- aufwand, unverhältnismäßiger 137
- behörde 47
- helfer 310 f.
- transparenz 176
- vorschrift 221
Verweigerungsgrund 52 f.
Verzerrung 291
VOB/B 224
Volkswagen 326
Vorrang freier gesellschaftlicher Organisation von Kommunikationsprozessen 21, 31
- Ausübungsbedingungen des Art. 5 Abs. 1 Satz 2 GG 32
- Deutungshoheit 31 f.
Vorrangverhältnis 50 f.
Vorurteile, rassistische 291

W

Wandel staatlicher Öffentlichkeitsarbeit 1
Weisung 49, 51 f.
- gebundenheit 45
- recht 41, 45 f., 50

Z

Zeitfaktor 152 f., 158
Zugangsbeschränkung 105
Zweckübertragungslehre 251